国家社科基金一般项目（18BFX100）
国际合作区域拓展计划·"一带一路"国家合作项目
中央高校基本科研业务费专项资金项目

互联网法学丛书
Internet Law Series

网络空间的秩序与责任

第二届互联网法律大会论文集

主　编　高艳东　连　斌

副主编　李世阳　谢虹燕

Order and Responsibility in Cyberspace

Proceedings of the Second Internet Law Conference

ZHEJIANG UNIVERSITY PRESS
浙江大学出版社

序　言

不觉间,互联网法律大会已经两岁了。两年,是很短的历史跨度,却是很长的发展历程。

2016年11月19—20日,第一届互联网法律大会在浙江大学光华法学院小礼堂盛大召开。在第一届大会上,浙江大学(光华法学院)与阿里巴巴集团宣告联合成立互联网法律研究中心。在诸多领导、专家学者、新闻媒体、企业的热情参与下,第一届互联网法律大会获得圆满成功。作为第一届大会重要成果之一的论文集——《互联网违法犯罪的法律规制》,已于2018年由浙江大学出版社付梓,这是值得庆贺的事情。

一年的时间转瞬即逝,2017年11月18—19日,第二届互联网法律大会在杭州盛大召开。本次大会分为未来论坛、检察论坛两个论坛,先后在浙江大学之江校区和余杭区良渚文化村顺利召开。来自最高人民法院、最高人民检察院、公安部、北京大学、中国人民大学、中国社会科学院、复旦大学、上海交通大学、北京师范大学、华中科技大学、同济大学、中国政法大学等单位的近300名各界精英共赴大会,畅谈互联网法律的未来,勾勒互联网法治的宏伟蓝图,共享未来盛宴。我参加了两届大会,可以说见证了互联网法律研究中心的成立到发展壮大,见证了互联网法律大会的欣欣向荣,也见证了互联网法学、人工智能法学从无到有、从弱到强的发展历程。研究中心主任高艳东再次邀我为第二届互联网法律大会论文集写序言,我欣然应允。

在我看来,第二届互联网法律大会有几个鲜明特点:

1.回应了信息时代法律面临的全新挑战

互联网把我们带进了一个新的时代,造就了一种全新的社会形态。在这个时代,人类的经济、社会、政治、文化生活的具体方式都迥异于此前,网络时代人与人之间、组织与组织之间、人与组织之间的关系也发生了巨大的变化。作为调节和规范人类社会关系的法律,如何应对和适应互联网时代的深刻变化以及由此而带来的巨大挑战,是摆在法学界、司法界、政治界面前的重大理论和现实课题。例如,近几年,我们除了能够感知到网络的便利,更能够直接感知到网络电信诈骗的日趋严重。今天,英国、美国的第一大犯罪类型都是网络犯罪;在中国,网络犯罪已经占到全部犯罪的30%以上,而且还在以每年30%的速度增长,这就是我们必须面对的网络空间秩序。在这个新的时代,社会该如何治理,公序良俗的社会秩序如何得以形成和巩固,公平和正义如何才能得到有效维护,这些问题的解决都需要集思广益,需要全社会的有志之士、有识之士广泛参与、深入讨论、持续跟踪研究。

令人欣喜的是,互联网法律大会一直关心最前沿的法学理论。与第一届相比,本届互联网法律大会增加了与"人工智能法学"相关的议题。人工智能的发展与互联网的发展一样,不断推动社会创新与变革,造就全新的社会形态。但由于技术不成熟等原因,人工智能的发展亦面临很大的风险。2016年5月,美国发生自动驾驶第一命案,车辆失控,车主当场死亡;2018年3月,美国发生了第一起自动驾驶车辆撞伤行人致死案例。对此类事故该如何进行法律定性,需要法学界及时回应。

应对人工智能,法律要有新思路。法律应当尽量利用现有理论,对不可避免的或合理的技术风险,做出合理处理。同时,也要积极调整立法,预判新技术带来的风险。对人工智能引发的问题,法律不能一蹴而就,而应在技术进步的过程中不断完善。伴随新事物而来的法律问题不应该成为拒绝该技术进步的理由,法律需要做的就是尽快顺应时代发展,跟上新事物的步伐,更新观念和规制方法,以应对传统法律无法解决的新问题。在这一过程中,法律既不能成为技术进步的障碍,也不能成为技术风险的帮凶。在保护技术创新与社会利益之间,法律要做出合理的平衡。

信息技术对人类的生活以及思维方式的改变与影响是全方位的。法律归根结底是服务于生活的,互联网、大数据、人工智能正在对整个法律制度产生着深远影响。这既包括立法,也包括司法以及执法的问题;与此同时,网络空间的治理也是一个全球性问题,这一点已经达成全球共识。习近平总书记在乌镇峰会开幕式的视频讲话中提出:"互联网快速发展,给人类生产生活带来深刻变化,也给人类社会带来一系列新机遇新挑战。互联网发展是无国界、无边界的,利用好、发展好、治理好互联网必须深化网络空间国际合作,携手构建网络空间命运共同体。"

2.推动了法学研究与产业发展的深度融合

互联网法律大会首先是一个高端学术会议。本次大会与重点期刊共同征稿,"未来论坛"与《中外法学》《中国法学》《行政法学研究》《法学》《法律科学》《政法论坛》《政治与法律》《浙江大学学报》《浙江学刊》(以笔画为序)等期刊合作,"检察论坛"与《人民检察》合作。大会共收到近300篇前沿性论文与案例分析,大大推动了互联网法学、人工智能法学的研究深度。

互联网法律大会不仅仅是一个学术会议,更是一个政府、高校、企业等互相影响、共创未来的平台。为应对互联网时代的深刻变化以及由此而带来的巨大挑战,全面贯彻落实党的十九大加快建设网络强国的战略目标,促进网络空间治理体系和治理能力的现代化,维护合法有序的网络环境,创新高校、机关、企业的合作模式,充分发挥各方的研究优势,本届大会的"未来论坛"还进行了互联网法治研究联盟启动仪式。浙江大学、浙江省人民检察院、浙江省公安厅、阿里巴巴(中国)有限公司、浙江蚂蚁小微金融服务集团股份有限公司秉承"开放、包容、共享"的理念,决定成立学术性、开放性、研究性的互联网法治研究联盟,共同打造互联网(含大数据、人工智能)法治研究的新高地,建立互联网法学领域研究的常态化机制。

互联网法律大会就是要推动用最前沿的理论解决最新的实践问题。信息技术导致的社会变革虽非突如其来,却势不可挡,而且发展速度日趋加快,这也要求我们在发现和解决相关问题方面要有紧迫感和责任感。我们呼吁立法机关关注互联网对法律制度形成的冲击与挑战,当穷尽解释手段仍然无法弥补法律漏洞时,应当积极立法,并与国际社会对于互联网的规制接轨。当前,互联网秩序正处于初步确立阶段,只有通过积极立法,基本行为规范才能加快确立。司法机关在办理涉及互联网的违法犯罪案件时,应充分考虑互联网对整个案件的影响,在不突破法律基本原则的前提下,对各个案件进行灵活处理,实现个案的公正。我们呼吁各个部门法的学者通力合作,因为互联网法律问题经常不是某一部门法所特有的问题。以最常见的灰黑产业链为例,其中既有民事侵权行为,也有行政违法行为,甚至还有刑事违法行为,如果仅仅从其中一个方面入手,显然不足以综合治理互联网违法犯罪现象。

我相信,要讨论中国特色的社会主义法治社会建设,一定不能脱离互联网、大数据、人工智能这些重要的时代元素。同样,信息技术对社会的建构功能,也是不能离开法治来实现的。互联网法律或者更加重要的互联网法治社会的建设,是谁也无法忽视的一个重要命题。目前,法学界可能对这个命题还没有给予足够的重视,因此还需要我们诸多法律工作者广泛发动,积极研讨,形成切实的影响力。

3.创新了校企合作模式

互联网法律大会是校企合作、共同推动学术研究的范例。

浙江大学作为一所有 120 多年办学历史的高水平大学,秉承了"求是创新"校训,践行"知行合一"和"致良知"的阳明精神,具有"树我邦国,天下来同"的境界和海纳百川的胸怀,并充分意识到信息时代教育和研究面临的挑战,愿意以改革的决心全面迎接和拥抱信息时代的到来。阿里巴巴集团虽然创业发展的时间不长,但已经形成了自己独特的企业文化和社会责任意识。浙大和阿里,是除西湖之外,杭州的两张金名片。名校和名企,一拍即合,心连心,手牵手,依托各自的优势和特色,精诚合作,致力于推动互联网法律研究和网络时代法治社会建设,其意义不言而喻,前景十分广阔。

一方面,浙江大学将加大力度支持互联网法律研究和相关学科建设,支持互联网法律研究中心这一重要平台的建设。在这个问题上,学校有着高度统一和具有前瞻性的自觉认识。浙江大学光华法学院秉承"求是厚德,明法致公"院训,以国际化、交叉性和新学科为发展特色,正在努力建设世界一流法学院。在这里,我们正全力营造以创新思想为基础的学习研究环境,致力于为学生提供优质的专业和职业伦理教育,创造与名师大家一起研修经典、探求未知、遨游实践的平台,尝试打造全球著名的国际性法学学术俱乐部。

另一方面,阿里巴巴着力运用大数据解决与社会、民生有关的问题。阿里巴巴参与建设的杭州 G20 峰会智能安保系统,得到了国家有关部委的肯定;智能交通、智能搜索、智能挖掘黑产的各类软件、智能识别假货及打假地图,都充分显示了阿里巴巴在大数据方面的能力;阿里巴巴还充分发挥"钉钉"智能办公移动平台功能,整合了高德地图,打造了大数据打拐的"团圆系统",该平台上线以来,截至 2018 年 5 月 15 日,共发布失踪儿童信息 3053 条,找回儿童 2980 名,找回儿童比例达到 97.6%。而在此过程中,互联网企业必然遇到大量的法律问题,如大数据的运用与隐私权的保护、证据的固定与保全等。

在这样的背景下,浙大和阿里共建互联网法律研究中心,推动产学研一体化。互联网法律研究中心是学术研究、交流与合作的中心,是信息和数据集成的中心,更是人才培养、成果转化的中心。中心兼容并包,鼓励不同学术观点之间的争鸣与交锋,主张大道为公,推进学术创新。中心几年来的行迹已全面诠释了一种问道与经世并重的情怀与担当。

两年来,中心通过举办"互联网法律大会"和"互联网法律论坛"等方式,邀请海内外互联网法律领域的专家,共同探讨互联网经济发展中产生的法律问题,为互联网经济的健康发展把脉。同时,以"互联网法律大讲堂"的形式,延请海内外法律名家,举办各种形式的法律讲座,砥砺学术,辨章法理,探索"互联网+法律"的未来。中心还通过组织研究人员开展课题研究,创设"互联网法学""人工智能法学"等学科,编纂"互联网法律全球案例库",经由自媒体平台推送各类有关互联网法律的前沿观点,举办面向司法实务部门的各类培训班等,不断夯实互联网法律的基础知识和理论,加强研究成果向实践的转化和在实践中的运用,努力扩大中心在全社会和互联网领域的影响力。经过全体同仁的共同努力,中心已经推出了"互联网法学丛书"等一批较有影响力的成果,产生了良好的社会效应。其体现出的高校科研力量与互联网企业直接深度合作的模式,也成为"互联网+法律"研究合作的典范。

浙江大学(光华法学院)与阿里巴巴联合成立的互联网法律研究中心将定期举办互联网法律大会,并结集出版以推动信息时代的法学研究。本书共收录了近30篇论文,主题丰富、内容翔实,从理论与实践等角度全方面地探讨互联网和人工智能法律问题,代表着最前沿的学术水平。在祝贺第二届互联网法律大会论文集出版的同时,也预祝下一届会议取得圆满成功。

是为序!

浙江大学副校长 罗卫东

2018 年 8 月 9 日

目录
Contents

第三部分:互联网生态治理

第四部分:人工智能法学＋"一带一路"法律

第一部分
互联网法学理论

再论虚拟财产的刑法属性及保护路径

程　闯　林德悦*

一、虚拟财产的刑法研究与保护中存在的不足

近年来,中国及全球的互联网产业迈入了发展的快车道。BAT[①] 三巨头广泛涉足外卖、金融等行业、产业,网络游戏、共享单车等行业飞速发展。与互联网产业高歌猛进不相对应的是虚拟财产在我国立法上的"无法可依"。2007 年颁布实施的《物权法》对虚拟财产只字未提,而于 2017 年 10 月 1 日施行的《民法总则》第一百二十七条规定:"法律对数据、网络虚拟财产的保护有规定的,依照其规定。"民事上的立法回避,促使众多学者进一步加强对虚拟财产的刑法属性、保护路径等相关问题的研究,见解也日渐深刻。当下,就虚拟财产的法律属性而言,部分学者认为虚拟财产不属于财物,对于窃取网络虚拟财产不应以盗窃罪论处。[②] 陈兴良、张明楷教授等部分学者均认为虚拟财产属于财物,但观点又稍有差别。其中,陈兴良教授认为虚拟财产的虚拟性主要表现为财产存在方式的非实体性,而就虚拟财产的价值而言,则具有真实性;张明楷教授则认为刑法上的财物必须具有三个特征:管理可能性、转移可能性、价值性,而虚拟财产具有该三

＊　程闯,浙江省高级人民法院法官;林德悦,浙江省温州市鹿城区人民法院法官。

①　BAT 是百度、阿里巴巴、腾讯三大公司名称的首字母缩写。

②　刘明祥.窃取网络虚拟财产行为定性探究[J].法学,2016(1);臧德胜,付想兵.盗窃网络虚拟财产的定性——以杨灿强非法获取计算机信息系统数据案为视角[J].法律适用,2017(16).

个特征,应归为财物。对于非法获取虚拟财产的行为,应以财产犯罪论处。①

事实上,立法部门及刑事司法实务部门对虚拟财产的认识和保护也在不断地发生着变化:2005年,曾某某等人盗窃QQ号码,被人民法院认定为构成侵犯通信自由罪;2006年,《最高人民法院公报》第11期公布了孟某等人盗窃QQ币和游戏点卡一案,上海法院认定孟某等被告人的行为构成盗窃罪;2009年,全国人大常委会通过《刑法修正案(七)》,在《刑法》第二百八十五条中增加两款作为第二款、第三款,增设非法获取计算机信息系统数据罪;2010年10月,有关部门就利用计算机窃取他人游戏币非法销售获利如何定性问题征求最高人民法院研究室意见,最高人民法院研究室经研究认为,利用计算机窃取他人游戏币非法销售获利行为目前宜以非法获取计算机信息系统数据罪定罪处罚;2015年,《刑法修正案(九)》又分别在《刑法》第二百八十五条、第二百八十六条中增设了单位犯罪的条款。

显然,就虚拟财产而言,刑法理论学界的研究成果与立法、司法部门的实践存在着不小的反差。结合本人在法院工作之前在网络游戏、手机游戏行业的从业经验,笔者认为,当前刑事司法学界对虚拟财产的研究,存在以下两个问题:

一是没有深入了解虚拟财产的产生、流转机制。一些刑法学者对虚拟财产的认识与体验,要不停留在对上网冲浪、在线查找资料、网络聊天、网络购物等这些与普通民众相同、相似的经历;要不就是复制、摘录一些网络专业词汇和技术原理,借以阐述其在技术层面对互联网、虚拟财产的理解。他们未曾看到《魔兽世界》中大量玩家通过"拍卖行"进行物品交易,就片面地主张可以依据网络游戏服务运营商的官方定价来认定涉案虚拟财产的价值;他们未曾深入地研究网络游戏中的游戏物品来源,没有全面了解网络游戏物品的"掉率"机制,就理所当然地认为"'虚拟财产不是劳动创造的'恐怕并不符合事实。游戏玩家获得游戏装备后,只有投入大量劳动,才能提升装备质量"②。

二是将虚拟财产简单划为无体物,归为财物一类。顾名思义,无体物是相对于有体物而言的。结合《刑法》第二百六十四条、第二百六十五条关于盗窃罪的规定及"两高"《关于办理盗窃刑事案件适用法律若干问题的解释》,最高院《关于

---

① 张明楷.非法获取虚拟财产的行为性质[J].法学,2015(3);陈兴良.虚拟财产的刑法属性及其保护路径[J].中国法学,2017(2);王立志.恶意消耗他人网游装备并将剩余部分转卖行为的定性探讨[J].法律适用,2017(10).

② 张明楷.非法获取虚拟财物的行为性质[J].法学,2015(3).

审理盗窃刑事案件具体适用法律若干问题的解释》等司法解释，刑法通说将电力、电信码号等归入无体物的范围，盗窃此类财物的行为，以盗窃罪论处。但是，将虚拟财产简单归为无体物，既忽略了虚拟财产的来源、特性，无法解释网络用户与网络服务运营商之间是何种合同关系，又存在着违背罪刑法定主义的基本原则，肆意进行类推解释的嫌疑。

二、虚拟财产的概念与特点

对于虚拟财产的定义，学者林旭霞认为"虚拟财产是指在网络环境下，模拟现实事物，以数字化形式存在的、既相对独立又具排他性的信息资源"。[①] 陈兴良教授认为"虚拟财产是指具有财产性价值、以电磁数据形式存在于网络空间的财物"。[②] 上述两种观点存在以下两个问题：一是虚拟财产并非模拟现实事物。大量的虚拟财产，特别是网络游戏中的游戏道具、装备，多是古代神话文学、武侠作品中的虚拟物品，在现实世界中根本没有对应的事物，如腾讯公司运营的《王者荣耀》里的游戏道具"符文"，网易公司运营的《阴阳师》里的游戏道具"现世符咒""御魂"，等等。二是虚拟财产并非存在于网络空间，而是存储在硬盘上的电磁数据。用户使用手机、PC、平板电脑等电子设备终端，读取网络服务器上的电磁数据，虚拟财产才能出现。网络只是虚拟财产的展示空间，而非存储之地。

对此，笔者认为，虚拟财产指的是以文字、声音、图像等为表现形式，用户通过互联网进行读取、修改等操作，存储于网络服务运营商服务器上的电磁数据。

对于虚拟财产这一带有鲜明技术特征的事物，我们可以从以下几个方面来理解。

第一，虚拟财产以计算机程序为技术载体。虚拟财产在互联网上不是凭空产生的，而是由特定的计算机程序预先创设的。任何一种虚拟财产，都是先被定义为一个特殊的字符、数组或其他代码样式，然后反复、不断地出现，与其他代码组件构成一个结构精密、功能强大的计算机程序。这样的计算机程序被部署在服务器上，当用户的特定行为触发服务器端程序响应后，虚拟财产才能相应产生，并最终以特定代码的形式存储在用户数据当中。只有服务器端的预设程序

---

① 林旭霞.虚拟财产权性质论[J].中国法学,2009(1).
② 陈兴良.虚拟财产的刑法属性及其保护路径[J].中国法学,2017(2).

事先定义了某些种类的虚拟财产,用户才能获得其中部分或者全部的虚拟财产,绝对不会出现用户在服务器端无预设的前提下,自行创设虚拟财产的情形。

张明楷教授、陈兴良教授及其他部分刑法学者都认为虚拟财产是网络用户(劳动)创造出来的,这样的观点经不起推敲、分析。从用户的角度来看,他们确实是投入了一定的物力、财力、精力,比如在网络游戏中通过游戏活动获得了相应的游戏物品,通过申请流程得到了 QQ 号码,等等。但是,从网络服务运营商的角度来看,用户获得虚拟财产及其他任何行为,都在其服务器端程序的控制之下。如果服务器端程序禁止了用户的访问行为,或者没有预先创设该类虚拟财产,如 QQ 号码、电子邮箱账号、网络游戏账号、游戏道具等的获得条件,用户根本没有办法获得相应的虚拟财产。通俗来讲,服务器端程序与用户操作的关系如同工厂与工人的关系,没有工厂提供的原料,没有事先预设的产品规格、生产流程,工人根本不可能生产出合格的产品。只有当用户的操作行为触发了网络服务运营商的预先程序设置,才能产生出相应的虚拟财产。例如,当用户申请 QQ 号码时,其只能申请到腾讯公司程序系统里预设的,由阿拉伯数字构成的 QQ 号码,完全不可能得到英文字母构成的 QQ 号码。又如,玩家在《剑侠情缘网络版叁》中,绝对不会获得另一网游《魔兽世界》的物品"亚麻布",只能得到金山公司预设好的各类游戏物品。同样,金山公司公示了《剑侠情缘网络版叁》的随机宝物掉落概率,其中,"星辰矿"中的"朴素星辰石"的掉率为 1.00%。[①] 该掉落概率表充分说明了玩家获得"朴素星辰石"是其不断进行游戏与预设掉落概率相互作用的结果,玩家有可能玩 1 小时,就能获得"朴素星辰石",也有可能投入 3000 小时,还是两手空空。甚至在极端假设下,如果金山公司将"朴素星辰石"的掉率调低到 0%,玩家纵然披星戴月地投身游戏,也会劳无所获。

第二,虚拟财产以硬盘上的电磁记录为物理载体。虚拟财产的技术属性决定了其物理属性。正是因为虚拟财产从属于计算机程序,并且计算机程序的存储方式为硬盘存储,虚拟财产也就自然地以硬盘记录作为其物理存在方式。自个人计算机被发明以来,计算机操作系统、各类程序等都是存储在硬盘上的。因此,虚拟财产的产生、流转都是以电磁记录的安全存储为前提的。计算机程序根据预先的程序设定,通过人机交互方式,允许用户远程读取、修改、写入、存储服

---

① 剑侠情缘网络版叁官网.随机宝物掉落概率公示[EB/OL].[2017-09-20].http://jx.xoyo.com/sfkfnotic/1319723.

务器端硬盘上存储的用户数据与系统数据,从而保证用户顺利进行网络游戏、开展网络聊天、观看在线视频、浏览在线新闻等。此时,虚拟世界才正常运转,虚拟财产才得以产生、流转、消耗。

第三,虚拟财产以产业运营为商业载体。通常来说,虚拟财产所属的软件构成了经济学中的垄断产品。垄断一词由来已久。《孟子》有云:"有贱丈夫焉,必有求龙(同垄)断而登之,以左右望而罔市利。"垄断一般包括垄断行为和垄断状态。所谓垄断状态,是指一个企业或少数几个企业的市场占有率达到或超过一定比例。而垄断行为则是指具有市场优势地位的企业滥用其优势地位,或者为谋求垄断利益而从事的市场行为。互联网企业在开发出包含虚拟财产代码的计算机程序之后,为追求垄断利润,将该计算机程序包装为特定的网络产品、网络服务,推向市场,进行排他性的产业运营。即仅此一家,别无分店。例如,腾讯公司向公众提供着 QQ 即时通信服务,放眼全球,再无第二家公司经营着相同业务。腾讯也就当然地通过提供 QQ 即时聊天服务,垄断经营着 QQ 这一虚拟财产。

第四,虚拟财产以网络接入为运行条件。网络空间是虚拟财产流转交易的空间与途径,没有互联网接入,虚拟财产就不会存在。但是,虚拟财产的产生、变动、灭失,都是以网络服务器上的电磁数据变化为基础的。没有电磁数据,就不存在虚拟财产。我们不能将用户接入、相互交易、信息交互的网络空间当成虚拟财产的来源。此时,虚拟财产与电磁数据的关系,就相当于电影效果与电影胶片,唯一的区别是用户可以在服务器许可范围内对电磁数据这一"电影胶片"进行实时的修改。

三、虚拟财产的法律来源

在全面表述虚拟财产的刑法属性之前,我们需要先了解虚拟财产的法律来源,弄清楚网络服务运营商与网络用户之间到底缔结、履行了什么样的合同,该合同具有哪些属性,虚拟财产在该合同中所处的地位与作用是什么。只有这样,我们才能清楚判断虚拟财产是物权还是债权。

笔者认为,虚拟财产的法律来源是网络服务运营商和网络用户之间订立的网络服务合同。网络服务合同是指网络服务运营商与公民、法人及其他组织之间订立的,约定提供特定网络服务的合同。网络服务合同不仅是虚拟财产的来源,也是整个互联网商业存在、运转的基础。网络服务运营商依据网络服务合同,向用户提供了包括但不限于网络游戏、即时聊天、电子邮箱、网络视频、网络购物等多种服务。

笔者这一主张也可与文化部的相关规定相互印证。文化部在 2017 年 5 月 1 日施行的《关于规范网络游戏运营加强事中事后监管工作的通知》(以下简称《通知》)中指出:"网络游戏运营是指网络游戏运营企业以开放网络游戏用户注册或者提供网络游戏下载等方式向公众提供网络游戏产品和服务,并通过向网络游戏用户收费或者以电子商务、广告、赞助等方式获取利益的行为。"作为网络游戏的主管部门,文化部显然更为了解、知悉网络游戏产业的技术原理和商业运作机制,他们在《通知》中明确坚持了网络游戏运营企业,即笔者所说的网络服务运营商,向用户提供网络游戏产品和服务这一观点。

网络服务合同通常具有如下特征:一是合同缔约一方多为个人用户,另一方为网络服务运营商。网络服务运营商向包括个人、公司及其他组织在内的对象,提供着各类网络服务。我们比较熟知的网络服务运营商有网易、腾讯、金山、阿里巴巴、摩拜单车、饿了么等网络公司,他们专注于向用户提供包括但不限于网络购物、网络游戏、共享单车、外卖等商业服务。二是网络服务合同多为格式、电子合同。为了缩短谈判时间,提高缔约效率,迅速吸引用户以及高速拓展业务,网络服务运营商通常允许用户使用网页浏览器、软件客户端等自行注册并接受服务。在用户注册过程中,运营商通过文字、声音、动画等形式,以"服务条款""用户须知""隐私权相关政策"等为标题,向用户介绍特定服务的内容、期限、变更或中止、不可抗力、双方应有的权利与义务等合同条款。用户要么接受条款,订立合同,要么关闭网页或者客户端,拒绝缔约。在通常情况下,用户无法要求运营商针对其个人需求对合同条款进行相应修改,并再度进行缔约谈判。三是网络服务合同主体变更较为随意。这种随意性是指网络用户可以通过线上、线下等多种方式,将其与网络服务运营商缔结的合同转让给另一网络用户。较为常见的是某 QQ 用户甲将使用了数年的 QQ 号码赠送给其朋友,网络游戏《诛仙》的某用户乙以人民币 5000 元的价格将其账号出售给另一玩家丙。四是同一网络服务运营商向不同用户提供差异化服务。网络服务器能够处理大量用户的并发性请求,网络服务运营商据此可以满足用户的不同需求,向用户提供基于通用标准的差异化服务。例如同样两个用户使用 QQ 进行网络聊天,用户甲使用其申请的 11 位普通 QQ 号码,而用户乙付费使用 6 位 QQ 号码(俗称"QQ 靓号"),后者可享受腾讯提供的更为优质、贴心的聊天服务。

那么,虚拟财产的产生、流转、灭失,与网络服务合同的订立、履行、终止有如下几种对应关系:

(1)虚拟财产在网络服务合同订立时产生,随后该财产持续存在。这种情况主要表现在用户通过注册程序,获得相应的 QQ 号码、电子邮箱、论坛账号以及网游账号等。用户通过这些网络身份 ID,即虚拟财产,得以访问网络服务运营商的服务器,接受相应的网络服务。

(2)虚拟财产在网络服务合同履行过程中产生、流转、消耗。在持续接受网络服务的过程中,用户取得某些虚拟财产,或是将虚拟财产交易给其他用户,或是自行保管、使用。最为常见的此类情况是网游玩家进行网络游戏时,获得了相应的游戏装备、道具和游戏货币等,玩家既可以自行保管、使用这些虚拟财产,也可以通过线上、线下方式来交易给其他玩家,以获得对价的虚拟财产或现金人民币。如玩家甲在网络游戏《新天龙八部》中获得了武器"沉水龙雀刀"。又如用户乙在注册淘宝网账号后,完成第一笔网络购物,获得了淘宝网赠送的"淘金币"。

(3)虚拟财产在网络服务合同终止时被遗弃。这通常表现为网络服务运营商单方停止网络服务。如在 2003 年,韩国 Actoz 公司发布公告,称上海盛大公司拖延支付分成费,中止与盛大公司的网络游戏《传奇》授权合作,盛大公司随后即终止了《传奇》的游戏运营服务。① 或者表现为用户不再使用该网络服务,如某网络用户不再使用 QQ 邮箱。虽然其 QQ 邮箱永远存在,却以实际行动终止了与腾讯的网络邮件服务合同。

四、虚拟财产的刑法属性

笔者认为,在民法上,虚拟财产是动态的、物化的网络服务合同法律关系客体,即是动态、物化的网络服务,并非债权或物权。原因在于:在前文述及的网络服务法律关系中,网络服务法律关系的客体就是特定的网络服务,而虚拟财产是与网络服务相伴相生的,用户正是通过对虚拟财产的购买、获得、消费与抛弃等,来接受、消费运营商的网络服务。比如,QQ 号码凝结了腾讯公司提供的即时聊

---

① 新浪网. 盛大 9170 万美元控股 Actoz 纠纷尘埃落定[EB/OL].[2017-09-20]. http://tech. sina. com. cn/focus/shengda_cq/.

天服务;用户获得了新浪微博的账号,即意味着接受了新浪的微博服务。因此,可以说,没有了虚拟财产,网络服务运营商的网络服务就失去了依存基础。没有了QQ号码,腾讯就无法识别QQ用户的身份,更无法提供即时聊天服务;没有了后缀为@126.com的电子邮箱账号,用户也就无法接受网易公司的电子邮件服务。但是,我们又不能将虚拟财产完全等同于网络服务,大部分虚拟财产的变化、毁损、失效,都不会影响基础的网络服务。特别是网络游戏中的大量虚拟财产,只是网络游戏服务的组成部分,而非全部。网络游戏中部分虚拟财产的交易、消费甚至是毁损,都不会影响运营商提供稳定、持久的网络游戏服务,玩家的游戏服务体验虽然会发生变化,但还是可以顺畅地进行游戏。如网游玩家甲在网络游戏《问道》中将武器"九天祥云戟"毁损,其仍然可以继续接受该网游运营商光宇游戏提供的网络游戏服务;不管QQ用户是否充值购买QQ会员服务,其都可以顺利自如地使用QQ与亲友视频聊天、语音聊天或者文字交流。

在总结、归纳虚拟财产的刑法属性之前,笔者认为有必要阐述以下一些观点,作为铺垫:

第一,所有的网络服务都具有一定的使用价值,换言之,即是部分刑法学者认为的"虚拟财产都具有使用价值"。实际上,"虚拟财产都具有使用价值"这个理论主张是一个极不严谨的学术表达,其不周严性在于它似乎暗含着一个学术前提——"虚拟财产就是财物"。因为我们谈及使用价值,必有其指向的对象——财物。因此,出现了重复论证的逻辑错误。实际上,笔者认为,网络用户持一定的目的,接受特定的网络服务,获得相应的虚拟财产,必然说明该网络服务及其对应的虚拟财产对用户来说,都具有一定的使用价值,推而广之,对于其他的网络用户来说,也同样具有相应的使用价值。如QQ号码可以帮助用户与其亲友在线交流,节省了长途通话的费用支出;用户通过登录淘宝网账号进行网络购物,使购物变得方便、快捷,等等。

第二,并非所有的虚拟财产都具有交换价值,只有部分虚拟财产具有交换价值。进一步来说,用户通过注册程序获得的虚拟财产一般不具有交易价值。只有用户继续投入精力、时间、金钱等,持续接受相应的网络服务,其持有的虚拟财产才有可能具有交换价值。这种虚拟财产交换价值的不均衡性,根源于互联网的开放性、无歧视性。任何人都可以接入网络,获得相应的网络服务,也就有了那句流行语——"你永远不知道坐在电脑那端的是条狗,还是个人",任何人都可以注册淘宝网,获得相应的账号,用于购物,也可以在@126.com上注册申请多个 126 邮箱账号,甚至 12 岁以下的少年儿童可以每天玩一小时《王者荣耀》。[①]那么,就出现这样一个局面:网络用户通过注册程序获得的虚拟财产,通常不具有交换价值,原因在于其他用户只要花费极短的时间、极少的金钱(通常为上网费),即可获得名称不同却功能相同的虚拟财产,根本不需要付费购买这样的虚拟财产。但是,特别是在网络游戏中,玩家持续投入精力、时间,甚至是金钱,在游戏过程中获得了大量的游戏道具、装备及游戏货币,这些虚拟财产就具有了一定的交换价值,其他玩家很有可能付费购买。诸如此类有交易价值的虚拟财产还有京东网的钻石会员账号,腾讯网的 QQ 靓号、QQ 红钻、QQ 黄钻等虚拟财产。但是,包括论坛账号、电子邮箱账号、优酷网的普通会员账号等在内的虚拟财产,即使用户注册并使用多年,往往也不具有交易价值。因为这些使用十年有余的账号,与刚刚注册一个月的账号相比,并不具有更多的使用价值,反而由于附加了原始用户的个人信息与偏好,更加不存在交换价值。因此,张明楷教授坚持"虚拟财产的有偿转让已经成为普遍现象,所以,虚拟财产事实上具有客观价值(交换价值)"[②]的论断是站不住脚的。

第三,用户对虚拟财产的相对管理与网络服务运营商对虚拟财产的绝对管理并存。张明楷教授认为:"毫无疑问,虚拟财产是他人可以管理的东西。众所周知,虚拟财产的管理可能性主要是通过账户实现的。一个人只要注册了账户,就可以将自己购买的或者通过其他途径获得的虚拟财产存于该账户,形成对该虚拟财产的支配与控制。"[③]确实,在表面上,用户可以购买 QQ 币,并进行消费,也可以在《魔兽世界》中使用金币从"拍卖行"购买其需要的物品。但是,用户对于虚拟财产的这种管理可能性是相对的、有限的。事实上,互联网企业对用户的虚拟财产才拥有绝对的管理权。一方面,网络用户就虚拟财产进行的任何正常操作,都是在服务器端程序许可的前提条件下进行的。绝对不会出现用户无视程序限制,肆意操作的可能。另一方面,互联网企业的技术人员、运营人员还可以根据运营需要,直接运行服务器程序,对用户的虚拟财产进行各种操作与处置。比如,金山公司于 2016 年 2 月 1 日对《剑侠情缘网络版叁》玩家参与名剑大会的违规刷分行为进行了封停处理,轻则封停角色 30 天、清空个人等级及段位,

---

① 腾讯网. 王者荣耀出新规:12 岁以下每天限玩一小时[EB/OL].[2017-09-20]. http://tech. qq. com/a/20170702/013999. htm? t=1499002012878.

② 张明楷. 非法获取虚拟财物的行为性质[J].法学,2015(3).

③ 张明楷. 非法获取虚拟财物的行为性质[J].法学,2015(3).

重则对违规角色永远封停。^① 无独有偶,暴雪公司对《魔兽世界》中部分玩家的作弊行为进行了封号处理,腾讯公司对于违规 QQ 号码、QQ 群都进行了封号处理。^② 因此,传统刑法理论认为财物持有人可以独立管理、支配、控制财物,而虚拟财产则完全不一样,用户对虚拟财产只有相对的、有限的管理权,网络服务运营商才拥有绝对的、完全的管理权。张明楷教授仅仅以用户的管理权限来认定虚拟财产为财物,显然是不妥当的。

第四,虚拟财产"财物论"只是部分刑法学者片面、武断的主张。首先,将事物划分为有体物与无体物的做法,缺乏理论依据。在自然科学领域,物理学上并没有无体物这一概念,无体物这一术语只是法学界部分学者提出的分类概念,并无准确、权威的定义。从逻辑上来讲,我们不能想当然地认为有体物之外的一切事物都是无体物,在任何领域,不存在非此即彼的绝对现象。其次,虚拟财产从属于计算机程序,是智力成果的一部分,不能归为财物。《民法通则》将计算机程序作为智力成果,是与物同等的民事权利客体。如前所述,用户的虚拟财产是用户接受网络服务运营商的服务,在服务器端存储的数据,这些数据的类型、构成等都是由计算机程序预先设计的。可以说,没有特定的计算机程序来解析、运行,存有虚拟财产的用户数据就不能被其他计算机程序顺利地识别、读取、运行。因此,宜将虚拟财产与生成该虚拟财产的计算机程序作一体化处理。最后,坚持虚拟财产"财物论"不能自圆其说。如果坚持虚拟财产为"无体物""财物论",必然会出现将计算机程序认定为智力成果,以知识产权法进行保护,却将该程序附属的,含有虚拟财产电磁记录的用户数据认定为"财物"的矛盾局面。

因此,综前所述,在刑法理论研究与司法领域,笔者主张,不能笼统地、绝对地认定虚拟财产的刑法属性,我们应当分层概括虚拟财产的刑法属性。笔者之所以主张以分层的方式来认识、概括虚拟财产的刑法属性,原因在于单一归纳的做法不足以概括虚拟财物的刑法属性。既然我们承认互联网、虚拟财产都是新兴的高科技事物,那么,我们就可以尝试用全新的方式、多维的视角来认识、解读,而不宜囿于陈规,守于旧识。任何轻率、武断的定性都存在挂一漏万的可能。

---

① 剑侠情缘网络版叁官网.2016 年 2 月 1 日封停公告[EB/OL].[2017-09-20].http://jx3.xoyo.com/kfnotic/1317566.

② 17173 网站.暴雪蓝帖:关于魔兽世界近期大规模封号的说明[EB/OL].[2017-09-20].http://wow.17173.com/content/2017-05-08/20170508100301562.shtml;搜狐网.腾讯终于出手! 将 1800 个 QQ 号进行永久封禁[EB/OL].[2017-09-20].http://www.sohu.com/a/129387160_223764.

首先,应当将虚拟财产认定为计算机信息系统的电磁记录,这是刑法学领域中虚拟财产的基础属性。正如笔者在前文中介绍的那样,虚拟财产所指向的网络服务都是具有使用价值的,对人类社会存在一定的功用与帮助,并非所有的虚拟财产都具有交换价值。但是,不管怎么样,虚拟财产都是记录在计算机信息系统中硬盘上的电磁记录,自然而然,我们都可以将这些虚拟财产归类于电磁记录。换而言之,电磁记录是虚拟财产的基本刑法属性。但是,将虚拟财产界定为电磁记录,只是我们刑法理论研究与司法实务的起点,而不应当是终点。

主张虚拟财产"电磁记录论",一方面,有利于实现民法、刑法对虚拟财产的一致认定。即在坚持民法将计算机程序归类于智力成果的前提下,在刑法上将虚拟财产认定为电磁记录,作为智力成果的一部分加以保护。另一方面,可以解决坚持虚拟财产"财物论"出现的困境。正如笔者之前介绍的那样,虚拟财产确实是具有使用价值的,但是,不是所有的虚拟财产都具有交换价值。既然这样,虚拟财产"财物论"也就失去了理论根基,再坚持虚拟财产"财物论",必然会导致适用法律标准的混乱与不当。所以,唯有坚持虚拟财产"电磁记录论",才有可能将所有的虚拟财产纳入刑法保护圈,实现刑法的统一适用。

其次,部分虚拟财产属于财产性利益。张明楷教授认为"财产性利益大体是指狭义(普通)财物以外的财产上的利益,包括积极财产的增加与消极财产的减少"。[①] 部分虚拟财产确实可以给互联网用户带来切实的物质利益,让用户获得一定的购物折扣,或者以一定数量的虚拟财产,依照一定的兑换规则,兑换现实财物。因此,这些虚拟财产也就形成了财产性利益。当用户登录内有一定数量淘金币、天猫积分的淘宝账号进行网络购物时,其可以使用淘金币、天猫积分以换得一定的价格折扣,显然,此时,该淘宝账号体现了一定的财产性利益。诸如此类的虚拟财产还有很多,如高级别的京东账号,含有一定可兑换积分的中国移动用户账号,等等。

那么,就出现了一个无法回避的问题:网络游戏虚拟物品、网络游戏账号等虚拟财产是否属于财产性利益? 对此,笔者坚持认为网络游戏虚拟财产不属于财产性利益。理由如下:玩家接受网络游戏服务,占有网络游戏虚拟财产,获得心理上的愉悦、身心上的放松。这种个体差异极大的精神收益不应类推解释为积极财产的增加。相应的,当玩家失去网络游戏虚拟财产时,也不能认定为财产

---

① 张明楷.刑法学(下)[M].5 版.北京:法律出版社,2016:932.

的失去。并且,与淘宝账号、移动积分账号等能直接带来购物折扣、兑现实物的功用不同,网络游戏虚拟财产的数量、种类、官方价格、产生概率(即掉率)等都受到网络游戏运营商的商业控制,玩家获得网络游戏虚拟财产所投入的时间、金钱、精力都各不相同,网络游戏中的虚拟财产以现金方式交易给其他玩家,具有一定的或然性,而不具有必然性。所以,不能使用极个别夫妻离婚时宁愿要装备,不要房子这样极端的案例来论证网络游戏虚拟财产具有价值性。①

五、虚拟财产的刑法保护路径

在刑事司法实践工作中,涉案的电磁记录是否属于虚拟财产,决定了出罪与入罪、此罪与彼罪的界限。对此,我们应当秉持谦抑的刑法原则,对案件进行准确定性,做到既精准打击犯罪,不使犯罪分子逍遥法外,又不能扩大打击面,妨碍正常的互联网技术创新与商业创新。

首先,办案人员应当判断涉案的电磁记录是否属于虚拟财产,如果属于虚拟财产,还要进一步判断其是否属于财产性利益。既要依次判断涉案的计算机信息系统是否接入互联网,广大互联网用户能否自动或者人工接入该计算机信息系统,又要明晰涉案电磁记录具有什么样的使用价值,是否具有交换价值。在认定涉案电磁记录为虚拟财产的情况下,应当明确了解该虚拟财产的产生、消费机制,判断其商业价值。只能通过这样由表及里的分析,我们才能够认定该电磁记录的刑法属性,对行为人的行为加以准确定性。

其次,办案人员还要判断行为人多个犯罪行为之间的关系。通常来说,由于计算机信息系统具有一定的安全防护机制,行为人为追求特定目的,需要实施多个行为,才能针对电磁记录、虚拟财产,实施各类犯罪活动:或是借职务之便,接入计算机信息系统,进行特定操作,窃取公司财产;或是以特定的虚拟财产为诱饵,实施诈骗行为。那么,在办案中,办案人员要全面查清行为人的所有涉案行为,并要判断出各个行为之间的逻辑关系。要准确区分行为人是否属于想象竞合犯、牵连犯;判断其行为是否构成侵犯著作权罪、侵犯商业秘密罪、非法侵入计算机信息系统罪、非法控制计算机信息系统罪、盗窃罪、职务侵占罪等罪名;决定是否从一重罪处断,还是要数罪并罚。

---

① 张明楷.刑法学(下)[M].5版.北京:法律出版社,2016:937.

六、结　语

　　不论物的概念在民法、刑法上有多大的变化和发展，未经互联网行为及网络游戏行业、法律界专业人员的充分参与及全面论证，我们都不宜贸然地将虚拟财产及其他新兴事物划到无体物的范围中，否则会人为、肆意地扩大犯罪圈，有悖于刑法的谦抑性，不利于人权保障和创新发展。我们应当去深入研究虚拟财产的技术原理、商业原理，唯有这样，才能够全面、深刻地认识虚拟财产的法律来源，确定虚拟财产的刑法属性，准确地适用刑法，对非法侵犯虚拟财产的各类不法行为进行规制。

论网络中立行为的刑罚规制范围

——以客观归责的判断方法

毛建中　董　彬*

一、前　言

　　追求法益保护和自由保障之间的平衡,是刑法学的永恒主题。[①] 刑法既不会因为技术的进步而漠视法益,更不会为了打击犯罪而忽略自由。在互联网充斥的今天,一种被学界称为"网络中立行为"的新生事物再度考验这种平衡的指向,成为司法界甚至是社会热议的焦点。采用何种方法对"网络中立行为"进行合理规制,使刑罚制裁具备足够的正当化依据,便成为本文所要研究的重点。

二、网络中立行为的基本界定和规制争议

(一)网络中立行为的定性与载体

1. 行为定性

　　顾名思义,"网络中立行为"是一种基于互联网所发生的行为。而其"中立性"则反映在该行为的日常属性上,即表面可能是一种无害的职务、业务甚至生活行为(在德、日等国常被定义为"职业典型行为""中性业务行为""外部中立行

---

　　*　毛建中,浙江省杭州市人民检察院公诉一处副处长;董彬,浙江省杭州市人民检察院公诉一处助理检察员。

　　①　张明楷.刑法原理[M].北京:商务印书馆,2011:9.

为""日常生活行为"等)。① 该行为之所以有可能被纳入刑法所规制的范畴,是因为这种貌似不具有侵害性的网络行为,直接或间接地为涉网犯罪行为的有效实施起到了某种帮助作用。因此,从刑法的意义上看,所谓"网络中立行为",乃是基于互联网实施的,表面无害但又实质上为正犯实施犯罪活动提供某种帮助的行为。

2. 载体分类

既然"网络中立行为"是一种基于互联网所实施的行为,那么,其载体即见于网络之上。最初,网络中立行为的载体仅仅被认定为网络内容服务、链接服务和平台服务的提供者,但随着时间的推移和刑法的发展,人们发现网络中立行为载体正在迅速扩大。目前已经被定义的载体包括网络内容服务提供者,网络接入、服务器托管、网络储存、通信传输服务提供者,网络平台服务提供者,搜索引擎服务提供者,深度链接服务提供者和软件服务提供者六种。② 笔者有理由相信,未来的网络中立行为载体,将会囊括全部的网络服务类型,甚至会出现在目前尚未存在的网络行为之中。因此,对于网络中立行为的研究,不仅具有当下的现实评价作用,更有对未知行为的预防意义。

(二)网络中立行为的规制难题

从刑法研究和司法实践看,日益扩大载体范畴的网络中立行为规制难题,主要集中在提供网络中立行为的行为人,是否应当为提供某种事实上的"帮助"行为承担刑法上的责任。换言之,即网络中立行为的刑罚规制范围究竟有多广,处罚界限应当如何划定。

一种观点以"帮助犯"的构成要件套用中立行为,认为对网络中立行为完全应当按照帮助犯的模式进行处罚,这便是传统的全面处罚说。③ 但是,这种观点容易招致对国民自由不当限制的批判。特别是涉及网络,更是常被驳以"漠视生活""技术无罪",因而在德、日等国已经很难立足。另一种观点则认为,在信息网络犯罪中,即便中立者明知正犯意欲犯罪,但提供帮助属其正常的业务和交易活动范畴之中,不构成犯罪。④ 根据这种观点,网络中立行为几乎不存在归罪空间,

---

① 刘艳红.网络中立帮助行为可罚性的流变及批判——以德日的理论和实务为比较基准[J].法学评论,2016(5).

② 陈洪兵.论中立帮助行为的处罚边界[J].中国法学,2017(1).

③ 刘钰.中立帮助行为刍议[J].鄂州大学学报,2014(8).

④ 刘艳红.网络犯罪帮助行为正犯化之批判[J].法商研究,2016(3).

因而往往受到法益保护不力的批判。从《刑法修正案（九）》的立场来看，这种观点也不符合我国的立法目标和司法实践。笔者发现，上述针锋相对的观点，实际却都只是基于自由保障或法益保护的朴素立场，虽言之有理，但对网络中立行为的实务处理却并未提供真正的理论支撑。

三、网络中立行为与犯罪确界的理论基础

鉴于对网络中立行为的规制存在难题，各自的立场又缺乏相当理论支持，本文遂先从刑法理论入手，寻找网络中立行为与犯罪之间确定边界的依据。

（一）表面问题——明确"是否明知"

人们在判断网络中立行为是否构成犯罪时，往往基于行为人是否在"明知"他人在实施涉网犯罪时，仍提供所谓"中立"的帮助。如果明知即构成犯罪，反之则不构成。因而，普遍的观点是：只要行为对犯罪有帮助作用，行为人主观上也明知，该行为就应当按照帮助犯处理。[①] 比如，明知他人在网络集资诈骗，还为其制作诈骗网站；明知他人在网上宣传恐怖信息，还要为其提供传播软件，这些当然都构成犯罪。事实上，《刑法修正案（九）》新增的帮助信息网络犯罪活动罪、拒不履行网络安全管理义务罪等法律规定，以及与网络中立行为相关的多个司法解释，均持上述观点。

然而，互联网上的行为往往存在大量的中间状态，比如，K 公司明知其提供的网络视频服务器 Q 常被用于播放淫秽视频，但仍可用于播放符合法律规定的视频资料；又如，B 公司旗下的搜索引擎一律采用收费高低的方式进行搜索排序而无视缴费公司的业务内容，一些制造、销售假药的公司通过排名获得了广告的效益而让消费者受到伤害；再如，L 公司的网站上有一个链接，通过该链接能够进入另一个 M 公司的网站，而 M 公司的网站上除了正常链接外，还有数个钓鱼链接的网站。上述案例，均无法通过"行为人是否明知"的思维方法，得出是否追究 K、B、L 公司刑责的合理结论。

（二）实质难点——判断"因果关系"

当从"行为人是否明知"的角度难以判断网络中立行为实施者的刑事责任时，则需从行为出发，寻找行为人是否应当为涉网犯罪正犯承担某种共犯（或其

---

① 车浩.谁应为互联网时代的中立行为买单？[J].中国法律评论,2015(3).

他犯罪)担责的判断标准。有观点认为,中立行为是否形成帮助犯,主要看行为是否不可替代地导致了构成要件的重大变更和增加了正犯法益的危险和强度,若有这种变更,即可通过肯定二者之间的因果关系而成立帮助犯,否则即无罪。^①对于上述观点,虽有可以商榷的余地^②,但通过因果关系来划分中立行为的边界,却颇有值得借鉴的积极意义。

从表面看,几乎所有的网络中立行为与涉网正犯的行为以及侵害结果之间均存在事实上的因果联系。但是,刑法违法性的因果联系判断的实质是基于事实判断上的一种价值评价,故还需进一步判断事实上已经存在的因果联系是否足以用刑法加以惩戒。就上文所举的三个案例而言,K、B、L公司均明知其行为在提供某种便利的同时,会被涉网正犯所利用,造成某种帮助并导致侵害结果的发生,但这种帮助行为和结果之间是否存在达到可被刑法所评价的因果联系,才是判断其是否构罪的实质难点。在日本著名的"Winny软件案"中,该国理论和实务界也并非从"对后果是否明知",而是从因果关系是否具有值得刑法评价的"相当性"上提出看法,进行争论。

(三)解决路径——进行"客观归责"

帮助犯不是普通意义上的帮助行为,在"为他人犯罪提供物质帮助或心理支撑"中的作用虽不及正犯^③,但必有价值评价的内涵存在。将中立行为认定为刑法上的帮助犯甚至正犯并科以刑责,必须对认定边界的表面和实质问题有所回应,从而在保障公民的行为自由的前提下进行合理规制。客观归责理论作为晚近德国刑法理论和实务界主流的因果关系判断理论,用以限定中立行为的处罚范围,受到了大量判例和学说的认可,并逐步形成了"客观说""综合说"^④等观点体系。

面对最为复杂的因果关系,客观归责理论的判断需经过三个阶段过滤,即:第一,行为人的行为是否制造了法律所不允许的风险;第二,该风险是否与造成的结果具有常态关联;第三,因果流程是否在构成要件的效力范围内。只要任何

① 黎宏.论中立的诈骗帮助行为之定性[J].法律科学,2012(6).
② 在上述观点中,最为值得商榷的地方即在于中立行为的不可替代性,因为刑法理论和实务中,对于帮助犯的处罚要件,从未要求帮助行为必须"不可替代"。
③ 周光权.网络服务商的刑事责任范围[J].中国法律评论,2015(2).
④ 综合说的实质,是在客观说的基础上,更为重视行为人的主观因素的立场,代表人物为Roxin.参见:黎宏.论中立的诈骗帮助行为之定性[J].法律科学,2012(6).

一个阶段被否定,则行为人就不必为自己造成的结果担责。笔者认为,客观归责理论作为一种较为严格的因果关系判断方法,对于有效规制中立行为刑事责任边界的作用是积极的,它不但能够有效防止中立行为入罪的边界无限扩展,同时亦能够防止对处罚边界的不当限缩。因此,"如果彻底贯彻客观主义的立场,就应当通过中立行为是否制造、增加了不被法所允许的危险及危险是否被实现等角度考虑问题"①。

不得不承认,采用客观归责理论处理因果关系,除极少数情况外,判断结果与"相当因果关系说"并无实质差异。② 但客观归责理论往往将一些本非因果关系判断的内容涵盖在内(如行为、行为故意的一些成分,对此也曾有学者进行批判③)。而正是客观归责理论涵盖范围广的特点,使得其在判断"因果关系"的同时,也能够对行为人的客观行为和主观故意有所涉及,进而在解决"因果关系"这一实质难点之外,又对行为和故意进行一定的规制,从而成为解决网络中立行为入罪问题的重要工具。

四、典型网络中立行为客观归责的现实方法

采用客观归责理论进行归罪界定,关键在于其能否对五花八门的网络中立行为进行有效归责。笔者将采用客观归责的方法,对目前部分争议较大的网络中立行为构罪问题加以判断,以期得出合理的结论。

(一) 法益衡量的标准

1. 法益侵害与违法风险的关系

根据客观归责理论,判断因果关系的第一层限制是行为是否制造了法律所不允许的风险。如果某个网络中立行为根本没有制造风险,或者这种风险被法律所允许,则该中立行为不构成犯罪。网络社会本身就是一个风险社会,制造风险极为容易,规避风险却存在困难,既然网络中立行为在客观上为其他涉网正犯的行为提供了帮助,当然属于制造了风险。但这种风险是否被法律所允许,则存在探讨的余地。

---

① 周光权.网络服务商的刑事责任范围[J].中国法律评论,2015(2).
② 陈洪兵.论中立帮助行为的处罚边界[J].中国法学,2017(1).
③ 张明楷.刑法学(上)[M].5版.北京:法律出版社,2016:180.

究竟什么风险被法律所允许？无论是结果无价值论还是二元论，首先都会从法益侵害的角度进行评价。即如果一个行为造成法益增益与侵害之差额结果是正值，则该行为就没有造成法益的实质侵害，应被法律所允许；相反，如果某行为造成的风险后果导致法益毁损，则该风险行为即被法律所禁止。

2. 基于法益衡量的实务判断

依据上述标准，一些看似疑难的网络中立行为是否涉罪的判断，便可得出明确结论。比如，上文所称举的视频软件服务商 K 公司是否构罪的问题，便可从法益的平衡性进行判断。即如果 K 公司提供的网络视频服务器 Q 本身就是违法性质的软件（如流氓软件、病毒软件等），或者虽在形式上具有合法性，却被大量地用于播放淫秽视频，且淫秽视频的播放数量远超正常合法视频的播放数量，则其放任行为所侵害的法益大于其提供服务所增加的社会价值，故造成的风险被法律所禁止。相反，如果视频服务器 Q 虽然也经常被用于在网上播放淫秽视频，但与其播放的合法视频数量相比只是沧海一粟，则这种网络中立行为总体不具有法益侵害性，造成的淫秽视频传播风险理应被法律所允许。

与之类似，一些网络接入、储存、通信传输服务提供者和一些基于互联网的聊天社交、商品交易软件的提供者，其业务行为均可能造成被正犯利用，进而为正犯实施诸如互联网恐怖活动、诈骗活动等犯罪行为提供帮助，即便是普通民众对此也有所明知。但若上述网络服务的提供商，提供给社会的价值和便利远远高于犯罪活动造成的各类损失，则很难认为这种中立活动造成的风险为法所禁止。因此，学者所担心《刑法修正案（九）》新设的针对网络中立行为的犯罪，"会给网络服务商赋予过重的、实际上也难以承担的审核和甄别的责任"[①]问题，也许在实务中并不存在。

（二）侵害的常态化考量

1. 偶然关联性与相当因果关系

根据客观归责理论，即使行为的确造成了法律所禁止的风险，然而该风险与结果之间却并无常态上的关联性（即为异常、偶然的关联），则该行为仍不能认定为犯罪。

---

① 车浩. 快播是否应为互联网中立行为买单？［EB/OL］.［2017-09-25］. http://tech. qq. com/a/20160108/050860. htm.

何为常态上的关联性？有的学者将其认定为"责任的归责"①，又有观点认为其属"客观目的性"②的范畴。其实，上述观点并无过多实质争议。总体而言，关联性的"常态"应与"相当因果关系"中的"相当"具有某种程度的一致性。比如，德国学者哈塞默对因果关系的"偶然性"运用至中立行为的客观归责之中的方法，就与相当因果关系无本质差异。他指出："中立的、为社会所允许的、遵守规则的业务行为……即使这种行为偶然实现了犯罪的构成要件，侵害了法益，这种行为也不为刑法所关心，不构成从犯。"③笔者认为，如果行为和结果之间的关系确属异常，客观上可以认为不构成因果关系。从责任的角度看，其主观故意也可排除。事实上，许多存在争议的中立行为，完全可从因果关联的偶然性角度进行是否构罪的判断。

2. 常态关联思维的实务价值

回到网络，如果某中立行为造成涉网行为犯罪的结果属于正常因果联系的范畴，一般人能够对其有足够的预测，则可认定为符合客观归责理论的第二重考量，反之则可直接排除犯罪。比如，上文所举的 B 公司是否构成生产、销售假药罪帮助犯（也可能是虚假广告罪正犯）的问题。B 公司搜索引擎一律根据收费高低进行搜索排序的行为，除给企业自身带来效益外，根本无法为社会带来利益，故该行为带来的危险系刑法所禁止。在此基础上，我们进一步判断关联的常态化，即如果一般人从无规则的搜索中，均能够合理地预测到 B 公司这样完全缺乏监管的根据赞助金额的排序活动，将导致一些诸如贩售假药、伪劣产品的违法网站进入显眼的位置，进而对法益进行侵害，则这种侵害便不属于偶发，该行为的实质已经丧失了网络的"中立"地位，具有极大的客观归责可能性。

在一些案件中，部分网络中立服务的提供者，常常以"曾在提供网络服务时，警告不得用于违法行为"的理由进行抗辩。在国外，也确有法院以此为由认定无罪的案例。① 但上述情况均不处以刑罚，实有放纵犯罪之嫌，也容易导致这种脱罪手段的蔓延。笔者认为，若从关联的常态性思维出发，则无论行为人是否提出"曾加以警告"的抗辩，均可从行为与侵害结果关联性是否合理的角度加以判断，从而解决这种制造非法风险的中立行为是否应当归责及如何归责的问题。

---

① 张明楷. 也谈客观归责理论——兼与周光权、刘艳红教授商榷[J]. 中外法学，2013(2).
② 刘悦. 刑法中的客观归责理论[J]. 法制与社会，2014(14).
③ [日]曲田统. 日常行为与从犯——以德国议论为素材[J]. 法学新报(111卷)：159.
④ 比较典型的即是日本知名的"Winny软件案"的终审判决理由。

(三) 构成要件效力的辨析

1. "回溯禁止"与效力范围

一般而言,使用客观归责理论判断因果关系,往往经过上述两个阶段即可。只有在极少数的情况下,才需要进一步牵涉到构成要件符合性的问题:因果流程是否在构成要件的效力范围内。而该阶段判断具体类别,客观归责理论分为是否参与他人故意的自危、是否同意他人造成的危险、是否属于专业人员的责任范围和"回溯禁止"[①]等四个方面。

涉及对网络中立行为进行评价,"回溯禁止"有其特殊的作用。所谓回溯禁止,一般是指行为人实施行为之后,因为其他人故意行为的介入而导致结果的发生,则先前行为者就不必为后来的结果负责。[②] 德国学者雅各(Jakobs)从该理论入手,认为只要中立行为存在独立的社会意义,便禁止将正犯行为及其结果溯及中立行为,故只能由正犯独自承担责任。而网络中立行为独立社会意义的判断,则关涉到其与涉网正犯行为之间的密切程度雅各认为,只有中立行为的帮助导致正犯行为造成侵害结果的可能性极大,才构成帮助犯。[③]

2. 回溯禁止理论的实务运用

笔者认为,在符合客观构成要件前面两个阶段要求的基础上,如果某个网络中立行为与正犯行为的关系具有直接性(即正犯的侵害结果与网络中立行为的帮助具有直接关系),则可认为该中立行为的因果流程在构成要件的射程之内,反之则不构成犯罪。在上文所举的 L 公司经 M 公司链接至钓鱼网站的案例中,由于 M 公司直接与钓鱼网站相连,则其帮助行为直接造成了钓鱼网站欺诈、窃取被害人财产侵害结果的发生,故 M 公司的行为应当被评价为帮助犯,而 L 公司并非直接与钓鱼网站建立链接,而是经过 M 公司的过渡才能获取到钓鱼网站的信息。因此,只要 M 公司网站的主要内容与钓鱼无关,根据"回溯禁止"的原则,即不能认为 L 公司的中立行为属于刑法中的帮助行为。

不容否认,互联网是"蝴蝶效应"的加速器和扩音器,网络活动中的单个行为所造成的影响和导致的结果常常出乎行为人的意料。根据《刑法修正案(九)》的规定,网络内容服务提供者、网络平台服务提供者和深度链接服务提供者作为网

① 孙运梁. 构成要件的效力范围——客观归责理论构成规则研究[J]. 湖南社会科学,2012(5).
② 黄荣坚. 刑法的极限[M]. 台北:元照出版有限公司,1999:145.
③ Jakobs 的上述观点参见:陈洪兵. 论中立帮助行为的处罚边界[J]. 中国法学,2017(1).

络中立行为的重要实施主体,具有某种监管的责任和义务。对上述主体援引"回溯禁止"理论加以保护,在维护国民(特别是网民)行动自由的前提下,亦可有效防止上述监管主体管理责任和管理成本出现不当增长。而正如上文所述,法益保护和自由保障之间的平衡,乃是包括客观归责理论在内的刑法学体系的不懈追求。

"帮助行为正犯化"立法正当性探讨

——以帮助信息网络犯罪活动罪为视角

孙运梁　李亚琦[*]

一、引　言

当代社会科学技术的快速发展给人们的生活带来了翻天覆地的改变,这种未知的挑战也对刑法理论的发展产生了巨大的影响,以保护法益为核心的刑法观正逐渐向"风险社会的刑法观"转变,计算机技术对现实生活的入侵,全球化背景下金融体系的不稳定,大规模恐怖袭击活动的频繁发生等等隐藏在社会巨大变革背后的危险都让人们感到了不安,人们想要消灭或者说预防这些危险的迫切希望在刑法界体现得越来越明显。"风险刑法观"在立法上表现为立法活动的积极,整体表现为刑事处罚的普遍化,刑法干预的提前化,即通过一系列规范将更多抽象法益纳入刑法保护的范围,同时通过将预备行为规定为实行行为,将共犯行为规定为正犯行为等手段将刑法进行干预的时间提前。[①] 我国刑事立法也受到了影响,在《中华人民共和国刑法修正案(九)》中对这股潮流做出了回应,于《刑法》第二百八十七条之二规定了帮助信息网络犯罪活动罪,将原本的网络犯罪帮助行为直接当成实行行为进行定罪量刑,体现了"共犯正犯化"的趋势。就这一立法活动,有以下几个问题需要进一步探讨:第一,该罪的性质是否为"帮助

＊　孙运梁,北京航空航天大学法学院副教授,刑事法中心副主任;李亚琦,北京航空航天大学法学院硕士研究生。

① 黎宏.刑法总论问题思考[M].北京:中国人民大学出版社,2016:38.

行为正犯化";第二,如果对上一个问题做了肯定回答,那么其立法动因何在,正当性何在;第三,该罪是否契合了共犯独立性说;第四,该罪的司法适用。

二、"帮助信息网络犯罪活动罪"的现实考量

(一)帮助信息网络犯罪活动罪的性质

《刑法修正案(九)》增加了"帮助信息网络犯罪活动罪"的规定后,刑法学界大多认为此乃立法上的"共犯正犯化"举措,但有学者主张《刑法》第二百八十七条之二只是帮助犯的量刑规则,其将我国刑法分则中对帮助犯的单独规定分为绝对正犯化、相对正犯化以及量刑规则。例如,刑法分则第一百二十条之一规定的帮助恐怖活动罪,构成该罪的行为人一旦实施了该罪的构成要件该当行为,不论被帮助的恐怖活动本身是否实行,该罪都成立,并不再适用我国刑法总则中关于共犯的量刑规则,而是直接适用该罪的独立法定刑,因此属于帮助犯绝对正犯化的规定;而刑法分则第三百五十八条第四款规定的协助组织卖淫罪则是帮助犯相对正犯化的规定,在组织卖淫罪的实行行为未实施的情况下,协助组织卖淫罪的成立还要以是否危害了社会管理秩序为标准来判断;最后,《刑法修正案(九)》新增的"帮助信息网络犯罪活动罪"虽然给帮助犯设置了独立的法定刑,但对其进行实质判断可得,当该罪行为人所帮助的实行行为未实施时,该帮助行为不具有法益侵害性,不可罚,说明该罪的成立仍然以正犯的成立为前提,不构成正犯化。[①]

笔者认为这种观点是不可取的,理由如下:第一,《刑法修正案(九)》第二十九条增设了《刑法》第二百八十七条之二,其后"两高"联合发布了《关于执行〈中华人民共和国刑法〉确定罪名的补充规定(六)》,正式确立了《刑法》第二百八十七条之二的罪名——帮助信息网络犯罪活动罪。既然刑法分则已经确立了独立的罪名与法定刑,不承认该行为的正犯化未免牵强,无法使人信服。第二,上述分类方法标准不统一,有违刑法解释的体系原则。按照该学者的观点,对《刑法》第二百八十七条之二要参考共犯的从属性原理、行为侵犯的相关法益等方面进行实质判断,那么如果用同样的方法去解释帮助恐怖活动罪,若被帮助的恐怖活动正犯行为未实施,帮助行为同样未侵犯任何法益,因此不具有可罚性,但这与

---

① 张明楷.论帮助信息网络犯罪活动罪[J].政治与法律,2016(2).

上述绝对正犯化即不论正犯行为是否实施,帮助行为都构成犯罪这一结论相悖。事实上,相对正犯化中的"社会管理秩序侵害的严重程度"这一判断标准也十分模糊,难以准确判断。因此,笔者不认同上述分类,《刑法》第二百八十七条之二应属于"帮助行为正犯化"这一范畴。

(二) 现实困境与立法原因

计算机技术的快速发展对我们生活的影响越来越凸显出来,相关领域的法律问题层出不穷,其复杂性是前所未有的,因此理论界认为许多传统理论受到了挑战,我们需要对此做出回应,在此背景下,一些学者主张"共犯正犯化"来解决传统共犯理论无法解决的问题,他们主张的原因主要有以下两点:[①]

1. 网络犯罪活动的帮助行为危害性超过正犯行为。由于计算机技术的复杂特性,在利用网络实行的犯罪中,技术帮助行为往往是整个犯罪过程的关键一环,离开了技术帮助行为,网络犯罪的正犯行为甚至难以展开,由此可见,网络犯罪活动帮助行为的社会危害性已经远超正犯行为。然而,按照我国刑法总则关于共犯的规定,帮助行为一般是要按照从犯处理,比照主犯的法定刑从轻、减轻量刑,这与网络犯罪活动帮助行为的危害性不符。

2. 网络犯罪的帮助犯往往呈现"一对多""多对多"态势,主观上的犯意联络不明显,客观上正犯行为难以认定;技术帮助行为与网络犯罪正犯行为主观上的意思联络往往难以发现,更难以取证,还有很大一部分帮助犯在主观上是间接故意,对后续的正犯行为持放任态度,因此司法实践中很难顺利将帮助犯入罪。另外,由于技术上的难度较大以及网络犯罪活动单位总部或犯罪个体往往设在境外等原因,司法部门对网络犯罪的正犯往往也很难实施抓捕,程序上难以定罪处刑,更枉论对帮助犯定罪量刑,因此必须采取措施来改变这种情形。

三、立法必要性及正当性质疑

(一)正共犯二元区分制与主从犯二元区分制的共犯论

在论述共犯正犯化的立法动因时,许多学者认为其中最重要的因素就是在网络犯罪的新形势下,帮助犯不再位于辅助和边缘的地位,而是起着决定性的作

---

① 于志刚.共犯行为正犯化的立法探索与理论梳理——以"帮助信息网络犯罪活动罪"立法定位为角度的分析[J].法律科学,2017(3).

用,因此,要将其正犯化,以求加重某些帮助行为的刑罚,做到罚当其罪。这种考虑背后隐藏着一个公式,即共犯(帮助犯、教唆犯)等于从犯,正犯(实行犯)等于主犯,这个公式以我国刑法的传统共犯理论做支撑,看似十分合逻辑,事实上,这种逻辑是把两种共犯论体系的核心概念偷梁换柱地胡乱嫁接在了一起,是不足取的。

1. 以正犯为核心概念的共犯论体系

德日等大陆法系国家的共犯论的中心概念即为"正犯",正犯指的就是亲自实施实行行为(构成要件该当性行为)之人。基于此种体系,产生了两种基本的教义学立场即限制正犯论与扩张正犯论。① 限制正犯论主张正犯与共犯二元区分制,亲自实施了分则规定的构成要件该当行为的行为人称为正犯,而未亲自实施,只是对构成要件结果的实现做出了贡献,具有因果联系的行为人,称为共犯(狭义上的共犯)。此概念的划分衍生出了两个以此为基础的理论即"因果共犯论"与"共犯从属性原理"。"因果共犯论"是用来说明限制正犯论下共犯的处罚根据的,因为共犯与法益侵害结果有因果联系,共犯通过加功于实行行为而引起了法益侵害的结果,因此,能够对其科以刑罚。"共犯从属性原理"也构成了"因果共犯论"的基础,该原理说明了二元区分制下正犯与共犯的关系,即共犯的成立依赖于正犯的着手实行,必须存在一个正犯行为,共犯行为始能成立。这两个衍生理论也反映出了一个现象,限制正犯论体系是以"正犯"概念为核心的。扩张的正犯论主张不论是亲自实施实行行为还是利用他人实行行为,只要是共同作用于构成要件结果的实现,那便都与构成要件结果的实现具有因果联系,这一点从可罚性上来看是没有区别的,因此限制的正犯论中所提到的正犯与帮助犯、教唆犯等在扩张的正犯论中一并称为"正犯",至于其中的差别可以在量刑中予以体现。

虽然以限制正犯论为立场的正共犯二元区分制与以扩张正犯论为立场的单一正犯制各自对立,但两种学说有一个共同的核心概念即正犯概念,从本质上看,以正犯为核心概念的共犯论体系主要在确立某个行为获得刑法评价的主体之资格,也就是刑法分则的构成要件该当性问题。

2. 以主犯为核心概念的共犯论体系

新中国成立以后,我国刑法主要是向苏联学习,因此我国共犯理论并未采用以德日为代表的大陆法系国家立法体例。按照大陆法系传统分类,上述共犯体

① 阎二鹏.共犯教义学中的德日经验与中国现实——正犯与主犯教义学功能厘清下的思考[J].法律科学,2017(5).

系是按照分工不同来分类的,而我国共犯体系是按照在犯罪中起到的作用来分类的。我国刑法总则第二十六、二十七条规定,组织、领导犯罪集团进行犯罪活动的或者在共同犯罪中起主要作用的,是主犯;在共同犯罪中起次要或者辅助作用的,是从犯,对于从犯,应当从轻、减轻处罚或者免除处罚。此外,在第二十八、二十九条还规定了胁从犯与教唆犯,对于被胁迫参加犯罪的,应当按照他的犯罪情节减轻处罚或者免除处罚;教唆他人犯罪的,应当按照他在共同犯罪中所起的作用处罚。撇开刑法学界对我国刑法中共同犯罪这一章的诸多诟病不提,我们能够很明显地看出我国的共犯论偏向于规定犯罪人的量刑。

3.两种共犯论的融合

我国共同犯罪的立法体例将行为人的行为类型跟违法性程度乃至刑罚的轻重程度视为一体,乃是不可取的。共同犯罪中存在亲自实施实行行为,直接对法益侵害结果产生影响的行为人,也存在间接构成刑法分则的该当要件的行为人。根据"因果共犯论",不同的行为类型可罚性上的联系就是他们都与法益侵害结果的产生具有因果联系,但是继续裁量刑罚的轻重时,本就不能只考虑因果联系这个单一元素,因此仅以行为类型来决定不同行为人刑罚的轻重是错误的。

以德日为代表的大陆法系国家的立法体例中,共犯在共同犯罪中的地位看似边缘化,也应当在量刑上对其从轻、减轻,但是实际上这只是一种逻辑的错位而已。正共犯的区分是在形式上判断哪个行为人直接具有构成要件该当性,也就是说德日共同犯罪理论是要解决违法事实归于谁的问题,遵循阶层犯罪论的思想,这一步仅仅是表面上的不法性判断,"仅代表两者不法构成要件实现的形式差别,在表征刑法所禁止的行为类型层面不可能有量差关系存在"①。

明确了这个前提之后,回到上述"帮助信息网络犯罪活动罪"的立法原因上来,针对学者提出的帮助犯的危害性超过了正犯,而我国传统刑法理论对帮助犯量刑过轻无法罚当其罪的问题,完全可以提出一种不同于"共犯正犯化"的思路。我国传统共犯理论将形式判断与实质判断融为一体导致了对共同犯罪人定罪量刑时的混乱局面,如今可以将德日共犯中的"限制正犯论"也就是"正共犯二元区分制"引进来,与我国的共犯体系结合起来。"扩张的正犯论"在大陆法系中也有国家采用,它强化了对法益的保护,扩大处罚范围,但常与罪刑法定原则产生冲

---

① 阎二鹏.共犯教义学中的德日经验与中国现实——正犯与主犯教义学功能厘清下的思考[J].法律科学,2017(5).

突,弱化了刑法的人权保障机能。我国近代以后法治文明发展起步较晚,罪刑法定的理念尚停留纸面,没有稳定合理地限制国家刑罚权的司法理念与司法体系,刑法学者仍在为之努力,处于这个阶段,我们要对这两种教义学立场做出更本土化的抉择,自然是区分制最为妥当。将"正共犯二元区分制"用于厘清犯罪事实的归属,根据构成要件的该当性解决定罪层面的问题,明确了这一点后,再运用主从犯区分理论根据共同犯罪人分别所起的作用大小来量刑,将这两种理论进行融合,形成位阶关系,先解决该当性、违法性的问题,再谈责任的大小,足以解决因逻辑错位导致的对有些起关键作用的帮助犯处罚过轻的问题了。①

(二)"共犯从属性"理论下的解决途径

我国刑法总则第二十五条规定:共同犯罪是指二人以上共同故意犯罪。关于该条法规的解读,"共犯从属性"理论分出了三种学说,分别是:极端从属性说、限制从属性说与最小从属性说。② 极端从属性说对应的共犯的处罚根据是"责任共犯说",责任共犯说主张之所以要处罚共犯,乃是因为共犯诱惑正犯堕落,以致正犯落入犯罪的境地。从字面意思上也很容易看出,责任共犯说的立场偏向主观主义刑法,认为保护社会伦理秩序比保护法益更为重要,当下刑法的基本立场绝大多数都是认为犯罪的本质是法益侵害,责任共犯说与这一点格格不入,已为大多数国家和学者所摒弃。与之相应的要求正犯应完全具备构成要件该当性、违法性与有责性,共犯始能成立的极端从属性说也基本没有人再采纳。限制从属性说是继极端从属性说以后流行起来的,我国《刑法》第十七、十八条规定了年龄与精神状况对行为人刑事责任能力的影响,在极端从属性的语境下,如果正犯的年龄未满十六周岁或犯故意杀人、故意伤害致人重伤或者死亡、强奸、抢劫、贩卖毒品、放火、爆炸、投毒罪的正犯未满十四周岁,还有正犯为丧失辨认或控制自己能力的无刑事责任能力人时,共犯同样无法成立犯罪,这种结论明显不妥,因而在限制从属性说中,对于共犯成立的前提只要求正犯具备违法性而非不法与责任齐备。极端从属性说与限制从属性说都以教唆犯为中心,主要围绕教唆犯展开,难以很好地解决帮助犯的处罚问题,基于上述两种理论的种种漏洞,最小从属性说逐渐发展起来,最小从属性说主张正犯只要具备构成要件该当性即可

---

① 阎二鹏.共犯教义学中的德日经验与中国现实——正犯与主犯教义学功能厘清下的思考[J].法律科学,2017(5).

② 于志刚.共犯行为正犯化的立法探索与理论梳理——以"帮助信息网络犯罪活动罪"立法定位为角度的分析[J].法律科学,2017(3).

作为共犯成立的前提,客观上不再要求达到违法性中的罪量要求,主观上也不再要求证明共犯与正犯之间存在犯罪的意思联络。对于上文陈述的"帮助信息网络犯罪活动罪"的立法原因中的"网络犯罪中共犯与正犯的犯意联络难以查证以致难以定罪"这个问题,可以用最小从属性说来解释,假如网络犯罪的正犯制造了法益侵害的结果或者危险,符合构成要件该当性的要求,帮助行为对此持故意的态度,就算没有犯意联络也可以按照共同犯罪处理,也就无须将它作为正犯规定了。

前两个困境在对传统刑法理论做出解释与改进后,都有了替代的选择,关于实践中面临的另一个困境,也就是网络犯罪中刑事追诉困难,有学者提出由于刑事管辖权与技术难度大等原因,网络犯罪中的正犯行为人很难有效追诉,[①]但是仅仅因为司法上难以追究正犯的刑事责任导致帮助犯责任难以追究这一原因就干脆为帮助犯新设一个罪名,将其正犯化,未免有些越俎代庖了。[②]刑法理论作为一个体系,任何理论都是牵一发而动全身的,立法也要考虑其背后的理论意义,这样才不至于既令立法目的落空又使刑法教义学体系不能够圆融自洽,头痛医头脚痛医脚的做法是不可取的。

四、新增罪名与共犯独立性契合之反驳

在"正犯着手实施犯罪是否为共犯成立之必要前提"这一问题上,有共犯独立性说与共犯从属性说这两个完全对立的学说,如前所述,共犯从属性说要求共犯的成立必须要有正犯的实行行为为前提。而共犯独立性说以"犯罪征表说"为理论基础,主张即使正犯未着手实施实行行为,也可以处罚共犯,共犯行为本身具有独立的可罚性。根据共犯独立性说的立场,共犯行为作为犯意的征表,已经独立地具备了社会危害性,自身即构成犯罪行为,进而具备了可罚性,在被帮助的正犯着手实施实行行为后再处罚帮助犯,属于"不当地延迟了针对社会危险者的社会防卫举措"[③]。

共犯独立性说关注的重点是行为人的犯意或者说是主观恶性程度与社会伦

① 于志刚.共犯行为正犯化的立法探索与理论梳理——以"帮助信息网络犯罪活动罪"立法定位为角度的分析[J].法律科学,2017(3).
② 师晓东.网络帮助犯正犯化之检讨——以《刑法修正案(九)》为中心[J].山西高等学校社会科学学报,2016(11).
③ 张明楷.论帮助信息网络犯罪活动罪[J].政治与法律,2016(2).

理秩序,过度强调社会防卫,这与扩张正犯论与主观主义刑法的立场不约而同相契合。但首先,前文已论述过我国现阶段要弃扩张正犯论不用的原因;其次,从我国刑法的规定可以看出,我国刑法的目的是保护法益不受侵害,犯罪的本质是法益侵害而不是破坏社会伦理秩序。这说明我国刑法的基本立场是客观主义刑法,现阶段在我国采用共犯独立性说不但会与我国刑法基本立场相违背,还会带来正犯行为与共犯行为混同、构成要件界限模糊、罪刑法定原则虚设等等弊端,因此,我们仍要坚持共犯从属性说的立场。

"帮助信息网络犯罪活动罪"的设立无疑是"帮助犯正犯化"家族中的一位新成员,但也有不少学者认为这一立法将帮助犯提升到正犯地位后不再需要正犯的成立就可以单独进行处罚,因此有突破了共犯从属性,与共犯独立性相契合的嫌疑。① 对于这种看法,笔者并不完全认同,理由如下:首先是概念上的区分,"帮助犯正犯化"与"共犯独立性"本是不同层面上的两个概念,不可简单地同日而语。共犯独立性的结果是帮助犯的成立不需要依赖正犯行为的实行,但帮助犯的性质仍然是帮助犯,在定罪时依然对帮助行为按照正犯的罪名定罪,量刑也必须比照刑法分则规定的实行犯的法定刑;而在帮助犯正犯化后,刑法分则已经将其提升至实行犯的地位,具备独立的罪名和单独设置的法定刑,不再按照被帮助行为构成的罪名来定罪,也不必参照被帮助正犯的法定刑来量刑了。其次,共犯独立性的语境下,对帮助犯的教唆与帮助行为都是间接地与法益侵害结果产生因果联系,教唆犯和帮助犯都应是对正犯行为的教唆和帮助,对帮助行为的教唆和帮助应按帮助犯论处,在帮助犯正犯化中,对该帮助犯的教唆和帮助已经构成了对刑法分则规定的实行犯的教唆和帮助,此时的教唆行为和帮助行为应分别按教唆犯与帮助犯定罪量刑。最后,两种理论下的帮助犯与被帮助的实行行为的关系也不尽相同。根据共犯独立性说的理论,帮助犯没有独立的罪名,当帮助犯已经着手实行帮助行为而最终正犯并未着手实施实行行为时,根据我国刑法对未遂犯的规定,此时帮助行为也属于"已经着手实施",因此,此时帮助犯构成被帮助的罪名的未遂形态;而"帮助犯正犯化"则意味着,若被帮助的正犯未实施或未利用该帮助犯提供的帮助实施犯罪,只要帮助行为本身着手实施,即可按照

---

① 王兵兵.“共犯正犯化”立法质疑——以帮助信息网络犯罪活动罪的增设为视角[J].苏州大学学报(法学版),2017(1).

正犯化后的罪名定罪,单独量刑。① 例如网络诈骗,若诈骗行为未实施或未利用网络实施,那么已经实施的网络技术帮助行为按照共犯独立性说的立场应以诈骗罪未遂论处,而以"帮助犯正犯化"的立场则直接定"帮助信息网络犯罪活动罪"即可。

基于以上分析,无论是从形式上还是实质上看,"帮助犯正犯化"与"共犯独立性说"都是不同层面的概念,不可混为一谈,将帮助信息网络犯罪的行为正犯化仍与共犯从属性相契合,并未滑向共犯独立性说。

五、"帮助信息网络犯罪活动罪"的司法适用

(一)中立帮助行为可罚性范围之限制

从"前因"入手进行考察可以看出,"帮助信息网络犯罪活动罪"的设置并不是必要的最好的立法选择,它是一种功利性立法与现象立法,这也就招致了后续适用的一系列问题。

争议最大的应属中立帮助行为的可罚性问题,《刑法》第二百八十七条之二的罪状表述含有"为其犯罪提供互联网接入、服务器托管、网络存储、通讯传输等技术支持,或者提供广告推广、支付结算等帮助",这些行为可能涉及目前学界争议较大的中立帮助行为,新增的该罪也引起了"帮助信息网络犯罪活动的行为是否符合中立帮助行为的特征以及我国刑法是否将全面肯定中立帮助行为可罚性"的争议。中立的帮助行为是一种有别于一般帮助行为的概念,它指的是具有职业化、生活化外观的一些日常发生的帮助行为,行为人的主观意志通常难以准确掌握。② 某些中立的帮助行为与法益侵害的结果之间存在因果联系,但断定这些行为皆创设了法不容许的风险又实在很牵强,若全面入罪必然导致犯罪圈的无限扩张,因此,目前刑法教义学的理论虽然有主观说、客观说与折中说之分野,但绝大多数学者的基本立场都是对中立帮助行为的处罚进行限制。③ 纯粹的主观说立足于"未必的故意否定说",认为中立帮助行为人对促进正犯的犯罪有确切的故意时,具有可罚性,若只是意识到可能性的存在,主观上持未必的故意时,

① 张明楷.论帮助信息网络犯罪活动罪[J].政治与法律,2016(2).
② 刘艳红.网络犯罪帮助行为正犯化之批判[J].法商研究,2016(3).
③ 熊亚文,黄雅珠.帮助信息网络犯罪活动罪的司法适用[J].人民司法(应用),2016(31).

基于信赖原则认为其不具有可罚性;客观说则主张利用"客观归责理论"来区分中立帮助行为与一般的帮助犯,从而限制对中立帮助行为的处罚,当帮助行为给法益制造或增加了法所不容许的风险或促进了正犯行为的实施时,方可成立帮助犯;折中说以德国的罗克辛教授为代表,强调主观与客观条件均需具备才可将中立帮助行为入罪。罗克辛教授提出了"故意的二分法"[①],主观方面仍是利用帮助行为人对正犯行为的认识内容判断帮助行为人是具有确切的故意还是未必的故意,得出行为人有确切故意的结论后,再客观地判断帮助行为是否制造或增加了法不容许的风险以及与犯罪行为的关联性。在此问题上,也有学者主张只有主观与客观两种路径,将罗氏的主张归于主观的路径,认为折中说与此并非一个层面的问题。[②] 笔者认为,纯粹的主观说存在主观归罪的明显缺陷,不可采用纯粹的主观说,而客观说与折中说彼此对立,各有优劣。客观说中判断标准模糊,且完全不考虑主观因素实难真正解决中立帮助行为的入罪问题,而折中说表面上是主客观齐备,实质上却是以主观认识内容为前提,倒向了主观说的立场。其实不妨修正地将客观行为作为判断的前提,再加上主观因素对犯罪化事由进一步排除,而不是单单将主观因素作为犯罪化事由排除的独立标准,导致一些客观上对法益造成侵害的行为无法入罪,而一些没有实质法益侵害结果的行为仅因主观内容被入罪,这样可以更为适当地限定中立的帮助行为的处罚范围。

新增罪名中的提供互联网接入、服务器托管等技术行为与广告推广、支付结算等一般交易行为在早已经网络化了的现实生活中本就是一种司空见惯的行为,不加区分地入罪必然会导致一部分不具有可罚性的中立帮助行为也被处罚。虽然不能说我国犯罪范围的持续扩张必然带来负面影响[③],但这种对于不具有可罚性的行为的任意处罚则肯定不应被容忍,应当通过教义学的解释来排除"帮助信息网络犯罪活动罪"对不可罚的中立帮助行为的适用。

(二)犯罪体系之协调

实际上,"帮助信息网络犯罪活动罪"在网络犯罪领域内具有一种"兜底型罪名"的性质,因此在司法实践中必须做好它与总则的共犯体系以及分则其他相关

---

① 阎二鹏.法教义学视角下帮助行为正犯化的省思——以《中华人民共和国刑法修正案(九)》为视角[J].社会科学辑刊,2016(4).

② 阎二鹏.法教义学视角下帮助行为正犯化的省思——以《中华人民共和国刑法修正案(九)》为视角[J].社会科学辑刊,2016(4).

③ 陈兴良.犯罪范围的扩张与刑罚结构的调整——《刑法修正案(九)》述评[J].法律科学,2016(4).

罪名的协调,不能滥用该罪名导致罪责刑不相适应。

　　需要重点解释的即罪状表述中的"明知",笔者认为,此处的"明知"应不包括事先的犯意联络,事先通谋仍应直接按被帮助的正犯实施的犯罪的共同犯罪论处。① 《刑法》第二百八十七条之二第一款规定了该罪的法定刑:"情节严重的,处三年以下有期徒刑或者拘役,并处或者单处罚金。"可以看出该罪的法定刑设置较低②,当能够证明诈骗、盗窃等犯罪的帮助行为与正犯行为实行前存在犯意联络时,即不存在认定共犯的障碍,如果此时按照"帮助信息网络犯罪活动罪"处理,则会不当地减轻行为人的法定刑,导致罪责刑不适应。所以,应按照上文所述,将以德日为代表的大陆法系国家的共犯体系与我国传统共犯体系相结合,分阶段地解决定罪与量刑的问题,使帮助犯的量刑与其责任相当。当"明知"发生在被帮助的正犯利用网络实施犯罪的实行行为着手以后或无法证明帮助行为人与正犯着手前的犯意联络时方可认定为该罪,同时根据第三款的规定,"有前两款行为,同时构成其他犯罪的,依照处罚较重的规定定罪处罚",当该罪与其他罪名发生竞合时,从一重处理。通过解释限缩该罪的入罪路径,能够控制该罪的适用外延,保证兜底罪名③不被滥用,从而避免刑罚的不当。

六、结　语

　　利用网络实施犯罪的现象层出不穷,我国刑法确应采取措施应对。犯罪范围的扩张是立法的必然趋势,但在扩张的潮流中,我们一定不能被动地回应司法要求,进行"打补丁"式立法,导致可罚行为与不可罚行为界限模糊,处罚范围不当扩大,"帮助信息网络犯罪活动罪"作为扩张潮流下的产物,就成了一个缺乏严谨性的法律"补丁"。刑事立法应在一定刑事政策的指导下,带有整体性与前瞻性的眼光去主动调整我国的刑罚结构,而已存的漏洞填补,法律规定与司法实务的协调问题,则只能寄希望于解释论,这也是刑法界一个永恒的命题。

---

①　熊亚文,黄雅珠.帮助信息网络犯罪活动罪的司法适用[J].人民司法(应用),2016(31).
②　于志刚.共犯行为正犯化的立法探索与理论梳理——以"帮助信息网络犯罪活动罪"立法定位为角度的分析[J].法律科学,2017(3).
③　于志刚.共犯行为正犯化的立法探索与理论梳理——以"帮助信息网络犯罪活动罪"立法定位为角度的分析[J].法律科学,2017(3).

网络犯罪证据的印证证明

王祺国　　王晓霞　　周　迪[*]

王祺国　　王晓霞　　周　迪[*]

印证证明是审查认定证据的一种方法，"两高三部"①在 2010 年颁行的《关于办理死刑案件审查判断证据若干问题的规定》中多处提出"据以定案的间接证据之间相互印证""与其他证明犯罪事实发生的证据互相印证""有其他证据印证的，可以采信"等印证证明运用规则。司法实践中，司法人员也主要运用印证证明方法进行单个证据的证明力判断和全案证据的综合判断。但是，在以电子数据为主要证据类型的网络犯罪中，由于电子数据的独特属性，使得网络犯罪证据的印证证明与传统犯罪存在较大差异，这些差异主要体现在印证规则、印证证明的运用等方面。

一、网络犯罪证据的特点

网络犯罪的犯罪行为主要发生在互联网络空间中，网络可能是犯罪的工具，可能是犯罪的对象，也可能是实施犯罪行为的场所。因此，网络犯罪案件的证据主要以电子数据存在，电子数据与其他传统证据相互交叉，共同指向犯罪事实。"电子数据是案件发生过程中形成的，以数字化形式存储、处理、传输的，能够证明案件事实的数据。"②电子数据具有虚拟空间性、系统性、稳定性、多元性的

　＊　王祺国，浙江省人民检察院副检察长，全国检察业务专家；王晓霞，浙江省人民检察院民事行政检察处副处长，浙江省检察业务专家，法学博士；周迪，杭州市拱墅区纪委区监委。
　①　"两高三部"指的是最高人民法院、最高人民检察院、公安部、国家安全部和司法部。
　②　《关于办理刑事案件收集提取和审查判断电子数据若干问题的规定》第一条。

特点。①

电子数据的虚拟空间性是指电子数据的运行环境是与现实的物理空间相互联系又相互独立的另一个空间,我们称之为虚拟空间或数字空间。虚拟空间既依赖物理空间,因为虚拟空间的运行必须借助于计算机终端、网络设备、数据线等物理设备;又与物理空间相互独立,因为虚拟空间有一套自己独创的、不依赖于物理空间而存在的、与物理空间完全不同的运行规则。电子数据的系统性是指基于虚拟空间的运行规则,电子数据在生成、修改、删除、存储、传递、获取等所有操作过程中都会产生和形成两个层次的体系:一是电子数据自身的内部信息相互关联,构成完整体系;二是电子数据自身与外部其他电子数据内容相互关联,构成完整体系。电子数据的虚拟空间性和系统性的特点,使得电子数据具有很强的稳定性。表面上看似十分脆弱、容易被篡改的电子数据,实质上其被篡改后十分容易被发现,甚至能够找回被篡改之前的真实内容。电子数据的多元性是指电子数据的信息和价值是多元的。电子数据一方面能够以其数据内容证明相关事实,另一方面其属性信息还能够证明电子数据本身的形成环境、形成过程等内容,甚至电子数据存在的虚拟空间作为犯罪现场还能够记录和保存犯罪行为所留下的痕迹。

正因为电子数据具有上述特征,使得单一电子数据的真实性判断、多个电子数据之间以及电子数据与传统证据之间的相互印证具有独特之处。电子数据的特点既给网络犯罪证据印证证明提供了新的思路和模式,又对网络犯罪证据印证结果的判断、印证证明的运用提出新的挑战。

二、网络犯罪证据的印证规则

"以印证为最基本要求的证明模式中,证明的关键在于获得相互支持的其他证据。"②相互支持的证据即印证,通过印证构建的证据体系一方面用来证明证据体系中单个证据的证明力,另一方面用来实现证明案件事实的证明标准。③印证规则主要是通过两个以上不同来源的证据内容相互证实或者指向同一方向来实

① 刘品新.电子证据的基础理论[J].国家检察官学院学报,2017(25).
② 龙宗智.印证与自由心证——我国刑事诉讼证明模式[J].法学研究,2004(2).
③ 陈瑞华.论证据相互印证规则[J].法商研究,2012(1).

现的。网络犯罪中,其印证规则主要体现在以下几个方面。

(一)电子数据的自我证成

电子数据具有系统性特点,一般情况下电子数据都不会单独存在,而是与相关的痕迹数据、独立存在的属性信息共同构成一个电子数据体系。在物证、书证等传统证据中,每个证据都具有独立性,比如指纹、血液、凶器等证据都是独立存在的。但是,每一个电子数据在生成、修改、删除、存储等操作过程中都会留下一系列的痕迹数据,电子数据的部分属性信息也会与电子数据本身分开存储,保存在系统的特定位置。因此,基于电子数据本身、痕迹数据、属性信息构成的体系,电子数据能够进行自我证成,证明自身真实性。

电子数据的自我证成可以分为两个层次:第一个层次是电子数据自身信息的自我证成。传统证据的印证强调"证据不能出自同一来源"[1],单一的证据无法证明自身的真实性,更谈不上印证。但是,电子数据与传统证据的不同之处在于其部分属性信息与电子数据内容信息本身存储在不同位置,具有不同的信息来源,两者之间虽有一定的关联但是是相互独立存在的。举例来说,一份 Office Word 文档有文档创建时间、内容创建时间、最后一次保存时间、最后一次打印时间等多个时间属性。[2] 其中内容创建时间、最后一次保存时间、最后一次打印时间等时间属性信息保存在文档自身信息中,在复制、剪切、传输等过程中一直紧紧跟随文档一起。但文档创建时间并不保存在文档自身信息中,而是保存在文件目录表,该时间属性在剪切、传输过程中并不跟随文档被一同剪切、传输,文档转移到新位置时有系统重新为其设置时间信息。不同位置的时间属性在逻辑上应当是连贯的,若存在相互矛盾之处,则该电子数据的真实性存在疑义。第二个层次是根据电子数据的痕迹数据进行自我证成。电子数据在生成和操作过程中,会留下大量与其生成和操作过程密切相关但又独立存在的痕迹数据。这些痕迹数据往往是操作系统基于安全、稳定的系统策略自动生成的,一般不被用户所熟知。比如学生 A 在电脑上使用 Office Word 写毕业论文,3 万字的毕业论文写作时间跨度有 2 个月之久,最终形成了定稿毕业论文。写作过程中,学生 A 每保存一次毕业论文,系统都可能为其保留一份备份文档。虽然最终形成的是一篇定稿毕业论文,但系统可能为其保留了上百份毕业论文过程稿。这些过程稿

---

① 张少林,卜文.刑事印证之研究[J].中国刑事法杂志,2010(2).

② 刘品新,胡忞.论电子证据时间鉴定的科学基础[J].山东警察学院学报,2012(24).

中包含有系统保存时已完成的论文内容、系统保存时间等信息,能够很好地反映毕业论文的生成过程。电子数据与其痕迹数据在内容和时间属性上应当是一致的,通过多个痕迹数据能够实现对电子数据真实性的验证。

(二)不同节点电子数据之间的相互印证

网络犯罪的犯罪行为发生在互联网中,虽然看似行为人只是在一台或者几台终端中实施犯罪行为,但实际上其行为的实施、结果的发生涉及互联网络的众多服务器和终端。在这些服务器和终端中也会保留行为人实施犯罪行为的相关电子数据和操作痕迹。行为人实施犯罪行为后,可能会对所使用的终端中的电子数据进行删除和清理,但对于服务器、被害人使用的终端等位置的电子数据行为人则无能为力。因此保存于服务器、被害人使用的终端等处的电子数据是相对完整且可信的。上述节点中的电子数据与行为人使用的终端中的电子数据如果能够相互印证,那就满足了印证的基本要求。[①]

电子邮件诈骗是不同节点电子数据之间印证的一个很好的例子。行为人 Male 在计算机 A 上制作了用于诈骗的文档"双 11 优惠大酬宾. docx",并通过邮箱 male@sina.com 将文档以附件的形式发到被害人 Female 的邮箱 female@126.com,Female 则在计算机 B 上接收邮件并下载了文档"双 11 优惠大酬宾. docx",后因该邮件内容被骗人民币 1 万元。侦查人员在扣押计算机 A 并进行取证分析后,发现行为人 Male 已经对计算机进行过格式化,只能恢复"双 11 优惠大酬宾. docx"文档和部分邮件内容。"双 11 优惠大酬宾. docx"文档看似从计算机 A 直接发送到了计算机 B,实际上文档通过互联网传输的真实路径为:计算机 A→新浪邮件服务器→网易邮件服务器→计算机 B,电子邮件及附件文档在计算机 A、新浪邮件服务器、网易邮件服务器、计算机 B 都留下了相应的电子数据内容。经分析,侦查人员发现从行为人计算机 A 中恢复的文档和邮件内容与另外三个节点调取的相应电子数据内容一致、逻辑连贯,相互之间能够印证。这不仅证明从计算机 A 中恢复的电子数据的真实性,更是以印证的方式补全了因行为人格式化计算机 A 而造成的相关电子数据内容的缺失。

(三)虚拟空间证据与物理空间证据的基本印证

以言辞证据为主的物理空间证据和以电子数据为主的虚拟空间证据共同构成了网络犯罪的证据体系。为了实现单个证据证明力判断和全案证据综合判断

---

① 刘品新.印证与概率:电子证据的客观化采信[J].环球法律评论,2017(4).

的目的,必须要对虚拟空间证据和物理空间证据进行印证分析。两个空间之间的证据印证可以从以下两个方面入手。

一是校准虚拟空间与物理空间之间的差异。网络犯罪是横跨虚拟空间和物理空间的犯罪,其行为从物理空间延伸到虚拟空间,又从虚拟空间延伸到物理空间。对犯罪行为在物理空间和虚拟空间留下的证据进行印证分析,必须校准两个空间之间存在的差异。这个差异主要体现在时钟差异和表示差异两方面。时钟差异是指虚拟空间的时钟是相对独立的,一般情况下与物理空间保持同步的,但有时会存在异步运行的情况。如计算机中设置初始时钟比物理空间早2天,那么计算机中所有操作的时间看起来都要比现实空间早2天。假设行为人交代他在2017年10月15日通过木马程序盗窃了被害人支付宝账户1万元,但计算机中的电子数据则显示该盗窃行为发生在2017年10月17日。表示差异是指因为虚拟空间特殊的运行规则,使得虚拟空间显示的情况与实际情况存在一定差异。例如非法获取公民个人信息案件中,一份记录有1万条公民个人信息的文档因系统原因保存在3处不同位置,这3份文档实质上就是1份文档。如果按照3份文档的公民个人信息总计3万条的数量来认定犯罪情节,会与实际情况出现较大偏差。

二是确保虚拟空间证据与物理空间证据内容基本一致。由于虚拟空间与物理空间在证据留存方式、证据展现方式等方面的差别,两个空间之间的印证无法实现完全印证。实践中,能够达到证据内容基本一致就算是符合印证的要求。证据内容基本一致包含两层含义:最基本的要求是虚拟空间证据与物理空间证据不存在实质性矛盾。如行为人交代自己通过网上购买他人的支付宝账户和密码信息来盗窃他人支付宝账户内的财物,但行为人使用的计算机中并没有购买他人支付宝账户和密码的相关内容,且侦查人员发现了用于盗窃的木马小程序。行为人的口供与电子数据之间存在实质性矛盾时,印证无法达成。再者,虚拟空间证据与物理空间证据的主要内容应当一致。主要内容一般包括实施犯罪行为的时间、使用的工具软件、用户名和密码、实施犯罪行为的基本操作方法等。

三、网络犯罪证据印证的运用

(一)真实性认定的运用

证据的真实性,即证据的可靠性或可信性,是审查认定证据中采信证据的重要内容,是证据证明力的重要体现。[①] 对传统实物证据主要通过独特性确认和证据保管链条来认定证据的真实性。[②] 独特性确认的鉴真方式主要适用于特定物,若某一实物证据具有显著特征,由证人当庭陈述该证据特征,对该物证与其曾经所见的物品的同一性做出证明。[③] 但是电子数据是非直观的,电子数据的特征无法如传统实物证据一样通过辨认去记录和证明。在电子数据真实性认定中,印证是实现其独特性确认的重要方式之一。

证据的独特性确认主要通过特征符合点的同一性认定进行。进行独特性确认所需的特征符合点的数量取决于特征符合点的独有性,特征符合点具有高度独有性时只要一个就能进行独特性确认,但其独有性较弱时则需要多个特征符合点共同组成一个具有高度独有性的特征符合点体系才能进行。换言之,进行独特性确认所需的特征符合点数量与其独有性质量成反相关。例如在指纹认定中,1914 年法国法庭科学家埃德蒙·洛卡德就提出了著名的"指纹认定的特征符合点一般不能低于 12 个"的标准。何家弘教授在"科学证据采信标准的规范化"一章中也指出,在指纹鉴定时往往还要就细节特征的差异点进行评价,如果能够确认该差异点是本质的差异,即两个不同手指留下的指纹印之间的差异,可以否定同一。[④]

网络犯罪证据的印证证明过程就是通过独特性确认进行真实性认定的过程,体现在两个方面:一是通过电子数据的自我证成实现真实性认定。电子数据在生成和操作过程中产生的痕迹数据和独立存在的属性信息就是它的特征符合点,痕迹数据和属性信息的数量就是特征符合点的数量,痕迹数据和属性信息的独有性就是特征符合点的独有性。电子数据与痕迹数据、属性信息能够相互印证时,意味着电子数据的自身特征和痕迹数据、属性数据构成与特征符合点系统相一致,电子数据的真实性认定得以实现。二是通过证据之间的相互印证实现真实性认定。不同证据之间相互印证能够提高单个证据的可靠性,特别是可靠性较高的证据与可靠性较低的证据相互印证时,对后者可靠性的提升是巨大的。例如言辞证据与电子数据相互印证时,不仅能够同时提高两者的可靠性,而且言辞证据的可靠性会有质的提升。更进一步,多个证据之间相互印证时,单个证据

① 何家弘.证据学精要[M].北京:法律出版社,2012:231.
② 陈瑞华.刑事证据法学[M].北京:北京大学出版社,2012:133-137.
③ 谢登科.电子数据的鉴真问题[J].国家检察官学院学报,2017(25).
④ 何家弘.证据学精要[M].北京:法律出版社,2012:74.

的可靠性可以得到叠加式提升。而且,多个证据相互印证并形成逻辑连贯、内容一致的证据体系时,体系中的每个证据都是一个特征符合点。证据体系中的特征符合点与犯罪事实中的相关情节一致时,证据体系整体的真实性得以验证,体系中的单个证据的真实性亦是应有之义。

(二)关联性认定的运用

"关联性是电子证据运用中最为重要的一个问题。"① 由于电子数据的独特属性,其关联性较之传统证据存在较大差异。电子数据的关联性有两个层次:一是内容关联性指电子证据的数据信息同案件事实之间的关联性;二是载体关联性,指电子证据的信息载体同当事人或其他诉讼参与人之间的关联性。② 前者影响案件事实是否存在,后者影响电子数据所反映的内容与当事人之间是否有联系。电子数据的关联性认定必须同时包含上述两层内容,缺一不可。

内容关联性可以通过确认相互印证的电子数据体系所反映的犯罪事实与待证事实之间的一致性来实现。网络犯罪的主要犯罪行为发生在互联网上,主要的证据也以电子数据的形式保存在互联网络中。因此经过充分的证据收集和分析,相互印证的电子数据体系基本上能够反映网络犯罪的主要事实。以网络诈骗案为例,行为人发送诈骗邮件、行为人与被害人的聊天内容、被害人向行为人进行网络支付等主要犯罪行为均发生在互联网络中,通过收集和分析诈骗邮件、聊天内容、网络支付记录等电子数据,就能够还原和证实网络诈骗的主要犯罪事实。以该方式进行内容关联性确认需注意两点:一是电子数据之间要相互印证形成逻辑连贯、内容一致的证据体系,且该证据体系所反映的犯罪事实与待证事实基本一致;二是单个电子数据所反映的犯罪事实情节与相关待证事实情节基本一致。

载体关联性可以通过虚拟空间证据与物理空间证据之间的印证来实现。虚拟空间中电子数据体现的犯罪行为与物理空间中言辞证据、实物证据体现行为人的犯罪事实进行印证,实现对两者关联性的确认。例如行为人在口供中如实供述了自己通过网络进行诈骗所使用的软件工具、用户名和密码、具体操作方法等内容与相关电子数据内容均能相互印证,从而确定该犯罪行为是行为人所为。另一方面,数量庞大的电子数据和痕迹数据不仅包含与犯罪行为相关的信息,同

① 刘品新.电子证据的关联性[J].法学研究,2016(6).
② 刘品新.电子证据的关联性[J].法学研究,2016(6).

时也能够反映行为人在虚拟空间进行各项操作的习惯和特点,这些习惯和特点就像行为人在物理空间走路时留下的脚印、步幅、鞋底印纹等运动特征,能够强化行为人与行为之间的关联性。如果反映行为人习惯和特征的电子数据足够多,甚至可以直接确认行为人与犯罪行为之间的关联性。

四、结 语

在互联网业态日新月异的今天,网络犯罪蓬勃发展。新的网络犯罪形态给法学理论和司法实务都提出了巨大的挑战。但是,万变不离其宗,网络犯罪案件中运用印证证明来实现证据真实性、关联性认定是应有之义,也是严格适用《刑事诉讼法》等相关诉讼法律规范的必然要求。虽然电子数据与传统证据相比具有其独特性,印证证明规则也有所差异,给司法实践运用带来了一定的困难。但是,这些困难都是暂时的,随着电子数据理念逐渐深入人心、电子数据印证证明理论的不断发展,印证证明在网络犯罪案件中必将发挥更大的作用。

网络帮助行为的入罪化路径及其适用

——以帮助信息网络犯罪活动罪为中心展开

吴情树*

随着我国互联网信息技术的蓬勃发展,网络犯罪的帮助行为①、网络犯罪的预备行为对刑法提出了巨大挑战。因此,《刑法修正案(九)》及时做出了应对,专门规定了三个有关网络帮助行为的犯罪:拒不履行信息网络安全管理义务罪、非法利用信息网络罪、帮助信息网络犯罪活动罪②,并配置独立的法定刑。本文根据司法解释和刑法修正案的相关规定,就网络帮助行为的入罪化路径及其适用作一探讨,希望对办理相关网络帮助行为刑事案件有所助益。

一、司法解释对网络帮助行为的入罪化路径

网络帮助行为中大量危害社会行为的出现给我国刑法提出了巨大挑战,为了应对这类新型犯罪,在《刑法修正案(九)》将部分可罚的网络帮助行为正犯化

---

* 吴情树,法学博士,华侨大学法学院副教授、硕士生导师。基金项目:华侨大学第一期科研启动费资助项目(13SKBS120)。

① 简称为网络帮助行为,又称为网络中立帮助行为或者网络帮助行动。笔者认为,网络帮助行为比网络帮助行动或者网络中立帮助行为的表述更为准确,因为这种网络帮助行为一旦为各种犯罪活动提供网络技术支持,就表明该行为不再属于中立行为,而是成为进入法律评价的网络帮助行为。本文在同样意义上使用这三个概念。

② 拒不履行信息网络安全管理义务罪和非法利用信息网络罪本质上也属于网络帮助行为,前者通过不作为的方式来为其他网络犯罪提供帮助,而后者则通过预备行为的方式来为其他网络犯罪提供帮助。如果没有这两个罪名的规定,司法实践中,通常都会根据共同犯罪的基本原理来认定这些网络帮助行为是否构成某个犯罪的帮助犯。

之前,一些司法解释和《刑法修正案(七)》已经对此作了一些尝试,通过各种解释和立法路径实现了网络帮助行为的入罪化。对此,于志刚教授从司法解释的内容出发,认为司法解释对于网络犯罪的共犯行为的打击呈现三种模式并存的态势,三种模式可以总结为正犯化的三种实践途径。①

笔者认为,于志刚教授的概括并不准确,司法解释所规定的各种情形并非都是网络帮助行为正犯化的实践路径,更为准确地说,这些都是网络帮助行为入罪化的表现,并不局限于正犯化路径,而是包括帮助犯化的路径。具体而言,网络帮助行为入罪化的路径,包括不断重申和强化网络帮助行为以相关犯罪的共同犯罪论处和网络帮助行为正犯化两种不同类型的规定,而不同的入罪化路径直接影响了网络帮助行为的入罪理由。由于司法解释直接将网络帮助行为正犯化有违反罪刑法定原则之嫌,才最终促使立法者在刑法典中明确将网络帮助行为规定为正犯行为(实行行为),并设立独立的罪状和法定刑,完成了网络帮助行为正犯化的立法目标。②

(一)司法解释仍将网络帮助行为以某个犯罪共同犯罪论处的路径

这种网络帮助行为的入罪路径要求其所从属的正犯行为必须达到构成犯罪所要求的罪量标准,此时网络犯罪的帮助行为是否构成犯罪,仍然要依赖于正犯行为是否构成犯罪,如果正犯行为不构成犯罪,那么,根据共犯从属性的原理,网络犯罪的帮助行为也不构成犯罪。此时网络犯罪的帮助行为并没有脱离正犯而独立存在的定罪量刑标准,其可罚性的根据和处罚的标准仍从属于网络犯罪的正犯行为。例如,2004年"两高"《关于办理利用互联网、移动通讯终端、声讯台制作、复制、出版、贩卖、传播淫秽电子信息刑事案件具体应用法律若干问题的解释》第七条规定:"明知……以共同犯罪论处。"2005年"两高"《关于办理赌博刑事案件具体应用法律若干问题的解释》第四条、2011年"两高"《关于办理诈骗刑事

---

① 于志刚.共犯行为正犯化的立法探索与理论梳理——以"帮助信息网络犯罪活动罪"立法定位为角度的分析[J].法律科学,2017(3).

② 也有学者认为,所谓网络帮助行为正犯化并没有否定传统的共犯理论,也没有逾越罪刑法定原则的红线,而是相对于传统理论在新时代背景下的发展和延伸,是对传统罪名的一种扩大解释,是刑法含义的当代解释与扩张。参见:于冲.网络帮助行为正犯化的规范解读与理论省思[J].中国刑事法杂志,2017(1).笔者不赞同这种观点和解释,如果司法解释直接将网络帮助行为正犯化没有违反罪刑法定原则,那么,根本就没有必要通过立法来增设帮助信息网络犯罪活动罪、拒不履行信息网络安全管理义务罪等罪,司法实践也完全可以继续适用现有司法解释,将网络犯罪的帮助行为按照相关犯罪的正犯处理。但事实并非如此,这也是"快播案"之所以引起广泛争议的原因所在。

案件具体应用法律若干问题的解释》第七条、2013年"两高"《关于办理利用信息网络实施诽谤等刑事案件适用法律若干问题的解释》第八条、2011年"两高"和公安部《关于办理侵犯知识产权刑事案件适用法律若干问题的意见》第十五条、2014年"两高"和公安部《关于办理暴力恐怖和宗教极端刑事案件适用法律若干问题的意见》第二部分第七条等规定,都是对网络帮助行为以相关的赌博罪、开设赌场罪、诈骗罪以及其他相关犯罪的共同犯罪论处。

可以看出,上述司法解释并无创制网络帮助行为正犯化的新规定,仅仅是重申刑法总则关于共同犯罪的规定,是一种注意性、提醒式的司法解释。即使没有这些司法解释,司法人员仍然会按照共同犯罪原理和规定,认定网络帮助行为构成相关犯罪的共同犯罪。但与传统的共同犯罪不同,这里以共同犯罪论处或者以共犯论处,指向的是共同犯罪中的片面共犯或者片面帮助犯,只要求提供帮助者主观上对他人的犯罪行为具有单向的意思联络,客观上有提供帮助行为,就构成相关犯罪的帮助犯,而没有强调需要双方之间的意思联络。但事实上,在司法实践中,如果有查获相关犯罪的正犯,那么,这些网络犯罪的帮助者就会被认定为相关犯罪的帮助犯或者从犯,而如果没有查获相关犯罪的正犯,则往往都认定为主犯,而不会认定为帮助犯或者从犯。这就使得网络帮助行为人的量刑处于一种不确定状态,完全取决于正犯是否被查获以及正犯本身的定罪量刑标准。

(二)司法解释将网络帮助行为实质正犯化的入罪化路径

由于上述仍将网络帮助行为以某个犯罪的共同犯罪论处,网络帮助行为是否可以入罪完全依赖于其所从属的网络犯罪正犯行为的定罪量刑标准,极大影响了刑法对网络帮助行为的惩治。因此,司法解释开始尝试通过以下两种方式来实现网络犯罪帮助行为的入罪化。

1. 司法解释将网络犯罪帮助行为入罪的标准从网络犯罪正犯行为入罪的标准中脱离出来,并设立了独立的定罪量刑的标准,但在形式上仍然认定为某个犯罪的共同犯罪,甚至可以认定为某个犯罪的帮助犯,适用帮助犯从宽处罚的规则。换言之,此时的网络帮助行为所从属的正犯不是必须达到自身构成犯罪所要求的罪量,网络帮助行为是否成立犯罪,不再依赖于正犯行为是否成立犯罪,而是具有自己独立的定罪量刑标准和法定刑升格标准,但在形式上仍然认定为相关犯罪的共同犯罪(共同正犯或者帮助犯)。这种情形被一些学者称为"形式共犯化、实质正犯化"①。例如,2010 年"两高"和公安部《关于办理网络赌博犯罪案件适用法律若干问题的意见》第二条:"明知是赌博网站……属于开设赌场罪的共同犯罪,依照刑法第三百零三条第二款的规定处罚:(一)为赌博网站提供互联网接入……"可以看出,为网络开设赌场提供各种帮助行为也构成开设赌场罪的共同犯罪,而且是构成开设赌场罪的共同正犯,具有独立定罪量刑的标准,不依赖于网络开设赌场的行为是否构成犯罪。2010 年"两高"《关于办理利用互联网、移动通讯终端、声讯台制作、复制、出版、贩卖、传播淫秽电子信息刑事案件具体应用法律若干问题的解释(二)》第七条、2011 年"两高"《关于办理危害计算机信息系统安全刑事案件应用法律若干问题的解释》第九条第一款也做出了类似的司法解释。

可以看出,这些网络帮助行为是否构成开设赌场罪、传播淫秽物品牟利罪以及破坏计算机信息系统罪的共同犯罪,完全取决于网络帮助行为本身是否达到司法解释所规定的标准,而不再依赖于相关正犯行为的定罪量刑标准。同时,只能将网络帮助行为认定为相关犯罪的帮助犯,而不能认定为正犯,因为如果将这些网络帮助行为认定为相关犯罪的共同正犯,则违背了罪刑法定原则。

例如,在上述传播淫秽物品牟利罪的司法解释中,网络帮助者更多的是出于牟利的目的而为淫秽物品传播者提供了网络平台,这种提供网络平台的行为本身并不是传播行为,而是一种帮助行为。但在司法实践中,司法机关往往无视正犯行为与帮助行为之间的差异,直接根据他们在共同犯罪中所起的作用而认定为主犯,而不是认定为帮助犯(从犯)。而且,这些司法解释将这类网络帮助行为正犯化(共同正犯),又对网络帮助行为规定了独立的定量标准,当提供帮助的行为不符合这一定量标准而又要按照共犯理论成立正犯的帮助犯时,评价的结果就难免陷入冲突。② 如果还是将其视为共同犯罪中的帮助犯,则违背了共犯从属性的基本原理。因为按照共犯从属性的原理,共犯的可罚性根据和可罚性标准仍然要从属于正犯行为,只有当正犯行为达到可罚的标准,构成了犯罪,共犯行为才是可罚的。但在司法实践中,要查明正犯的行为是否构成犯罪又是非常困难的,因为这些正犯遍布网络领域,不容易查获和取证,于是,司法解释就直接开

① 于冲.网络帮助行为正犯化的规范解读与理论省思[J].中国刑事法杂志,2017(1).

② 刘仁文,杨学文.帮助行为正犯化的网络语境——兼及对犯罪参与理论的省思[J].法律科学,2017(3).

启了将网络帮助行为正犯化的入罪路径。[①]

2.司法解释直接将相关网络犯罪的共犯行为视为独立的实行行为(正犯行为),并且不要求其所对应的正犯达到它本身的罪量要求,而且,也不再规定要以共同犯罪论处,这就开启了网络犯罪帮助行为正犯化的先河,使得网络犯罪的帮助行为是否成立犯罪完全摆脱了其对相应的正犯行为的依赖,并且直接视其为符合刑法分则所规定的构成要件的实行行为。例如,2010年"两高"《关于办理利用互联网、移动通讯终端、声讯台制作、复制、出版、贩卖、传播淫秽电子信息刑事案件具体应用法律若干问题的解释(二)》第三条规定:"利用……以传播淫秽物品罪定罪处罚。"第四条至第六条也做了类似的规定。

可以看出,上述司法解释已经将部分网络犯罪的帮助行为正犯化,尽管其没有独立的罪刑条款,只能适用原来的罪名,但在行为类型上已经完全突破了罪刑法定原则,破坏了相关犯罪构成要件的定型性,本质上是类推地将这些帮助行为按照正犯行为来定罪处罚[②],这是一种创制性的司法解释,司法权越俎代庖地侵犯了立法权。因为这些行为要被认定为某个犯罪的实行行为(包括不作为的实行行为),必须要有刑法分则的明确规定,如果刑法分则没有将这种帮助行为类型化为实行行为(正犯行为),那么,司法解释是没有权力做出这样规定的。[③] 也许是立法者意识到了这种司法解释违背了罪刑法定原则,破坏了相关犯罪的构

---

① 根据张明楷教授所主张的"行为共同说"的观点,在无法查获正犯和认定正犯是否构成犯罪的情况下,依然可以根据网络帮助行为在客观上是否为正犯行为提供了物理或者心理上的帮助,该帮助行为与正犯所造成的法益侵害结果之间是否具有物理或者心理的因果关系,主观上是否具有意思联络,包括单向的意思联络,来认定网络帮助行为是否构成犯罪。不能认为因为无法查获正犯或者不能证明正犯的行为是否构成犯罪来判断网络帮助行为是否构成犯罪。参见:张明楷.共犯的本质——"共同"的含义[J].政治与法律,2017(4).

② 例如,众所周知的"快播案"被告人王欣等最后被法院以传播淫秽物品牟利罪定罪处罚。但是,在《刑法修正案(九)》增设帮助信息网络犯罪活动罪之前,快播公司的行为在共犯形态上到底是传播淫秽物品牟利罪的实行行为(正犯),还是帮助行为(帮助犯),抑或两者都有;在行为方式上到底是作为,还是不作为,抑或是作为与不作为的结合等问题在刑法学界也是富有争议,这样的判决理由似乎有将拒不履行信息网络安全管理义务罪、帮助信息网络犯罪活动罪的规定溯及既往之嫌。但这些争议可能会随着拒不履行信息网络安全管理义务罪、帮助信息网络犯罪活动罪的设立而逐渐平静。在刑法教义学上关于"快播案"的定性争议,具体可以参见:陈兴良.快播案一审判决的刑法教义学评判[J].中外法学,2017(1);范君.快播案犯罪构成及相关审判问题[J].中外法学,2017(1);周光权.犯罪支配还是义务违反[J].中外法学,2017(1);高艳东.不纯正不作为犯的中国命运:从快播案说起[J].中外法学,2017(1).其中,高艳东博士尖锐地指出:"以法益保护为由,绕开实行行为的钳制,突破义务犯需法律明文规定的底线,任由不纯正不作为犯罪野蛮生长,这将导致刑罚权滥用、罪刑法定原则瓦解等危险。"

③ 阎二鹏.犯罪的网络异化现象评析及其刑法应对路径[J].法治研究,2015(3).

成要件的定型性,才最终下定决心通过对网络帮助行为单独设罪来解决这个问题,以应对日后发生的类似犯罪。

二、刑法修正案对网络犯罪帮助行为的入罪化路径

在网络犯罪帮助行为正犯化的立法上,2009 年 2 月 28 日《刑法修正案(七)》第九条就增设了提供侵入、非法控制计算机信息系统程序、工具罪,使得网络犯罪帮助行为有了自己独立的罪刑条款和定罪量刑的标准,而不再依赖于网络犯罪正犯行为的定罪量刑标准。这是我国较早针对网络帮助行为进行正犯化的立法规定,正式开启了网络帮助行为正犯化的立法先河。2015 年 8 月 29 日《刑法修正案(九)》又进一步推进网络犯罪帮助行为正犯化的立法举措,分别规定了拒不履行网络安全管理义务罪、非法利用信息网络罪、帮助信息网络犯罪活动罪,为网络环境的治理提供了强有力的刑法保障,完成了网络帮助行为正犯化的立法目标,也使得网络帮助行为正犯化符合了罪刑法定原则。

在《刑法修正案(九)》通过之后,尽管也有学者对这一立法规定提出了批评。例如,刘艳红教授认为,《刑法修正案(九)》所增设的帮助信息网络犯罪活动罪等罪名有陷入对网络帮助行为的"全面处罚说"之嫌,而这并不符合国际学界对中立帮助行为采取"限制处罚说"的主流。[1] 周光权教授也认为,"网络服务提供者的帮助行为是单纯提供技术支持的中立行为,原则上不受处罚"。[2] 但笔者认为,《刑法修正案(九)》实现了网络犯罪帮助行为正犯化的立法转向,可以降低控方在网络犯罪帮助行为取证上的困难,有利于惩治网络犯罪的帮助行为,符合互联网法治化的发展方向。

首先,在网络犯罪帮助行为的入罪上,帮助信息网络犯罪活动罪的增设,扭转了在传统共同犯罪理念和司法实践下对网络犯罪帮助行为评价的局限性,实现了网络服务提供者所实施的帮助行为正犯化的超越。随着我国互联网的蓬勃发展,线下与线上、现实与虚拟相互交织的"双层社会"已经形成,当前许多犯罪的犯罪形态已经悄悄地从现实社会生活逐渐转向虚拟的网络空间,传统共同犯

---

① 刘艳红.网络中立帮助行为可罚性的流变和批判——以德日的理论和实务为比较基准[J].法学评论,2016(5).

② 周光权.《刑法修正案(九)》草案的若干争议问题[J].法学杂志,2015(5).

罪的理论和司法实践的做法使得一些网络犯罪的帮助行为无法得到有效的惩处,而网络犯罪的帮助行为给网络犯罪本身所带来的帮助以及对社会的危害又不是传统帮助犯理论所能应对的。《刑法修正案(九)》直接增设的相关网络犯罪帮助行为的罪名,就可以抛开共同犯罪理论而直接、有效地适用到这些犯罪行为上。

其次,从网络犯罪帮助行为相关罪名所规制的内容上看,立法者分别从作为与不作为两个不同的角度对网络犯罪的帮助行为进行了规制,有利于全面、有效地打击网络服务提供者的违法犯罪行为。前者体现在帮助信息网络犯罪活动罪或者非法利用信息网络罪两个罪名的规定上,只要行为人明知他人利用信息网络实施犯罪仍为其提供技术支持的行为,或者利用信息网络实施违法犯罪行为,情节严重的,就以该二罪论处,这很明显是一种以积极作为的方式来为他人的网络犯罪提供帮助行为。而后者则体现在拒不履行信息网络安全管理义务罪的规定上,只要网络服务提供者拒不履行信息网络安全管理义务,若经有关部门责令改正后仍拒不改正,情节严重或造成严重后果的,就以该罪定罪处罚,显然,这是一种典型以消极不作为的方式来为他人网络犯罪提供帮助的行为。上述两种犯罪的行为方式虽然不同,但本质上都属于为他人的网络犯罪提供帮助的行为,司法机关就可以抛开有关共同犯罪的规定,直接运用这些罪名予以定罪处罚。

三、帮助信息网络犯罪活动罪的理解与适用

经《刑法修正案(九)》修正之后,《刑法》第二百八十七条之二的规定是《刑法修正案(九)》中针对可罚的网络帮助行为设立的新罪名和独立的法定刑。如何理解这一条款的性质,如何解释帮助网络犯罪活动罪与其他利用信息网络实施犯罪之间的关系,是目前司法实践面临的难题。

(一)帮助信息网络犯罪活动罪是否属于帮助犯的正犯化

在刑法学界,大多数学者认为,本罪是帮助犯或者共犯行为正犯化的立法表现。因为《刑法》第二百八十七条之二对本罪的规定不仅有独立罪状的设置,也有独立法定刑的配置,而"正犯化的本质是拥有独立的罪刑条款,此时立法直接拟制为正犯行为……立法新增的条款与后来司法机关配置的罪名能够实现上述

标签化的预防功能,突出刑法对该类行为的单独评价"①。因此,在司法实践中,只要有证据可以证明行为人在明知他人利用信息网络实施犯罪的情况下,又为其提供了各种信息网络技术的支持,情节严重的,又无法查明正犯的犯罪事实,就应该以本罪定罪处罚。如果能够查明正犯的犯罪事实,以及帮助行为人与正犯有意思联络,又同时构成了该罪的帮助犯,根据《刑法》第二百八十七条之二第三款的规定,依照处罚较重的规定定罪处罚。②

而张明楷教授则认为,本罪并没有将帮助犯提升为正犯,只是对其规定了独立的法定刑,而不再适用刑法总则关于帮助犯(从犯)的处罚规定。这是根据共犯从属性的原理、相关犯罪的保护法益以及相关行为是否侵犯法益及其侵犯程度得出的结论。根据张明楷教授所主张的"共同行为说"的观点,共同犯罪首先是共同的不法行为,如果正犯的行为符合构成要件并且违法,不管帮助者是否具有责任,只要帮助行为与正犯的不法具有因果性,而且帮助者认识到了正犯的行为及其结果,就可以认定帮助犯的成立。换言之,只要现有证据表明他人(正犯)利用信息网络实施了符合构成要件的不法行为,根据限制从属性说的原理,实施帮助行为的人就成立帮助犯。至于他人究竟是谁、他人是否被查获、他人是否具有责任,都不影响帮助犯的成立。在此意义上说,即使不增设本罪,也完全能够妥当处理所有的帮助行为。③

笔者赞同大多数学者的观点,认为本条是帮助行为正犯化的立法体现,实现了网络犯罪帮助行为定罪量刑标准独立化的转向,而不是单纯的帮助犯的量刑规则,具体理由如下:

首先,要评价这一条款的性质必须回到这一条款是否保护独立的法益,这种法益与利用信息网络实施犯罪所要侵犯的法益是否具有同一性。根据《刑法修正案(九)》第二十九条的规定,本罪被增设在妨害社会管理秩序罪一章中,所要保护的法益是社会管理秩序中的网络管理秩序。互联网信息技术的发展要求其对人类做出贡献,而不能有损或者阻碍人类社会的健康发展。因此,任何人也都

① 于志刚.共犯行为正犯化的立法探索与理论梳理——以"帮助信息网络犯罪活动罪"立法定位为角度的分析[J].法律科学,2017(3).
② 胡云腾.《刑法修正案(九)》的理论与实践创新[J].中国审判,2015(20);梁根林.刑法修正:维度、策略、评价与反思[J].法学研究,2017(1).
③ 张明楷.刑法学(下)[M].5版.北京:法律出版社,2016:1051—1052;张明楷.论帮助信息网络犯罪活动罪[J].政治与法律,2016(2).

不应该利用发达的信息网络技术来实施危害社会的犯罪,如果行为人明知他人将要或者已经利用这种信息网络技术来实施危害社会的犯罪,还为其提供各种信息网络技术的支持,其实已经违背了"技术中立"的伦理要求,其行为本身就对网络管理秩序造成了损害或者侵害的危险。这种行为所侵犯的法益与他人利用这种信息技术实施犯罪所要侵犯的法益并不是同一个,他人利用信息网络技术实施犯罪所要侵犯的法益可能多种多样,根据其行为方式、行为对象的不同,他人利用信息网络技术实施犯罪所侵犯的法益可能涵盖刑法分则所有条文所要保护的法益,这些法益与妨害网络管理秩序的法益并不相同。网络帮助行为本身具有预备犯的性质,而预备犯原则上也是可罚的。因此,帮助信息网络犯罪活动所侵犯的法益具有独立性,其可罚性基础也具有独立性,并不依附或者从属于正犯的行为,本罪的设立具有必要性和正当性。

其次,我国刑法分则罪刑规范所设置的每个罪名都是以该行为独立成罪为前提的。立法者将信息网络技术的帮助行为从被帮助的网络犯罪的正犯行为中独立出来,直接以帮助信息网络犯罪活动罪定罪处罚,这并非是刑法分则对刑法总则关于共同犯罪处罚规则的补充,而是直接脱离共同犯罪的规定而做出的一种特别规定,其具有独立的罪状和法定刑。如果将新罪名的设立视为刑法分则对刑法总则关于共同犯罪处罚规则所做的特别的量刑规则,很容易导致刑法总则有关共同犯罪处罚的规定被虚置,最终失去对分则的指导意义。[①] 而且,如果将该条的规定视为帮助犯的量刑规则,而不是视为帮助行为正犯化的立法规定,那么,则意味着当某个行为符合《刑法》第二百八十七条之二第一款的构成要件时,仍然需要按照正犯行为所触犯的罪名定罪,但是,量刑上则要适用本款所规定的法定刑,这就会出现罪状与法定刑相分离,不符合定罪量刑的司法逻辑。

再次,刑法设立本罪并不否定该帮助行为与正犯行为构成共同犯罪的可能性。只要正犯的行为符合了构成要件并且违法,那么,本罪的行为人就与正犯行为构成共同犯罪,同时触犯了本罪与其他相关犯罪,根据《刑法》第二百八十七条之二第三款的规定,依照处罚较重的规定定罪处罚。

(二)帮助信息网络犯罪活动罪与其他相关犯罪之间的关系

《刑法》第二百八十七条之二第三款规定:"有前两款行为,同时构成其他犯罪的,依照处罚较重的规定定罪处罚。"可以看出,本罪的设立并不排除该行为同

---

① 刘艳红.网络帮助行为正犯化之批评[J].法商研究,2016(3).

时可以构成其他犯罪,只要行为人实施本条规定的行为,既可能触犯本罪,又可能触犯其他犯罪,成为其他犯罪的共同正犯或者(片面)帮助犯,从而形成想象竞合关系,要择一重罪处断。如上所述,在本罪设立之前,司法实践根据司法解释的规定,对于那些可罚的网络帮助行为一般都以某个犯罪的共同犯罪定罪处罚,既可能认定为某个犯罪的共同正犯,也可能认定为某个犯罪的帮助犯(从犯)。

尽管《刑法修正案(九)》增设了帮助信息网络犯罪活动罪,但本罪更多的是一个独立设置的兜底性、堵截式的罪名,是为网络帮助行为设置的小小"口袋罪"。只有在该帮助者与其相应的正犯无法认定为共同犯罪的情况下,才不得不以本罪定罪量刑,以严密刑事法网,防止刑罚处罚的漏洞。[①] 因此,即使没有本罪的规定或者没有上述司法解释的规定,根据共同犯罪的基本原理,该网络帮助行为都有入罪的可能性,因为该行为完全可以与其他犯罪行为人构成共同犯罪,既可能构成某个犯罪的共同正犯,也可能构成某个犯罪的帮助犯或者片面帮助犯,甚至可以构成共同正犯。

我国《刑法》第二百八十七条之二第三款规定:有前两款行为,同时构成其他犯罪的,依照处罚较重的规定定罪处罚。那么,在什么情况下,原本可以适用《刑法》第二百八十七条之二第一款的法定刑时,却要适用第三款,从而选择更重的犯罪予以定罪处罚,这就涉及如何理解第三款的"同时构成其他犯罪"。

首先,第三款是关于想象竞合犯的规定,因此,当行为既符合《刑法》第二百八十七条之二第一款的规定,同时又构成另一犯罪的帮助犯(从犯)时,需要比较法定刑的轻重与量刑情节,按照处罚较重的犯罪定罪处罚。[②] 而当行为符合帮助信息网络犯罪活动罪的构成要件,同时又构成另一犯罪的共同正犯,且另外一个犯罪的法定刑高于本罪的法定刑时,按照想象竞合犯的处断原则,也必须以另一犯罪的共同正犯论处,不能适用本罪的法定刑。相反,当另外一个犯罪的法定刑低于本罪的法定刑时,是否一定也要按照想象竞合犯的处断原则,按照本罪定罪处罚呢? 对此,张明楷教授认为,应对"同时构成其他犯罪"做出限制解释,它是指法定刑高于本条第一款法定刑的犯罪,而不包括法定刑低于本条第一款的犯罪。[③] 但也有学者认为,这一解释结论很可能是不适当的,因为帮助行为完全可

① 于志刚.共犯行为正犯化的立法探索与理论梳理——以"帮助信息网络犯罪活动罪"立法定位为角度的分析[J].法律科学,2017(3).

② 张明楷.刑法学(下)[M].5 版.北京:法律出版社,2016:1054.

③ 张明楷.刑法学(下)[M].5 版.北京:法律出版社,2016:1055.

以面向多个法定刑比正犯化的本罪更低的罪行，不能因为每个被帮助的罪行的法定刑都比本罪低，就认为对于帮助者适用"帮助信息网络犯罪活动罪"的法定刑条款会导致罪刑失衡。[①]

笔者认为，这涉及罪刑法定原则与罪刑相适应原则之间的关系问题，如果认为罪刑法定原则包括罪刑相适应原则内涵的话，那么，就应该严格按照《刑法》第二百八十七条之二第三款的规定定罪处罚，而不需要对"其他犯罪"做出限制性解释。因为这种网络帮助行为在共同犯罪中所起的作用完全可能比其所对应的正犯所起的作用大（这里的正犯不一定就是主犯，也可能是从犯，即起次要作用的实行犯），该帮助行为可以认定为帮助信息网络犯罪活动罪，而正犯行为则被认定为虚假广告罪。

四、结　语

网络帮助行为的出现对刑法的基本理论提出了挑战，我国刑法在《刑法修正案（七）》和《刑法修正案（九）》中对部分可罚的网络帮助行为入罪化，并设立了提供侵入、非法控制计算机信息系统程序、工具罪，拒不履行信息网络安全管理义务罪，非法利用信息网络罪和帮助信息网络犯罪活动罪。但与普通的帮助行为一样，刑法并不是处罚所有的网络帮助行为，只有当这些行为的社会危害性或者法益侵害性达到可罚的程度，即情节严重的时候，才能予以定罪处罚。在司法解释尚未针对"情节严重"做出规定以及上述司法解释尚未被明令废止之前，司法实践原则上应该参照上述司法解释的相关规定来认定某个网络帮助行为是否属于"情节严重"。同时，还要考察是否同时构成其他犯罪，是否与其他相关犯罪形成想象竞合关系，从而准确地对网络帮助行为进行定罪量刑。

[①] 于志刚.共犯行为正犯化的立法探索与理论梳理——以"帮助信息网络犯罪活动罪"立法定位为角度的分析[J].法律科学,2017(3).

互联网违法行为的犯罪化对传统刑事处罚范围的突破
——基于对我国互联网犯罪立法和司法的观察

于佳佳[*]

一、前 言

在中国，互联网违法行为犯罪化的历史并不久远，但其犯罪化的速度之快、处罚范围延展之广都超过了其他任何一类违法行为。在展开论述之前，先简略梳理一下互联网违法行为犯罪化的历史进程。1979 年《刑法》典中没有规定互联网犯罪。个人电脑在中国开始出现是在 20 世纪 80 年代之后，1986 年出现了第一例进入银行电子计算机系统从他人账户上非法盗取钱款的案件。在立法上，互联网违法行为的犯罪化始于 1997 年刑法典的全面修订。在这次修订中，立法者以第二百八十五条、第二百八十六条和第二百八十七条分别规定了三类不同的互联网犯罪行为，由此构架起中国互联网犯罪的基本框架。2009 年刑法第七次修改和 2015 年刑法第九次修改之际，互联网犯罪领域内，继续犯罪化的立法意图明显。以下论述以三类犯罪为线索展开。

———————

* 于佳佳，上海交通大学凯原法学院副教授，东京大学法学博士。本文发表于《月旦刑事法评论》2018 年第 9 期。

二、非法侵入类互联网违法行为的犯罪化问题

1997 年刑法典全面修订之际新设第二百八十五条,为处罚非法侵入他人计算机信息系统的行为(以下简称为"非法侵入类互联网违法行为")提供了犯罪化根据。

(一)非法侵入类互联网违法行为的犯罪化

在非法侵入类互联网违法行为犯罪化之初,根据 1997 年《刑法》第二百八十五条的规定,只有侵入"国家事务、国防建设、尖端科学技术领域的计算机信息系统"(简称为"三大计算机信息系统")的行为才构成犯罪,并且侵入行为本身就足以构成犯罪。上述规定从被害对象角度对处罚范围进行了严格的限定。

在司法实践中,根据此规定处罚的行为所侵入的系统包括中国人民银行的征信查询系统[1];人力资源和社会保障部人事考试中心的全国专业技术人员资格考试报名服务平台[2]以及省人力资源和社会保障厅考试中心网站报名信息系统[3];公安系统内部专用的人口信息管理系统[4];公共安全部下属的交通管理研究中心管理下的"交通信息管理系统"[5]以及各地市的交通警务信息系统[6];省政府的政务内网[7]以及网站名以 gov.cn 结尾的政府网站[8];省公务员考试网计算机系统[9]以及省财政厅会计从业资格考试成绩查询系统[10]等。

(二)非法侵入类互联网违法行为的继续犯罪化

2009 年的《刑法修正案(七)》中,在《刑法》第二百八十五条之后增加了两款,分别为第二款和第三款(原规定即成为第一款),将更多的"非法侵入"类行为纳

---

[1]　河南省商水县人民法院(2016)豫 1623 刑初 278 号刑事判决书。

[2]　济南高新技术产业开发区人民法院(2014)高刑初字第 34 号刑事判决书。

[3]　云南省昆明市五华区人民法院(2016)云 0102 刑初 655 号刑事判决书。

[4]　湖北省随县人民法院(2017)鄂 1321 刑初 73 号刑事判决书;贵州省正安县人民法院(2014)正刑初字第 207 号刑事判决书。

[5]　四川省广元市利州区人民法院(2014)广利州刑字第 260 号刑事判决书。

[6]　北川羌族自治县人民法院(2017)川 0726 刑初 20 号刑事判决书;河南省洛阳市洛龙区人民法院(2016)豫 0311 刑初 18 号刑事判决书。

[7]　浙江省长兴县人民法院(2015)湖长刑初字第 246 号刑事判决书。

[8]　广东省东莞市第一人民法院(2013)东一法刑初字第 2023 号刑事判决书。

[9]　河北省丰宁满族自治县人民法院(2016)冀 0826 刑初 80 号刑事判决书。

[10]　湖北省崇阳县人民法院(2015)鄂崇阳刑初字第 2 号刑事判决书。

入刑法规制范畴内。

新设的第二款通过将原条款的侵入对象扩大到三大计算机信息系统之外的所有计算机信息系统来实现了处罚范围的扩大化。特别需要说明的是,根据第一款,侵入三大计算机信息系统这一行为本身就足以构成犯罪。与此相比,根据第二款,侵入行为的犯罪化需要补充如下两个条件:其一,侵入者或者"获取该计算机信息系统中存储、处理或者传输的数据",或者"对该计算机信息系统实施非法控制";其二,侵入行为必须达到情节严重的程度。最高人民法院和最高人民检察院在 2011 年 8 月发布的司法解释中对"情节严重"进行了明确的列举。[1]

在司法实践中已经出现了适用新设条款的刑事案件。在一则案件中,行为人通过窃取管理者的用户名和密码非法侵入了河南省的人力资源部门网页后获取了 370000 条私人的信息数据,并且出售这些私人信息,构成第二款的犯罪。[2]在另一则案件中,行为人暴力破解密码后对被害人的电脑进行攻击,致使其电子计算机感染上特洛伊木马病毒,由此成功地控制了被害人的电子计算机系统,也构成第二款的犯罪。[3]

新设的第三款规定,提供专门用于侵入、非法控制计算机信息系统的程序、工具,或者明知他人实施侵入、非法控制计算机信息系统的违法行为而为其提供程序、工具,情节严重的,构成犯罪。这一条款通过将前两款所规定的犯罪的帮助行为予以单独地正犯化从而扩大了处罚范围。

具体而言,如果没有第三款,对前两款规定的犯罪客观上提供了帮助的行为只有在帮助者与前两款规定的犯罪的实行者之间有共谋的情况下才能成为处罚的对象。即使帮助者单方面有帮助的故意,根据共同犯罪理论,片面的帮助犯也是不可罚的。但是,根据第三款,只要帮助者知道其提供的程序、工具只会被用于实施前两款犯罪,或者知道他人会使用其提供的程序、工具实施前两款犯罪(在后一种情况下,程序、工具从其本身的性质上而言并不必然只能被用于实施前两款犯罪)时,就会触犯刑法。因此,第三款将前两款犯罪行为的轻率帮助行为和片面帮助行为予以单独犯罪化。

---

① 见最高人民法院和最高人民检察院在 2011 年 8 月 1 日以法释〔2011〕19 号发布的《关于办理危害计算机信息系统安全刑事案件应用法律若干问题的解释》。

② 浙江省湖州市中级人民法院(2013)浙湖刑终字第 123 号刑事裁决书。

③ 江苏省无锡市惠山区人民法院(2016)苏 0206 刑初 578 号刑事判决书。

三、破坏类互联网违法行为的犯罪化问题

1997 年刑法典全面修订之际新设第二百八十六条,根据该条处罚的行为是针对电子计算机信息系统本身或对其内部的数据进行破坏的行为(以下简称为"破坏类互联网违法行为")。

(一)破坏类互联网违法行为的犯罪化

在 1997 年刑法典中,立法者根据破坏对象的不同或根据破坏手段的不同以三个条款分别规定了三类不同的破坏行为。并且,破坏行为本身不足以构成犯罪,其犯罪化的条件是,破坏行为或者造成了严重的后果,或者使得电子计算机系统无法正常运行。因此,第二百八十六条规定的三类犯罪属于结果犯。

根据第一款,破坏的对象是"电子计算机信息系统功能",破坏手段是非法删除、修改、增加、干扰。例如,在司法实践中根据该款处罚的行为包括:侵入被害人公司的计算机网络服务器,修改 Nginx 目录[1];或者删除和修改在线办公的电商平台的后台数据平台[2];或者对游戏服务器进行 DDoS 攻击[3];或者通过使用大流量来攻击信息服务器[4]。

司法实践中存在着一类专门针对苹果手机系统的破坏案件。苹果公司为了保障客户账户安全,要求客户以邮箱申请个人账户并设定密码,在个人账户或密码被修改之后,除非能够向苹果公司提供购买手机的有效证明,否则便无法解锁来使用手机。此类案件中,行为人会利用上述安全系统来作案,具体而言,非法侵入被害人的苹果手机系统,通过修改用户名和密码远程锁住苹果手机系统,此后向被害人发送信息要求其为解锁付费。[5] 从财产犯罪的角度看,上述行为属于敲诈勒索行为,而财产犯罪的构成要件要求,被害人的财产必须遭受了损失,这

---

[1] 北京市通州区人民法院(2016)京 0112 刑初 239 号刑事判决书。

[2] 江苏省南京市鼓楼区人民法院(2016)苏 0106 刑初 686 号刑事判决书。

[3] 江苏省无锡市惠山区人民法院(2016)苏 0206 刑初 79 号刑事判决书;江西省宜春市袁州区人民法院(2016)赣 0902 刑初 174 号刑事判决书;浙江省杭州市滨江区人民法院(2016)浙 0108 刑初 380 号刑事判决书。

[4] 浙江省杭州市滨江区人民法院(2016)浙 0108 刑初 157 号刑事判决书。

[5] 江苏省海安县人民法院(2016)苏 0621 刑初 548 号刑事判决书;江苏省启东市人民法院 (2016)苏 0681 刑初 660 号刑事判决书;浙江省温州市瓯海区人民法院(2016)浙 0304 刑初 495 号刑事判决书;浙江省玉环县人民法院(2016)浙 1021 刑初 391 号刑事判决书。

限制了财产犯罪相关条款的适用。因此,也可以说,互联网违法行为的犯罪化在一定程度上弥补了传统的财产犯罪相关条款适用中可能存在的漏洞,在保护计算机信息网络安全的同时也使得刑法对他人财产等重要法益的保护更为周全。

根据第二款,破坏的对象是"计算机信息系统中存储、处理或者传输的数据和应用程序",破坏的手段是删除、修改、增加上述数据或应用程序。在司法实践中已经出现了如下的案例。一则案件中,行为人书写了一个计算机程序,并且使用此程序侵入到驾驶学校的电子信息系统中,修改数据,增加了在驾校参加学习的课时数。[①] 在另一则案件中,行为人知道了网络支付平台上的技术漏洞之后,截取并修改了从他自己的电子计算机传送到互联网空间上的数据,从而将其在支付平台上实际支付的 1 元人民币修改为 5 万元人民币。[②]

第三款所规定的犯罪行为在破坏手段上与前两款规定的犯罪行为有所区别。根据第三款,行为人故意制作、传播计算机病毒等破坏性程序,影响计算机系统正常运行,后果严重的,构成犯罪。从该条款在司法实践中的具体适用情况来看,首先,"制作"不限于行为人自己制造病毒或其他程序。在一则案件中,行为人从他人处订制被用于破坏或干扰电子计算机音声功能的软件,并且在网上出售此软件,构成该款的犯罪。[③] 其次,"传播"也可以以多种形式实现,如"网上出售"[④]"网上出售并远程安装"[⑤]"通过互联网侵入监控系统,往系统上上传病毒或其他程序"[⑥]"通过手机短信向不特定多数被害人的手机上传送特洛伊木马病毒"[⑦]。

(二)破坏类互联网违法行为的继续犯罪化

2015 年的《刑法修正案(九)》中,在《刑法》第二百八十六条的三个条款之后又增加了一款,作为第二百八十六条之一。根据新的规定,网络服务提供者不履行法律、行政法规规定的信息网络安全管理义务[⑧],经监管部门责令采取改正措施而拒不改正,且导致严重后果的,构成犯罪。本罪也是结果犯。

---

① 江苏省泰州市中级人民法院(2016)苏 12 刑终 19 号终审刑事裁定书。
② 浙江省德清县人民法院(2017)浙 0521 刑初 75 号刑事判决书。
③ 江苏省南京市雨花台区人民法院(2016)苏 0114 刑初 332 号刑事判决书。
④ 江苏省南京市雨花台区人民法院(2016)苏 0114 刑初 332 号刑事判决书。
⑤ 宁夏回族自治区银川市中级人民法院(2015)银刑终字第 182 号终审刑事裁定书。
⑥ 北京市东城区人民法院(2016)京 0101 刑初 192 号刑事判决书。
⑦ 河北省承德市中级人民法院(2016)冀 08 刑终 307 号终审刑事裁定书。
⑧ 互联网服务提供者应该履行的注意义务在 2017 年 6 月 1 日生效的《网络安全法》中有明确的规定。

网络服务提供者的不作为行为客观上为他人利用互联网实施违法犯罪提供了消极帮助。但是,从主观方面而言,网络服务提供者与其他的违法犯罪人之间没有共谋。这里有两种可能性:一是网络服务提供者对于其他违法犯罪人的行为有片面帮助的故意;二是网络服务提供者能够一般性预见到其不作为所创设的危险(即,使得他人利用互联网实施违法犯罪变得容易的危险),却没有采取任何措施来避免或排除这种危险。在前一种情况下,根据共同犯罪的基本理论,一般认为片面的帮助犯不可罚。而在后一种情况下,网络服务提供者在主观上最多是过失,根据刑法的基本理论,过失的帮助行为不足以构成犯罪。由此可见,第二百八十六条之一的重要意义是,把利用网络服务提供者的不作为实施犯罪的片面帮助行为和过失帮助行为予以单独的正犯化,突破了传统刑法理论所框定的处罚范围。

四、利用类互联网违法行为的犯罪化问题

基于《刑法》第二百八十七条,犯罪化的互联网违法行为是一类利用计算机信息系统或互联网实施刑法分则中规定的其他犯罪的行为(以下简称为利用类互联网违法行为)。计算机或互联网技术仅是实施其他犯罪的手段。

(一)利用类互联网违法行为的犯罪化

在 1997 年的刑法典中,立法者明确列举了利用计算机实施"金融诈骗、盗窃、挪用公款、窃取国家秘密或者其他犯罪的",依照刑法分则中相关犯罪的规定处罚,不另设新罪名。

关于"其他犯罪",近年来愈加猖獗的主要包括:与刑法分则第一章相关,传播破坏国家安全或煽动民族仇恨的言论。与刑法分则第三章相关,出售或传播伪劣商品的信息;破坏知识产权;在偷税案件中,交易双方在电子邮件中报价后删除邮件中的原始数据,伪造低价凭证来欺骗税务机关;没有实际还款能力的行为人利用 P2P 平台向不特定多数人非法吸收公众资金等。与刑法分则第四章相关,越来越多的行为人利用互联网或网络系统针对其他公司或个人进行侮辱或诽谤;进入他人的通信系统,侵害他人的隐私。与刑法分则第六章相关,在互联网环境中设置赌场,进行赌博;利用互联网进行毒品或原材料的贩卖和交易活动。比如,在举国瞩目的"8·31 互联网毒品贩卖和滥用案"中,12125 名犯罪嫌疑人被捕,144 个犯罪组织被捣毁,340 个毒品窝点被查获,22 个制毒工厂被查

封,308.3千克的毒品被缴获。最后,色情,特别是针对儿童的色情以及淫秽行为也在互联网环境下日益猖獗。

(二)利用类互联网违法行为的继续犯罪化

在 2015 年的《刑法修正案(九)》中,在《刑法》第二百八十七条之后增加了两个条款,分别作为第二百八十七条之一和第二百八十七条之二。

根据《刑法》第二百八十七条之一,利用互联网实施下列行为之一,情节恶劣的,构成犯罪:设立用于实施诈骗、传授犯罪方法、制作或者销售违禁物品、管制物品等违法犯罪活动的网站、通信群组;或者发布有关制作或者销售毒品、枪支、淫秽物品等违禁物品、管制物品或者其他违法犯罪信息的;或者为实施诈骗等违法犯罪活动发布信息的。

上述行为往往发生于实施利用类互联网犯罪的预备阶段,尚未发展到利用类互联网犯罪的着手阶段,因此,对于利用类互联网犯罪所侵害的法益而言,上述行为只是创设了引起法益侵害的抽象危险。根据刑法总论的传统理论,刑法的介入原则上开始于犯罪的着手,只有在故意杀人等重大犯罪中,预备阶段的行为才有可能具有可罚性。因此,可以说,在《刑法修正案(九)》生效之前,只是实施了利用类互联网犯罪的预备行为,不足以构成犯罪。但是,根据新设的《刑法》第二百八十七条之一,这些预备行为被正犯化,可以独立构成犯罪。

在司法实践中根据《刑法》第二百八十七条之一处罚的一类典型案件是,行为人受他人(上线或在 QQ 等互联网虚拟平台上使用昵称联系者)雇佣,按其指示,利用随身携带的伪基站、手机等设备,以中国移动官方客服号码、银行官方客服、支付宝安全中心的名义先后在多地向不特定手机用户发送诸如"尊敬的建行用户,您的账户已有 1 万分积分,可以兑换 5％的现金,请登录网站兑换"等诈骗短信。①

与此相对,在另外一组颇为类似的电信诈骗案件中,法官会选择适用诈骗罪未遂。例如,在一则案件中,行为人利用自己携带的短信发送设备假借建设银行名义先后在呼和浩特市及包头市等地发送内容为"尊敬的建行用户:您的账户已满 1 万积分可兑换 5％的现金,请使用手机登录 www.cbckeng.com 查询兑换,

---

① 湖北省宜昌市西陵区人民法院(2016)鄂 0502 刑初 208 号刑事判决书;广东省深圳市福田区人民法院(2016)粤 0304 刑初 1663 号刑事判决书;湖南省吉首市人民法院(2016)湘 3101 刑初 84 号刑事判决书。

逾期失效"的诈骗短信,同样以诈骗罪未遂被追究刑事责任。[①] 在另一则案件中,行为人用他人提供的笔记本电脑、伪基站设备及手机,按照同一人的指示连接设备并使用笔记本电脑中的短信群发软件,以中国建设银行的官方客服号码的名义发送诈骗短信,以诈骗罪未遂被追究刑事责任。[②] 法官的判断有如下两个司法解释做根据。最高人民法院、最高人民检察院在 2011 年 3 月 1 日发布的《关于办理诈骗刑事案件具体应用法律若干问题的解释》(法释〔2011〕7 号)中指出,利用发送短信、拨打电话、互联网等电信技术手段对不特定多数人实施诈骗,诈骗数额难以查证,但具有其他严重情节的,以诈骗罪(未遂)定罪处罚。此后,最高人民法院、最高人民检察院、公安部在 2016 年 12 月 19 日发布的《关于办理电信网络诈骗等刑事案件适用法律若干问题的意见》(法发〔2016〕32 号)中又提出,构成《刑法》第二百八十七条之一和之二的犯罪,同时构成诈骗罪的,依照处罚较重的规定定罪处罚。上述两个司法解释的内容之间在以下这一点上观点是一致的。即,如果把电信诈骗视为一个整体的犯罪实施过程,在能够认定发送诈骗短信行为是诈骗着手的情况下,按照诈骗罪未遂追究行为人的刑事责任。后一司法解释更加明确地提示了《刑法》第二百八十七条之一的适用范围包括两部分:一是可以被认定为诈骗着手的行为。假如否定这部分,就不存在司法解释中所设定的《刑法》第二百八十七条之一的犯罪和诈骗罪想象竞合的情况。二是可以被认定为诈骗预备阶段的行为。假如否定这部分,那么《刑法》第二百八十七条之一在电信诈骗中适用的余地就不复存在,换言之,所有的电信诈骗都以诈骗罪未遂来处理就足够了。如上,通过观察诈骗罪和《刑法》第二百八十七条之一在电信诈骗案件中的适用情况,能够更加明确地看到,《刑法》第二百八十七条之一的价值在于将预备行为单独正犯化。

根据《刑法》第二百八十七条之二,明知他人利用信息网络实施犯罪,为其犯罪提供互联网接入、服务器托管、网络存储、通信传输等技术支持,或者提供广告推广、支付结算等帮助,情节严重的,构成犯罪。上述行为皆为他人实施犯罪的帮助行为,在提供帮助者与利用其帮助者之间没有共谋的情况下,上述帮助属于中立帮助行为。之所以称其为"中立"的帮助行为,是因为其属于日常生活中的行为或正常的经营行为,本身是法律所允许的无害行为。在学术讨论中,中立帮

---

① 内蒙古自治区鄂尔多斯市中级人民法院(2016)内 06 刑终 111 号刑事裁定书。
② 浙江省金华市中级人民法院(2016)浙 07 刑终 572 号终审刑事裁定书。

助行为的可罚性存在着争议。从限制处罚范围的立场出发,较为有力的观点是,即便处罚此类行为也必须严格限制在此类行为给法益带来被侵害的危险具有急迫性的情况。例如,在甲为五金店的销售员,知道乙购买刀子去杀人的案件中,因为甲出售刀具是合法的经营行为,所以即使事实上帮助了乙的杀人行为,也不必然以杀人罪的帮助犯被追究刑事责任。根据上述的"急迫性"要件,只有被害人就在乙的面前,甲明知乙拿到刀子即刻会杀人却仍然把刀子卖给乙的情况下,才能按照杀人罪的帮助犯来追究甲的刑事责任。

《刑法》第二百八十七条之二的重要意义在于,在互联网犯罪语境下放宽了处罚中立帮助行为的要件。即,根据此条款,只要行为人知道其顾客是互联网犯罪者,并提供了服务,就构成犯罪。与传统的有力观点相比,处罚互联网犯罪的中立帮助行为不再受"急迫性"这一条件的限制。在司法实践中,适用此条款的刑事案件也已经陆续出现。例如,行为人知道其在网上认识的人要通过一个"钓鱼网站"实施电信诈骗,却仍然出售给其域名,并帮助其分析数据[①];行为人知道X在实施非法控制他人电子计算机系统的犯罪,却仍然远程登录被害人的管理服务器,帮助X维护其控制下的电子计算机系统,并且给X提供支付和结算的账户[②];行为人知道其客户使用电话号码实施诈骗,却仍然将电话号码在线出租给客户,并收取报酬[③]。

五、结　语

互联网违法行为的犯罪化、继续犯罪化已经让刑事司法在互联网违法领域的介入远远超过了根据传统刑法理论所圈定的介入框架。特别值得关注的是,立法者在扩张刑法适用时所采用的立法技术。

首先,立法者通过修改构成要件中的要素来扩大处罚范围。这一点明显体现于《刑法》第二百八十五条第一款和第二款之间的关系。

其次,立法者通过在刑法分则中增设新的条款,把传统犯罪的帮助行为以及犯罪预备阶段的行为予以单独的正犯化,使得刑法的介入不再受刑法总则中一

---

① 浙江省浦江县人民法院(2016)浙 0726 刑初 968 号刑事判决书。
② 江苏省无锡市惠山区人民法院(2016)苏 0206 刑初 578 号刑事判决书。
③ 浙江省绍兴市越城区人民法院(2016)浙 0604 刑初 1032 号刑事判决书。

般原理的约束。具体而言,根据刑法总则的规定,在与共同犯罪相关这一点上,刑法之臂的延伸原则上止于有共谋的帮助,最长可延伸到片面的共同正犯,而《刑法》第二百八十五条第三款和第二百八十六条之一的增设为处罚作为或不作为的片面帮助和轻率帮助提供了刑法适用的根据。在与犯罪的未完成形态相关这一点上,刑法的介入原则上始于犯罪的着手,即处罚未遂,然而,在互联网犯罪的领域内,根据《刑法》第二百八十七条之一,互联网犯罪的预备行为原则上成为处罚的对象。《刑法》第二百八十七条之二也极大地扩大了根据传统刑法理论可罚的中立帮助行为的范围。

最后,在实务层面上,通过司法案例的检索和分类观察,我们可以看到,1997年刑法全面修订时第一批犯罪化的互联网违法行为在司法实践中也已经开始作为犯罪来处理,并且此类刑事案件的数量在迅速增加。对于最近两次刑法修正案中增设的新条款,迄今为止,实务上也已经出现了根据《刑法》第二百八十五条第二款、第二百八十七条之一和之二处罚的案例。不过,笔者认为,面对立法上对互联网违法行为的"无限"犯罪化,实务上反而应当从限制处罚范围的立场出发谨慎适用新条款,避免出现打击互联网违法行为过度依赖刑罚的现象,以至于懈怠了从互联网违法行为预防的角度去发展刑罚之外的有效措施。

第二部分
互联网＋司法实务

论电子数据身份关联性的审查判断

陈鹿林[*]

一、电子数据身份关联性概述

关联性是证据审查最重要的内容之一。学者普遍认为,电子数据关联性具有双重性。例如,有观点认为关联性的审查判断"要从电子数据的内容关联性和存储介质等形式载体的关联性两个方面入手,即事的关联和人的关联"。[①] 还有观点认为,"电子证据用于定案必须同时满足内容和载体上的关联性。前者是指其数据信息要同案件事实有关,后者突出表现为虚拟空间的身份、行为、介质、时间、地址要同物理空间的当事人或其他诉讼参与人关联起来",进而将载体关联性分成身份关联性、行为关联性、介质关联性、时间关联性、地址关联性。[②] 从上述两个有代表性的观点可以看出,不论是按照事的关联与人的关联作区分,还是按照内容关联性与载体关联性作区分,电子数据关联性都涉及实际(真实)身份的判断。对此,"两高一部"《关于办理刑事案件收集提取和审查判断电子数据若干问题的规定》(以下简称《电子数据规则》)中仅有的一条电子数据关联性规则

---

* 陈鹿林,浙江省宁波市人民检察院公诉一处副处长。本文系最高人民检察院理论研究所 2017 年度课题"刑事案件中电子证据的审查判断"(项目号 GJ2017C05)阶段性成果。

① 郑未媚.网络犯罪案件电子数据运用的几点思考[N].人民法院报,2016-07-27;蒋惠岭.网络刑事司法热点问题研究[M].北京:人民法院出版社,2016:310.

② 刘品新.电子证据的关联性[J].法学研究,2016(6).

也是针对身份的判断。①

　　这种涉及电子数据同具体人员（包括当事人、被害人、证人等其他诉讼参与人）之间的关联性，笔者称之为电子数据身份关联性。可以从以下三方面来理解：首先，这里的身份关联性是指如何将电子数据与特定人员关联起来，如何判断电子数据中涉及的实际身份，其外延要远远大于前述观点中作为载体关联性之一的"身份关联性"，后者仅指电子账户关联性，即电子账户是否归当事人或其他诉讼参与人所有或所用②，这可以称为狭义上的身份关联性。其次，载体关联性绝大部分内容属于身份关联性。前述观点将载体关联性分为身份、行为、介质、时间、地址五个方面，但从具体分析看，大部分旨在阐述如何将电子数据同具体人员关联起来，只是有些侧重于从静态方面反映与具体人员的关联，如狭义的身份关联性、介质关联性；有些侧重于从动态角度反映与具体人员的关联，例如行为关联性、地址关联性以及一部分时间关联性的内容，都涉及动态过程中电子数据实际使用者、实际行为人、关系人的判断。③ 最后，身份关联性还包括一部分内容关联性的判断。在电子数据丰富的信息中，既涉及案件发生、发展过程的内容，也涉及案件具体人员的内容，比如视频监控中各个人员真实身份的分析判断，录音数据中相关声音所对应的实际人员，即时通信记录的具体内容中涉及相关人员信息时实际人员的判断，这些都反映了电子数据的具体内容中也常常涉及相关身份的审查判断。

　　事实上，传统证据尤其是实物证据也常常涉及身份关联性的判断，比如案发现场的血迹、被害人身上的斑迹与相关人员之间的关联性。因此，有观点指出，"物证与案件事实的关联一般都表现为'双联性'，即一方面联系犯罪事实，一方面联系犯罪嫌疑人"④。然而，比之于传统证据，电子数据的身份关联性有其自身特征：首先，电子数据的身份具有虚拟性。电子数据存在于虚拟空间，虚拟空间

---

　　① 《电子数据规则》第二十五条，无论是第一款关于犯罪嫌疑人、被告人的网络身份与现实身份的同一性认定，还是第二款关于犯罪嫌疑人、被告人与存储介质的关联性认定，都涉及身份的关联性。

　　② 刘品新.电子证据的关联性[J].法学研究，2016(6).

　　③ 根据该观点，行为关联性需要确认当事人或其他诉讼参与人有无实施相关行为，如是否收发了一封邮件、短信；地址关联性需要确认地址信息同当事人或其他诉讼参与人之间的关联，即这些地址是否归他们所有或所用，是否存在共有、共同或被冒用的情况。参见：刘品新.电子证据的关联性[J].法学研究，2016(6).

　　④ 何家弘.刑事诉讼中科学证据的审查规则与采信标准[M].北京：中国人民公安大学出版社，2014：222.

是人所不能直接到达之处,人们主要通过电子设备、电子账户等与虚拟空间发生关系,因此电子数据身份关联性往往难以直接判断,需要借助于对电子设备、电子账户的分析才能进行审查判断。其次,电子数据的身份具有多重性。人们对虚拟空间的操作几乎不受物理空间限制,不同人操作同一电子设备或电子账户常常可以达到几乎无差别的程度,因此同一虚拟身份对应不同现实身份的现象随处可见,虚拟身份真假难辨,这进一步增加了电子数据身份关联性判断的难度。不过,与传统证据相比,电子数据又有信息量极其丰富、信息高度精准的特点,这又给电子数据身份关联性的判断提供独特优势。本文旨在分析如何运用电子数据丰富而精准的信息,通过有效的方法一步步揭开电子数据虚拟身份的真实面纱。

二、电子数据身份关联性的审查思路

任何身份都有一定的特征,也正是这些不同特征使得主体身份有其识别性。从证据的生成过程看,当反映个体身份的特征映射到证据中,便形成相应的特征信息。而从证据的运用过程看,则首先需要从证据中挖掘出那些能够识别身份的特征信息,根据这些信息分析具体的身份特征,然后运用适当的方法一步步还原相对应的主体身份。对电子数据身份关联性的审查判断,同样需要遵循上述证据运用的基本规律(如图 1 所示)。

图 1 电子数据身份关联性判断的基本过程

(一)电子数据中的身份特征信息

提炼电子数据中的身份特征信息,是身份关联性判断的起点,也是最终确定实际身份的联结点。电子数据综合了文本、图形、图像、动画、音频、视频等多种媒体信息,这种将多种表现形式融为一体的特点是电子数据所特有的。[①] 这决定了电子数据中蕴含着形式多样、内容极其丰富而又精准的证据信息,其中就包括大量能够反映主体身份特征的信息。具体而言,电子数据中的身份特征信息主

---

① 汪振林.电子证据学[M].北京:中国政法大学出版社,2016:15.

要有基础身份信息、电子账户信息、生物物理信息、活动轨迹（规律）信息。

1. 基础身份信息

基础身份信息是指反映相关个人或组织日常生活、工作中涉及的名称、住址、证件号码等最基本身份情况的信息，包括个人姓名（包括绰号、别名）、性别、单位名称（包括简称）、身份证号码、居住证号码、护照号码、单位代码以及相关住址、籍贯、工作单位、职业、职务等信息。这是识别当事人身份情况最基础的信息，也是书证等其他证据共有的身份信息，只是电子数据中所反映的这些基础身份信息往往更加详细全面，更具有基础性作用。一方面，人们日常生活中往往借助这些基础身份信息开展活动，从而在虚拟空间中留下痕迹，例如，使用身份证购买飞机票、住宿登记，从而在相关信息系统中产生相应的数据；另一方面，这类身份信息常常也是产生其他电子身份信息（如电子账户、电子签名）的基础。

2. 电子账户信息

人们基于使用相关电子设备或者从事网络活动需要而申请能够反映个性化特征的电子账号、名称等，从而产生电子账户信息。基于这些电子账户而形成的电子数据也是司法实践中运用最为广泛的电子数据。电子账户种类繁多，实践中最常见的有两类电子账户：一是通信社交类账户，比如，手机号码、电子邮箱以及微博、微信、QQ 号码、网络论坛账户及其网络昵称等；二是电子交易类账户，比如，网店账户及其名称、银行账户、支付宝、股票账户以及其他电子交易账户。网络环境下，电子账户有极强的虚拟性，与使用者真实身份的关联性链条往往很长。不过，随着社会信息管理实名制的强化，通信社交、电子交易等账户与基础身份信息的关联性越来越紧密，也越有利于电子数据真实身份的判断。

3. 生物物理信息

生物物理信息是指相关人员外在的、可视或可听的、能够反映个体身份特征的信息。实践中，带有声音、图像的电子数据可以客观地反映相关人员的生物物理特征，例如，视频监控或数码图片中的人物头像、外形、体貌、衣着、动作，车辆特征、牌号，录音数据中的声音，体现为图片信息的电子签章等。

4. 活动轨迹（规律）信息

电子数据同其他证据一样，能够客观记录人们的活动轨迹、活动规律，包括时间、地点、交往对象、数量等信息，而且与其他证据相比，电子数据所记录的活动轨迹更为详细、准确。分析电子数据中所反映行为人活动的时间信息（如开户时间、通话时间）、空间信息（如 IP 地址、手机通信位置）以及特定的活动规律，这些信息也有助于判断真实身份。需要强调的是,活动轨迹信息不仅包括细微的、特定的活动信息,比如,某个手机某一次的通话时间、通话地点;还包括主体在一段时间或者一定范围内甚至整体上所具备的规律特征,比如,某个电话号码日常主要通话对象有何规律,某个资金账户在一段时间内交易对象、时间、金额所呈现的整体特征,或者某款运动软件的日常活动规律,根据这些规律特征有助于反推出上述电话号码、资金账户、运动软件的实际所有者、使用者。后者可以称之为宏观特征信息,它并不直接体现于证据中,需要跳出单条信息或单份证据的束缚,将多条信息或多份证据放在一起进行整体分析,才能找出其中的规律特征。

(二)对电子数据身份特征信息的分析

在挖掘特征信息的基础上,接下来需要分析身份特征信息反映的是共性特征还是个性特征。共性特征泛指同类主体身份共有的内在质的规定性,个性特征泛指每个主体本身独有的质的规定性。[①] 区分共性特征与个性特征,对分析实际身份有重大意义。依据共性特征只能进行种属认定,将主体身份限定在一定范围内;依据个性特征则可进行同一认定,即直接确定某一特定主体。

电子数据反映的某些单一特征信息具有高度排他性、特定性,可以直接确定特定身份。但这些情况毕竟少见,单一特征信息内涵信息比较有限,而且由于电子数据对应的虚拟身份具有多重性,单一特征信息大多只能做到种属认定。而将多个特征组合起来,形成相应的特征群,所对应主体身份的特定性程度大大提高,直至最后形成排他的、唯一的一组特征,从而确定相应的身份。电子数据极其丰富的信息中常常蕴含着反映同一主体不同侧面的多个特征,易于构建相应的特征群,提高身份关联性判断的准确性。当然,除了运用电子数据自身蕴含的身份特征信息外,还需要结合其他传统证据中的身份特征信息,共同构建相应的特征群。因此,电子数据身份关联性的判断,从某种意义上说就是不断扩大身份特征群体系,不断强化身份特征的特定性程度,逐步缩小种属身份的范围,最终落脚到特定身份中。

(三)电子数据身份关联性的基本判断方法

《电子数据规则》第二十五条规定:"认定犯罪嫌疑人、被告人的网络身份与现实身份的同一性,可以通过核查相关 IP 地址、网络活动记录、上网终端归属、相关证人证言以及犯罪嫌疑人、被告人供述和辩解等进行综合判断。认定犯罪

---

① 刘品新,孙玉龙.基于电子痕迹的人身同一认定:网络犯罪的身份识别[J].法律适用,2016(9).

嫌疑人、被告人与存储介质的关联性,可以通过核查相关证人证言以及犯罪嫌疑人、被告人供述和辩解等进行综合判断。"这为审查判断电子数据身份关联性提供了基本思路。然而,相对于该规定确立了丰富的真实性审查规则而言,专门涉及关联性审查的规则也仅此一条,尚待进一步丰富完善。

鉴真是实物证据审查的重要手段。具体到电子数据,许多国家习惯于在立法上将鉴真方法区分为外部鉴真与自我鉴真,前者是指运用外部证据或旁证加以鉴真,后者是指无须运用外部证据而通过证据本身的属性加以鉴真。[①] 鉴真方法的这种区分有重要借鉴意义,电子数据身份关联性的审查同样可以从外部判断与内部判断两个视角入手。所谓内部判断,是指从拟判断的电子数据自身特性入手分析其身份关联性,包括对该电子数据自身的生成机制、具体来源、取证过程、内在属性等内容进行分析。所谓外部判断,则是结合拟判断的电子数据以外的其他证据进行分析判断,包括结合其他电子数据信息以及传统证据中的信息分析其身份关联性。

心证与印证是当代诉讼领域的两种基本证明方法。印证注重证明的外部性,即特指一个证据要有其他证据来支撑,强调不同证据内含信息的同一性;而心证则强调证明的内省性,即判断者通过经验法则认识该项证据,从而建立对特定事实的认识。这两种方法不仅有助于直接认定案件事实,也有助于证据关联性的判断。[②] 具体到电子数据身份关联性,如果说内部判断是从拟判断的电子数据自身进行分析,主要运用心证的方法;那么外部判断则是结合其他证据分析,主要运用印证证明的方法。当然,它们并非完全对应关系。下文拟从内部判断与外部判断两个视角入手,分析心证与印证两种方法在电子数据身份关联性审查判断中的具体运用。

三、电子数据身份关联性之内部判断

(一)从电子数据的生成机制、内在属性分析判断

电子数据的身份判断,从关联性角度讲,旨在分析电子数据中的虚拟身份与

---

① 刘品新.电子证据的鉴真问题:基于快播案的反思[J].中外法学,2017(1).

② 龙宗智.印证与自由心证——我国刑事诉讼证明模式[J].法学研究,2004(2);龙宗智.刑事印证证明新探[J].法学研究,2017(2).

某一现实身份是否存在关联;但从真实性角度讲,则是分析虚拟身份所对应的名义身份是否为现实世界中的真实身份。例如,某甲使用一张身份证购买火车票乘车从而留下购票记录,身份关联性的判断就是要分析购票记录上的身份与实际乘车人是否一致,换言之,即某甲是否使用自己的身份证购票乘车。因此,电子数据身份关联性的审查,从某种意义上讲可以转化为电子数据真实性审查。而分析电子数据的生成方式、生成机制是判断电子数据真实性的重要方法。在身份关联性审查中,同样可以结合电子数据的生成机制、内在属性进行分析判断。

例如,随着信息技术的快速发展,社会管理信息化程度越来越高,社会各个领域实名制管理也随之推广,这也为相关领域电子数据身份关联性的判断提供制度保障。在有些领域,虽然国家相关规定要求实名制,但由于缺少相关配套机制,或者虽然实名但通常行为具有可替代性,很难直接推定。但在一些与人身密切相关、不可替代的领域,相关部门或机构有一套完整的实名制配套机制,有利于真实身份的确定,可以直接推定行为人的真实身份。比如,在住宿登记、购买火车票或飞机票、出入境、办理银行业务时,行为人必须使用个人真实身份证件进行登记,相对方(如酒店、火车站或机场、边检、银行)通常有一套完整、可靠的配套机制检验核实行为人的实名信息,通常情况下足以保障相关身份信息的真实性。因此,在无相反证据时,可以直接推定住宿登记记录、购票记录、出入境记录、银行记录等电子数据中登记的名义上的身份(包括办理银行业务中的代理人)与实际身份相符。

(二)从电子数据的具体来源、取证过程分析判断

刑事诉讼中的证据收集是取证人员运用一定的方法、遵循一定的规律搜寻、发现然后固定在案。而取证过程本身蕴含着丰富的信息,也有助于分析证据关联性。正如通过审查破案经过,回溯侦查机关对嫌疑人排查、锁定的过程,分析这一过程是否合理有据,有助于判断嫌疑人与案件事实之间的关联性;通过审查证据的来源情况,回溯取证人员对证据搜寻、锁定、提取的过程,分析取证过程中涉及的相关人员,也有助于判断相关人员与该证据之间的关联性。电子数据具有无形性,必须依附于一定的载体(比如相关电子设备、虚拟空间)而存在,通过分析取证人员如何接触电子设备、如何进入虚拟空间获取电子数据,更有利于判断与电子数据相关联的人员。

第一,根据当事人相关陈述、提供重要信息进而调取的电子数据,有助于认定电子数据与该当事人之间的关联性。隐蔽性证据规则是认定证据证明力的一项重要规则,相关规范性文件也针对依据嫌疑人供述而获取的隐蔽性很强的书证、物证做出特别规定。① 从该规定内容看,旨在通过隐蔽性证据确认嫌疑人供述的真实性;但如果换个视角,其实也就是确认相关书证、物证与嫌疑人之间存在很强的关联性。可见,隐蔽性证据规则同样有助于身份关联性的判断。而隐蔽性证据是指"不易为案外人察觉而通常只有作案人才可能知晓的案情信息……它通常具有独特性、有很强的稳定性"②。根据隐蔽性证据的这些本质特性,该规则不仅可以适用于物证、书证,还可以适用于其他证据,甚至包括言辞证据。③ 从证据分类来讲,电子数据与物证、书证一样同属于实物证据;从证据特性来讲,电子数据产生于虚拟空间,与生俱来具有隐蔽性。④ 因此,隐蔽性证据规则在电子数据中更有适用的空间。具体而言,如果取证人员根据当事人提供的存储介质、电子账户、密码或数据存储位置等信息而获取相应的电子数据,一般可以认定这些电子数据与该当事人之间的关联性;尤其是许多电子数据本身有一定的安全保障程序(如电子签名、密钥、口令、指纹识别等),局外人一般无从知晓或很难接触,通过当事人提供这些重要信息而获取相应的电子数据,更可以认定其与该电子数据之间的关联性。

第二,从与当事人人身密切相关的存储介质、电子账户中调取电子数据的,有助于分析电子数据与该行为人之间的关联性。在调查取证过程中,侦查人员常常能够从相关人员人身或住处、车辆、办公室等私密性场所中查获手机、计算机、硬盘、U盘等存储介质或者银行卡、消费卡等电子卡,然后从这些存储介质中提取相关电子文件、通信信息,或者根据这些电子卡所对应的账户调取大量电子交易记录,进而在上述电子数据中发现许多有价值的信息。从存储介质或银行卡的查扣,到相应电子数据的发现,只要依法取证,过程合情合理,一般可以判断这些电子数据与上述人员之间的关联性。

① 《最高人民法院关于适用〈中华人民共和国刑事诉讼法〉的解释》第一百零六条规定:"根据被告人的供述,指认提到了隐蔽性很强的物证、书证,且被告人的供述与其他证明犯罪事实发生的证据相互印证,并排除串供、逼供、诱供等可能性的,可以认定被告人有罪。"
② 秦宗文.刑事隐蔽性证据规则研究[J].法学研究,2016(3).
③ 如在室内纵火案中,嫌疑人先描述房屋内详细的原始现场情况,之后,通过向该房屋主人核实房屋的原始情况,就能确定嫌疑人供述是否真实。这里,户主的言辞证据便是隐蔽性证据。参见:秦宗文.刑事隐蔽性证据规则研究[J].法学研究,2016(3).
④ 柴静.电子数据的证明力认定研究[J].黑龙江生态工程职业学院学报,2016(6).

当然,结合证据来源、取证过程判断电子数据的身份关联性,前提是该取证过程依法依规进行,针对瑕疵证据可以合理补正。正如有观点指出:"取证环节是司法证明的起点,电子证据取证是否规范直接为其关联性的具备与否奠定了基础。"①《电子数据规则》中确立了大量电子数据取证规则,这些取证规则不仅对电子数据合法性、真实性、关联性的审查判断均有一定的价值,而且在三者的判断上呈现层层递进的关系:首先,这些取证规则是审查电子数据合法性的基本依据;其次,通过依法取证过程来保障电子数据内容的真实性以及取证过程的真实可靠;最后,在确保取证程序合法、取证过程(即程序性事实)真实可靠的基础上,再根据这些程序性事实分析电子数据的身份关联性。

四、电子数据身份关联性之外部判断

(一)结合不同电子数据进行分析判断

如前所述,电子数据蕴含着丰富而又精准的证据信息,不同信息之间往往存在千丝万缕的联系。在实践中,常常是有些电子数据的身份关联性已经得到确认,有些则尚存疑。在此情况下,可以充分挖掘不同电子数据之间的内在联系,运用相关身份已经得到确认的电子数据去分析其他电子数据的身份关联性。按照内容标准划分,电子数据中的信息可以分成主体信息和附属信息。② 前者直接反映相关社会活动内容,容易为一般人所直接感知;后者反映主体信息生成、存储、变更、传输、接收、消失等一系列过程中的相关环境、痕迹,不容易为一般人所直接感知。主体信息和附属信息有各自的特点,它们在不同方面对电子数据身份关联性判断发挥重要作用。

第一,结合电子数据附属信息进行分析判断。有一种观点认为电子数据具有易伪造性、脆弱性的特点,很容易被人伪造、变造,对其更改不容易为人们所察

---

① 刘品新.电子证据的关联性[J].法学研究,2016(6).
② 皮勇.刑事诉讼中的电子证据规则研究[M].北京:中国人民公安大学出版社,2005:11—12;龙宗智,夏黎阳.中国刑事证据规则研究[M].北京:中国检察出版社,2011:422—423.前者将这种分类称为内容信息电子证据和附属信息电子证据,后者称为主体数据和辅助数据。虽然二者称谓不一,但分类标准在本质上是一致的。不过,笔者认为,将这种分类称为主体信息和附属信息更加合适。在证据学上,"内容"一般与"形式"相对应,"附属信息"本身也有具体内容,如果用"内容信息"与之区分,容易引起误解。此外,从语义上看,"主体"与"附属"更具有对应性。

觉①；另一种观点则认为电子数据具有稳定性,对电子数据不好造假,造假容易被发现②。从表面看,这两种观点完全相反,但实质上这是从不同角度来认识电子数据:强调电子数据的易伪造性,主要是从主体信息的角度来分析。例如,一份文档主体内容可以轻易被人修改,表面上难以发现修改的痕迹、修改的人员,尤其是以终端设备或书面形式呈现出来的主体信息,更难判断。而强调电子数据的稳定性,则是从附属信息的角度来分析,对电子数据主体信息的任何修改、操作,往往会在附属信息中留下关联痕迹,而附属信息又是相关系统自动生成的,不容易为人们所操纵,稳定性强、可信度高。因此,运用这些附属信息便于准确分析电子数据的来龙去脉,也有助于电子数据身份关联性的判断。例如,相关电子设备的 IP 地址、MAC 地址,电子文件(如照片)的定位信息、时间信息等就属于附属信息,对真实身份的判断有极高价值。

第二,结合电子数据主体信息进行判断。主体信息反映相关社会活动内容,不仅对具体案件经过的认定有重要意义,对身份关联性的判断也有很高的价值。其一,以文字、图片形式反映的主体信息,如果直接涉及相关人员的个人身份情况,比如当事人在自己 QQ(或微信)中陈述某个人的电话号码、银行账户信息、住址、姓名等身份内容,可以将这些身份信息与该 QQ 实际使用者关联起来。以杨某走私普通货物案为例,其组织渔船从公海上直接走私燃料油入境,并使用 6 个他人名下银行账户用于支付油款,其认可其中 4 个银行账户系为其所控制使用,但否认另外 2 个账户(户主黄某、施某)为其使用。然而,通过审查杨某与向其收购走私油的下家刘某之间微信记录发现,杨某将黄某、施某名下的银行账户信息发给刘某,让刘某付油款,而刘某也确实向上述 2 个账户付款,这足以说明黄某、施某的账户为杨某所实际控制使用。其二,以声音形式体现的主体数据中,对声音的分析判断,有助于确定真实身份。例如,微信记录中,人们通常以语音形式交流互动,通过分析每一个账户所对应的声音,便能判断该账户的实际使用者。其三,以动态图像反映的主体数据,在内容清晰可靠的情况下,也可以直接判断对应的真实身份。例如,针对银行资金账户,要判断相关交易记录的实际操作者,可以结合银行账户终端电子设备、银行柜台存取款监控录像来分析。

电子数据具有依附性,其生成、存储、展示都必须依附于一定的载体,或者直

① 廖根为.电子数据真实性司法鉴定研究[M].北京:法律出版社,2015:43.
② 刘品新.电子证据的基础理论[J].国家检察官学院学报,2017(1).

接存在于存储介质的虚拟空间中,或者通过特定电子程序(或账户)存在于虚拟空间中。通过分析同一存储介质或同一电子程序中不同电子数据之间的关联性,有助于对身份存疑的电子数据真实身份的判断。以智能手机环境下的电子数据为例,人们不仅使用智能手机进行通话、发送短信、微信、邮件等传统沟通,还借助智能手机使用各种应用软件(即 APP)留下相应的电子数据,例如拍照、网上购物、电子交易、运动等行为产生各种痕迹。通常情况下,侦查人员对手机取证只重视调取其中的微信记录、短信等数据分析案情,而不重视其他数据的调取运用。如果嫌疑人对某个手机号码、微信账户提出质疑,或者辩解在某一时间段中并非其本人使用,而通过分析同一部手机内其他应用程序产生的电子数据,有助于判断该手机是否为嫌疑人所实际使用。比如,发现某个时间段该手机拍摄过嫌疑人家庭成员、住宅室内场景甚至自拍等私密性照片,或者在某个时间使用该手机网络购物且邮寄到嫌疑人家中、单位等关联场所等等类似信息,就可以推断上述时间段内嫌疑人为该手机的实际使用者,从而认定相应期间该手机号码及其手机内的微信记录、短信与嫌疑人存在关联性。

(二)结合传统证据进行分析判断

我国《刑事诉讼法》列举了证据的八种法定形式,除了视听资料和电子数据外,充分挖掘、运用其他传统证据的信息,对电子数据身份关联性判断也有重要价值。

第一,结合言辞证据进行分析判断。向犯罪嫌疑人、被害人、证人核实电子数据身份信息的真实情况,这是司法实践中排查、确认真实身份最便捷也最常用的方式之一。因此,言辞证据对电子数据身份关联性的判断有重要价值。首先,审查相关人员是否自认与电子数据的关联性,在后续的诉讼环节(如审查起诉、庭审环节)应再次向其复核确认。其次,审查是否有相关人员的指认,他人指认不仅可以强化自认的效力,而且在缺少自认的情况下,当多人的证言共同指向同一人时,也可以确认真实身份。例如,针对手机、微信等通信账户,当事人通常会使用某个账户与亲友进行沟通联络,从而与这些亲友的通信账户建立关联性,因此,可以结合不同亲友的证言核实该账户的实际使用者。在确认真实身份方面,言辞证据具有直接、便捷的优点,但也有主观性强、可靠性较弱的缺点。因此,审查言辞证据对相关身份的确认方式、确认过程就非常重要,尤其是针对内容复杂的身份信息(如微信账号、头像,监控录像的人像),将这些内容交由确认者辨认并以书面形式固定在案,有利于强化自认或指认的效力。

第二,结合鉴定意见进行审查判断。《电子数据规则》第十七条规定:"对电子数据涉及的专门性问题难以确定的,由司法鉴定机构出具鉴定意见,或者由公安部指定的机构出具报告"。而电子数据中所涉及的身份认定问题同样可以进行检验鉴定。鉴定意见由专业人员根据相关科学知识进行判断,往往有很强的证明力。根据鉴定事项的不同性质,有学者将电子数据司法鉴定分为以"发现证据"为目标的司法鉴定和以"评估证据"为目标的司法鉴定。[①] 笔者分别将其称为"取证型鉴定"和"评估型鉴定",二者可以从不同视角助力电子数据真实身份的判断。就"取证型鉴定"而言,通过鉴定提取大量电子数据尤其是附属信息,有助于判断身份关联性。例如,在深圳市快播科技有限公司传播淫秽物品牟利案中,第一次庭审结束后,法院委托机构鉴定,获取四台涉案服务器 IP 地址,然后通过公诉机关补充 IP 地址的归属者,从而认定该服务器由快播公司实际运营。就"评估型鉴定"而言,相关声纹鉴定、图像鉴定,更有利于直接判断涉案电子数据的身份关联性。

第三,结合书证进行审查判断。就证据的主体内容而言,电子数据具有易伪造性、脆弱性的特征,相关数据被修改从表面上看很难发现痕迹;而书证恰恰相反,书证一旦形成,相关内容比较稳定,即使被修改也很容易被发现。电子数据与书证上述各自的特点,决定了书证对电子数据真实身份的判断有很大帮助。当然,这首先得从电子数据与书证之间的关系展开分析。以电子数据生成环节为节点,可以从两个视角来考察电子数据与书证之间的密切关系:首先,先有书证后形成电子数据的情形。实践中,许多电子数据的生成是以现实的书证为基础,根据书证的内容在存储设备等虚拟空间形成电子数据。例如,针对银行资金系统形成的交易记录,相关当事人常常会先行线下填写汇款单证、存取款单证等书证,然后由银行工作人员操作线上记录;再如,日常生活工作中,人们往往也会先手写草拟相关文字材料,然后再录入电脑等设备中,从而形成相关电子数据。在此情况下,可以结合线下填写的书面材料相关内容、签名、字迹等判断与该线上电子记录对应的真实身份。其次,先生成电子数据后有书证的情形。现代技术环境下,许多电子数据生成之后能够及时形成相关书面凭证,尤其是文字、图

---

① 前者是指通过鉴定发现、固定与案件事实相关的电子数据,后者则是对已有的电子数据的真实性、关联性等问题进行分析和评价,以判断电子数据的证据效力。参见:杜志淳、廖根为.电子数据司法鉴定主要类型及其定位[J].犯罪研究,2014(1).

片型电子数据可以轻易生成打印件。例如,购物后会有购物小票,资金交易后相关收款机构会提供回执凭证,乘车(机)买票后会提供车(机)票或者自己日常查询通话记录后形成通话清单。案发后,如果从当事人身上查扣这些书面凭证,可以认定相关电子数据(即相关电子系统中留存的购物记录、资金交易记录、乘车记录、通话记录)与这些当事人之间有关联,从而判断真实主体身份。此外,还可以结合查扣在案的相关人员在日常生活、工作中形成的书面记录材料,审查是否记录相关电子账户、密码或口令、关系人员等信息,以判断其与该电子账户之间的关联性。

除了言辞证据、鉴定意见和书证外,物证、勘验检查笔录也是重要的传统证据,同样有助于判断电子数据身份关联性。结合现场勘验检查笔录,分析相关电子物证的来源,确认电子物证的实际所有者,进而判断与该电子物证所存储电子数据相关联的人员;或者结合电子勘验检查笔录,分析电子数据的提取过程,判断与之相关联的人员。因此,结合物证、勘验检查笔录进行审查,实际上主要是从电子数据具体来源、取证过程的角度来判断其身份关联性。

可见,内部判断与外部判断是审查电子数据身份关联性的基本方法,但在具体判断上二者存在一定的交叉性。事实上,在实际审查判断中,更多的时候需要综合运用上述方法,从内部判断与外部判断多个视角同时分析电子数据的身份关联性,强化虚拟身份与现实身份的关联度,提高真实身份认定的准确性。

五、余 论

前面分析了电子数据身份关联性判断的各种方法。然而,正所谓"巧妇难为无米之炊",证据分析判断过程中,任何方法的运用,取决于有可供运用的证据信息和相关素材。因此,电子数据的收集提取情况对身份关联性的判断有至关重要的影响。具体而言,需要从以下几方面重视电子数据的取证过程:

首先,重视电子数据附属信息、特征信息的收集固定。如前所述,电子数据信息可以分成主体信息和附属信息。主体信息内容多,且直观反映案件事实相关内容,取证中容易为侦查人员所重视;而附属信息往往并不能直观反映事实本身,取证中容易被忽视。附属信息既反映电子数据自身的生成、传递、变更等情况,也蕴含着大量反映身份特征的信息。收集好、固定好电子数据这些附属信息、特征信息,对身份的关联性判断有重要价值。

其次,高度重视固定能够反映电子数据收集提取过程的证据。刑事证据可以分成结果证据和过程证据。前者直接反映案件事实本身,易于为取证人员所重视;后者则是反映侦查过程的证据,由于并不证明案件事实本身,容易被忽视。然而,如前所述,分析电子数据的具体来源、取证过程有助于身份关联性的判断,这就取决于反映证据提取过程的证据是否被依法、充分地固定在案。以快播案为例,涉案四台服务器与快播公司之间关联性之所以遭到质疑,重要原因之一就是服务器收集、流转、保管的过程证据缺失或者内容不够详细、充分,以致后续无法完整地还原证据的来源情况。

最后,强化电子数据取证过程中的整体思维、大数据思维。如前所述,身份特征信息的提炼是判断身份关联性的起点。而在案件发生前后,这些身份特征信息往往会以不同方式投射到电子数据、物证、书证等不同形式的证据中,或者投射到通信工具、资金记录、个人电子设备、应用软件等电子数据的各种载体中。这就要求侦查人员在取证过程中,需要运用整体思维、大数据思维分析不同证据之间可能存在的关联信息,分析同一系统中可能存在的关联信息,尽量收集、提取并固定在案,为后续身份关联性的审查判断奠定可靠的信息基础。

互联网时代倒卖车票罪的规范解读

——有偿抢票服务入罪论

高艳东　祁　拓[*]

一、前　言

(一)抢票软件的泛滥与技术原理

近些年来,针对春运期间火车票购买难等问题,部分平台推出了使用软件有偿抢票服务。以携程网的有偿抢票服务为例,通过搜索特定区间的车票信息,当特定车次、席别尚有余票时,该车票右侧会显示"预定"字样,即旅客可直接购买车票。当特定车次、席别的余票为 0 时,该车票右侧便会显示"抢票"字样,提示旅客通过有偿抢票服务购买车票。当选定有偿抢票服务并输入所需的个人信息后,该平台便会自动进行抢票,一旦购票成功将以短信通知旅客。

有偿抢票服务的核心是使用了抢票软件这种特别程序,它可通过不断变换 IP 地址、减少访问流量或多线程访问等技术手段,以绕过 12306 网站的各项技术检测。同时,此类软件通过运行脚本不断访问服务器进行排队,以实现拟人工操作。在拟人工登录阶段,其实现验证码的破译、登录并完成购票。由于 12306 网站存在一号一票的限制,因此,有偿抢票服务平台通常可实现多号并行抢票。这一系列行为,大大加速了登录、点击频率。如在抢退票时,个人在网站上点击的频率是 1 次/秒,而抢票软件的点击频率是 200 次/秒,在余票不足、抢退票的时候,人工操作会被抢票软件剥夺购票机会。

---

* 高艳东,浙江大学光华法学院副教授;祁拓,浙江大学光华法学院互联网法律研究中心助理。

(二)使用软件有偿抢票服务的定性

本文认为,与人工有偿代购车票的行为相比,使用软件的有偿抢票服务因涉及对退票的抢购,同时具有涉及人群广泛、抢票效率高等特点,产生了人工代购行为所无法达到的抢票效果,排除了其他旅客的购票机会,具有更为严重的社会危害性,需要刑法介入。

需要说明,个人使用抢票软件在余票不足的情形下为他人有偿刷票的行为,与上述平台的性质无异。因此,本文使用"有偿抢票服务"一词,是指平台和个人在余票不足的情形下,以营利为目的,通过使用软件抢退票而提供的有偿代购车票服务。

有偿抢票服务的合法性危机来自于两点:一是在技术手段上,抢票服务使用特别软件加速了登录、点击频率,属于"对计算机信息系统功能进行干扰,造成计算机信息系统不能正常运行",可能构成破坏计算机信息系统罪,对此将另文论述;二是在经营模式上,平台收取旅客的票款和服务费后代购火车票,本质上是有偿代购,可能涉嫌倒卖车票罪。本文重点关注第二方面,从经营模式上讨论在互联网时代,将有偿抢票服务认定为倒卖车票罪的必要性。

二、倒卖车票罪的司法误区与学界误解

(一)司法取向:有偿代购车票皆有罪

笔者在中国裁判文书网中以"倒卖车票罪"为关键词进行搜索,得到倒卖车票罪案件共 44 个。该 44 个案件可以分为两类:囤票倒卖、有偿代购。其中有 37 个是通过囤积车票高价出售(个别是以高价转卖车票)等方式实施的传统倒卖行为;将帮他人有偿代购车票的行为定性为倒卖车票罪的案件共 7 个,占总数的近六分之一。典型案例如下。

案例一:高某伙同妻子杨甲,在济南市某通信器材经营部和网络 QQ 群中,以代购车票为名使用其本人及杨甲的手机号码,通过 12306 网站订购车票并加价销售的方式获取盈利,共计订购火车票 2505 张(含半价军残票),车票票面金额共计 142168 元。济南铁路运输法院以倒卖车票罪判处高某有期徒刑二年,缓刑三年,并处罚金。①

---

① 济南铁路运输法院(2012)济刑初字第 28 号刑事判决书。

案例二:赵某某在自己承包的"中国网通"营业网点,通过网络订票系统为他人订购火车票,并加价出售。赵某某共计帮他人订购车票 46 张,票面金额 9609元,非法获利 467 元。兰州铁路运输法院以倒卖车票罪对赵某某单处罚金20000 元。[①]

案例三:雷某某通过自己的电脑下载抢票软件后,在百度贴吧内发布有偿代购火车票信息。雷某某以其 QQ 号联系需要购买车票的旅客并获取对方身份证等相关购票信息,用抢票软件登录 12306 网站帮助需要购票的旅客抢购火车票,并收取每张车票 30 元至 80 元不等的加价倒卖款,共非法获利 5000 余元。其中既有在有余票的情形下帮他人买票,也包括在余票不足时帮他人抢退票。南昌铁路运输法院以倒卖车票罪对雷某某单处罚金 25000 元。[②]

法院不加区分地把转卖车票、帮助购票的行为一律认定为犯罪,这一思路需要反思。

(二)有偿代购车票无罪论:限缩正当、论证失当

很多学者意识到了司法机关对倒卖车票罪的过严理解。但是,目前学界没有区分劳务服务型与机会垄断型的差别,从而在论述理由上很难周延,无法合理界定倒卖车票罪的范围。目前,学者限缩倒卖车票罪的立场是正确的,但论证理由无法成立。

1.出罪理由一:有偿代购属于民事代理行为

第一种观点,亦即大多数学者认为,有偿代购车票属于民事代理行为。尤其是在火车票实名制下,乘车人和代购人之间存在民事委托代理关系,从而与倒卖车票行为存在本质差异,公安机关不能仅以代购人获得报酬为由而认定代购行为违法。[③]

但是,该观点忘记了,能够通过民事法律关系评价的行为并不必然排斥刑法适用。如在非法吸收公众存款罪中,双方当事人之间存在以借款合同为基础的债权债务关系,但因该行为扰乱了金融秩序而同时受到刑法评价。又如,在合同诈骗罪中,"以先履行小额合同或者部分履行合同的方法"虽然也是民事行为,但该手段行为同时也是合同诈骗罪的一部分。因此,有偿代购车票行为属于民事

---

① 兰州铁路运输法院(2014)兰铁刑初字第 3 号刑事判决书。
② 南昌铁路运输法院(2014)南铁刑初字第 60 号刑事判决书。
③ 乔新生.代购车票行为并非倒卖车票犯罪[N].人民日报,2013-01-30.

代理行为的定性,与刑法二次评价并无冲突。

2. 出罪理由二:低价有偿代购车票不构罪

第二种观点认为,高价转卖是倒卖车票罪之本质特征,也是实名制购票模式中区别合法民事委托与倒卖车票行为的唯一界限。上述案例中的行为属于低价有偿代购,有利于车票资源的最佳配置,只有高价转卖车票的行为才是值得处罚的倒卖车票行为。① 本文认为,这一论证存在以下问题:

首先,该观点把"高价"作为判断犯罪成立的构成要件要素,误把"罪量要素"当成了"罪质要素",违反罪刑法定,与法条规定和司法解释不符。最高人民法院《关于审理倒卖车票刑事案件有关问题的解释》已经明确把"高价"作为判断"情节严重"的情形之一,"高价"只是判断危害程度、违法性程度的要素之一,而不是构成要件要素。而且,将"高价"作为判断罪与非罪的唯一界限,过于绝对也无法操作。

其次,以"高价"区分罪与非罪,在互联网时代不合时宜。互联网时代存在"聚沙成塔"效应,因此,即使是低价有偿代购,因网络的规模与放大效应,"低价"也可能变成"高价"。根据司法解释,低价代购车票,只要"非法获利数额在二千元以上",也构成倒卖车票罪。

3. 出罪理由三:实名制下无倒卖

第三种观点认为,由于实名制火车票不能随意买进卖出,不具备流通可能性,因此,在实名制下的代购行为不可能构成倒卖车票罪。②

但是,实名制没有消除倒卖车票,只是改变了倒卖车票的方式。如"黄牛"事先注册多个 12306 网站的账号,并通过非法获得的他人身份信息大量购买并囤积特定车次的车票。当旅客要购买特定车次的车票时,"黄牛"一方面会进行退票操作;另一方面,"黄牛"会组织大量人力,以旅客的身份信息购买前述的退票,以保证万无一失,从而实现车票的转售。在互联网时代,形形色色的钻 12306 网站漏洞的倒卖车票行为层出不穷,主张实名制火车票不具备流通性的观点,与现实脱节。

4. 出罪理由四:倒卖车票罪废除论

认为有偿代购车票无罪的另一个理由,是认为倒卖车票罪本身就应当废除。

---

① 王立志.低价网络代购实名制车票需要入罪吗?[J].法学,2013(12).
② 黄颖.实名制下代订购火车票行为的罪与非罪研究[J].铁道警官高等专科学校学报,2011(5).

有的观点主张代购车票行为不具备法益侵犯性,根据刑法的补充性原则,不应将代购车票行为作为犯罪论处。[1] 也有观点认为,随着火车票实名制和网络第三方平台的大量出现,个人信息和车票信息被特定化,将大量的有偿代购车票行为论罪处罚不具有正当性。[2] 还有观点认为,倒卖车票本身欠缺现实的、可验证的法益侵害,为贯彻罪刑法定原则与人权保障原则而应废除该罪。[3]

倒卖车票罪废除论的观点,存在三大误区:一是未能充分认识到网络时代技术抢票行为的危害性;二是没有意识到在中国现阶段,火车票具有国家福利的色彩,并非市场化的商品;三是没有与时俱进地解读倒卖车票罪的法益。若按照本文的观点,将旅客自由购票选择权作为本罪法益,可以肯定倒卖车票行为具备现实的、可验证的法益侵害,也能够肯定实名制下存在倒卖车票罪。

5.结论:重新解读倒卖车票罪

本文认为,在计划经济痕迹明显的网络时代,需要保留倒卖车票罪,但要严格限制其处罚范围。只有重新界定倒卖车票罪的法益,合理解释本罪的倒卖行为,才能够限定本罪的处罚范围,既把无危害的有偿代购火车票(如帮民工操作买票)排除在犯罪之外,也把一些危害严重的有偿代购火车票(如在余票不足情形下使用软件抢票)解释为犯罪,从而确保人人有机会购买带有国家福利色彩的火车票。

三、倒卖车票罪法益新界:旅客自由购票选择权

(一)倒卖车票罪的传统法益观缺乏实质内容

我国学术界对倒卖车票罪的保护法益论及较少,主流观点"车票管理秩序说"认为,倒卖车票罪侵犯的客体是国家对车票的管理秩序。[4] 另有"运输秩序说"认为,倒卖车票罪扰乱了正常的运输秩序,危害了铁路的治安稳定。[5] 此外,还有"铁路企业经济利益说"和"车票售购制度说",将铁路企业的经济利益以及

---

① 冉巨火.倒卖车票罪之废除——以钟某"倒卖火车票"案说起[J].人民检察官,2013(2).
② 吴杰."倒卖车票罪"宜作严格扩张解释[N].江苏法制报,2017-01-16.
③ 高巍.论倒卖车票、船票罪之除罪化[J].政治与法律,2009(12).
④ 阮齐林.刑法学[M].北京:中国政法大学出版社,2008:536.
⑤ 蒋小林,彭春.倒卖车票违法犯罪活动探析[J].铁道警官高等专科学校学报,2003(3).

国家对车票的售购制度等作为倒卖车票罪的客体。①

　　首先,"车票管理秩序说"过于宽泛,无法限定处罚范围。车票管理秩序包括对车票的售购制度、售购渠道、价格、数量等一系列事项的管理,将如此宽泛的内容统一概括为"管理秩序",太过抽象。如有学者指出:"保护法益的抽象化,必然导致对构成要件的解释缺乏实质的限制,从而使构成要件丧失应有的机能。"②"车票管理秩序说"会把正当的大量购票行为纳入评价范围。本文开头提及的三个人工代购案例,都不是正常购票行为,且不同程度地侵害了国家对车票的管理秩序。显然,"车票管理秩序说"会不当地扩大倒卖车票罪的适用范围。

　　其次,"运输秩序说"同样过于宽泛。如有学者所言,正常的运输秩序或交通秩序亦是一种抽象的法益概念,倒卖车票罪中所蕴含的此种秩序只是法律的一种拟制规定,且该种秩序往往指向铁路运输的安全性,倒卖车票行为无法对铁路运输的安全性造成侵害。③ 相反,真正危害运输秩序的破坏交通设施行为,又不可能按照本罪处理。

　　再次,"铁路企业经济利益说"会导致倒卖车票罪名存实亡。铁路企业的经济利益依赖于车票的售出,不论是旅客自己购买,还是由"黄牛"购买后向旅客转售,铁路企业都能达到预期的经济利益。④ 因此,不宜将铁路企业的经济利益作为倒卖车票罪的侵害客体。

　　最后,"车票售购制度说"既失之宽泛,也与倒卖车票的实际损害不符。我国火车票的售购制度是专营专卖,无论是囤积车票高价转售,还是使用软件有偿代购,行为人都必须从铁路企业的售票窗口、指定代售点或官方网站购买车票,并不会对铁路企业的售购制度,即售卖车票的专营权造成损害。

(二)刑法保护"旅客自由购票选择权"的现实必要性

1.车票代表着居民的基本出行需求

　　我国刑法仅规定了倒卖车票、船票罪,而未规定倒卖飞机票、演唱会门票等其他有价票证的犯罪,这是因为车票和船票涉及国民的基本需要,比其他有价票证具有更重要的价值。

　　首先,在我国现阶段,火车、汽车是居民出行最主要的方式,是普通公众基本

　　① 王作富.刑法分则实务研究(上)[M].北京:中国方正出版社,2003:946.
　　② 张明楷.刑法学(下)[M].5版.北京:法律出版社,2016:1063.
　　③ 高巍.论倒卖车票、船票罪之除罪化[J].政治与法律,2009(12).
　　④ 高巍.论倒卖车票、船票罪之除罪化[J].政治与法律,2009(12).

的生活需求。交通运输部发布的《2015年交通运输行业发展统计公报》显示，2015年，全社会完成客运量194.32亿人次，其中铁路完成旅客发送量25.35亿人次，营业性客运车辆完成公路客运量161.91亿人次，全国完成水路客运量2.71亿人次，民航完成旅客运输量4.36亿人次。① 可见，我国居民最主要的出行方式依然是铁路、公路，车票代表着最基本的出行需求，应受到刑法的特别保护。

其次，刑法未规定倒卖飞机票罪，绝非因飞机票是实名制的，而是因为目前飞机不是主要出行方式，不是基本需要。购买车票、船票的旅客的基本出行方式一般不是飞机，在工薪阶层出行方式选择余地较少的情形下，更应保护旅客自由购买车票、船票的选择权。

最后，保护基本需要符合社会正义。按照正义理论，如果车票是基本需要，涉及个人基本权利，国家就应该保证人人有平等机会享有；而非基本权利（如飞机票），可以实现差异化对待。简单讲就是，国家有义务保证人人有饭吃，但不必保证人人有海鲜吃。这也是罗尔斯提出的"作为公平正义"两个原则的基本内涵：第一个原则是保障基本权利平等自由的原则，即每一个人对于最广泛的基本自由，与其他人的同样自由相一致的自由，都有着同等的权利；第二个原则是差异原则（the difference principle），在满足一定条件下，可以实现社会和经济的不平等。② 公众购买车票已经是没有选择的选择，如果再不通过倒卖车票罪保护自由购票的选择权，公众的基本权利、基本需求就会受损。

2.刑法只应保护具有国家福利性质的火车票：倒卖车票罪的限缩解释

本文认为，在现阶段应将倒卖车票罪中的"车票"限缩解释为"火车票"，而将倒卖汽车票的行为排除出刑法范围，对于倒卖船票的问题将另文论述。

首先，火车票非完全市场化的商品，与汽车票存在本质区别。过去，我国有关铁路运输的行政职责和企业职责均由铁道部承担，具有显著的政企一体化色彩。2013年，铁道部进行铁路政企分离改革，由交通运输部和新组建的国家铁路局承担铁路行政职责，并由新组建的中国铁路总公司承担铁路企业职责。可以说，中国铁路总公司作为部委改制而来的国有独资企业，具有浓重的行政色彩。

① 交通运输部.2015年交通运输行业发展统计公报［EB/OL］.［2017-03-15］. http://zizhan.mot. gov.cn/zfxxgk/bnssj/zhghs/201605/t20160506_2024006.html.

② ［美］罗尔斯.正义论［M］.何怀宏，译.北京：中国人民大学出版社，1986:1.

因此,火车票在浓重的行政色彩垄断之下,无法成为完全市场化的商品。

目前,火车票事实上实行的是专营专卖制度,中国铁路总公司是唯一的运营机构,旅客无法自由选择卖家,旅客购买选择权单一。相反,公路客运、民航等均存在不同的运营公司,旅客不仅可以选择不同公司,亦可通过不同渠道买票,已经不需要刑法特别保护。

其次,火车票带有浓重的国家福利色彩,刑法应保证公民平等享有公共资源的机会。一般而言,国家通过立法手段禁止倒卖票证行为的目的,一方面在于确保公众能够享受交通运输、娱乐、体育等事项,另一方面在于保护公民的公共福利。[①] 我国刑法规定倒卖车票罪,旨在保障公民能够享有铁路运输领域的公共福利。反过来讲,正是因为火车票具有浓重的国家福利色彩,刑法通过倒卖车票罪保证公民享有平等的火车票购票机会,进而保护公共福利的均享性。

同时,根据世界银行的测算,我国高铁的每公里票价不足 5 毛钱,仅为日本、德国等发达国家的 1/5 到 1/4。[②] 另外,我国的高铁线路除京沪高铁外,长期处于巨额亏损状态,而亏损部分则由国家补贴。2013 年,国务院发布《关于改革铁路投融资体制加快推进铁路建设的意见》,指出,为解决中国铁路总公司建设项目资本金不足、利息负担重等问题,考虑到铁路运输公益性因素,中央财政将在2013 年和之后两年对中国铁路总公司实行过渡性补贴。这些情况说明,我国的铁路交通带有明显的国家福利色彩。相反,汽车票等已经实现了市场化运营,不再具有国家福利色彩,刑法无须特别保护此类票证的自由购票选择权。

最后,中国人口与疆域有特殊性,火车票应受到特别保护。我国人口众多、疆域广阔,节假日长途火车票长期短缺,且无法由车票补足。而且,我国的公路运输已经非常发达,基本不会出现一票难求的局面,倒卖汽车票的禁令名存实亡;相反,春节等节假日期间长途火车票供不应求的局面短期内无法改变。因此,刑法特别保护火车票自由购票选择权,具有现实意义。

3.“自由购票选择权”不同于购票结果平等

需要指出,刑法只能保护机会平等意义上的购票选择权,而不能保护结果平等意义上的购票选择权。例如,熟悉网络操作的人可选择 12306 网站购买车票,

---

① Rabe, Sheree. Ticket scalping: Free market mirage[J]. *American Journal of Criminal Law*, 1991, 19(1).

② 李媛. 每公里单价不到 5 毛,高铁票价到底贵不贵? [EB/OL]. [2017-05-07]. http://www. bjnews.com.cn/graphic/2017/02/17/433609.html.

不会网络操作的人只能选择在售票窗口排队购票。两种方式的方便程度有异，预售期也不同，这是法律允许的结果不平等。如果刑法追求结果平等，会过度干预市民社会，重返计划分配的老路，不利于社会和技术的发展。因此，刑法应当保护人人有平等机会享受公共资源，但不必保证平等享受公共资源的结果，换言之，刑法只能保护自由购票选择权。

总之，倒卖车票罪将是一个逐步萎缩和限缩解释的过程。今天，随着汽车普及，公路运输基本市场化，已经没有保护汽车票的必要性；未来，随着经济不断发展、居民生活水平不断提高、铁路运营机制改革不断深入，保护火车票的必要性也将不复存在。但是，在目前阶段，由于我国特殊的经济发展阶段、交通发展政策、出行方式以及火车票的供需关系等因素，倒卖火车票仍然应被刑法禁止。

（三）"自由购票选择权"的法益观可以限缩处罚范围

将倒卖车票罪的法益限定为旅客自由购票选择权，可以限缩倒卖车票罪的适用范围，从而将一些有偿代购车票行为排除在犯罪之外。例如，在司法实践中，囤积车票高价转售、有偿代购，只要达到"情节严重"，都被作为犯罪处理。但是，如果认为本罪法益是"自由购票选择权"，部分有偿代购、囤票倒卖应属无罪。只要行为人并未买空铁路售票系统中该车次的车票，即旅客此时仍然拥有选择权，行为人囤积大量特定车次的火车票准备高价转售、通过网络渠道帮他人代为购票等情形，并未迫使旅客必须向其购买车票，没有剥夺旅客的自由购票选择权，不构成犯罪。

当然，一旦在行为人囤积车票期间，铁路售票系统出现该车次余票不足的情形，就意味着旅客丧失了自由购票选择权，行为人利用此种情形高价转售车票就构成倒卖车票罪。此外，如果铁路售票系统中尚有余票，但行为人隐瞒事实，欺骗旅客只能通过其获得火车票，从而使旅客高价购买的，可能构成诈骗罪。

四、"倒卖"新界："倒卖"无须"先买后卖"

（一）"倒卖"的含义之争与现实变化

传统的倒卖车票是囤积大量车票进而高价转售，是"先买后卖"的过程。但在现阶段，有偿代购车票（如有偿抢票服务）的行为方式与特点均发生变化，与传统的囤票倒卖行为完全不同：一是当前有偿代购行为是旅客先委托再购票的行为，并非"先买后卖"，与传统先囤积车票再倒卖的情形有本质差异；二是基于双方合意的有偿代购行为具有特定的交易对象,与现实版"黄牛"向不特定人群兜售车票的情形不同;三是互联网上提供有偿抢票服务的平台,与12306网站存在网络接入协议,与传统倒卖行为私自购入再高价转售的情形截然相异。因此,在犯罪行为方式发生变化的今天,需要重新解释"倒卖"的含义。

(二)"倒卖"无须"先买后卖"

关于买入和卖出的关系,目前学界普遍认为要"先买后卖""本罪的倒卖应是先购入后出手的行为"。[①] 本文主张,本罪中的"倒卖"无须"先买后卖",只要行为人以营利为目的实施贩卖即可。

1."倒卖要先买后卖"是计划经济思维

认为倒卖需要"先买后卖"的观点,是对传统倒卖车票行为进行归纳后形成的错误认识。倒卖车票罪是由1979年《刑法》中的投机倒把罪演变而来。根据投机倒把罪的规定,以买空卖空、囤积居奇、套购转卖等手段牟取暴利的行为属于犯罪。"买空卖空""囤积居奇""套购转卖"三个词都明显带有"先买后卖"的含义,具有浓重的计划经济的色彩。在这一背景下,由投机倒把罪所演化而来的倒卖车票罪也继承了这一色彩,加之传统的倒卖车票均表现为大量买入囤积并卖出的方式,导致"倒卖要先买后卖"的观念被固化。本文认为,"倒卖"是具有时代特征的政治性话语,今天,学者应当对其进行客观解释,剔除其计划体制的残余。

2.刑法中不同罪名里的"倒卖"有不同含义

由于倒卖没有标准解释,因而,其含义的弹性很大。如《刑法》第二百二十七条"倒卖伪造的有价票证罪"中的"倒卖","是指出手、贩卖,不要求先购入后出售"[②]。把"倒"解释为"买入",是人为缩小了"倒"的含义,"倒"比"买"的含义更广,而不是只限于"买入",即"倒"实为"倒入"之义,包括任何为"卖"提供前提的行为或状态。

刑法解释应是一个创造性解读法条的过程,旨在使刑法规范适应现实变化,而非一味探求立法者的原意。在互联网时代,通过技术手段倒卖车票的方式花样百出,一味地将"先买后卖"作为倒卖的前提,将遗漏诸多值得处罚的倒卖车票行为。因此,将倒卖行为解释成无须"先买后卖",只要以牟利为目的进行贩卖即可,既符合体系解释,也符合现实需要。

---

① 张明楷.刑法学(下)[M].5版.北京:法律出版社,2016:843.
② 张明楷.刑法学(下)[M].5版.北京:法律出版社,2016:843.

3."倒卖"的核心是"卖"

倒卖车票罪中的"倒卖"是以"卖"为核心，"卖"才是本罪的实行行为，而"倒"不是实行行为。

现有观点认为"倒卖要先买后卖"，把"倒入"作为本罪实行行为的一部分，因而对于"倒入后尚未卖出"的情形，或认为是既遂，或认为是未遂。① 但本文主张，"倒入"不是本罪的实行行为，行为人倒入车票后尚未卖出即被抓获，应认定为犯罪预备，理由如下：

第一，虽然刑法条文规定了"倒卖"，并不意味着"倒"和"卖"都是实行行为。"倒"实际上是对"卖"的修饰，属于表面的构成要件要素，即使行为人不存在"倒入"行为，亦可能构成倒卖车票罪。类似的例子有，《刑法》第二百六十四条规定了"携带凶器盗窃"，并不意味着只要"携带凶器"就是盗窃罪的实行行为；《刑法》第二百七十条规定，将代为保管的他人财物非法占为己有构成侵占罪，但不意味着"代为保管他人财物"的行为即为侵占罪的着手。因此，"倒"作为修饰"卖"的副词，并不当然属于倒卖车票罪中的实行行为。本罪规定了"倒"，只是为了与单纯贩卖车票、侵犯火车票专营权的非法经营罪区分。

第二，认为"倒卖要先买后卖"的观点，无法解释"事后起意加价转售车票"的可罚性。如果行为人购买了大量特定车次的车票，致使票务系统的库存耗尽，但其确是出于"集团总动员"式的出行计划而购买车票，之后想到转售车票有利可图而事后起意加价转售车票。如果坚持"倒入"是实行行为的观点，由于不能肯定行为人对该实行行为的认识，因而阻却故意。"根据溯及禁止原则，不能就所引起的结果追溯到故意行为以前来追究正犯责任。"②因此，无法认定事后起意加价转售车票构成倒卖车票罪。按照本文观点，本罪的唯一实行行为是"卖出"，对于"卖"行为人有故意，"事后起意加价转售车票"可以构成倒卖车票罪。换言之，将行为人在倒入车票后尚未卖出的情形，认定为既遂或未遂的观点，实际上否认了"事后起意加价转售车票"成立倒卖车票罪，这一结论是学术界无法接受的。

综上，宜将倒卖车票罪中的"倒卖"理解为"出卖"或"贩卖"。当然，对"卖出"应做广义理解，行为人事先与他人达成出卖车票的合意、再倒入车票，也属于倒卖行为；寻找买家达成出卖车票合意的行为（名义上的出售行为），也属于倒卖车

① 李文，谈信友，聂文峰.倒卖车票案件法律适用问题初探[J].上海检察调研,2005(4).
② ［日］山口厚.刑法总论[M].付立庆,译.北京:中国人民大学出版社,2011:67.

票罪的实行行为。这样,代购行为同样可以被认定为倒卖。

五、有偿代购车票的两分定性:劳务服务型无罪,机会垄断型有罪

(一)区分有偿代购车票类型:劳务服务型、机会垄断型

1.代购行为的类型区分

本文认为,行为人是否使用软件抢退票、剥夺他人购票机会,是区分劳务服务型有偿代购行为和机会垄断型有偿代购行为的标准。囤票倒卖者若买空票务系统,亦构成机会垄断,但其属于传统的倒卖车票方式,与本文讨论的有偿代购行为存在显著差异,下文将不再赘述。在互联网时代,对倒卖车票罪应当进行宽严相济、一出一入的解释。所谓宽(出罪),是把传统的劳务服务型人工代购,排除出本罪评价范围;所谓严(入罪),是把机会垄断型的有偿抢票服务,即在余票不足情形下使用抢票软件的有偿代购行为,纳入本罪的评价范围。

第一,劳务服务型代购无罪。在余票充足的情形下,相关平台或个人所提供的代购服务,无论是通过技术还是人工手段,均未垄断购票机会,没有剥夺其他不使用该种服务的旅客之选择权,不成立倒卖车票罪。

第二,机会垄断型代购有罪。一些平台使用抢票软件提供有偿抢退票的服务,不仅仅是对劳务的替代,更是对机会的垄断。使用抢票软件抢购退票,致使其他不使用该种软件的旅客无法抢得退票,虽然这种有偿代购基于双方意思合意,却已经剥夺了其他旅客自由购票选择权,符合倒卖车票罪的构成要件。

2.剥夺其他旅客购票、享受公共福利的机会是入罪原因

有偿代购车票是否构成犯罪,不在于其是否介入了技术因素,而在于其是否剥夺了他人的购票机会。原则上,只要行为人在余票不足的情形下使用抢票软件刷票,就在事实上剥夺了他人的购票机会。本文开始提及的案例三中,雷某某如果是在余票不足的情形下,通过抢票软件帮助旅客抢退票,则构成倒卖车票罪。反之,如果雷某某是在尚有余票的情形下从事代购行为,则未剥夺他人的购票机会,属于纯粹的劳务服务。

(二)劳务服务型有偿代购车票未侵犯旅客自由购票选择权

近年来,将有偿代购车票不加区分地一律定罪,反映出刑罚权对公民社会的过度干预,更是对倒卖车票罪保护法益认识不清的结果。

在本文开始所述的案例一、二中,个人通过 QQ 群、微信群等群组发布车票

代购信息,之后通过人工方式代购火车票并收取一定差价的行为,是在旅客能够通过其他渠道购买车票的情形下,代买车票,旅客乐意支付高于票面价格的款额,属于公民社会意思自治的范畴。此种劳务服务型代购,方便了不会网络购票的农民工、想节省时间的商务人士。而且,人工代购效率低,不可能剥夺其他旅客的购票机会,没有损害就没有刑罚,刑法不应当介入。同理,使用技术手段的有偿代购,如果在尚有余票的情形下,通过软件买票为他人提供代购车票服务,因没有剥夺他人的购票机会,也无须刑法介入。

(三)机会垄断型有偿抢票服务侵犯了旅客自由购票选择权

首先,在互联网时代,法律应当在技术的合理使用与恶意滥用之间做出平衡。抢票技术手段的正常使用,可作为劳务替代方式节省人力;但一旦滥用,则为倒卖车票罪的线上化提供了技术支持。

刑法应当禁止滥用技术剥夺他人享有公共福利的机会。滥用技术剥夺他人享受公共福利机会,在火车票供需失衡、国家补贴铁路系统的中国背景下成为可能。在余票欠缺的情形下,行为人使用抢票软件有偿帮助他人抢退票,意味着在软件运行的特定时段,其他旅客使用人工方式很难抢得退票,丧失了自由购票的选择权。携程网等平台提供的有偿抢票服务,个人使用技术手段提供的有偿抢票服务,均使用了抢票软件,如果余票不足,则属于机会垄断型有偿代购,在互联网时代,应被纳入倒卖车票罪的评价范围。

其次,使用软件抢退票,是通过技术优势剥夺他人的购票机会。此种有偿抢票服务,如有学者所言,属于用"技术优势"霸占虚拟购票窗口,等同于用蛮力优势霸占实际购票窗口。① 具体而言,某一有偿抢票服务通过软件,以机器自动点击的方式,以每秒 200 次的频率刷新抢票并自动下单;相反,手动刷票只能达到每秒 1 次的刷新频率。当有退票回到票务系统时,意味着手动刷票者要在 0.005 秒的时间内做出反应完成下单,才有可能抢到退票,但这没有实际可能性。可以说,这种软件抢退票服务实质上已经垄断了购票机会,侵犯了旅客自由购票的选择权,此种有偿代购行为构成倒卖车票罪。

需要指出,旅客因余票不足而完全自愿向"黄牛"购买车票,因此种抢票软件已经剥夺了旅客的购票机会,旅客自愿系没有选择后的无效意思表示,"黄牛"也构成倒卖车票罪。

---

① 刘洪波.有偿抢票方便了谁[J].民生周刊,2017(2).

最后,需要说明几点:一是有的平台虚报抢票成功率,旅客因相信高抢票成功率而购买有偿抢票服务,但平台对抢票失败没有全额退款。此时,应认定该平台构成诈骗罪或虚假广告罪等其他犯罪。二是出售抢票软件的行为人,在明知抢票软件用途时,可能构成提供侵入、非法控制计算机信息系统程序、工具罪,同时还可能成立倒卖车票罪的共犯,属于想象竞合。三是个人使用抢票软件刷票后自用,因没有倒卖行为而不构成倒卖车票罪。

六、结语:管制与自由、理想与现实的平衡

处理有偿代购车票行为,应当梳理好几种观念:

第一,在国家管制与市民社会之间进行利益衡量。国家管制和市民社会之间的冲突,实际上是刑法的两大机能,即法益保护和人权保障之间的冲突,这一矛盾贯穿刑法的始终。司法实践将所有有偿代购行为认定为倒卖车票罪,主张国家管制优先,是一种典型的计划经济思维,显示出国家管制对市民社会的过度干预,会妨碍市民社会的健康发展与个人权利的正当行使。反之,放任所有有偿代购车票服务,又会出现滥用技术剥夺他人本应享有的国家福利,损害个人法益。

第二,在理想与现实之间对倒卖车票罪进行客观解释。在欧美发达国家,人均收入高,人口基数少,国家建成了高度完善的公共服务系统(如铁路、高速公路),在公共服务不足时,市场(如航空公司)又能够起到很好的调剂作用。因而,在欧美发达国家的语境中,倒卖车票罪没有存在的必要。但是,中国必须面对人均公共资源严重不足的现实,至少在可预见的未来,春节等节假日期间,基本服务供给与需求之间,必将存在巨大矛盾,而市场化服务(如机票、专车),对普通中国百姓又过于昂贵,因此,火车票的紧张状态将会始终存在。

第三,刑法在维护现有公共福利体制的同时,也要敦促增加公共资源。刑法是制度改良过程的秩序维护者,一方面,刑法必须适当维护现有公共福利体制。例如,我国司法实践针对冒用他人医保卡的行为,均以诈骗罪论处。在医保资源分配不合理、医疗公共服务难以完全满足公众需要的情况下,刑法可以作为过渡时期的干预手段,维护现有公共福利体制。同样,在铁路运输公共服务不足的现阶段,仍应保留倒卖车票罪的适用。另一方面,刑法维护现有公共福利体制的目的,是确保渐进式改良(增加公共资源投入)可以平稳进行。刑法通过限缩倒卖

车票罪的适用范围,也在敦促政府增加公共服务的投入,推动火车票的市场化改革。当火车票实现完全市场化运营后,立法者自然应当废除倒卖车票罪。

刑法只能在理想与现实之间平衡。面对现实,倒卖车票罪还有存在的必要性;仰望理想,其适用范围应当逐渐缩小。对于具有国家福利、公共服务性质的火车票,刑法应当保证每个人有平等的享受机会,但又不必追求结果平等。一方面,刑法要打击机会垄断型有偿代购,把垄断机会、剥夺他人选择权的用软件抢退票服务,作为禁止对象,防止国家福利质变成私人谋利的工具;另一方面,刑法应允许劳务服务型有偿代购,在市场经济下,刑法没有必要保证结果平等,为他人提供更便捷购票手段的帮助行为,如没有剥夺其他人的公共福利机会,不应作为犯罪处理。

网络平台中立行为行政责任的司法认定
——兼论对当前司法民刑两极回应模式的检讨

黄美容[*]

互联网 2.0 时代,关于网络服务的法律责任扩展至网络平台。网络平台在丰富民众生活的同时,引发了一系列的伦理和法律问题。大量人肉搜索、名誉侵权、个人信息泄露在网络平台上轮番上演。为保障网络安全,政府要求平台对其行为不加区分地承担类政府责任。立法呈"重秩序、轻创新,重管制、轻保护"的现状,司法实践的民刑两极化推演模式使行政诉讼呈"沙漏罗马柱"状态,明显与大量的行政管制态势不符。当前涉及网络平台责任的立法及司法实践仍存在不少盲点,司法回应模式是否合理需作进一步探讨。

一、民刑两极化的司法回应模式

为应对逐渐严峻的网络安全威胁,近年来,我国开始制定实施网络安全战略,从立法、司法、行政多个角度净化网络环境,逐渐形成司法民刑两极化推演的现状。如表 1 所示,司法民刑两极化回应模式表现为,涉网络平台民事侵权案大量井喷,刑事立法将民事违法行为不断引进刑法制裁领域,而大量针对网络平台行为进行规制的行政行为却未得到司法回应。行政诉讼在网络平台规制体系中处于"沙漏罗马柱"的尴尬处境,一方面源于权利人怠于公权力的强压,另一方面在于立法过于追求刑法一元化,导致司法审查功能失效。

---

* 黄美容,湖南省怀化市麻阳苗族自治县人民法院法官助理。

表 1　有关网络规制的司法回应

实体		诉讼	
民事	1.《侵权责任法》第三十六条 2.《著作权法》 3.《中华人民共和国广告法》	民事诉讼	1.《最高人民法院关于审理涉及计算机网络著作权纠纷案件适用法律若干问题的解释》(2004 年修正)(失效) 2.《最高人民法院副院长熊选国在"2007 国际版权论坛"上的发言——为网络版权保护营造法治环境》 3.《最高人民法院关于审理侵害信息网络传播权民事纠纷案件适用法律若干问题的规定》 4.《最高人民法院关于审理利用信息网络侵害人身权益民事纠纷案件适用法律若干问题的规定》 5.《最高人民法院关于贯彻实施国家知识产权战略若干问题的意见》
行政	1.《信息网络传播权保护条例》(2013 年修订) 2.《互联网信息服务管理办法》 3.《中央网络安全和信息化领导小组办公室、国家质量监督检验检疫总局、国家标准化管理委员会关于加强国家网络安全标准化工作的若干意见》	行政诉讼	无
刑事	1.《中华人民共和国刑法修正案(九)》	刑事诉讼	1.《最高人民法院、最高人民检察院关于办理利用信息网络实施诽谤等刑事案件适用法律若干问题的解释》 2.《最高人民法院、最高人民检察院关于执行〈中华人民共和国刑法〉确定罪名的补充规定(六)》 3.《最高人民法院、最高人民检察院、公安部关于办理网络犯罪案件适用刑事诉讼程序若干问题的意见》

　　表 1 体现了有关网络规制的司法回应。我国千禧年才开启互联网立法大门,在 2010 年的《侵权责任法》中才确定网络服务提供者的侵权责任,同年,政府启动"剑网行动"鼓励民众选择法律工具进行维权。2010 年作为分水岭,网络服务提供者民事侵权案件井喷,仅 2015 年全年已达 1070 件,与网络平台有关的案

件数为 589 件。① 其中典型案例有赵某某与温州市仙人球文化传媒有限公司网络侵权责任纠纷一案②,该案基本案情为原告被侵权人在被告网站上恶意诽谤,在被告删除、断开链接后,要求被告提供侵权人网络地址及个人信息,最终法官裁判被告向原告披露侵权人网络地址及信息。而在上海岛戈宠物公司诉上海汉涛信息咨询有限公司名誉侵权案③中,被告网站未删除评论,法官仍依据《侵权责任法》的"避风港规则"认为平台无须承担侵权责任。通过洞察法官裁判思路和裁判依据可知,虽然《侵权责任法》对网络平台侵权责任进行了规定,但适用要件与判断标准并不明确,导致同类案件不同判情形较多。民事侵权案的井喷,也可能是"管理式"立法不足的体现。

为加大网络秩序规制力度,我国在《刑法修正案(九)》中增设拒不履行网络安全管理义务罪、非法利用信息网络罪和帮助信息网络犯罪活动罪,加大网络安全刑事保护力度。针对以上立法,学界阐述了不同的见解。有学者认为此举弥补了刑事法网不严、责任认定失位的缺陷,是实现网络平台帮助行为刑事制裁体系科学化的必然选择。④ 但同样有学者提出,这是情绪化立法的典型,这种突破违法相对论的立法观念,导致刑法自洽性削弱,过于追求违法一元论,使行政违法的司法回应在规制体系中的生存空间被压制和遗忘。⑤ 立法的自信所对应的是实践中对网络服务提供行为入罪的乏例可陈,司法机关的观望心态突显了困惑,即对民刑界限的标准不知如何把握。

2017 年是"剑网行动"执行的第八个年头,政府每年都会进行打击成果阶段性展示。而通过笔者在"中国裁判文书网"及北大法宝数据库中对裁判文书的检索查询,除快播对 2.6 亿元天价罚款不服起诉深圳市监局行政违法一案外,无其他案件可供参考。与行政机关庞大的网络规制成果性数据形成鲜明对比的是,网络平台并未选择使用司法救济手段表达不满,颇令人困惑。可见,一方面,因为网络平台的"相对优势地位"使其备受舆论关注,怯于与公权力强劲的规制力度对抗,而最终选择妥协,放弃司法救济;另一方面,令人担忧的原因是,网络平台承担更多监管责任,使监管部门遁于幕后,监管部门的责任被弱化,用户也丧

---

① 来源于中国裁判文书网的统计数据。
② 温州市乐清市人民法院(2015)温乐民初字第 159 号民事判决书。
③ 上海市第一中级人民法院(2016)沪 01 民终 5468 号民事判决书。
④ 于志刚.网络空间中犯罪帮助行为的制裁体系与完善思路[J].中国法学,2016(2).
⑤ 孙万怀.违法相对性理论的崩溃——对刑法前置化立法倾向的一种批评[J].政治与法律,2016(3).

失了通过行政诉讼评价监管政策和决定实现合法性的机会。

目前网络中立行为规制的法律困境在于司法割裂式两极单轨回应,各领域缺乏有效衔接和行政诉讼缺位。而行政诉讼在网络规制体系的被重视,将有利于网络平台中立行为行政责任的明确。司法实践才是对立法与执法的最好回应,而缺乏司法对抗的行政权力只会处于没有边界把控的僭越滋生状态。目前政府过于强调结果的执法方式,反迫网络平台不计成本的自律,说明了行政诉讼缺位的负面效果。

二、网络平台中立行为行政规制的异化

风险丛生的网络时代,在极端事件的推波助澜下,政府视网络违法犯罪为洪水猛兽,不除不快。而网络平台所起的"关键性"连接作用,更让政府认为"中立帮助"行为的危害性已经超越侵权行为本身。对中立行为作用的过度阐述导致行政规制的异化,影响私权自由。

(一)扩张平台责任

随着公众要求整饬网络环境呼声的增大,政府再借民粹情绪重走"沉疴用猛药"的治理思路,对网络平台进行责任扩张,让其代替自身对海量信息进行审查,减轻监管压力。从表2可知,散见各法的规定对网络平台施加了原则性、主动性的监管义务,概括论述便是,如果平台"发现",或"明知或应知"平台内容违法时,需要采取行动予以处理,否则将面临行政处罚。这些原则性规定经过行政部门的解释,成为要求平台承担主动监控义务的内容。政府将网络平台作为执法目标,源于此举可节约对海量用户监控所花费的巨额成本,同时通过责任机制简便地转移监管责任,也极具诱惑。

表 2　与提供网络服务有关的立法

序号	法规名称	生效时间	制定主体	法规内容简列
1	《互联网信息服务管理办法》	2000.9.25	国务院	第十四条:……应当记录……信息……记录备份应当保存60日……依法查询时,予以提供。
2	《信息网络传播权保护条例》	2006.7.1	国务院	第二十三条:……断开……链接的,不承担赔偿责任;……明知或者应知……侵权的,应当承担共同侵权责任。

续　表

序号	法规名称	生效时间	制定主体	法规内容简列
3	《规范互联网信息服务市场秩序若干规定》	2012.3.15	工业和信息化部	第十四条：……应当以显著的方式公布有效联系方式，接受……投诉……十五日内作出答复。
4	《侵权责任法》	2010.7.1	全国人民代表大会常务委员会	第三十六条：……接到通知后未及时采取……连带责任……知道……未采取……连带责任。
5	《全国人民代表大会常务委员会关于加强网络信息保护的决定》	2012.12.28	全国人民代表大会常务委员会	第五条：……加强……管理，发现……应当立即停止……采取消除……保存……报告。
6	《刑法修正案（九）》	2015.11.1	全国人民代表大会常务委员会	第二十八条：……不履行……信息网络安全管理义务……责令采取改正措施而拒不改正……处……
7	《互联网广告管理暂行办法》	2016.9.1	国家工商行政管理总局	第十一条：……推送或者展示……并能够核对……决定……是互联网广告的发布者。

但网络平台行政责任并不明确，同时对义务履行的边界没有限制，存在法理上的困惑。政府的粗放式管理是建立在不对平台行为进行性质区分的基础上，导致中立行为包裹入非中立行为而遭受处罚。我国类似《信息网络传播权保护条例》所确定的"通知—删除"规则与《侵权责任法》的"避风港规则""红旗规则"并不一致。"避风港规则"的实质是免责条款，"红旗规则"是其例外，主要用于判定网络平台的主观过错，一旦符合便无法适用"避风港规则"。而类似的行政规定将其转变为归责条款，加之适用要件及判断标准的不明确，增加了网络平台的法律义务。一系列的规定使平台的行政责任进一步强化，如国务院要求的对网络信息进行记录备份并保存 60 日；国家工商行政管理总局将网络服务提供者责任导向广告发布者责任等。这些强制性法律义务的附加，不仅弱化了监管部门的责任，更可能诱发平台侵犯公民言论自由事件的发生。

（二）模糊规制界限

平台行为复杂多样，用户可通过平台进行信息的交流与共享，同时平台自身亦可提供内容用于营利。有学者指出,因中立行为的日常属性,将其纳入法律处罚范畴,将会导致网络秩序的瘫痪。① 以百度为例,百度自然搜索的原理是服务商通过爬虫程序把信息所在的网址抓贴在自己的服务器上,根据请求将用户导向信息所在的网址上进行访问。② 而竞价排名是服务商通过特意干预排名将用户导向特定信息所在的网址。对比两种行为,自然搜索属于引导资源交换的中立行为,而竞价排名则利用技术优势影响搜索结果,中立性不复存在。区分两种行为的关键在于技术功能使用的主观干预,中立行为无人为干预,所起的是客观性帮助作用,而无主观意识参与。

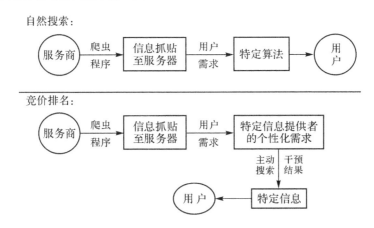

图1 中立行为与非中立行为的举例分析

根据权利义务相一致原则,行为区分有利于权利义务的划分及避免责任结果"一刀切"。而当前行政规制以管理为中心,模糊规制的边界,不进行行为区分或者区分并不明确,方便监管部门选择性执法。因魏则西事件受网民广泛关注,相关部门成立的联合调查组进驻百度公司,对此事件进行调查并依法处理。类似"管理式"执法和"平息式"执法并不少见,如饿了么因平台商家违法而被食药监部门处罚,一致的是监管部门的管制并未对行为进行区分。图1是中立行为与非中立行为的举例分析。

(三)背离技术规则

政府通过强化网络平台的行政责任,以维护网络秩序。但网络平台是否处

---

① 孙万怀,郑梦凌.中立的帮助行为[J].法学,2016(1).
② 杨青松.爬虫技术在互联网领域的应用探索[J].电脑知识与技术,2016(15).

于最佳监管位置？能否达到监控效果？用户面对平台的审查管控,如何寻求法律保障？政府对自己的治理思路又如何担保？以上问题都需要进一步探讨。

网络服务提供行为带有明显技术属性,并不能完全以传统违法犯罪理论阐述。域外网络规制的立法与实务对行为进行区分,如美国《电信法》采用二元分类方式,将提供交换与传输的功能定义为基本服务,其余则为加值服务,加值服务才受政府管制。[①] 德国法律规定,从传输接入服务,到缓存服务,再到内容提供,其承担的责任逐渐提升,免责条件也越严格。[②] 以上立法出发点为,中立行为对比非中立行为,缺乏事先接触和事前甄别的机会,要求两者承担相同的法律责任,明显有违法律公平。[③]

让网络平台承担网络数据的审查义务,容易走向形式审查,远离实质审查,严密的信息过滤实则侵害合法信息的生存空间。如图 2 所示,对违法的判定,并非简单的技术性行为,而是在复杂的高度情景化模式下的合法性判断,网络平台无法满足该种判断需求。又因网络平台在前承担了监管责任,行政部门在后进行二次把控,用户就无法适用行政诉讼这一司法救济途径来维权,同样行政机关也卸除了接受法律监督的"枷锁"。面对平台侵权案件,司法裁判的难度增加,因

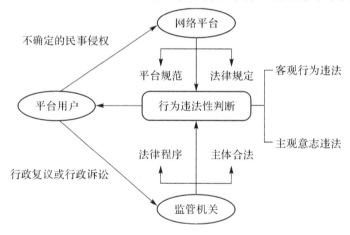

图 2   违背技术规则的法律冲突

① Eisenmann T. R., Dan J. G. Telecommunications Act of 1996[J]. *Betascript Publishing*, 2010, 7 (1).

② 王华伟.网络服务提供者的刑法责任比较研究——功能性类型区分之提倡[J].环球法律评论, 2016(4).

③ 刘文杰.网络服务提供者的安全保障义务[J].中外法学,2012(2).

平台监管以法律规定和平台规范为准,无须满足行政机关执法所具备的实体与程序的基本要求,用户本可获得的正当程序保护被弱化。

三、中立行为行政责任的出发点:是否具备可罚性?

目前我国对中立行为要求承担的类政府责任,学者认为是因中立行为在网络违法中所起的关键传输作用,以及行政机关独木难支的现状导致。[①] 但平台行政责任不明和行政诉讼缺位,使平台面临大量的合规风险。那么中立行为是否具有可罚性? 其行政责任来源何处? 责任边界在哪?

(一)民事义务与行政义务的法理分离

有关网络平台行政责任的规定与侵权责任的相关规定极其相似,但实则大相径庭。《信息网络传播权保护条例》第二十~二十三条规定了类似《侵权责任法》"避风港规则"的"通知—删除"的义务,同时要求在"明知或应知"用户内容违法时,需要采取行动予以处理,否则将被行政处罚。"避风港规则"来源于美国《数字千年版权法》规定,以网络服务提供者是否尽到法定义务为标准进行免责。而我国行政规范却将其转为归责条款,并要求平台针对海量信息承担普遍性主动审查义务,造成民事与行政的法理困惑。侵权责任对受害者的保护比政府对违法行为的规制更为紧迫,从域外对平台追究行政或刑事责任的条件更为严格便可看出。行政规制过度侵入私领域,会对私主体的司法救济产生冲击。

Web 2.0时代,中立行为使网络平台成为群体性活动组织者、空间管理者。因此行政法规中有要求网络平台承担安全保障义务的规定,如"保障交易安全""消费者权益保护"。有学者提出网络平台需要尽到安全保障义务,因为其承担了"纽带组织"的角色。[②] 但安全保障义务来源于平等主体之间的交往,始终关注的是民事权利在网络空间的安全,义务的履行要保证不会对言论自由产生损害。[③] 安全保障义务是私权利的补偿防控,与行政责任不可混为一谈。政府公权力过度强侵民事领域,会让平等主体丧失主张权利的空间,对市场经济产生负面效应。

① 赵鹏.网络平台行政法律责任边界何在[J].财经杂志,2016(4).
② 谢君泽.网络平台的法律责任界定——兼评"快播"案与百度贴吧事件[J].网视焦点,2016(2).
③ 刘文杰.网络服务提供者的安全保障义务[J].中外法学,2012(2).

(二)行政违法与刑事犯罪的分界检视

有学者指出违法与犯罪的二元立法模式不可取,将治安违法行为直接纳入刑法规制,单方面扩张犯罪圈,将导致重刑化。[①]《刑法修正案(九)》增设的"拒不履行网络安全管理义务罪"便是典型,正在构建的以刑法为中心的网络治理模式受到高度关注。

刑事处罚与金融管制并非直接接触的关系,刑法应作为最后手段,而行政监管必须发挥过渡作用。国家自2010年开始定期开展打击网络侵权的"剑网行动",力度颇大,尤以2013年为甚,发布的十大案例备受关注(见表3)。[②] 当前以刑法威慑的思路,易使执法超出可控范围,对互联网经济造成毁灭性打击。刑法在网络领域的研究不如民法与行政法,与该两法的沟通不够是目前衔接所面临的最大问题。[③] 当下刑事立法走在民法及行政法之前,但三大法对中立行为的法律认知不一,易引发司法裁判冲突。加上我国实行附属刑法,类似"违反某法构成犯罪的追究刑事责任"的规定,导致附属刑法"附而不属"。突破一元制为二元制,使行政违法与刑事犯罪分界清晰、衔接有序,方能解决"皮之不存毛将焉附"的问题。

表3 2013年"剑网行动"十大案件

1.百度公司、快播公司侵犯著作权案	2.北京"思路网"盗版数字高清作品案
3.上海王某等利用互联网销售侵权盗版ISO标准案	4.江办国泰新点软件被侵犯著作权案
5.北京"阳光教育"网店销售盗版少儿出版物案	6.浙江"爆米花"网传播侵权影视作品案
7.江苏扬州"动漫屋"传播盗版漫画案	8.安徽"音扑网"侵犯著作权案
9.山东康某等侵犯"热血传奇"网络游戏案	10.上海某音乐移动软件侵犯著作权案

(三)中立行为行政责任的来源分析

1.社会责任法律化的处罚底线

20世纪70年代,西方社会意识到企业为追求利润最大化会铤而走险损害公益,因此开始要求企业承担社会责任。为保障社会责任的实现,公权力对企业社

[①] 李怀胜.刑法二元化立法模式的现状评估及改造方向——兼对当前刑事立法重刑化倾向的检讨[J].法学论坛,2016(6).

[②] 孙万怀.慎终如始的民刑推演——网络服务提供行为的传播性质[J].政法论坛,2015(1).

[③] 童春荣,赵宇.网络犯罪的刑罚边界——以刑法不得已原则为视角[J].四川师范大学学报,2016(1).

会责任进行法律化。网络平台具备公共服务性质,立法为公益考量,确可要求网络平台对其中立行为承担社会责任。

社会责任法律化源于社会的普遍认同和遵守,具备法律实施的社会基础,更利于公益的保护。通常立法通过制定强行法规范和软法规范来实现社会责任,强行法要求的是最低道德,软法则是对社会更好发展的呼吁。[①] 强行性规范必须具备现实可行性,如果无视义务主体的接受能力,法律遵守必然令人失望。社会责任柔性较大,企业主动承担的法律不加限制,而试图将社会责任都通过法律化来实现,只会阻拦经济发展。中立行为在网络空间虽起关键性连接作用,但通过行政责任强迫其承担过多社会责任,只会对创新造成打击。

2. 我国第三方义务制度的设定情况

有学者提出在违法基数与行政资源冲突时,引入第三方义务制度促进行政机关与私主体合作,可以实现有效规制。[②] 第三方义务制度指,"政府指定违法行为人、受害人之外的第三方,承担防止违法行为发生的相关义务"。虽然我国未规定第三方义务制度,但在网络管制中却存在大量设定第三方义务的情况。如表4所示,现有法规中"记录备份应当保存60日""保存有关记录,并向有关部门报告"等规定,并不属于网络平台的业务范围,而是参与了政府发现、阻止或惩治违法行为的行政过程,同时通过责任机制保证监管责任落实到平台身上。

表4　中国网络规制的第三方义务制度

第三方	法律义务	行政责任
网络服务提供者	记录备份应当保存60日,并在国家有关机关依法查询时,予以提供	责令改正,责令停业整顿或者暂时关闭网站[③]
提供网络服务平台	应当建立交易规则、交易安全保障、消费者权益保护、不良信息处理等规章制度	警告,责令限期改正,处以罚款[④]
网络服务提供者	发现法律、法规禁止发布或者传输的信息的,应当立即停止传输该信息,采取消除等处置措施,保存有关记录,并向有关主管部门报告	警告、罚款、没收违法所得、吊销许可证或取消备案、关闭网站、禁止有关责任人员从事网络服务业务[⑤]

---

① ［美］富勒. 法律的道德性［M］. 郑戈,译. 北京:商务印书馆,2005:7—8.

② Manns J. Private monitoring of gatekeepers: The case of immigration enforcement［J］. *Social Science Electronic Publishing*, 2006, 79(5).

③ 《互联网信息服务管理办法》。

④ 《网络商品交易及有关服务行为管理暂行办法》。

⑤ 《全国人民代表大会常务委员会关于加强网络信息保护的决定》。

续　表

第三方	法律义务	行政责任
网络运营平台	发现法律、行政法规禁止发布或者传输的信息的，应当立即停止传输该信息，采取消除等处置措施，防止信息扩散，保存有关记录，并向有关主管部门报告	责令改正、警告、没收违法所得、罚款、暂停相关业务……①
网络服务提供者	应当接受投诉并在 15 日内作出答复	处以警告，可以并处一万元以上三万元以下的罚款，向社会公告②

3.法律语境下责任机制与第三方合作的实现

通过对第三方义务与其他概念的辨析可知，其他规制方式多从市场生存必需、自身利益关切、可获利等因素出发帮助政府规制，而第三方义务制度是政府通过行政责任强迫第三方合作，以弥补专业知识的缺乏和资源的不足（见图 3）。第三方义务制度的关键在于能否产生有效威慑，而有效威慑的实现在于以下几个方面：私主体有足够知识技术优势，可以预测及阻止风险；对第三方的规制比对违法者规制成本更低、更有成效；第三方能够以可接受的成本履行义务；第三方行为受到有效监督，可避免市场变形；利益相关者可通过司法救济途径对抗违法行政行为。

让网络平台承担第三方义务，虽弥补了行政规制的不足，但对平台来说却是负担，因此让平台愿意负担该种义务成为制度建设的核心。有学者认为平台出于声誉考量会实施第三方义务③，但同样有学者提出网络平台出于成本考量会选择消极履行或者逃避履行④。因此制度设计需要围绕比例原则确定责任承担的范围及展开具体规则的制定，在打击违法行为与保护私权利间进行平衡。

---

① 《中华人民共和国网络安全法（草案）》。
② 《规范互联网信息服务市场秩序若干规定》。
③ Richard A. Posner. *Economic Analysis of Law*[M]. Alpen aan den Rijn：Aspen Law & Business, 1986：201—227；Gary S. Becker. Crime and punishment：An economic approach[J]. *Pol. Econ*,1968(169)；George J. Stigler. The optimum enforcement of laws[J]. *Pol. Econ*,1970(526).
④ Eugene Bardach & Robert A. Kagan. *Going by the Book：The Problem of Regulatory Unreasonableness* [M]. Philadelphia：Temple University Press,1982:64—66.

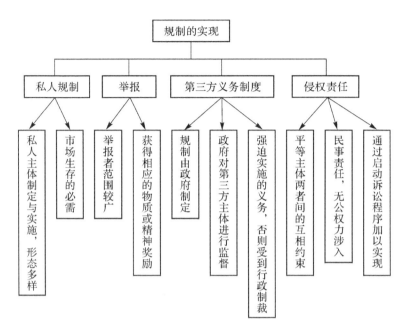

图 3 第三方义务制度与其他概念辨析

四、网络平台中立行为行政责任的司法认定

政府往往倾向以最低廉成本达到最佳规制效果,扩大网络平台行政责任便是"捷径"之一,实则有违比例原则,虽然司法裁判面临理论供给不足的窘境,但法官主动适用比例原则对政府规制行为做出法律评价,可平衡网络创新与行政秩序的冲突。

(一)比例原则的司法认定逻辑:谨防公权力的肆意扩张

应当认识到,互联网法律问题并非单纯的网络技术问题,其背后有着复杂的社会背景,如恐怖活动犯罪和网络谣言,"毕其功于一役"的规制理念难以维持。政府规制无法企及网络平台的技术更替,很多技术或市场能解决的问题,政府的过度干预不仅徒增成本,还可能阻碍互联网健康发展。

通过表5的优劣势对比可知,网络平台专业特性过强,政府受成本及技术之困,选择适用一般性条款执法。面对政府的一般性条款,有学者指出,必须通过法官在救济程序中进行解释和裁量予以明确,并依靠法官的判断和甄别转化为可救济的权利或义务。[1] 法官常易陷入"有法可依"的误区,而忘却司法审查的本质在于谨防公权力的肆意扩张。因此在网络平台行政责任不明的现状下,法官需适用比例原则衡量具体行政行为是否超出必要限度,不可只关注违法情形,同样需要关注行政管制手段与目的的合法正当性,在网络创新与行政秩序中寻找利益平衡点。

表5 政府进行互联网规制的优劣势对比

优势	劣势
1.强制执行手段,威慑力度大	1.成本高,增加财政和纳税人负担
2.受公法约束,公开透明力度大	2.缺乏技术和专业知识,无法准确把握发展趋势
3.更容易主导合作	3.官僚体制弊端
4.代表公益,全局视角	4.受主权范围限制,全球性实务易遇障碍

(二)社会责任法律化的比例原则:对政府规制的边界把控

域外社会责任立法现状表明,强行法规定的都是有关保护环境、消费者权益及公司参与者利益的道德底线要求,本质上是对企业发展和社会公益适用比例原则的权衡结果。如表6所示,英国在《公司法》中规定,公司运作不得对社会及环境造成侵害,否则需要承担法律责任,同样美国《2002年萨班斯—奥克斯利法案》对忽视社会责任规定了处罚力度。但我国政府对平台社会责任进行法律转化的标准不明,导致执法混乱,司法需要适用比例原则进行定纷止争。

表6 域外企业社会责任强行性法律规范

国家	法规名	企业社会责任具体内容
德国	《股份公司法》	必须追求股东的利益、公司雇员的利益和公共利益
英国	《公司法》	公司运作对社区及环境的影响
日本	《公司法典》	公司债权人利益保护制度
美国	《2002年萨班斯—奥克斯利法案》	忽视社会责任、侵害相关利益者企业的处罚力度

---

[1] 谢晓尧,吴思罕.论一般条款的确定性[J].法学评论,2004(3).

深圳市中级人民法院审理快播一案,并未给予行政处罚过多法律评价,令人反思法官裁判时是否过于拘泥行政规章制度。网络平台中立行为的大数据集成虽能为网络秩序管理出力,但其承担的社会责任超出接受限度,也会导致法律遵守差强人意。强制性规范比例过多容易限制互联网产业发展,而软法柔性大,往往能发挥同强制性法律责任同等的行为效果,甚至更好。① 如《清洁生产促进法》建立的清洁生产表彰奖励制度,以及《环境保护法》对保护和改善环境有显著成绩的单位及个人给予奖励的规定,都很好地发挥了软法的激励作用,实现了企业社会责任。

司法裁判对新生事物过于强硬只会打压其积极性甚至阻拦其成长,法官在案件审理过程中需要适用比例原则对法律进行解释以回应社会演变的新趋势。为推动社会责任的实现,法官可通过裁判说理激励网络平台担责,说理可借鉴我国其他领域社会责任软法化具体规定,如借鉴《中小企业促进法》中"应当提高职业道德,恪守诚实信用原则,增强自我发展能力"的规定,以及参考美国《商事公司的社会责任》中所列举的58种涉及10个方面的企业社会行为,以鼓励形式提出要求和指导意见,推动网络平台社会责任的实现。②

(三)第三方义务的比例原则:公权规制走向合作治理的义务承担

当下政府对网络平台构建的第三方义务表现在,政府以行政责任为威慑手段要求网络平台对其中立行为进行改进,同时不进行担保补偿,网络平台须对用户信息及平台内容承担事前审查及事后留存义务,以实现对网络秩序的监管义务。因为第三方会围绕法律义务与法律制裁进行成本衡量,如果违反法律义务成本低于履行法律义务成本,便会选择不遵从法律。③ 在亓士孔起诉莱芜在线侵权纠纷案中,原告在被告论坛被禁言七天,其全部跟帖均被提示"该用户发帖不文明,内容被屏蔽",而具体理由为空白,因此诉至法院。上述案例并非个例,现实中网络用户常遭受网络平台无理由的删帖、禁言和封号,只能起诉平台,无法起诉幕后的监管机关。而平台是源于相关规定制定的规则,如《微信个人账号使用规范》。疯狂删帖源于网络平台为规避详细审查所带来的高昂成本付出及严

---

① Gersen J. E. , Posner E. A. Soft law: Lessons from congressional practice[J]. *Stanford Law Review* , 2008, 61(3).

② 朱慈蕴.公司的社会责任:游走于法律责任与道德准则之间[J]. 中外法学,2008(1).

③ Janet Gilboy. Compelled third-party participation in the regulatory process: Legal duties, culture, and noncompliance[J]. *Law & Policy* , 2010, 20(2).

厉的行政责任,结果导致市场变形,甚至侵犯公民权利。

法国 R. v. Spencer 案中,加拿大最高法院在判决中说明国家机关要求网站披露注册人信息时,通常会使公民个人敏感信息泄露,注册人拥有对此类信息的合理隐私期待。[①] 法国判例显示,第三方义务的履行必须关切公民私权。联合国《表达自由特别报告》指出,国家不得利用或强制网络平台来替代国家对人权保护相关的信息进行审查,可知第三方义务的适用范围不宜扩大。如表7所示,域外在网络数据强制存留方面构建的第三方义务制度,要求政府只可在特定范围进行义务转移,并需围绕比例原则考虑第三方的成本付出。德国经济公法规定,所有服务于国家的私主体享有报销及补偿请求权,否则不符合比例原则。[②] 当下我国关于第三方义务的适用范围没有明确定论,公权力规制的肆意扩张使网络创新受到压制,并不断诱发侵犯公民权利事件的发生。

表7　域外犯罪侦查中网络平台的强制数据留存义务

1	欧盟对1995年出台的要求所有通信服务商在数据不符合其商业目的时予以删除的指令进行矫正。[③]
2	加拿大《侦查与预防电子交流犯罪法案》规定对网络服务商的经济赔偿问题。[④]
3	欧盟《数据保护指令》规定该义务必须限定在针对严重犯罪的侦查起诉活动中。[⑤]
4	2014年欧洲法院在判决中对《数据保留指令》未能对不同数据类型加以区分并设置程序性保障,逾越比例原则进行批判。[⑥]
5	《〈网络犯罪公约〉说明报告》明确强调比例原则在侦查犯罪案件与保护个人隐私之间寻求平衡。

① R. v. Spencer, 2014 SCC 43(S. C. R.),2014.
② [德]乌茨·施利斯基. 经济公法[M]. 喻文光,译. 北京:法律出版社,2006:149.
③ Burkert H. Some preliminary comments on the directive 95/46/EC of the European Parliament and of the Council of 24 October 1995 on the protection of individuals with regard to the processing of personal data and on the free movement of such data[J]. *University of Oxford*, 1996, 4(1—6).
④ 吴伟光. 大数据技术下个人数据信息私权保护论批判[J]. 政治与法律,2016(7).
⑤ 杨惟钦. 价值维度中的个人信息权属模式考察——以利益属性分析切入[J]. 法学评论,2016(4).
⑥ ECJ judgment in Joint Cases C—293/12 and C—594/12 Digital Rights Ireland and Seitlinger and Others,issued on 8 April 2014.

续 表

6	德国学者认为,法律应规定服务于国家的私人享有服务报销和补偿请求权,必须符合比例原则。①
7	英国《调查权规则法案》要求信息获取必须具备必要性,在授权获取信息前,必须对比例性进行审查。②

解决以上问题,需要通过比例原则来把控。在法律空白的情形下,司法裁判通过适用比例原则对政府规制行为做出法律评价以对第三方义务制度进行改进。司法裁判应区分网络平台自身责任及政府转嫁的责任,结合案件具体情况,对政府转移行政规制作出限制,要求政府付出相应成本,即进行经济补偿或给予奖励。当下因行政资源不足,政府对网络平台施加第三方义务具有现实意义,但必须坚持比例原则。司法天然持有对行政行为监督的职能,要求政府对网络平台进行补偿或给予奖励,可以降低网络平台增加中立行为履行义务的成本支出,避免限制网络平台发展,防止司法裁判无法服众。

网络空间并非法外之地,其中的罪恶并不少于现实世界。当下网络平台日益壮大,开启的网络社交空间更是提供了全新违法犯罪乐园,但其中立行为并非恶的本源,对其规制的力度不能过于严苛。科技进步在带来便利的同时也给法律和政府管理带来新的风险和挑战,而这风险亦是改革的新机遇。为增进公共秩序和保障公益,对网络平台中立行为施加行政责任具备正当性,但为了维护互联网的自由创新,亦需对行政责任的内容及程度予以规范化,否则易陷入"毕其功于一役"的误区。

本文的价值和创新之处在于,意识到为应对逐渐严峻的网络安全威胁,我国对网络平台进行严格的行政规制的当下,民事领域"管理式"立法和刑事领域"情绪化"立法,导致平台行政责任模糊不清,出现向民刑入侵且无边界约束的司法现状。而司法的民刑两极化推演,使大量针对网络平台规制的行政行为未得到司法回应,导致司法审查功能失效。当下有关网络平台中立行为的行政规制出现异化,政府通过扩大平台责任和模糊规制界限,使监管机关遁于幕后,而背离技术规则的义务更是加重平台负担,限制网络经济的发展。行政诉讼的缺位,使平台及用户都丧失了通过行政诉讼评价监管政策及决定合法性的机会。为实现

---

① [德]乌茨·施利斯基.经济公法[M].喻文光,译.北京:法律出版社,2006:149.
② 李本灿.企业犯罪预防中国家规制向国家与企业共治转型之提倡[J].政治与法律,2016(2).

网络安全的规制目的,需要进行行政义务与民事义务的法理剥离,保持刑法谦抑性,明确中立行为行政责任来源,即政府第三方义务制度责任机制的构建和社会责任的法律化。重视行政诉讼在网络规制体系的重要性,改变司法割裂式两极单轨回应的模式。通过司法裁判适用比例原则来有效阻止行政权僭越的滋生状态,平衡网络创新与行政规制的冲突。

互联网时代中破坏生产经营罪的新解释

——以南京"反向炒信案"为素材

李世阳 [*]

一、问题之所在

在"互联网＋"的时代背景下,传统犯罪面临着被网络化的新挑战。[①] 以最为传统的盗窃罪为例,虽然传统的盗窃行为仍然存在,但例如通过"开发盗号软件——购买软件——盗取支付宝账号——贩卖账号——洗号——撞库——转移账户资金——洗钱"这种以互联网的方式完成的盗窃犯罪案件也在急剧增加。从刑法解释论的角度而言,如何解释刑法分则所规定的各个犯罪的构成要件以应对传统犯罪网络化的挑战,成为刑法所面临的迫切问题。与这一问题相关联,从刑事立法论的角度而言,对于新型的网络违法现象,刑法应采取积极的立法态度还是秉持所谓的谦抑品格,也成为不得不思考的问题。

最近,南京市中级人民法院对一起典型的"反向刷单炒信"案件进行了审理并维持了一审判决所主张的成立破坏生产经营罪的结论。可以说,这一则案例为上述问题的思考提供了绝佳的素材。

＊ 李世阳,浙江大学光华法学院讲师。
① 梁根林.传统犯罪网络化:归责障碍、刑法应对与教义限缩[J].法学,2017(2).

二、案情简介与争议焦点

(一)案情介绍

2013年9月,北京智齿数汇科技有限公司通过北京万方数据股份有限公司获得万方数据知识资源系统V1.0的使用权,后于2013年11月在淘宝网注册成立名称为"Paper Pass论文通行证"的网上店铺,主要经营论文相似度检测业务,由该公司南京分公司即智齿科技南京公司具体负责运营。

2014年4月,在淘宝网经营论文相似度检测业务的被告人董某为谋取市场竞争优势,雇佣并指使被告人谢某,多次以同一账号恶意大量购买智齿科技南京公司淘宝网店铺的商品,其中,4月18日凌晨指使被告人谢某使用同一账号,恶意购买120单商品;4月22日凌晨指使被告人谢某使用同一账号,恶意购买385单商品;4月23日凌晨指使被告人谢某使用同一账号,恶意购买1000单商品。

2014年4月23日,浙江淘宝网络有限公司认定智齿科技南京公司淘宝网店铺从事虚假交易,并对该店铺做出商品搜索降权的处罚,后经智齿科技南京公司线下申诉,于4月28日恢复该店铺商品的搜索排名。被处罚期间,因消费者在数日内无法通过淘宝网搜索栏搜索到智齿科技南京公司淘宝网店铺的商品,严重影响该公司正常经营。经审计,智齿科技南京公司因其淘宝网店铺被商品搜索降权处罚而导致的订单交易额损失为人民币10万余元。

另查明,被告人谢某、董某分别于2014年5月13日、5月16日被公安机关抓获,二被告人归案后均如实供述了自己的犯罪事实。本案侦查期间,被告人董某已赔偿被害单位智齿科技南京公司经济损失人民币15万元。

(二)一审判决理由

针对上述案件事实,两名被告人的行为是否构成犯罪,以及构成什么犯罪,成为核心问题。围绕这一问题,南京市雨花台区人民法院认为:被告人董某、谢某出于打击竞争对手的目的,以其他方法破坏生产经营,二被告人的行为均已构成破坏生产经营罪。被告人董某、谢某共同故意实施破坏生产经营的犯罪行为,系共同犯罪。关于董某的辩护人提出"董某不构成犯罪"的辩护意见,经审查认为,被告人董某为打击竞争对手,雇佣并指使被告人谢某多次以同一账号恶意大量购买智齿科技南京公司淘宝网店铺的商品,从而导致浙江淘宝网络有限公司错误判定该店铺在从事虚假交易,并对其做出商品搜索降权的处罚,严重影响了智齿科技南京公司淘宝网店铺的正常经营活动,且给该公司造成了较大的经济损失,其行为属于以其他方法破坏企业的生产经营,已符合破坏生产经营罪的构成要件,应以破坏生产经营罪定罪处罚。①

(三)上诉理由以及二审判决理由

针对一审判决的结论,被告人董某向南京市中级人民法院提起上诉,其核心理由为董某的行为不构成破坏生产经营罪。具体而言:①董某不具有破坏生产经营罪所要求的"报复泄愤"的主观目的,仅是"打击竞争对手"的商业惯例;②董某的行为不属于破坏生产资料、生产工具、机器设备的经营行为,不属于"以其他方法破坏生产经营";③行为后果并未造成"生产经营活动无法进行";④行为与后果间介入浙江淘宝网络有限公司降权处罚的因素,不具有刑法上的因果关系。②

对于这些理由,南京市中级人民法院做出如下反驳:在案证据证实,二上诉人主观上具有报复和从中获利的目的,客观上实施了通过损害被害单位商业信誉的方式破坏被害单位生产经营的行为,被害单位因二上诉人的行为遭受了10万元以上的损失,且二上诉人的行为与损失间存在因果关系,其行为符合破坏生产经营罪的犯罪构成,应以破坏生产经营罪定罪处罚。第三方因素的介入并不影响因果关系的认定。据此维持了一审法院在定性上所认定的破坏生产经营罪,但由于二审期间出现新的证据,原审判决认定二上诉人造成的损失数额不当,二审法院予以纠正,并据此而调整量刑,减轻刑罚。

(四)值得思考的问题

本案中,一审法院与二审法院均将两名被告人所实施的反向刷单炒信行为认定为破坏生产经营罪,但就二审法院所给出的判决理由来看,很难说从正面回应了上拆人所提出的上诉理由。归根结底是因为没有从解释论的角度去解释破坏生产经营罪的构成要件要素,例如本罪所侵犯的法益是什么,是针对个人财产的犯罪还是针对整体财产的犯罪,罪质是什么,如何把握实行行为,本罪是目的犯或倾向犯,如何理解生产经营,如何认定法条所规定的"其他方法"等。

刑法解释学的本旨就是恪守罪刑法定原则,在不超出语义的最大限度范围的

---

① 南京市雨花台区人民法院(2015)雨刑二初字第 29 号刑事判决书。
② 南京市中级人民法院(2016)苏 01 刑终 33 号刑事判决书。

前提下,将犯罪事实转化为刑法语言并涵摄到构成要件之中。以下,本文将从这一本旨出发,对破坏生产经营罪做解释学意义上的梳理,以探求其适用范围的边界。

三、破坏生产经营罪的构成要件分析

我国《刑法》第二百七十六条规定:"由于泄愤报复或者其他个人目的,毁坏机器设备、残害耕畜或者以其他方法破坏生产经营的,处三年以下有期徒刑、拘役或者管制;情节严重的,处三年以上七年以下有期徒刑。"这一条文来源于 1979 年《刑法》第一百二十五条的规定,但其构成要件表述为"由于泄愤报复或者其他个人目的,毁坏机器设备、残害耕畜或者以其他方法破坏集体生产的",而且将该罪名安排在破坏社会主义市场经济秩序罪这一章。由此可见,在旧刑法中,将本罪所侵犯的法益理解为"市场经济秩序"。但如上所述,在新刑法中,不仅将构成要件表述为"破坏生产经营",而且将该罪名归入侵犯财产罪这一章。这样的话,本罪的法益属性就发生了变化,由作为侵犯社会法益的秩序型犯罪转变为作为侵犯个人法益的财产型犯罪。很显然,破坏生产经营罪与故意毁坏财物罪一样,都是毁弃型的财产犯罪。但本文认为,这两个罪名的根本性区分在于破坏生产经营罪是针对整体财产的犯罪,而故意毁坏财物罪是针对个别财产的犯罪。以下详细论证这一点。

(一)破坏生产经营罪是针对整体财产的犯罪

在财产犯罪中,当然要求具备"财产上的损害"这一要件,但根据对于这一要件的不同理解,可以区分出针对个别财产的犯罪以及针对整体财产的犯罪。顾名思义,针对个别财产的犯罪是指侵害具体的、个别的财物或债权等财产权,主要表现为财物的占有转移或毁弃。因此,只要存在个别财物或财产性利益的丧失即可成立,据此,当使用欺诈手段,即使支付了相应的对价从而使对方交付财物,也可能成立诈骗罪。与此相对,针对整体财产的犯罪是指侵害被害人的整体财产状态的犯罪,也就是说,只要作为整体的财产总量并没有减少,就不成立犯罪。典型的例子就是背信罪,在该犯罪中,显然考虑了通过行为人的行为所导致的被害人的损失与被害人作为反对给付所得到的财物或财产性利益这两者之间的平衡关系。[1]

---

[1] [日]高桥则夫.刑法总论[M].3 版.东京:成文堂,2016:203.

我国刑法分则第五章规定了 13 个财产犯罪,通说的观点认为我国刑法中的财产罪都是针对个别财产的犯罪,而不存在针对整体财产的犯罪。^① 但是,如果将破坏生产经营罪也理解为针对个别财产的犯罪,那么,就只能将破坏生产经营罪的财产损害理解为毁坏机器设备或残害耕畜等方式本身所带来的损害,这样的话,必然导致破坏生产经营罪被完全消解于故意毁坏财物罪之中,从而丧失了单独存在的必要性。但既然刑法以两个条文分别规定了这两个罪名,应当说破坏生产经营罪有其自身的存在理由,而且从其构成要件的表述来看,其实行行为在于破坏生产经营而非毁坏机器设备或残害耕畜等,就像强奸罪的实行行为并非暴力或胁迫,而在于"强奸"一样。这样的话,破坏生产经营罪中的财产损失就体现为因生产资料被破坏而导致生产经营活动无法继续进行所造成的损失。由此可见,其他类型的财产犯罪是对权利人现时即可享受某种法律上的特定利益,即既得权的侵害,而破坏生产经营罪是对期待权的侵害,这种期待权是对未来完整权利取得的一种期望,因取得权利之部分要件而受到法律的保护,从而成为具有权利性质的法律地位。^② 据此,当因损害这种期待权而导致被害人的整体财产法益受损时,即成立破坏生产经营罪,反之,如果整体财产法益并未受损,期待权并未落空,就不成立破坏生产经营罪,当破坏生产资料的行为符合故意毁坏财物罪的构成要件时,仅在此限度内承担罪责。

这样的话,在考察破坏生产经营罪中所要求具备的财产损害时,不能局限于静态意义上的生产资料,而应着眼于动态意义上的生产经营活动所产生的经济价值。在上述的反向炒信案件中,被告人董某指使谢某用同一账号大量购买作为竞争对手的智齿科技南京公司淘宝网店铺的商品,导致浙江淘宝网络有限公司认定智齿科技南京公司淘宝网店铺从事虚假交易,并于 2014 年 4 月 23 日对该店铺商品做出商品搜索降权的市场管控措施,在被搜索降权期间,消费者在数日内无法通过淘宝网搜索栏搜索到智齿科技南京公司淘宝网店铺的商品,该公司淘宝网店铺正常生产经营遭到破坏,使整体财产受损 10 万余元。显然可以将其认定为因生产经营被破坏而产生的财产损害。

(二)可以将生产经营的范围扩大解释为"业务"

即使整体财产法益受损,如果所破坏的不是生产经营活动,也不构成本罪,

---

① 张明楷.刑法学(下)[M].5 版.北京:法律出版社,2016:939.

② 申卫星.期待权理论研究[D].北京:中国政法大学,2006.

因此,在本罪的适用中,如何解释"生产经营"成为核心问题。关于这一问题,有学者指出:破坏生产经营罪是从1979年《刑法》的"破坏集体生产罪"演变而来,后者主要是针对第一产业的犯罪,而1997年《刑法》在"生产"之后增加了"经营"一项。如果把这里的"生产经营"理解成"生产性经营",则类似于微博的一些社交网站或者网店,不属于第一产业,没有生产性质,就不属于生产经营的范围。但是,"生产经营"应当被理解为"生产+经营",同时,在互联网时代,"经营"的核心含义是组织、管理和运营,而不是生产、营利。① 本文认为,在解释刑法时,应当坚持客观解释的立场,作为主观解释之核心的立法者意愿根本无从探寻,而且法律一旦被制定,从文本而言,就已经落后了。既要维持刑法典的稳定性,又要应对层出不穷的犯罪现象,除了对刑法文本进行客观解释外,别无选择。② 伴随着信息网络技术从2.0时代向3.0时代的跨越,毫无疑问,我们已经进入了所谓的"互联网+"的时代,以电子商务、在线游戏、博客技术、虚拟财产、智能网络、云计算、物联网、"互联网+"为标志的互联网产业化时代迅速崛起,网络价值化、数据资产化、一切互联化、安全核心化、生态重构化、虚实结合化,成为互联网3.0时代的基本特征。

在这样的时代背景下,如果继续将"生产经营"的含义束缚在农耕时代、机器工业时代,一方面这一法条将逐渐丧失适用的空间,另一方面却又导致对大量的破坏新兴产业尤其是互联网产业的行为视而不见,形成立法资源的浪费。因此,有必要赋予"生产经营"新的含义,以重新激活这一法条。因此有必要对"生产经营"做扩大解释,但不能超出语义的最大范围,否则就成为类推适用,而不再是解释。在日本《刑法》第二百三十三条中规定了妨害业务罪,其判例与通说已经就"业务"的解释上达成了共识,即所谓的"业务"是指:自然人、法人及其他团体基于其职业或者其他社会生活上的地位而继续、反复从事的,被法律所保护的事务。③ 这样的话,就可以通过社会性、继续性、要保护性这三个方面对"业务"的范围进行限制,防止其范围无限扩大。本文认为,可以借鉴日本刑法学界与司法实务中关于"业务"的解释来弥补我国刑法中对"生产经营"的机械理解所产生的缺陷。

---

① 高艳东.破坏生产经营罪包括妨害业务行为——批量恶意注册账号的处理[J].预防青少年犯罪研究,2016(2).
② 张明楷.刑法学(上)[M].5版.北京:法律出版社,2016:29.
③ [日]前田雅英.刑法各论讲义[M].6版.东京:东京大学出版会,2015:135.

但在日本刑法学界中,虽然有少数的观点考虑到了妨害业务罪中,经济活动是业务的核心部分,据此而将妨害业务罪置于财产犯的边缘位置。① 但是日本的通说认为妨害业务罪保护的法益是人的社会活动自由,从而将其置于针对自由的犯罪这一位置上。② 如前所述,破坏生产经营罪是侵犯整体财产法益的犯罪,以具备财产损失为其成立要件,因此,即使将这里的"生产经营"扩大解释为"业务",也不能将破坏生产经营罪与妨害业务罪相等同。

这样的话,智齿科技南京公司在淘宝网上开设名为"Paper Pass 论文通行证"的网上店铺,并经营论文相似度检测业务,显然符合业务所要求具备的社会性、继续性以及要保护性,据此可以将其认定为一种"生产经营"。被告人谢某使用同一账号大量购买该网店的商品,导致网店被淘宝公司认定为从事虚假交易并被降权处罚,在这一因果流程中,确实介入了淘宝公司的行为,但辩护人据此所提出的被告人董某的行为与破坏生产经营的结果之间不存在刑法上的因果关系这一主张是否能够成立,存在疑问,以下接着探讨该问题。

(三)被告人利用淘宝规则的行为成立间接正犯

根据《淘宝规则》第五十七条第三款的规定,淘宝网对涉嫌虚假交易的商品,给予 30 日的单个商品搜索降权的处罚。在本案中,被告人董某指使谢某使用同一账号在短时间内大量购买竞争对手的商品,使淘宝公司后台直接认定为涉嫌虚假交易,并根据该条款做出搜索降权的处罚,正是由于该处罚而导致被害网店的生产经营活动无法进行。然而,从本案的案情来看,降权行为的实施及其所导致的破坏生产经营的结果只能由被告人承担,因为被告人将淘宝公司作为实现自己犯罪的工具,成立间接正犯。

在 A 所实施的行为之后,通过介入 B 的行为而导致结果发生,在怎样的情形中,A 对于该结果可以作为单独正犯处罚? 这个问题之前一直都是被放在因果关系中他人行为的介入与相当因果关系或者被放在间接正犯的成立要件这一项下来讨论的。③ 具体而言,A 被作为单独正犯处罚的具体要件体现如下:第一,在故意作为犯中,当探讨介入了他人的行为、背后者(A)的罪责时,不管是被作为间接正犯的问题来讨论,还是被作为相当因果关系或者客观归责的问题来讨论,进

① [日]山口厚.刑法各论[M].2版.东京:有斐阁,2010:155.
② [日]平野龙一.刑法概说[M].东京:东京大学出版会,1977:186.
③ [日]岛田聪一郎.间接正犯与共同正犯[C]//神山敏熊古稀祝贺论文集.东京:成文堂,1996:445.

而,在被害人自身介入的情形中,被作为同意的有效性问题来讨论,其判断资料都应该是同样的;第二,当 A 直接实现了结果时,A 就成为单独正犯;第三,即使存在 B 的行为,当假设不存在该行为、可以说由 A 的行为也大概可以产生该具体结果时,A 就成立单独正犯;第四,在不可以这样说的场合,B 是否自律性地决定引起现实产生的结果就必须被作为核心问题,具体而言,当 B 是在理解了结果的意义与射程的基础上,在不被强制的状态下引起该结果时,那么,A 就不成立该结果的单独正犯,于是,(包含共同正犯在内的)广义共犯的成立与否就成为问题。在该情形中,由于可以说结果是在 B 的支配领域内产生的,因此,如果要处罚 A,只能限定于一种情形,即满足了能够肯定对于他人的支配领域内所产生的事项之归责的特别规定(即共犯规定)所需要具备的成立要件。[①]

简而言之,在判断背后者是否成立间接正犯时,所采取的是一种消极判断,即,如果介入者所实施的行为是基于自律性决定,也就是说结果处于其支配领域之内,那么,背后者就不成立间接正犯。[②] 在本案中,对因果流程处于优势支配地位的显然是被告人,该结果的发生并不在淘宝公司的支配领域内,因为淘宝公司所做出的降权处罚并不是一种自律性决定,而是在不可避免地陷入认识错误的状态下做出的。据此,被告人董某成立破坏生产经营的间接正犯。

(四)泄愤报复等个人目的是一种消极动机

从《刑法》第二百七十六条关于破坏生产经营罪的构成要件的表述来看,不仅仅需要具备"毁坏机器设备、残害耕畜或者以其他方法破坏生产经营"这一客观构成要件要素,而且需要具备"由于泄愤报复或者其他个人目的"这一主观构成要件要素。很明显,这一主观构成要件要素带着极为强烈的情绪倾向或动机,如果认为在具备构成要件故意的基础上还必须具备这种倾向或动机,那么在司法实践中势必面临证明上的困难,其认定标准也不可避免地带有恣意性。事实上,在上述反向刷单案例中,辩护人在论证上诉人不构成破坏生产经营罪时,首要理由就是上诉人不具有破坏生产经营罪所要求的"报复泄愤"的主观目的,仅是"打击竞争对手"的商业惯例,而很难说南京市中级人民法院在裁判理由中对于这一点做出了有力回应。

---

① [日]岛田聪一郎. 间接正犯与共同正犯[C]//神山敏雄古稀祝贺论文集. 东京:成文堂,1996:445—446.

② 李世阳."捅伤他人后捅死自己"的归责[J].刑事法判解,2014(2).

从客观主义刑法的基本立场出发,在构成要件的设置以及解释上,应当尽量避免或淡化带有情绪性、心情性的主观要素。例如,日本《刑法》第二百四十七条规定了背信罪,将其构成要件表述为:"为了他人而处理事务者,怀着谋求自己或第三人的利益或者对本人施加损害的目的,实施违背其任务的行为,对本人造成财产上的损害。"从这一规定来看,图利或者加害目的成为本罪的构成要件要素,因此之前的通说认为图利或加害目的是独立于构成要件故意的要素,要求具备对图利、加害的确定性认识或者意欲。① 这种观点被称为"积极的动机说",显然,这种观点是忠实于条文的解释,但不得不面临着与我国刑法所规定的破坏生产经营罪同样的上述困惑,即为什么要特别强调这种心情要素对于本罪成立的意义这一点是不明确的。于是,最近日本的判例与通说认为,既然故意实施了违背任务行为,原则上就可以肯定背信罪的成立,仅仅当这是怀着专门为了本人的利益而实施时,才例外地不处罚。② 这种观点被称为"消极的动机说"。

在破坏生产经营罪的解释上,可以借鉴上述的"消极的动机说"。具体而言,只要行为人客观上实施了破坏生产经营的行为,即可推定其主观上具备对于该行为及其所造成的构成要件结果的认识,即具有构成要件故意,除此之外,并不需要具备所谓的"由于泄愤报复或者其他个人目的"这种情绪性因素。这种心情性因素仅仅在作为消极的动机这一点上是有意义的,即,当行为人并不是基于"个人目的"而实施破坏生产经营的行为时,例外地成为本罪的刑罚阻却事由。而"非个人目的"主要限定于以下情形:第一,专门为了增加被害人的财产利益而实施,但客观上却对被害人的生产经营造成破坏;第二,行为人专门为了公共利益而实施破坏他人生产经营的行为。在本案中,被告人的行为显然不是为了增加被害人的财产利益或者公共利益而实施的,因此可以说是一种基于个人目的的行为。

(五)以其他方法破坏生产经营的解释

在我国刑法分则的条文中,存在大量的兜底条款,其典型表现就是"其他方法",例如,在我国刑法分则条文中,出现了多达 16 处的"其他方法"这一表述。罪刑法定原则要求刑法必须具备明确性,即,刑罚法规对于怎样的犯罪科处什么程度的刑罚这一点对于一般人而言,必须在预测可能的程度内被具体且明确地

---

① [日]藤木英雄.刑法讲义各论[M].东京:弘文堂,1976:348.
② [日]高桥则夫.刑法各论[M].2版.东京:成文堂,2014:402.

规定,这既包括犯罪的明确性,也包括刑罚的明确性,而构成要件的明确性是犯罪明确性的基本保障。如果在构成要件中出现大量的"其他方法"这种列举性的表述,必然会破坏刑法的明确性,但依然可以在保护法益的范围内,从比例原则出发,限缩解释"其他方法"的范围,使其尽可能地明确化。

关于破坏生产经营罪中"其他方法"的解释,有力的观点认为应当进行同类解释,即,《刑法》第二百七十六条是指行为方式与行为对象的同类:一方面,行为必须表现为毁坏、残害等损毁行为;另一方面,行为所损毁的对象必须是机器设备、耕畜等生产工具、生产资料。① 本文赞同在解释兜底条款时应遵循同类解释规则,因此,对于已经在条文中明确列出的"毁坏机器设备"与"残害耕畜"这两项,当然是重要的参照条件,但本罪的保护法益以及实行行为的本质特征才是进行同类解释的指导原则,如前所述,本罪所侵害的是整体财产法益,实行行为的本质特征在于对生产经营的破坏,而生产经营并不局限于农业与工业化生产,可以将其扩大解释为"业务"。据此,如果认为这里的"其他方法"必须具备损毁的性质以及所损毁的必须是生产资料,必然不适当地缩小本罪的实行行为的射程范围。决定破坏生产经营罪中"其他方法"外延的,不是前面的"毁坏机器设备、残害耕畜",而是"其他方法"之后的"破坏",只要是对生产经营的破坏行为并损害他人的整体财产法益,就是"其他方法",不一定是对物的暴力。②

这样的话,在上述的反向炒信案例中,即使被告人所实施的行为并未像毁坏机器设备或者残害耕畜那样从物理形态上损毁他人的生产资料,但被告人所实施的行为导致了被害人的网店被降权处罚,经营活动遭受严重阻碍,整体财产法益受损。在这个意义上,将反向刷单炒信的行为纳入破坏生产经营罪的"其他方法"中,属于符合法益保护目的之客观解释,并未超出语义的最大范围边界,因此不违反罪刑法定原则。

四、结论与展望

刑法必须解释才能适用,例如,在故意杀人罪中,如果不对"人"的出生时间

---

① 张明楷.刑法学(下)[M].5 版.北京:法律出版社,2016:1027.
② 高艳东.破坏生产经营罪包括妨害业务行为——批量恶意注册账号的处理[J].预防青少年犯罪研究,2016(2).

与死亡时间进行解释,甚至连这一看起来清晰、纯粹的事实概念都无法适用。在解释过程中,通过行为规范的设置所要实现的保护法益之目的是基本的指导原理,因此,从罪刑法定原则出发,在语义所允许的最大限度范围之内,做符合法益保护的目的解释,是刑法解释的基本方法。破坏生产经营罪从属于旧刑法中的破坏经济秩序型的犯罪到新刑法的侵犯财产犯罪,意味着通过该构成要件的设置所要实现的法益保护目的也相应地从保护秩序转变为保护财产。然而,当前刑法学界在解释破坏生产经营罪时,通说的观点将本罪理解为侵犯个别财产法益的犯罪,因此是以静态的眼光看待本罪的财产损失;并且将本罪所规定的"由于泄愤报复或者其他个人目的"理解为一种积极的动机,将"破坏"仅仅理解为对生产资料的破坏。可以说,这是停留在农耕时代与机器工业时代语境下对本法条的解释水平,在互联网时代背景下,如果继续停留在以上的解释层面,一方面,将使破坏生产经营罪逐渐丧失适用余地,将该法条束之高阁;另一方面,将导致大量通过互联网破坏他人生产经营的行为得不到应有的规制。

习近平总书记在网络安全和信息化工作座谈会上的讲话说:"网络空间是亿万民众共同的精神家园。网络空间天朗气清、生态良好,符合人民利益。网络空间乌烟瘴气、生态恶化,不符合人民利益。"但是伴随着互联网的迅猛发展,互联网犯罪也不断升级演化,呈现出新型化、精细化、专业化、组织化等特点。一方面,除了利用互联网实施传统犯罪,危害网络和信息安全行为越来越公开化、规模化,形成了各类黑灰产业链,成为寄生于整个互联网上的毒瘤,尤以恶意注册、虚假认证、虚假交易三大黑灰产为甚。而在背后不断支撑这些犯罪和黑灰产行为的是互联网技术黑灰产。各种恶意硬件软件开发买卖,非法信息、数据买卖,恶意聊天群组和平台网站运营是各类犯罪和黑灰产行为滋生的土壤。很显然,仅打击表面的犯罪行为治标不治本,无法根治互联网不安全的毒瘤。

当新型的违法犯罪现象出现时,刑法不可能也没有必要对每一种行为犯罪化,而首先应当是根据上述的解释方法对现行刑法的条文所规定的构成要件进行解释。事实上,毫不夸张地说,破坏生产经营罪是刑法应对互联网犯罪的有力条款,但需要对其构成要件进行如下的全新解释:

第一,破坏生产经营罪所保护的法益虽然是财产,但这是一种针对整体财产法益的犯罪,应当以动态的视角考察其财产损失。因为本罪成立的关键显然是因破坏生产经营的行为损害了他人的期待权,而不是对既有的财物或财产性利益的破坏,否则本罪就被消解于故意毁坏财物罪之中,丧失单独存在的必要性。

第二,可以将生产经营的内容扩大解释为自然人、法人及其他团体基于其职业或者其他社会生活上的地位而继续、反复从事的,被法律所保护的事务,即"业务"。

第三,从客观刑法的立场出发,应当将破坏生产经营罪中的"由于泄愤报复或者其他个人目的"理解为一种消极的动机,即,只要客观上实施了破坏他人生产经营的行为,即可推定其构成要件故意,除此之外并不需要具备泄愤报复这种情绪性因素或个人目的,当且仅当在非个人目的的支配下实施破坏生产经营行为时,才例外地成为刑罚阻却事由。而"非个人目的"又被限定于专门为了被害人利益或者公共利益这两种情形。

第四,在解释破坏生产经营罪的"其他方法"时,应根据同类解释的规则确保刑法的明确性,但本罪的保护法益以及实行行为的本质特征即破坏生产经营才是进行同类解释的指导原则。

论网络诈骗第三方交易平台行为的法律适用

——以叶某某等人诈骗案为例

孙婷婷　卢佳楠*

一、前　言

2014 年 10 月至 2015 年 6 月期间,叶某某、黄某某等人经预谋,先后注册多家网络科技有限公司,通过搭建销售话费充值卡和游戏点卡的网上商城,建立支付宝接口,溢价出售充值卡,专门为实施"兼职刷信誉"的网络诈骗分子提供用于诈骗的跳转链接,期间已收集到的证据显示,被害人在该网上商城购买充值卡后被骗十余万元,整个商城的销售金额达上千万元。2017 年 7 月,浙江省临海市人民法院一审对叶某某、黄某某等人以诈骗罪做出有罪判决,叶某某、黄某某等人均以不构成犯罪、量刑过重等理由提出上诉,后经二审开庭审理,裁定驳回上诉、维持原判。① 本案中,直接实施骗行为的被告人王某某的行为构成诈骗罪没有问题,成为控辩双方争议焦点的是,叶某某、黄某某等人搭建溢价销售充值卡平台的行为是否构成犯罪,以及构成诈骗罪还是帮助信息网络犯罪活动罪。本文拟通过对该案例的详细剖析,以期探寻对类似网络平台行为法律适用的合理化路径。

---

*　孙婷婷,台州市人民检察院公诉二处副处长,员额检察官;卢佳楠,台州市人民检察院公诉二处检察官助理。
① 浙江省临海市人民法院(2016)浙 1082 刑初 722 号刑事判决书。

二、目前司法对网络犯罪黑色产业难以全面有效打击

随着互联网经济迅猛发展,传统犯罪形式在互联网内找到了新的滋生土壤。一条条网络犯罪的黑灰产业链正在不断形成和扩大。从网络工具、软硬件开发、非法技术服务的市场、平台,到公民信息、各类数据、账号、手机卡、银行卡的非法交易平台,再至恶意注册、虚假认证、虚假交易的中端交易平台,最后才是各类终端的盗窃、诈骗等财产犯罪。

比如,上述叶某某等人诈骗案中的"兼职刷单"网络诈骗链路,概括起来就是三个步骤:第一步,行为人通过非法购买或者掌握的网络招聘数据,群发信息,诱骗被害人上钩;第二步,让被害人到其指定的网上交易平台上购买充值卡,模仿真实刷单环境,对被害人下的小单马上进行返款,建立被害人信任;第三步,用大单提高回报为诱饵,诱惑被害人在指定的网上交易平台上购买数量较大的充值卡,并且在被害人提供订单号向行为人要求返款和支付刷单报酬时,马上利用该订单号到上述网上交易平台上获取充值卡的卡密(串码),并将对应的充值卡在其他网上平台销售变现。不难发现,在整个链路中最关键的一环就是,行为人可以轻易地获取被害人购买的充值卡的卡密(串码),而让行为人这一目的得以实现的正是行为人指定被害人刷单的网站。该类网站就包括案例中叶某某、黄某某等人注册销售话费充值卡、游戏点卡的网站。

特别需要注意的是,叶某某、黄某某等人与行为人确不认识,也没有专门的沟通交流,仅是通过网络发布其网上商城溢价销售充值卡、游戏卡的信息。该信息看似正常的网上商城销售广告,但专门从事"兼职刷单"诈骗的行为人就会指定被害人到该类网站上刷单,其关键点就在于"溢价销售"。因为根据一般社会交易习惯,以电话充值卡为例,面值100元的充值卡,如在正规渠道销售,是不会高于100元的,更不会像叶某某等人的网上商城高出8元销售,也正是基于此,行为人知道之后可以仅凭被害人的订单号,就可以在该网站提供的链接上获悉卡密(串码),并进一步变现。而此时,如果被害人联系行为人,行为人则将责任推脱给叶某某的网上商城,而叶某某的网上商城则会以自己只是正常销售充值卡为理由,否认参与诈骗(这也是本案被告人叶某某、黄某某等人无罪辩解的理由)。被害人如果进一步向阿里巴巴举报,也只是其支付货款对应的支付宝账号被查封而已,而且叶某某等人在商城网页被举报钓鱼后,并不整改,而是反复修

改域名重新将跳转链接发送给直接诈骗的行为人。正因如此,叶某某、黄某某等人才会利用非法获取的公民信息注册多个公司,用于绑定网上商城,并且每个公司都绑定数十个支付宝账户关联,其真正用意已经不言自明。

首先,在上述网络诈骗链路中,直接诈骗的行为人实际上骗取的是被害人购买的充值卡的对应价值,叶某某等人表面上只是赚取了每张卡的溢价销售部分,并未参与行为人的分赃,但其行为客观上为行为人的诈骗犯罪得逞提供了不可或缺的作用,所获得的利润,也是被害人基于错误认识而交付购卡费中的一部分。其次,从叶某某、黄某某等人已被查获的商城交易金额分析,其绝不仅为本案的直接诈骗行为人王某某提供了帮助。叶某某等人开设的商城总的销售金额达 1500 余万元,但最终判决认定其犯罪数额仅为已经查证的王某某通过该商城骗取已经收集的被害人的十余万元,对其判处三年五个月。可见,目前的司法实践中,仍是从终端自下往上打击,以已被查获的直接诈骗的行为人的行为为核心来对相应的平台追责,难免有疏漏之处。

究其原因,对这些网络犯罪黑产的追责存在立案难、取证难、认定犯罪数额难、适用法律难的问题,导致网络黑灰产业产值已达千亿,远远高于网络安全产值的不到 300 亿[①],对网络环境、社会稳定造成严重危害。

三、对类似恶意第三方交易平台的法律适用

叶某某、黄某某等人诈骗案在庭审过程中,辩方提出其行为即使构成犯罪也不应构成重罪诈骗罪,而是应根据从旧兼从轻的原则,认定构成帮助信息网络犯罪活动罪。该理由不能成立。

(一)从立法背景分析

《刑法修正案(九)》之所以增设帮助信息网络犯罪活动罪,其立法背景在于,网络的高速发展,让共同犯罪行为呈现新的特征:首先,行为主体相对隔离。主体之间往往互不相识或不在相同地域。其次,客观行为上较隐蔽。各犯罪环节人员各司其职,只分担部分行为,实现行为人数少,帮助行为人数多。最后,主观意思联络不明显。行为主体常以不知道他人实施何种犯罪来逃避刑事处罚。如在各类非法交易平台倒卖软件技术、技术服务、服务平台等技术黑产人员,其并

① 来源于阿里巴巴安全部的统计数据。

不了解其提供的技术、服务或者平台是被用于何种具体犯罪活动,与买方意思联络不明确,或者虽然存在意思联络,但如果实行行为人无法达到构罪的要求,即使帮助者的社会危害性更重,也难以共同犯罪来定罪量刑,根据传统共犯理论,一般需要查明实行者具体犯罪行为或者帮助者的共同犯罪故意才能认定共同犯罪。这种特征,导致司法实践中抓获较多的往往是实施帮助行为的犯罪人员,且容易脱罪。

对本文案例的分析,不难发现,与其说先有直接实行诈骗的行为人即正犯,不如说是这些网络犯罪黑产为这些正犯提供全套服务和帮助,就如案例中的叶某某等人开设的网上商城,其平台本就不是用于正常经营,而是敞开怀抱,等待着王某某等欲实施诈骗的行为人,双方的意思联络也早已超越了传统的共同犯罪,对彼此的行为以及获利点均心知肚明,在犯罪过程中也是无缝对接。因此,这类网络犯罪的帮助行为相较于传统的帮助行为,其对于完成犯罪起着越来越大的决定性作用,社会危害性凸显,有的如果全案衡量,甚至超过实行行为,本案中叶某某等人的行为正是如此。

因此,《刑法修正案(九)》中增加了本条规定,是为了严密法网,为了更准确、有效地打击各种网络犯罪帮助行为,维护信息网络秩序,保障信息网络健康发展。

(二)帮助信息网络犯罪活动罪的适用空间有限

首先,如上文所述,刑法增设帮助信息网络犯罪活动罪是为了严密法网,故在《刑法》第二百八十七条之二的第三款中规定:"有前两款行为,同时构成其他犯罪的,依照处罚较重的规定定罪处罚。"因此,在已经构成其他犯罪诸如重罪诈骗罪的前提下,就不再适用本罪。

其次,主观上,帮助信息网络犯罪活动罪在提供互联网技术支持等帮助行为外,只需要行为人明知他人利用信息网络实施犯罪即可,至于他人实施的是何种具体犯罪,在所不问。但如果行为人明知他人具体实施的犯罪种类,且也为其提供了必要的帮助,也不再适用本罪,简言之,只有在行为人对他人的犯罪行为确不知情或者对他人的犯罪行为类型产生错误认识的情况下,才有本罪适用的空间。

最后,虽然构成帮助信息网络犯罪活动罪,需要满足"情节严重"的条件。但正如张明楷教授所言,该条件的设立,是为了给限制中立的帮助行为的处罚范围提供法律依据,而不是将本罪作为共犯正犯化的依据。[①] 我国当前处在互联网技术、服务飞速发展的时代,假设知名的搜索引擎公司、支付结算平台、互联网接入服务商意识到自己提供的技术或者服务可能为信息网络犯罪人员起到帮助作用,对此都以犯罪论处,便停止该类业务,那么对社会发展和进步都是不利的。因此,才要对构成要件符合帮助信息网络犯罪活动罪,但尚无法评价为共同犯罪的行为,严格入罪的路径。

叶某某等人的行为均不符合上述三方面,对其应当以诈骗罪的共犯认定。需要说明的是,共犯正犯理论来源于德日刑法,与我国刑法中的主从犯并非一一对应关系,亦即叶某某等人的行为虽然可能评价为共犯,但因其在共同犯罪中所处的地位、作用大小无法评价为从犯。

四、对该类恶意交易平台的处罚程度应加重

目前,对该类恶意交易平台的行为认定为网络诈骗的共同犯罪,在实务中基本没有障碍,但在犯罪数额的认定上以及处罚程度上尚有进一步加重的空间。

以叶某某案为例,判决是以已经查证的诈骗数额即仅以查获的王某某利用该网上商城的诈骗数额作为叶某某等人的犯罪数额,进而选择相应的刑期,且在王某某刑期之下。但显然,叶某某等人犯罪数额远超于此,简言之,如果说传统的帮助犯只对应一个正犯,那么在网络犯罪中,类似叶某某等人设立的恶意交易平台是对应不特定多数的正犯,仅以查获的正犯犯罪来认定整个平台的犯罪金额,显然是不科学的。同时,在实务操作中,即使正犯没有全部到案,对于平台的犯罪金额也并非无法计算。因此,本文认为,根据平台交易模式以及已经查证属实的部分犯罪事实足以推定该第三方交易平台上的交易均系为犯罪所用,完全可以平台交易数额认定犯罪数额,叶某某案就是如此。

"两高一部"《关于办理电信网络诈骗等刑事案件适用法律若干问题的意见》(以下简称《意见》)第三条全面惩处关联犯罪中,也明确了对网络犯罪黑色产业链各环节从严打击的态度,不仅对各环节的行为规定既可以单独构罪,事先通谋的亦可以共同犯罪追究,甚至规定,电信网络诈骗犯罪嫌疑人尚未到案或案件尚未依法裁判,但现有证据足以证明该犯罪行为确实存在的,不影响掩饰、隐瞒犯

[①] 张明楷.论帮助信息网络犯罪活动罪[J].政治与法律,2016(2).

罪所得、犯罪所得收益罪的认定。

既然对掩饰、隐瞒犯罪所得、犯罪所得收益罪可以在电信网络诈骗直接行为人未查获的情况下予以认定,本文所讨论的这些恶意第三方交易平台为什么不可以? 更何况,只有如此认定,才能更准确地评价这些平台的犯罪性质和社会危害性,而不是寄希望于正犯的落网。如此认定,也避免了正犯相继落网导致的不断以漏罪追诉平台行为人刑责,不然,不仅可能侵害行为人权益,不当加重其刑责,而且会出现浪费司法资源,有损刑事裁判严肃性的不良后果。

五、对网络犯罪其他黑灰产业的认定

实践中,随着网络犯罪案件的分工日益细化,滋生出专门用于违法犯罪的活动(如替人开卡、取钱,收购身份证、银行卡等服务)和专门用于违法犯罪活动的程序、工具(如仿冒银行、执法部门网站制作钓鱼网站)。可以说,这些活动或者程序、工具并非社会正常活动所需,而是只能为违法犯罪活动提供帮助的专门服务,这些网络犯罪中的技术黑产,都可以也有必要纳入刑罚的视野。在此前提下,是否能以帮助信息网络犯罪活动罪这一轻罪追究刑事责任,则要进一步论证。比如,叶某某案中的充值卡回收的人员即为行为人获取卡号后变现的人员,其行为实质上是为网络犯罪提供了洗钱途径,其危害性不比前三环节人员轻,但隐蔽性更强,由于在其网站回收人员庞杂,回收卡是否源自犯罪、源自何种犯罪,回收人员是否明知、明知的程度如何,在证据上较难收集,故除非有较为充足的证据,实务中很少入罪。

再如,在"兼职刷单"网络诈骗类案件中的其他参与人员,有为"兼职"诈骗制作商城网页、源码、绿标的;有提供企业虚假注册信息和账户的;有提供反钓鱼、更换域名服务的;有售卖爬虫软件等黑技术和工具的外围黑灰产业人员。

上述行为,不论是帮助信息网络犯罪活动罪的增设还是"两高一部"的《意见》,其实都已经为其扫清了入罪的法律障碍,即对该类人员只要其明知他人利用信息网络实施犯罪,达到情节严重的程度,均可以以帮助信息网络犯罪活动罪定罪处罚。当然,本文认为目前帮助信息网络犯罪活动罪仅设置了情节严重处三年以下有期徒刑或者拘役,并处或者单处罚金一个量刑幅度,在取证确难到位的情况下,致使该罪与其他犯罪的量刑难以合理接洽,存在增加量刑幅度的空间,此处不再展开详细论述。

　　综上,对网络犯罪黑色产业链中第三方行为的认定,应打破传统共同犯罪理论中对"事先预谋"的藩篱和司法实务操作的惯性,对其行为模式进行类型化分析,准确适用法律,且在犯罪数额认定上不需依附于已经查获的终端的财产犯罪。最后,实务中因取证困难导致对上述行为的量刑失衡,可以通过增设帮助信息网络犯罪活动罪的量刑幅度得到缓解。

江苏省电信诈骗犯罪之特点、成因及治理对策

——以 2013—2016 年江苏省三级法院审结案件为样本①

谢　健　伍建焜　何林生*

2000 年以来,电信诈骗活动从我国台湾地区传入大陆,随后迅速在全国蔓延,呈现爆炸式增长,造成的经济损失日益加剧。在 2016 年打击跨国电信网络诈骗案件通报会上,公安部刑侦局介绍:2015 年全国电信诈骗发案 59.9 万起,造成经济损失约 200 亿元;2016 年仅上半年,电信诈骗发案就达 28.7 万起,造成损失 80 余亿元。近年来,江苏省相继发生一系列电信诈骗大案:2011 年 11 月,苏州市吴中区木渎镇某女财务经理被恐吓诱骗完全失去理智,在 3 日内将挪用的公款 1266.1 万元汇入诈骗团伙指定的账户,该案的业务人员分得提成 130 万元。2015 年 7 月,南京王女士通过淘宝司法拍卖购房,被不法分子冒充客服骗走 300 万元巨款,该案系南京市单笔案值最大的电信诈骗案。2016 年 9 月,一个位于柬埔寨境内专门诈骗中国大陆居民的电信诈骗集团被捣毁,警方抓获包括 13 名台湾人在内的犯罪嫌疑人 63 人(下称"'9·20'专案"),经检方初步核实,该团伙骗取江苏等省份居民 60 余人,涉案金额 500 余万元,有的诈骗成员仅一次提成就高达 14 万元。

电信诈骗犯罪,顾名思义就是利用电子信息网络技术实施的诈骗犯罪活

---

① 案件信息以"中国裁判文书网"上公开发布的案件信息为主(全文检索关键词"电信诈骗",时间截至 2016 年 11 月 15 日),部分案件详情来自公安机关、检察机关、法院内部的卷宗材料。

* 谢健,南京市人民检察院副检察长,三级高级检察官;伍建焜,江苏紫金农村商业银行股份有限公司城中支行副行长,博士研究生,CFA;何林生,南京市人民检察院员额检察官,硕士研究生。

动。① 具体来说,电信诈骗是指犯罪嫌疑人以电话诈骗、网络诈骗和短信诈骗为主要作案方式②,通过编造虚假信息、设置各类骗局,对被害人实施远程、非接触式诈骗,诱使被害人向犯罪分子转账资金,或者非法获取被害人资金账户密码再取财的犯罪行为。在刑法上,电信诈骗犯罪可以归为诈骗罪一类,但并非一个独立的罪名。近年来,国家加大了对电信诈骗犯罪的打击、防范力度,但随着手机、网络等通信手段的迅速发展与普及,电信诈骗活动多发且呈蔓延之势,表现出新的特点。

一、江苏省电信诈骗刑事案件的基本情况

2013 年 1 月—2016 年 11 月,江苏省三级法院共审结电信诈骗刑事案件 69 件,其中一审案件 55 件,二审案件 14 件。③ 从上述案件的刑事判决书、刑事裁定书、审查逮捕意见书、公诉案件审查报告来看,近年的电信诈骗犯罪案件呈现如下特点:

(一)从案件数量来看,呈马鞍型发展态势

2013 年 1 月—2016 年 11 月,江苏省三级法院共审结电信诈骗刑事案件分别为 5 件、27 件、17 件、20 件,整体上呈马鞍型发展(如图 1)。

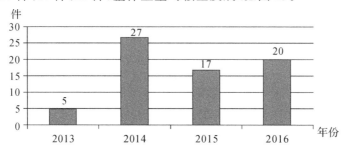

图 1　2013 年 1 月—2016 年 11 月诈骗案件数量变化

---

① 2000 年 9 月 25 日公布的《中华人民共和国电信条例》第二条规定,电信是指利用有线、无线的电磁系统或者光电系统,传送、发射或者接收语音、文字、数据、图像以及其他任何形式信息的活动。

② 实践中,3 种诈骗方式的危害性依次递减。根据腾讯公司发布的《2016 年 1 季度反电信网络诈骗大数据季度报告》显示,电话诈骗涉及金额最大,第一季度达 18.8 亿元,远高于网络诈骗(9.7 亿元)、短信诈骗(7.2 亿元)。奇虎 360 公司发布的《2016 中国电信诈骗形势分析报告》也显示类似情况,360 手机卫士仅在 8 月份就拦截诈骗电话 4.45 亿次。

③ 69 件诈骗案件中,有 2 件分别历经一审、二审程序,其余 65 件均单独成案,即实际为 67 件。

案件数量变化的原因在于，2014年江苏警方开展打击"两盗一骗"犯罪专项行动，集中破获了大量电信诈骗刑事案件。这一方面使2014年江苏省的电信诈骗刑事案件量骤增，另一方面也使得2015年江苏省的电信诈骗刑事案件明显减少。但是，随着时间的推移，电信诈骗犯罪在暴利引诱之下卷土重来，在2016年又达到一个峰值。这一案件数据变化说明，电信诈骗犯罪在严厉打击与野蛮滋长之间呈现胶着反复状态，存在此消彼长的关系。

（二）从诈骗种类来看，诈骗方式呈现融合之势

上述案件中，仅利用电话实施的诈骗案件（电话型诈骗）25件，占44.64%；仅利用网络实施的诈骗案件（网络型诈骗）3件，占5.36%；仅利用短信实施的诈骗案件（短信型诈骗）1件，占1.79%；同时利用短信与电话、网络与电话实施的诈骗案件（综合型诈骗）27件，占48.21%（如图2）。①

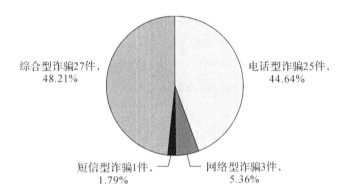

图2 诈骗种类分布

这一数据表明，电话诈骗、网络诈骗、短信诈骗犯罪的发生频率依次递减，这与全国电信诈骗犯罪的大数据分析结果大致相符。该数据还表明，传统的电话诈骗、网络诈骗、短信诈骗之间逐步交融的趋势正在增强。随着电信诈骗活动的演变，当前诈骗模式逐渐趋同，即诈骗分子先通过发布网络广告、开设钓鱼网站、群发短信、群发语音包等低成本手段，甄别挑选潜在的被害人，再通过"一对一"的语音电话联系，博取被害人的信任，以诈骗钱财或者套取资金账户密码。其中，电话（语音）诈骗阶段能够给予被害人真实的代入感，系诈骗成功的关键，成

---

① 其余11件案件均系电信诈骗犯罪的上、下游犯罪，被告人只是提供电话号码或者帮助取款，并没有直接实施电话诈骗、网络诈骗、短信诈骗。因此，未计入该项统计数据。

为网络诈骗、短信诈骗不可或缺的组成部分。

(三)从罪名分布来看,涉案罪名集中于 4 个罪名

2013 年至 2016 年,江苏省的电信诈骗刑事案件涉及诈骗罪,掩饰、隐瞒犯罪所得、犯罪所得收益罪,妨害信用卡管理罪,信用卡诈骗罪等 4 种罪名。其中:诈骗罪 61 件,占 91.04%;掩饰、隐瞒犯罪所得、犯罪所得收益罪 3 件,占 4.48%;妨害信用卡管理罪 2 件,占 2.99%;信用卡诈骗罪 1 件,占 1.49%(如图 3)。

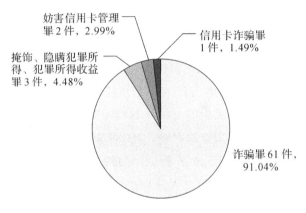

图 3 涉案罪名分布

该组数据表明,在司法实践中电信诈骗犯罪往往定性为诈骗罪。在不少案件中,犯罪分子冒充公、检、法等司法机关工作人员,以被害人涉嫌刑事犯罪需要缴纳保证金等借口骗取钱财的,同时符合诈骗罪和招摇撞骗罪的犯罪构成,但由于涉案金额特别巨大,根据法条竞合犯从一重处断的原则,以诈骗罪论处。

理论上,电信诈骗犯罪的案件数量上与上游的侵犯公民个人信息罪的案件数量应该正相关,但是近年来江苏省并没有侵犯公民个人信息罪的判决。原因在于,侵犯公民个人信息犯罪的网络覆盖面大,关系错综复杂,虽然犯罪结果地是在江苏,但是犯罪行为发生地、犯罪分子所在地往往不在江苏。此外,电信诈骗犯罪的案件数量上与下游的掩饰、隐瞒犯罪所得、犯罪所得收益罪的案件数量也相差甚大,原因在于帮助取款人在很多案件中构成电信诈骗罪的共同犯罪,被当作诈骗罪的共犯处理。

(四)从组织形式来看,呈现"企业化运作、产业化发展"特点

典型的电信诈骗犯罪一般是共同犯罪案件。在上述案件中,2 人以上结伙作案的共有 40 件,占总数的 59.70%。其中,作案人数达 5~20 人的重大案件 10 件,占

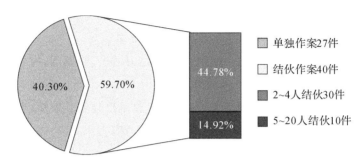

图 4　犯罪组织形态分布

14.93％（如图 4），这些案件中的犯罪团伙在内部均存在较为明确的组织分工。

从上述案件来看，重大的电信诈骗犯罪往往呈现出"企业化运作、产业化发展"的趋势，这与近年来全国发生的电信诈骗典型案例吻合。如南京警方正在侦办的"9·20"专案中，诈骗团伙组织严密，分工明确，具有"企业化运作"的显著特征：团伙成员分为老板、管理层、业务员 3 个层级，业务员分为 3 个业务团队，每个团队内部均有话务员按照诈骗流程分别扮演一线、二线、三线 3 个角色，分别以张海霞吸毒死亡案、王斌洗钱案等为剧本进行连环诈骗。该团伙有严格的考勤、考绩、工作、生活等管理制度，机票、食宿、生活用品等支出均由集团统一支付。此外，该案的上下游犯罪也体现出"产业化发展"的显著特征：在上游，有专门人员负责非法获取公民个人信息，批发倒卖给该诈骗团伙；在下游，有专门人员帮助该诈骗团伙进行取款"一条龙服务"，如将诈骗款项进行拆分转账的窝点一般设在台湾，称为"水房"，提供银行卡的人称"车商"，取款人员称"车手"。

上述案件表明：在巨额利润的驱使下，电信诈骗犯罪的黑色产业链正变得越来越专业化、产业化，分工更细、效率更高、创新更快，成为一颗野蛮生长的社会毒瘤。

（五）从学历背景来看，被告人普遍具有较高文化程度

上述案件中共有涉案被告人 234 人，其中：具有研究生学历背景者 12 人，占 5.13％；具有大学（含大专）学历背景者 59 人，占 25.21％；具有高中（含中专）学历背景者 78 人，占 33.33％；具有初中学历背景者 69 人，占 29.49％；具有小学学历背景者 16 人，占 6.84％。被告人中，文化程度最高者为研究生学历，高中以上学历者占总数的 63.68％（如图 5）。这一统计数据表明，相较于一般刑事案件而言，电信诈骗犯罪行为人的文化水平远高于普通刑事犯罪行为人的文化水平。

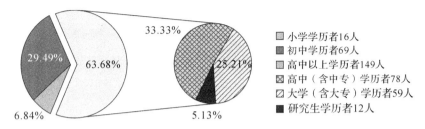

<small>小学学历者16人</small>
<small>初中学历者69人</small>
<small>高中以上学历者149人</small>
<small>高中（含中专）学历者78人</small>
<small>大学（含大专）学历者59人</small>
<small>研究生学历者12人</small>

图 5　被告人文化程度统计

电信诈骗犯罪行为人具有较高文化水平的原因在于,电信诈骗犯罪属于诈骗犯罪的高级形式,需要直接面向陌生被害人实施非接触性的诈骗活动,对文化知识水平、生活经验阅历等的要求自然更高。在这些案件中,具有大学以上学历者主要从事策划诈骗剧本、管理团伙成员两类工作。这是因为策划诈骗剧本的人需要熟悉刑事办案程序与被害人心理,从事管理工作的人需要具有一定的管理知识与经验,而这些都与受教育程度密切相关。在团伙内部,具有高中学历者大多为一线话务员,根据编写好的剧本"照本宣科"进行诈骗,初中以下学历者主要从事下游的帮助取款工作。

值得关注的是:当前社会普遍存在"就业难"的现实问题以及"炫富"的不良风气,成为电信诈骗犯罪的诱因之一。如有的犯罪行为人称因大学毕业后无法就业才加入诈骗团伙的,有的犯罪行为人供称妄图一夜暴富而加入诈骗团伙。这说明打击电信诈骗犯罪是一个系统的社会工程,需要进行综合治理。

(六)从犯罪结果来看,涉案金额巨大且被害人人数众多

由于电信诈骗的被害人众多,因此与普通的诈骗犯罪相比,电信诈骗犯罪累计的涉案金额往往巨大。从涉案金额来看,上述案件中诈骗数额较大的案件12件,占 17.91%;诈骗数额巨大的案件 33 件,占 49.25%;诈骗数额特别巨大的案件 22 件,占 32.84%(如图 6)。在样本案件中,判决认定的诈骗金额超过 100 万元的大案共有 12 件,诈骗金额最大的案件高达 900 多万元。

一般来说,电信诈骗系涉众型犯罪,犯罪分子一般以漫天撒网、广种薄收的方法向不特定的社会公众进行诈骗,被害人人数众多且分布范围广泛。江苏省法院近 4 年来判决的电信诈骗犯罪案件中,被害人分布在全国各地。从被害人人数来看,上述案件中被害人为 5 人以下的案件 29 件,占 43.28%;被害人为 6~10 人的案件 13 件,占 19.40%;被害人为 11~20 人的案件 12 件,占 17.91%;被害人为 20 人以上的 13 件,占 19.40%(如图 7)。其中一起案件,被害人数量高

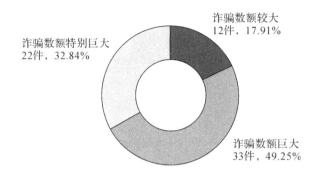

图 6　诈骗数额情况统计

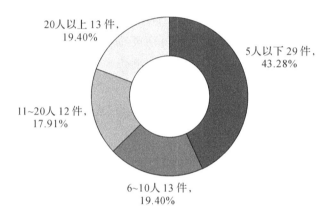

图 7　被害人人数情况统计

达 70 多人。

通过对样本案件的被害人进一步分析可以看出,电信诈骗犯罪的被害人群多为家庭妇女及中老年人,原因在于这部分人与外界接触较少、信息比较闭塞、自我警惕性较弱,往往成为上当受骗率较高的人群。在不少案件中,老年人因被骗光积蓄而失去生活保障,承受着巨大的心理压力和生活压力,易于出现上访、自伤、寻死等极端行为,个别案件中甚至有老年人因此抑郁而终。

(七)从犯罪地点来看,呈现区域集中的特点

67 件电信诈骗案件的犯罪行为发生地分布于境内外。在境内,主要集中于5 个沿海省份,这 5 个省份共有 37 件案件,占 55.22%,其中:福建省 14 件,占20.90%;广东省 8 件,占 11.94%;江苏省 6 件,占 8.96%;广西壮族自治区 5 件,占 7.46%;海南省 4 件,占 5.97%。在境外,主要集中于马来西亚、泰国、柬埔寨等东南亚国家,共有 16 件案件,占 23.88%(如图 8)。

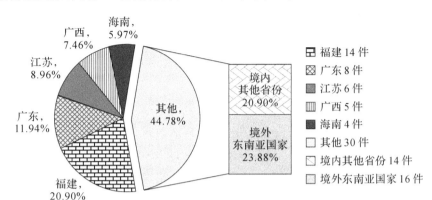

图 8　犯罪地点区域分布

由此可以看出,近年来,针对江苏省居民的电信诈骗犯罪行为主要集中于沿海省份,其中涉外与涉台案件占有相当的比例,两者合计占全部样本案件近80%。值得注意的是:在涉案金额超过 100 万元的 12 件电信诈骗大案中,有 10件属于跨国电信诈骗案件;在涉台的电信诈骗犯罪中,台湾居民均处于团伙中的主导地位,负责策划、组织整个犯罪活动。

出现这种情况的原因是多方面的:一是江苏省系经济、文化发达省份,与上述其他 4 个沿海省份的经济、社会联系较为密切;二是电信诈骗犯罪从台湾逐步向沿海、内陆省份蔓延,其中福建省因地理位置成为发案高地,其他省份的案件逐步递减;三是跨国电信诈骗犯罪涉及国际刑事司法协助,存在"发现难、打击难、取证难"等客观难题,因此普遍存续时间较长,累计的涉案金额较大,社会危害性巨大。

二、电信诈骗犯罪多发的成因分析

(一)社会公众防范电信诈骗的能力薄弱

从样本案件中的被害人陈述来看,贪财的人性弱点、惧讼的文化传统、金融知识的盲点,为电信诈骗犯罪提供了可乘之机。一是许多被害人有不劳而获、一夜暴富的心理,相信"天上掉馅饼"的谎言。如有的被害人相信自己中了乐透大奖、能够获得内幕股票信息或者低价购买进口汽车的资格等。二是传统文化中厌诉、惧讼的文化传统作祟。诈骗分子冒充公检法机关，以涉嫌洗钱、贩毒、走私等名义，欺骗被害人"及时"将钱转入犯罪分子提供的"安全账户"。许多人因为害怕招惹上官司而上当受骗。三是很多被害人对金融业务缺乏了解。如犯罪分子提供虚假的银行网址，诱骗被害人填写账户信息和密码进行查询，从而窃取账户款项等。

（二）电信诈骗犯罪的成本低、收益大

从样本案件来看，犯罪分子进行电信诈骗活动只需要电脑、手机、短信群发器和号码群拨器等作案工具，投入不高。即使如"9·20"专案规模的跨国电信诈骗大案，组织者也只需要在柬埔寨的偏远地区租用两栋小楼，准备几台电话、电脑，花费数千元购买大量个人信息资料①，雇佣几十名业务人员即可。与之形成鲜明对照的是，涉案金额超百万甚至上千万元的电信诈骗大案近年来屡见报端。2013年至2016年，仅江苏省判决的诈骗金额超过100万元的大案就有12件，案值最高的1件高达900多万元。可见，与动辄成百上千万元的犯罪收益相比，电信诈骗的犯罪成本微不足道。

（三）电信网络运营监管不严

电信通信网络是诈骗信息传递的枢纽。在有的样本案件中，电信诈骗团伙中有专人负责向软件供应商、服务器供应商、线路对接商购买、租用各种通信设备和平台服务。一些电信运营商为了争抢市场份额，不惜违背法律规定向社会客户外包出租带宽流量，或者违背禁止网络电话"透传"改号的规定，将"透传"监控的功能关闭。因此，电信网络运营商对服务器、网络审核监管不力，为电信诈骗提供了客观便利。

（四）银行业务管理存在漏洞

银行交易网络是诈骗资金流转的枢纽。电信诈骗犯罪得手后，犯罪分子必须尽快将资金转移、取现，所以几乎所有的涉案账户均要进行网银转账。但是，银行出于商业利益在开户时往往把关不严，致使用于诈骗的银行账户几乎全是虚假账户或者假冒他人的账户。为了收取可观的转账手续费和争夺高端客户，银行业对网络银行转账限额也往往持观望态度，致使限额规定形同虚设。这些问题的存在，导致公安机关难以通过网银系统查明资金流向，更难以及时冻结、

---

① 在2016年公安部与腾讯合作的十大精品案件中，邱某等人盗卖个人信息1亿多条，有的信息购买成本仅为每条1分钱。详见《扬子晚报》2016年12月22日报道。

追缴赃款。因此,银行发卡审查不严、滥发卡和无限额转账,也是电信诈骗必不可少的条件。

(五)存在司法打击障碍

近年来发生的跨国电信诈骗大案,往往是以台湾籍居民为首的犯罪团伙实施的。究其原因,是由大陆和台湾地区的司法差异造成的。对于电信诈骗案件,大陆和台湾地区均享有管辖权。为了保持良好的合作关系,大陆警方往往将从第三方抓获的台湾籍犯罪嫌疑人交由台湾警方处理。这种做法具有很大的负面影响:一方面,分案处理导致全案犯罪证据难以形成封闭的锁链,在台湾甚至出现因没有大陆被害人指认导致犯罪嫌疑人被无罪释放的情况。[1] 另一方面,台湾刑事法规对电信诈骗犯罪的惩治力度过轻。根据我国刑法规定,电信诈骗犯罪分子可能被判处十年以上有期徒刑或者无期徒刑,并处罚金或者没收财产。根据台湾的法规规定,电信诈骗犯罪分子最高可判处五年有期徒刑。因此,移交台湾处理的犯罪嫌疑人往往容易逃避打击或者产生不惧打击的心理。电信诈骗犯罪"赚钱快,处罚轻",已被台湾籍电信诈骗犯罪嫌疑人视为"圈内"潜规则。

三、治理电信诈骗犯罪的对策建议

根据近年来江苏省办理电信诈骗刑事案件的经验以及一线走访调研情况,我们认为,治理电信诈骗犯罪活动是一个系统工程,需要从以下几个方面入手。

(一)提高群众反诈骗意识,挤压电信诈骗的生存空间

根据奇虎360公司发布的《2016中国电信诈骗形势分析报告》显示,大数据表明上海、北京、香港、江苏、广东等电信诈骗案件多发地区的群众的反电信诈骗意识最强,对诈骗电话的平均识别时间明显短于其他地区。因此,加强反电信诈骗宣传、提高群众的反电信诈骗意识,是遏制电信诈骗犯罪猖獗的重要预防举措,这也是治理电信诈骗犯罪的国际经验总结。[2] 从犯罪学的角度讲,群众自我防范意识和能力的提高,可以最大限度减少犯罪的受众群体,降低犯罪分子的犯罪预期,降低犯罪的社会危害。

---

① 腾讯新闻网[EB/OL]. [2016-12-08]. http://wx. qq. com/news/20160502001812/NEW2016050200181200? from=singlemessage.

② 比如英国政府成立"国家诈骗信息局",联合银行、学校等机构开展"英国防止金融诈骗行动"等宣传活动,在主流媒体《泰晤士报》等发布典型案例,制作宣传手册资料并免费置放于公共场所。

1. 发挥基层组织的一线普法作用

街道、社区、居民委员会等基层组织应发挥密切联系群众的优势,充当反电信诈骗的主力军,联合社区民警经常性深入群众宣传司法机关发布的电信诈骗典型案例,唤醒、增强普通群众尤其是中老年人的防范意识,让群众不断了解电信诈骗"新动向"。

2. 强化银行、电信部门的社会责任

在传统的经营场所内设置醒目的防骗提醒标志,常备反电信诈骗手册;在网上营业厅上设置浮动提醒窗口,并开设安全教育专栏,甚至可以将网络电信诈骗犯罪警示提醒作为登录网站的必经跳转页面。

3. 强化政府的主体责任

政府应利用"普法日"等契机在全国范围内开展声势浩大的反电信诈骗宣传活动,大力揭露电信诈骗的手法伎俩,营造声势和氛围,增强全民的反诈骗意识。各级政府机关、企业、事业单位要以工作系统为单位,重点抓好本部门离退休老人的防诈骗宣传,由公安机关制作防骗视频资料,在离退休人员聚会时播放,提高老年群体的识别能力和防骗意识。

(二)加强通信安全监管,构建电信诈骗网络防火墙

电信网络是电信诈骗赖以生存的载体,管控电信网络中诈骗信息流转能够有效扼住电信诈骗犯罪的咽喉。在样本案件中,被害人接到的诈骗电话大多是经过改号软件"伪装"而成的司法机关办公电话号码,或者是纯粹的虚假号码。不少被害人是因轻信此类电话而上当受骗。从信息流来看,电信诈骗犯罪必须通过运营商的通信网络才能实施。电信运营商凭借其管理信息方的地位和技术上的优势,完全有能力对语音群呼、改传号码、短信群发等可疑诈骗讯息进行监管。因此,遏制电信诈骗案件可以从强化行业管理入手。

1. 全面落实电话实名制度

用户信息未登记或虚假登记是电信诈骗泛滥的一个重要原因。根据工信部出台《电话用户真实身份信息登记规定》的要求,自 2013 年 9 月 1 日起,新入网电话用户必须实名登记。但目前该规定的执行情况仍不尽如人意,特别是 400 电话仍然泛滥。运营商不仅要严格按要求执行新用户实名制规定,也要核实老用户的真实身份,登记备案。对于没有实名认证的用户,运营商应当限制其语音通话、信息发送功能。

2. 强化对短信群发业务的监管

对于发送短信数量超出正常水平的手机或平台,电信运营商可以限定短信群发业务的主叫、被叫号码个数。对于同一 IP 地址群发重复短信超出一定数量的,电信运营商应当登记检查,对"犯罪""退税""贩毒""中奖""洗钱""贷款"等"重点词汇"进行关键词屏蔽。对于第三方网络公司开展短信群发业务的,运营商应当督促其核实发送方身份,严格审查短信内容,加大违规惩罚力度。对屡次违规者,网络运营商可以作封号处理。

3. 以责任追究倒逼运营商监管责任落实

根据合同法原理,电话用户与电信运营商之间是服务关系,消费者每月支付"来电显示"付费服务,运营商理应提供真实、准确的来电号码显示,否则应当承担相应责任。但是,在所有样本案件中,无一运营商因未保证来电号码的真实性而承担赔偿责任。这种情况导致运营商缺乏主动监管的积极性。2015 年,广州市天河区人民法院在全国首开先河,判决电信公司对电信诈骗的被害人承担赔偿责任。随后,深圳市福田区人民法院也做出类似判决。此种做法也见于 2001 年日本颁布的《关于特定电信服务商之损害赔偿责任限制与资料披露法》①,能以责任追究倒逼运营商落实监管责任,值得推广。

(三)加强资金流向监管,斩断非法利益转移链条

转账取款是电信诈骗犯罪的关键环节。不管电信诈骗犯罪如何变化,都需要通过银行卡进行资金转付。因此,管控住银行网络中诈骗款项的资金流转,就能有效斩断诈骗犯罪的非法利益链条。在样本案件中,犯罪分子少则持有几张银行卡,多则持有数十张银行卡,其中少数几张卡用来接收被害人的转款,其余的卡用于掩护资金分散行为。因此,严格银行网络监管成为打击电信诈骗犯罪的关键环节。

1. 严格把关,审慎发卡

客户委托办理银行账户或银行卡业务时,需提供委托人和受委托人的身份证,提供盖有委托人印章的授权委托书,杜绝大量代办银行卡现象发生。银行应对客户办理开户,修改、完善个人身份信息资料进行现场电子摄像并备案,并可以采取电话回访等方式核实开卡者的真实身份,严厉打击账户出租行为,防止部

---

① 2001 年日本颁布《关于特定电信服务商之损害赔偿责任限制与资料披露法》,规定了电信服务商提供服务时的监管义务和赔偿制度。

分客户为谋利将个人账户转借他人用于诈骗。

2. 从严控制个人名下银行卡和账户的数量

银行应对现存的银行卡、账户进行清查,及时注销睡眠卡和空头卡,密切监控个人的多头账户。原则上,一个用户不得在同一家银行开设两张以上功能相同的银行卡。可喜的是,2016年12月1日起,工、农、中、建等四大银行已经开展存量个人银行账户清理工作,排查可能成为诈骗工具的"僵尸账户"。

3. 延迟 ATM 转账到账时间

根据央行《关于加强支付结算管理防范电信网络新型违法犯罪有关事项的通知》的最新规定,人民银行已调整 ATM 转账资金到账时间,除向本人同行账户转账外,个人通过 ATM 转账的,发卡行在受理24小时后办理资金转账,个人在24小时内可以向发卡行申请撤销转账,这就为被骗群众留出了撤销转账的时间。

4. 堵塞大批量分拆转账的监管漏洞

对于确有正当需要,需要经常性分拆转账的账户,应当要求开户人亲自到银行柜面说明情况,并摄影记录。对于其他账户,银行可以运用"大数据"筛查的方式监测短时间内多层级网银转账的异常行为,通过程序自动比对分析 IP 地址,对网银转账境外 IP 和代理 IP 进行限制,规定单日转账次数或金额,限定网银转账额度与层级,减缓资金转移速度,为涉案资金的冻结提供时间。

5. 妥善保存相关交易记录

电信诈骗得逞后,必须依托网银技术层层分拆转账,最终通过 ATM 多地取现。这一系列环节将会产生详细的存款、转账、取款交易记录,ATM 取款摄像记录等。银行应该按照《金融机构客户身份识别和客户身份资料及交易记录保存管理办法》规定,保存好相关档案,为打击电信诈骗犯罪提供有力的电子证据,也为溯源归还被骗资金提供依据。

(四)完善跨域司法协助机制,围剿跨国电信诈骗犯罪

电信诈骗是一种无国界的犯罪活动,兼具跨地区、跨国境、跨法域的特点。从样本案件来看,电信诈骗案件的办理普遍存在排查难、取证难、追赃难、移交难等问题,亟待完善跨域司法协作机制,形成对跨国电信诈骗犯罪的围剿之势。

1. 构建案件线索与犯罪情报交换渠道

交换案件线索与犯罪情报是跨域警务合作的基本内容。被害人所在地侦查部门如果查明诈骗来源于其他国家或地区,或者被骗款项汇往其他国家或地区,应当将案件信息通报给相关国家或地区,包括犯罪嫌疑人的身份、简历、社会关系等个人信息。诈骗相关国家和地区之间可以通过国际刑警组织或者约定的固定渠道,随时通报个案情况,共商侦查方案和行动计划;定期探讨电信诈骗犯罪的新情况、新特点、新动向,为双方侦办互涉案件或开展串并侦查创造条件。

2. 协助调查取证

由于电信诈骗犯罪跨境分散作案,协助调查取证工作显得尤为重要。一般,被害人所在地侦查部门可以请求相关国家或地区协助查找或辨认有关人员,委托询问证人,搜查、扣押或冻结涉案财物,必要时也可以派员赴实地实施调查取证。需要注意的是,委托调取的书证材料很大一部分是金融机构的记录和资料,这方面的委托请求需要满足不侵犯隐私等法定条件。在委托询问证人(被害人)的情况下,由于协助方一般只能按照请求方的要求提问和记录,请求方提交的询问提纲就至关紧要,应当制作得尽量详细,避免协助方的询问不得要领。

3. 协助追赃,移交犯罪嫌疑人

应尝试探索在刑侦业务层面上的溯源追赃退赃协作,如果被害人的转账账号与被冻结的涉案账号相互对应,在查明金额的情况下,警方可以直接将赃款退还至被害人的账户。实践中,跨境电信诈骗犯罪的主犯一般为台湾籍。如果电信诈骗的被害人主要是大陆居民的,则不需要遣返台湾籍犯罪嫌疑人,可以要求协助方直接将台湾籍犯罪嫌疑人移交给大陆警方。这一做法,已经得到了台湾方面的认可,有利于提高犯罪打击力度。[①] 如南京警方侦办的"9·20"电信诈骗专案中,全部台湾籍主犯均已移交南京警方。

---

① 2016年5月,在《海峡两岸共同打击犯罪及司法互助协议》有关合作打击电信诈骗的第二轮协商中,台湾代表团团长陈文琪表示"应该遵循整案处理的原则,按照受害人所在地来确定管辖",从而为该问题的解决指明了方向。

反射型 DDoS 攻击犯罪的认定困境及对策

张　爽　连　斌[*]

一、DDoS 攻击犯罪概况

（一）DDoS 攻击犯罪现状

当今社会已不可逆转地进入了网络时代，互联网平台以最快的速度、最方便的形式承载着现代人的购物、餐饮、娱乐和游戏，各种大大小小的互联网经济体依托于网络，几乎每一秒都在创造着价值。但网络飞速发展的同时网络犯罪也在滋生蔓延，各种针对互联网生态的犯罪手段和方式层出不穷。

其中，DDoS 攻击已经成为最常用的网络攻击手段之一，有安全专家甚至把 DDoS 攻击比拟成网络"核武器"，其通过故意制造洪水般的请求占用被攻击者的流量使其"瘫痪"，从而使合法用户无法正常登录，相比于早期的单纯以逞强好胜"炫技"为目的的 DDoS 攻击，现阶段的攻击者往往都隐藏着帮助金主打击竞争对手，利用攻击向被攻击者敲诈勒索或者破坏被攻击者正常经营等非法目的。DDoS 攻击最常见于游戏行业，据阿里云公布的 2017 年上半年《游戏行业 DDoS 态势报告》，游戏行业大于 300G 以上的攻击就达 1800 次以上，最大峰值达到 608G，游戏公司每月平均被攻击次数达到 800 余次，2017 年 1—3 月，达到每天 30 余次，其中 94％的攻击源在国内，行业恶意竞争动机引发的攻击达 90％以上，可以说在游戏行业通过 DDoS 攻击的非法竞争已经到了白热化的地步，严重破

---

*　张爽，杭州市余杭区人民检察院侦查监督科副科长；连斌，阿里巴巴集团安全部总监。

坏了行业的有序健康发展,也给基础服务提供者带来了巨大的人力、财力、物力、精力的浪费。

有安全专家指出 DDoS 攻击经历了三个阶段。第一阶段:由个人计算机组建僵尸网络,发动 DDoS 攻击;第二阶段:利用互联网开放式服务器(如 DNS、NTP)发起反射攻击;第三阶段:利用智能/IoT 设备协议(如 SSDP)的脆弱性发起反射攻击。

(二)反射型 DDoS 攻击原理

反射型 DDoS 攻击由于放大效应、成本低廉、服务器的易获得性,成为当前的主要攻击手段。其原理是黑客伪造成被攻击者的 IP 地址,向互联网上大量开放特定服务的服务器发起请求,接收到请求的那些主机根据源 IP 地址将响应数据包返回给受害者,整个过程中,返回响应的服务器并不知道请求源的恶意动机。一直以来,危害计算机信息系统安全犯罪因其本身的隐秘性和技术性,在取证和证明上均存在一定难度,而反射型 DDoS 攻击犯罪的出现无疑给司法机关提出了更为严峻的挑战。

(三)反射型 DDoS 攻击犯罪路径

司法实践中的反射型 DDoS 攻击案件中一般存在三类角色:第一类是攻击木马的拟写者,即"木马作者",这类作者往往藏身在境外;第二类是攻击网站建立者,即"网站建立者",这类人员会购买或翻译"木马作者"的攻击程序并配置在自己建立的网站上;第三类是"攻击手",是指在攻击网站注册并使用该网站的攻击程序对被害人直接发起攻击的人。"攻击手"出于自身目的,选择需要攻击的目标,利用"网络速度计"等软件准确查找到被害人的 IP 地址,然后将被害人 IP 地址输入攻击网站中,选择一个端口后就可以轻松对被害人实施攻击。

反射型 DDoS 攻击中"反射"的实现是犯罪完成的关键,实际上攻击原理主要是利用了 UDP 等协议对源 IP 不进行认证的缺陷(不认证系基于提高效率的设计)。假设攻击手为"A",当他向有开放服务的服务器"B"发送请求时,如果是基于 UDP 协议发送请求,B 并不会认证 A 的真实身份,他只会向 A 请求中自称的 IP 回复数据,这就给了攻击手可乘之机,攻击手会在请求中把自己的地址伪造成被害人的 IP 地址,服务器 B 会将数倍于请求报文的回复数据发送到被害人 IP,从而对被害人间接形成 DDoS 攻击。而为了达到更好的攻击效果,攻击程序一般会选择具有放大效果的服务协议进行攻击,也就是说,基于这些放大效果的服务协议,B 回复给被害人的数据会成倍于攻击手发送给 B 的请求,且当木马程序包含 B1、B2、B3 等等提供开放服务的服务器时,就可以实现在同一时间内海量的回复数据涌向被害人服务器致使被害人服务器不能正常运行,这个过程中攻击者的行为已经扰乱了被害人计算机信息系统的正常运行,涉嫌破坏计算机信息系统罪(如图 1)。

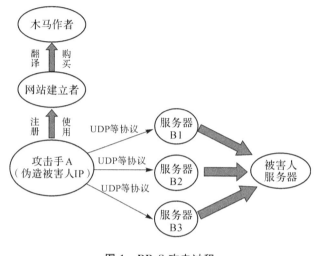

图 1　DDoS 攻击过程

二、反射型 DDoS 攻击犯罪认定困境

(一)证据调取遇障碍

在反射型 DDoS 攻击犯罪中,从报案的被害人服务器的流量日志中可以查找到攻击者 IP,这是证明攻击存在的最重要证据,但是 IP 指向的给被害人发送洪水般垃圾请求的 UDP 服务器机房几乎全部在境外。反射型 DDoS 攻击中,攻击者伪造受害者 IP 访问 UDP 机房,因为 UDP 协议中不需要"握手",因此访问来源默认是可信的。UDP 协议的优点是提高通信速度但安全性不高,故国内对 UDP 协议的管控非常严格,所以国内 UDP 机房少,且国内 UDP 的协议要求验证是否使用了真实的 IP 地址。但是,国外的 UDP 机房不会检测数据请求源是否使用了真实的 IP 地址,所以涉案的 UDP 机房基本上都分布在美国、俄罗斯、尼日利亚等域外国家,也就是说 UDP 的反射源几乎都在国外。

反射型 DDoS 攻击犯罪的认定,关键是对发送攻击请求的服务器进行勘查,进而向前追查犯罪嫌疑人。但由于攻击服务器在境外,跨境取证存在一定困难,这意味着溯源寻找攻击者的最基本信息缺失。如果案件中犯罪嫌疑人未实施其他客观行为,寻找犯罪嫌疑人的证明之路基本已被堵死。

(二)证据运用遭挑战

反射型 DDoS 攻击的发生都是有原因的,近年来司法实践中黑客单纯追求炫耀技术水平的攻击已经很少,敲诈勒索、不正当竞争成了嫌疑人实施犯罪的主要目的。涉及敲诈勒索的攻击案件往往会留下更多证据,比如攻击后第一时间向被害人敲诈的聊天截图、被害人向嫌疑人打款的资金流转记录等。

在反射型 DDoS 攻击案件证据收集困难的情况下,上述关于敲诈勒索行为的证据有了新的意义,这些证据不仅能证明敲诈勒索事实,也能够证实攻击事实。聊天截图中对发动攻击的承认是否能够帮助我们锁定嫌疑人排除合理怀疑?转账记录对证实反射型 DDoS 攻击存在究竟有没有意义?敲诈证据需要结合哪些其他证据才能形成证据锁链?上述证据如何运用、每类证据有多大的证明力都是需要探讨的新课题。

(三)攻击行为和被攻击事件因果关系难以证明

证据条件较好的反射型 DDoS 攻击犯罪中,司法机关可以查证攻击路径中的"网站建立者""攻击手"。从"网站建立者"的设备中可以勘查到"攻击手"注册信息以及使用"网站建立者"网站进行攻击的记录,甚至可以查询到在案发时间"攻击手"在攻击网站输入了被害人 IP(伪造 IP)。这样的证据是否就可以证实攻击者涉嫌破坏计算机信息系统罪?也即存储于攻击设备上的攻击日志与被攻击结果之间的因果关系证明出现了难题。

问题的关键在于嫌疑人不是直接对被害人发送请求来进行流量攻击,而是向 UDP 协议服务器发送伪造被害人 IP 的请求,再利用 UDP 协议服务器对请求的回复进行攻击。嫌疑人向提供开放服务的服务器发送请求能证实,但反射设备是否系因回应嫌疑人发出的请求而不是回应其他请求对被害人进行了攻击无法确定。特别是 UDP 协议服务器机房在境外,同一个时间段内有多少源设备向其发送请求不能查证,即使对服务器有条件勘查也无法实现对所有向其发送请求的设备进行查证。

(四)人机同一性难证实

网络空间的虚拟身份在网络诈骗、盗窃及各类技术黑产案件中一直困扰着司法机关,成为普遍难题。找到了发起攻击的 IP,却无法直接证实系犯罪嫌疑人发起攻击。找到一条口供之外的将虚拟身份和嫌疑人本人建立联系的证明之路已经迫在眉睫。可喜的是已经有专家对每个人操作电脑的不同习惯开展研究，以期证明"网络指掌纹"的存在，然而令人担忧的是此项技术及其在司法实践中得以应用的时间表似乎还未能看见，证明标准也尚在探索之中。

三、反射型 DDoS 攻击犯罪证明探索

（一）跨境取证待完善

反射型 DDoS 攻击犯罪中，黑客优先选择不需要对请求 IP 验证真伪的境外 UDP 协议服务器作为反射源，而不同国家的法律差异和管辖权争议导致的"刑法真空地带"往往会被违法犯罪分子发现并利用，危及整个网络空间安全，跨境取证是当前各国面临的共同难题。

1. 建立新型国际公约

《网络犯罪公约》（以下简称《公约》）是世界范围内唯一的解决网络犯罪的生效多边文件，多年来在规范世界各国联合打击计算机犯罪方面发挥了积极作用。《公约》由欧洲委员会于 20 世纪 90 年代中期发起制定，它的草案经过广泛讨论与多次修改，最终于 2001 年 11 月由欧盟成员国以及美国、加拿大、日本和南非等 30 个国家的政府官员在布达佩斯共同签署。2003 年 1 月 28 日，欧洲理事会又通过了《公约》的附加协议，将通过计算机系统实施的种族主义和仇外性质的行为犯罪化。[①]

《公约》内容涉及了缔约国共同认定的四大类九种犯罪，其中的"系统干扰"犯罪涵盖了反射型 DDoS 攻击犯罪的基本手段。我国目前尚未加入该公约，其主要原因系该公约由欧委会推动制定具有明显地域特点，且该公约制定较早已经不能适应当今网络时代的发展。目前学术界的普遍呼声是我国积极参与制定新型国际公约。建立我国为主导，适应发展中国家需求的网络犯罪公约是当务之急，其中需要注意以下几点：第一，公约的发起制定需要在联合国框架内。新型网络犯罪公约如需得到更多国家的认可和加入必须注重"普适性"和"公平性"，现阶段我国在内的一批发展中国家互联网发展迅速，已经具备参与国际网络犯罪公约制定的基础和能力。第二，新型公约可以借鉴《公约》中的成熟条款。

---

① 于志刚."信息化跨国犯罪"时代与《网络犯罪公约》的中国取舍[J].法学论坛,2013(2).

欧委会制定的《公约》虽有不足,但其内容中"快速保存计算机数据"等规则既考虑到降低对一国司法主权的侵入又兼顾电子证据容易灭失的客观难题,具有一定参考价值。第三,尽快推动新型公约制定。近年来我国的互联网经济发展迅速,甚至在某些领域已经处在世界前列,层出不穷的网络犯罪具有多样性和典型性,由我国主导、参与的网络犯罪公约的出台势在必行。

2.积极缔结双边条约

为弥补《公约》的局限,更好地打击网络犯罪,国际社会陆续通过了一系列文件或协议,包括:《阿拉伯国家联盟打击信息技术犯罪法律框架》《英联邦关于计算机和计算机犯罪示范法》《上海合作组织国际信息安全领域的协议》《刑事司法与预防犯罪北京宣言》,等等。[①] 基于网络犯罪的多样性,我国亟需在双边条约的缔结上有所突破。比如和美国、俄罗斯、欧盟等网络技术发达国家或组织利用现有平台加强网络犯罪刑事司法协助方面的磋商,在双方共同打击犯罪的基础上对一些跨国取证规则达成共识,加强个案合作,争取将合作成功的典型案例取证模式推广。

3.有效利用现有国内法规

"刑事司法协助"是我国《刑事诉讼法》第十七条明确规定的内容,我国另有《公安机关办理刑事案件程序规定》《人民检察院刑事诉讼规则(试行)》等法律法规对跨境取证做出了规定,虽然规定概括、操作程序也比较复杂,但司法机关在遇到需要跨境调取电子证据的案件时仍然有法可依。这就需要司法工作者在遇到相关案件时有效利用现有法律,全面查找相关双边、多边条约,在一些案件的取证过程中勇于尝试、积累经验。面对新的网络犯罪,必然需要面对新的取证领域,证据收集方面的新突破需要司法人员在跨境取证方面不畏困难、不断探索。

(二)证明方法新尝试

1.探索证明方法

DDoS 攻击犯罪中最难证实的是危害行为和危害结果之间的因果关系,在反射型 DDoS 攻击犯罪中,这一证明难点更加凸显。司法实践中存在的问题是因为技术原因,即使尽了最大努力,勘验检查工作仍然无法穷尽收集所有数据,也就是说,普通案件证明标准要求的"排除一切合理怀疑"几乎不可能实现。

司法实践中解决毒品犯罪明知证明难题的三种模式:一是调整认定方法模

---

① 胡红梅,谢俊.网络犯罪的国际治理何去何从[N].科技日报,2014-08-29.

式，二是变更待证事实模式，三是同时降低对待证事实和认定方法的要求模式
（以下简称"双降模式"）。具体而言，所谓"调整认定方法"是裁判者对于待证事
实认定方法的调整。在证据裁判原则的要求下，裁判者应当使用证据证明待证
事实，从而得出唯一的结论。认定方法的调整意味着裁判者在认定特定犯罪构
成要件时不再依靠证据证明，而是根据被证明的基础事实直接认定推定事实的
成立，这无疑是对"证明"这种认定方法的调整。而"变更待证事实"就是对毒品
犯罪案件中需要认定的事实重新解释或者界定，进而对刑法中规定的犯罪构成
要件进行调整。这种调整方式既包括对刑法中一些基本概念进行重新解释，创
设某些法律拟制，也包括在刑法现有概念之外创设新的概念和术语。所谓"双降
模式"则是在立法规范或者司法实践中同时降低对待证事实和认定方法的要求，
从两个角度解决证明难题，兼采以上两种方式。比如针对毒品犯罪中明知的证
明困难，既变更需要认定的事项——将"应当知道"拟制为"明知"，也调整认定案
件事实的方法——用推定替代证明，这种"推定加法律拟制"的方式是此模式的
典型体现。[①]

反射型 DDoS 攻击犯罪中，需要证实犯罪嫌疑人实施的攻击行为（伪造被害
人 IP 向开放式服务器发送请求）和被害人服务器一定时间不能正常运行具有因
果关系。可以证明案发时间嫌疑人向开放式服务器发送了请求，也可以证明案
发时间开放式服务器向被害人服务器发送了数据，但由于开放式服务器不停接
收大量请求数据，无法穷尽查证其接收到的所有请求，也就根本无法按照一般标
准证实开放式服务器反射给被害人的数据恰恰是基于嫌疑人向服务器发送的
请求。

面对上述的证明困境，我们也可以借鉴毒品犯罪的证明方法，通过"调整认
定方法"和"变更待证事实"两个方法探索解决方法。"变更待证事实"方面，我们
可以通过在司法解释中明确"通过对攻击网站数据提取以及发动攻击的开放式
服务器数据提取，有证据证明系犯罪嫌疑人所为，即可认定该犯罪嫌疑人实施了
破坏计算机信息系统犯罪事实"。"调整认定方法"方面，可以尝试用推定代替因
果关系证明，通过伪造被害人 IP、攻击时间和被攻击时间相符合、对被害人进行
敲诈勒索、资金流转、没有其他嫌疑人出现等要素推定危害后果系犯罪嫌疑人
所为。

---

① 褚福民.证明困难的解决模式——以毒品犯罪明知为例的分析[J].当代法学,2010(2).

2. 人机同一锁定嫌疑人

针对反射型 DDoS 攻击犯罪中的人机同一证明难题,公安机关必须注重取证的时效性和规范性。在固定证据时应责令犯罪嫌疑人保持在原来的位置,固定犯罪嫌疑人在攻击网站账号登录的状态以及嫌疑人正在设备上使用该账号的状态和内容。严格按照法律规定的程序收集、提取电子数据,最好对相关活动进行录像。如果没有上述最佳的取证条件,也可以从以下方面证实。

(1)手机验证。一般犯罪嫌疑人的账号都会绑定手机,公安机关应注意第一时间扣押犯罪嫌疑人持有的个人手机,验证账号绑定手机是否可以登录账号、修改密码,如果可以顺利实现即可进一步印证犯罪嫌疑人系相关攻击网站注册账号的控制及使用者。

(2)多个虚拟身份验证。如果犯罪嫌疑人能够同时供述其在攻击网站注册账号、敲诈勒索时使用的多个涉嫌犯罪的虚拟身份(如 QQ 号码),也可以在一定程度上推断犯罪嫌疑人确实是真正实施这一犯罪的自然人。

(三)定罪标准需突破

1. 强调后果的现有标准

我国刑法规定违反国家规定,对计算机信息系统功能进行删除、修改、增加、干扰,造成计算机信息系统不能正常运行,后果严重的行为构成破坏计算机信息系统罪。反射型 DDoS 攻击违反国家规定,对计算机信息系统的功能进行干扰,涉嫌破坏计算机信息系统罪。

破坏计算机信息系统罪的定罪标准为"后果严重",已经着手实施但没有产生实际危害后果的行为不在处罚之列。根据相关的司法解释,破坏计算机信息系统的行为必须造成一定数量的计算机信息系统的功能或数据损坏或者产生违法所得、经济损失以及计算机信息系统不能正常运行累计达到一定时间才构成犯罪。

2. 现有标准的不科学性

随着网络技术的发展许多没有产生后果但具有相当程度危害的行为也应考虑纳入刑法规制。此观点主要基于以下两点。

(1)利用"危害后果"来衡量一个攻击行为的社会危害性并不科学。法律规定破坏计算机信息系统罪的"后果严重"中包括"造成为 1 万以上用户提供服务的计算机信息系统不能正常运行累计 1 小时以上",而实践中被害人购买或者租用的服务器抵御攻击的能力相距甚远,一些服务器轻易就被攻击致不能正常运行,但防护能力强的服务器却可以在超强攻击下仍然正常运行。例如2014年12月24日午间阿里云计算发布声明:12月20日—21日,部署在阿里云上的一家知名游戏公司,遭遇了全球互联网史上最大的一次DDoS攻击,攻击时间长达14个小时,攻击峰值流量达到每秒453.8G。阿里云安全防护产品"云盾"结合该游戏公司的"超级盾防火墙",帮助用户成功抵御此次攻击。面对疯狂的攻击,该游戏公司业务平稳运行,阿里云计算平台也未受影响。[①] 相比阿里巴巴"云盾"强大的抵御攻击能力,仅仅几个G的攻击量就会使一些小的游戏平台的服务器不能正常运行累计1小时以上。而且,普通的服务器和高防的服务器由于用户支付服务费不同,抵御攻击能力也存在天壤之别。针对上述情况,以单纯的"危害后果"作为定罪标准似乎并不合理。

(2)证实"攻击行为"本身更易实现。证实攻击行为和被攻击事件的因果关系是反射型DDoS攻击证明的最大难点。其中"伪造被害人IP发动攻击的行为"本身是否构成犯罪是值得我们思考的问题。伪造被害人IP后利用NTP协议通过提供开放服务的服务器进行放大,这一行为目的非常明确,这不是一个正常的请求,"伪造IP后输入攻击平台"产生的后果必然是对被害人的服务器进行攻击(排除攻击能力检测)。一般的DDoS攻击案件中嫌疑人控制若干肉机的行为单独涉嫌非法控制计算机信息系统罪,这在一定程度上降低了相关犯罪的证明难度。同样类比控制肉机犯罪,伪造IP并利用攻击软件发动攻击这一行为也应考虑单独进行刑法规制。

3.现有标准的突破尝试

通过上文的分析,为了解决反射型DDoS攻击犯罪中攻击行为和被攻击事件因果关系无法证明的困境,可以考虑将"攻击行为"单独定罪,因为攻击行为本身就已经具备巨大的社会危害性。

司法实践中对攻击行为单独定罪并以攻击量作为衡量的标准是具备实现可能的。在反射型DDoS攻击犯罪的侦查中,如果能够锁定"网站建立者"就具备了勘查其数据库的可能。根据"网站建立者"交代的数据库的位置,司法机关可以使用远程勘验提取数据库并按照法定程序提取数据库信息到光盘固定。一般作者会使用MySQL数据库,这个数据库会包含一些重要信息。第一部分是注册

---

① 阿里云安全团队.每秒453G! 阿里云抵御史上最大DDoS攻击[EB/OL].[2017-10-15].http://tech.huanqiu.com/cloud/2014-12/5288347.html.

信息,主要包括软件购买者的信息,比如"攻击手"的注册账号、手机号等。第二部是交易充值情况,记录了"攻击手"为了使用网站实施犯罪在网站充值交易的信息。第三部分是行为日志,记载了"攻击手"什么时间向什么 IP(被害人)发出多长时间、多少流量的攻击。

第三部分就是我们对攻击行为进行定量认定的关键。攻击流量在攻击软件设计之初就是设定好的,这个流量不是向第三方开放式服务器发出的流量,就是软件开发者根据软件设计预估的会到达被害人的流量,而软件的攻击能力有赖于软件作者的个人能力。如果具体攻击时不需要输入攻击量,那么每次的攻击量应该就是攻击软件的最大值,这个值网站建立者在宣传时都会告知"攻击手"。但是如果同一个时间段内有两个以上"攻击手"同时使用一个攻击网站的软件进行攻击,那么攻击量是平分的,也就是说,为了准确认定具体犯罪嫌疑人实施攻击的攻击量,我们还需要对数据库行为日志中被害人同一时间段内受到的攻击行为进行简单排序和计算,从而准确地认定出在具体的时间段内犯罪嫌疑人对被害人实施攻击行为的量。计算出攻击行为的量之后,我们就可以尝试单独以"攻击手"的攻击行为结合其攻击被害人服务器的量对其定罪处罚。

四、结　语

网络犯罪的治理中每天都会涌现出许多亟待解决的新问题,面对这些问题,既需要我们坚守传统,也需要我们大胆求证。我们要探索的不仅仅是解决一类案件的取证困境,更是要为解决整个网络犯罪取证和证明难题提供更多的新思路。当然笔者的观点尚有许多不成熟之处,难免多有纰漏,期盼此文能够抛砖引玉,带来更多精彩论点的碰撞。

网络犯罪的实务规制策略探讨
——基于司法一线的调查分析

周征远[*]

一、样本法院实证考察：网络犯罪的司法形态与现状反映

就现有各地数据来看，网络犯罪案件基本发生在基层，尤其是有代表性的地域。某一时段至今，涉网络的刑事案件情况可以侧面反映当前网络犯罪的真实现状及特点。笔者选取的样本法院——广州市海珠区人民法院，其辖区是华南互联网企业集聚地，辖区内有腾讯公司、阿里巴巴、国美、复星、小米、唯品会等一大批互联网龙头企业，具有诸多企业华南总部及全国总部的先天优势，有受理众多新类型犯罪、侵害网络公民信息案件的实践经验，而且受理的相关案件数量较大、类型较全，具有较好的实证基础和调研价值。

（一）案件数量总体呈增长态势，个别年份出现运动化打击特点

表1　2011—2016 年网络犯罪案件数和占比

年份	网络犯罪案件数	当年度刑事案件总数	占比/%
2011	17	1238	1.37
2012	27	1874	1.44
2013	38	1614	2.35

　＊　周征远，广东省法学会刑法学研究会理事，广州市海珠区人民法院刑事审判庭庭长。

年份	网络犯罪 案件数	当年度刑事 案件总数	占比/%
2014	36	1687	2.13
2015	45	1671	2.69
2016	34	1602	2.12

根据样本法院的案件数据(表1)分析,近六年来,网络犯罪在基层司法,特别是在发达地区,总体呈增长态势,但发展情况又出现不平衡特点。例如,在2015年出现典型的案件数字暴涨,同比2014年增长25%,但在2016年又呈直线下降趋势,下降幅度达24%!究其原因,与2015年公安机关开展"电信诈骗"专项打击运动有关,以致2015年移送涉"电信诈骗"案件11件,同比2014年增长120%。

这种特点不仅体现在样本法院,在号称中国审理网络犯罪最多的北京市海淀区人民法院,其2017年发布的网络犯罪白皮书中,也同样有着数量总体呈急剧增长情况。如仅以海淀区人民法院2007年至2016年审结案件为样本,近十年审结322件网络犯罪案件,占刑事案件总数的8.58‰,年均结案数高达32.2件,而1998年至2006年间,网络犯罪占比仅为5.84‰,年均结案数仅有14.3件。[①]可见,随着互联网的普及,互联网的安全环境却令人担忧,网络犯罪不减反增,案件数量的急剧增长是当前互联网安全生态的直观表现。

(二)犯罪主体文化水平总体不高、年轻化趋势明显

样本法院受理的2011年至2016年涉网络犯罪的被告人文化水平总体不高。280名被告人中,初中及初中以下文化水平的有202人,占到全部涉网络犯罪案件被告人的72.14%;高中及中专学历的有46人,占到全部涉网络犯罪案件被告人的16.43%;大专及大专以上学历的有32人,占到全部涉网络犯罪案件被告人的11.43%(见图1)。

此外,根据图2,样本法院受理的2011年至2016年全部涉网络犯罪的280名被告人中,18~29岁的有226人,占比为80.71%;29~39岁的有46人,占比为16.43%;39岁以上的仅8人,占到全部涉网络犯罪案件被告人的2.86%。

---

① 游涛,杨茜.应对网络犯罪:做足新功课,发现新对策[EB/OL].[2017-02-23]. http://bjhdfy. chinacourt. org/public/detail. php? id=4688.

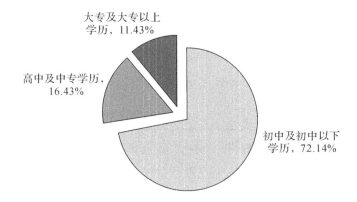

图 1　被告人文化水平分布

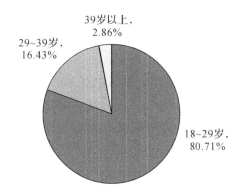

图 2　被告人年龄分布

　　互联网是年轻人的世界,据中国互联网络信息中心(CNNIC)2016 年第 38 次《中国互联网络发展状况统计报告》,截至 2016 年 6 月,我国网民仍以 10～39 岁群体为主,占整体的 74.7%。其中 20～29 岁年龄段的网民占比最高,达 30.4%。10～19 岁、30～39 岁群体占比分别为 20.1%、24.2%。① 而在网络犯罪中,青少年的比例就更大了。从年龄来看,样本法院全部涉网络犯罪的被告人中,39 岁以下占了绝大部分,其中大部分在 18～29 岁。而从学历来看,样本法院全部涉网络犯罪的被告人中大专及大专以上的仅占 11.43%,多数为初、高中,小学学历的也不在少数,这与海淀法院上述网络犯罪调研报告披露数据类同,也说

---

　　① 中国互联网络信息中心.中国互联网络发展状况统计报告[EB/OL].[2017-02-25].http://www.cnnic.net.cn/.

明现实中被抓获并进入司法审判的网络犯罪分子多为年轻人和没有掌握计算机专业知识的低学历人群。

(三)传统犯罪网络化明显,且涉及社会各个方面;纯正性网络犯罪极少,以牟利为主要目的

样本法院调取的 2011 年至 2016 年审结的 197 件涉网络犯罪案件中,有 194 件是以网络为工具的犯罪,占比 98.48%,实质属于传统犯罪的网络化;仅有 3 件是制作木马、外挂等以网络为对象或网络源头性、技术性犯罪,属于纯正的网络犯罪,占比 1.52%(见图 3)。

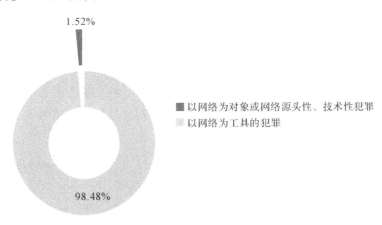

图 3　与网络有关的犯罪分布

而就 194 件以网络为工具的传统犯罪而言,涉及盗窃、诈骗、敲诈勒索、抢劫、赌博、非法买卖制毒用品、容留组织卖淫等直接以牟取非法利益为目的的犯罪有 132 件,占比 68.04%;其他如招摇撞骗、非法获取公民个人信息等间接以牟取非法利益为目的的犯罪有 32 件,占比 16.49%;有 30 件属非以牟利为目的的编造虚假恐怖信息、利用邪教组织破坏法律实施、偷越国境、强奸等,占比 15.46%(见图 4)。从案件类型及犯罪事实来看,以网络为工具的犯罪已基本涉及基层法院管辖的全部刑事案件类型。

(四)非接触性团伙链条化作案,难以按传统法律理论认定主观犯意及客观联络

无论是以网络为工具的不纯正网络犯罪,还是以网络为对象或网络源头性、技术性犯罪,犯罪分子和被害人之间通过网络进行联系,不仅使得案件的侦破变得困难重重,也使得传统的一对一辨认等证据锁定手段失灵。犯罪分子之间因

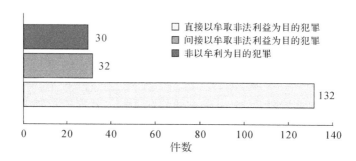

图 4 "以牟利为目的"犯罪类型分布

从未进行面对面联系,互相之间并不相识,这使得对其犯罪联络在事实上难以认定,在法律上存在一定争议。尤其是在网络黑灰产业这一新兴网络犯罪中,表现更为明显。黑灰产业的源头性犯罪行为——恶意注册、虚假认证、虚假交易及黑灰产业的帮助犯——犯罪交流场所的聊天群组是市场上各类恶意软件、手机黑卡、银行黑卡、身份信息、数据等非法交易产业链形成的始作俑者和帮助者,互相之间进行配合,形成了黑灰产业链(见图 5)。但司法实践中,仅有对网络工具、数据和信息非法交易处罚的判例。如何处罚其源头性犯罪行为及帮助行为,争议颇多,司法机关束手无策,助长了犯罪分子的嚣张气焰。

互联网黑灰产业

互联网犯罪不为人知的黑灰产业,几乎没有司法判例,但这些才是互联网犯罪的始作俑者和帮助者

网络违法犯罪源头性黑色产业
以恶意注册、 虚假认证、 虚假交易三大黑灰产业为主

网络工具、 数据和信息非法交易市场
买卖各类恶意软件、 手机黑卡、 银行黑卡、身份信息以及数据等非法交易的黑色产业链

互联网犯罪交流场所的聊天群组
QQ群、 QT群、 YY群等群组已经成为交流犯罪经验、 传授犯罪方法以及组织各类违法犯罪场所,此类群组人群众多,组织能力强,极易发起网络群体性事件

图 5 互联网黑灰产业链

二、中国裁判文书网刑事裁判文书中网络犯罪的司法特征

前述特点仅来源于样本法院案件数据,鉴于网络犯罪的类型主要为两类,《刑法》第二百八十五条、第二百八十六条规定的侵犯计算机信息系统安全的网络犯罪,属于纯正的网络犯罪,其中尤其是《刑法》第二百八十五条规定的"非法侵入计算机信息系统罪""非法获取计算机信息系统数据、非法控制计算机信息系统罪""提供侵入、非法控制计算机信息系统程序、工具罪",该类犯罪侵害对象是计算机系统内的数据,其犯罪形式是通过非法操作或其他手段对计算机系统内数据的安全性和完整性造成损害,或对系统的正常运行造成损害,属于典型的纯正计算机犯罪。对这类犯罪案件的调查,有助于真实了解当前网络犯罪的司法审判情况。笔者在中国裁判文书网上以《刑法》第二百八十五条规定的"非法侵入、控制计算机信息系统""非法获取数据"及"提供侵入、非法控制计算机信息系统程序、工具"作为关键词进行筛选,并剔除一些减刑的裁定书等,检索到涉及"黑客技术手段""木马软件""系统控制""盗取数据"等纯正计算机犯罪生效刑事裁判文书 42 件。这些案件的时间跨度为 2011 年 1 月至 2017 年 3 月 31 日,其中 2014、2015、2016、2017 年的案例有 37 件,占比 88.10%,时效性较强。从空间跨度上看,全部 42 件案例来自全国 16 省份的基层和中级人民法院。案例来源地范围较广,保证了样本来源的广泛性。我们根据这些判决书,对当前纯正网络犯罪的特征做一分析。

(一)影响地域广,犯罪空间跨度大

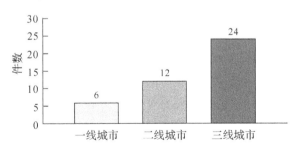

图 6　案例区域分布

图 6 显示,全部 42 件判例中,判决法院位于一线城市"北上广深"的判例仅有 6 例,位于省会城市及二线城市(如东莞)的判例仅有 12 例,占 57.14%的 24

件案例是在三线城市。可见,网络的全领域波及特点已经决定了打击网络犯罪不能局限于一个地区或一个城市,经济发展的好坏与网络犯罪的蔓延没有必然的联系。

(二)形成黑客产业链条,但源头性上游犯罪案例少,中、下游犯罪打击较多

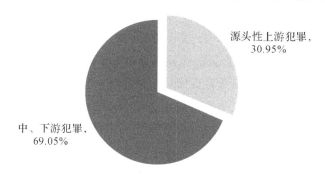

源头性上游犯罪,
30.95%

中、下游犯罪,
69.05%

图 7   上、中、下游犯罪分布

图 7 显示,全部 42 件判例中,仅有占比 30.95% 的 13 件案例为涉及木马软件制作、黑客技术手段提供的源头性上游犯罪行为,该类犯罪行为危害较大,个别案件甚至波及全国;而占比 69.05% 的 29 件案例系通过网络 QQ 群等社交群网方式获取木马软件等黑客技术手段后侵入网站后台,获取他人 QQ 信息、数据等进行违法犯罪活动,该类案件以牟利为主,多系网络盗窃、诈骗等犯罪的中间链条。

就源头性犯罪的危害性而言,2014 年轰动一时的"腾讯云"中断事件是典型案例。2014 年 11 月 2 日,被告人张某出于炫耀的目的,利用其租用的 VPS 服务器作为主控服务器,在使用自己的电脑登录服务器后,利用 SYN 扫描出互联网内存在 WDCP 漏洞的计算机信息系统,并使用"MYSQL. EXE"文件取得上述计算机信息系统的控制权,随后利用其租用的 VPS 服务器内"3600 集训"软件生成名为"ip32. rar"的木马文件,再利用 SSH 连接器将该木马上传至其控制的计算机信息系统上,致使该计算机信息系统对外做 DDoS 流量攻击。经查,被告人张某以上述方法非法控制腾讯云计算(北京)有限责任公司的计算机信息系统共计 94 台,致使腾讯云网络瘫痪约 100 分钟。[①]

就网络犯罪中间链条而言,下面这个案例是比较典型的:2012 年 9 月份,被

---

① 北京市海淀区人民法院(2015)海刑初字第 2447 号刑事裁定书。

告人郭某在深圳市宝安区西乡大道丽景城小区其租用的房间利用互联网下载木马程序,在目标网站的后台漏洞植入木马病毒,随后利用黑客工具"中国菜刀"链接所植入的木马控制目标网站,后将赌博、医疗等非法网站链接目标网站(俗称"挂黑链"),依靠点击流量非法获利。经对被告人使用的笔记本电脑中的信息进行提取,证实被告人利用黑客远程控制软件"中国菜刀"共入侵并控制被害网站671 家。①

可见,由于网络犯罪行为不受时间、地点的限制,犯罪工具的提供和木马黑客技术手段等源头性行为和后果出现的时间和地点多系分离,犯罪分子之间大多以虚拟的身份进行联系,发现和侦破十分困难。

(三)犯罪分子文化水平参差不齐,存在定罪分歧大、刑罚较轻现象

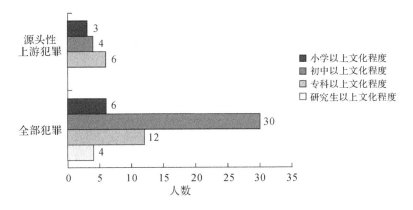

图 8　犯罪分子文化程度分布

从图 8 可以看出,全部 42 件案例的 52 名被告人中,研究生以上文化程度有 4 人、专科以上文化程度有 12 人、初中以上文化程度 30 人、小学以上文化程度 6 人;前述 13 件涉及木马软件制作、黑客技术手段的源头性上游犯罪案件的 14 名被告人中仅有 6 人具有专科以上文化程度。恰如某知名学者所言,"随着网络的发展,网络成了人们的基本生活平台,普通网民成为网络的主要参与者,网络犯罪迅速由攻击系统的高技术犯罪,演变为公民个人之间的普通犯罪"②。当前网络犯罪已不再是具备一定文化知识程度的"黑客"才能实施的高技术犯罪,网络犯罪已完成"代际转变",即使在真正针对"计算机平台"类的纯正计算机犯罪中,

---

① 郑州市中级人民法院(2014)郑刑一终字第 91 号刑事裁定书。
② 于志刚.《双层社会》中传统刑法的适用空间[J].法学,2013(10)。

犯罪分子与其文化程度也不存在必然的关联。

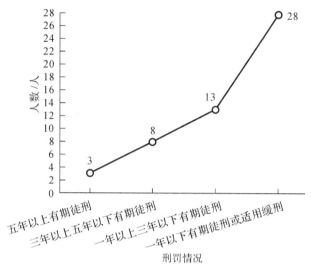

图 9　刑罚分布

　　而从图 9 可以看出,全部 42 件案例的 52 名被告人中,判处五年以上有期徒刑的仅有 3 人,判处三年以上五年以下有期徒刑的为 8 人,判处一年以上三年以下有期徒刑的为 13 人,判处一年以下有期徒刑或适用缓刑的为 28 人;也就是说,有五成以上被告人是判处一年以下轻刑或适用缓刑的,存在一定的轻刑化情况。

　　图 10 则显示,全部 42 件案例中,有占 42.86% 的 18 件属疑难案件而被提交审判委员会讨论,有 33 件案例公诉人、辩护人及一、二审法院均存在不同观点。对于纯正计算机犯罪,罪名的认定存在一定困难。

三、困境解析:当前网络犯罪亟需解决问题的研判分析

　　面对几乎是爆发式增长的网络犯罪,尤其是危害性最大的源头性、技术性纯正网络犯罪,立法机关和司法机关似乎总是跟不上节奏。一方面,网络技术的更新伴生着网络犯罪的快速发展与持续变异,而相应的法律规则却需要长时间的酝酿才会出台。也就是说,当立法者、理论研究者、司法机关终于把握住网络中某一类型的犯罪特性并提出相应的解决方案时,却发现它已经被新的犯罪样式

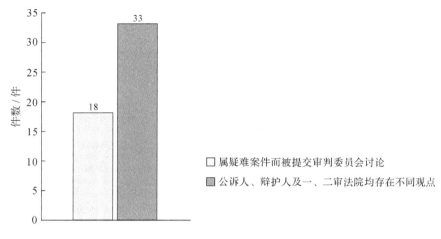

图 10　疑难案件分布

所取代,立法似乎总是慢了半拍,在网络犯罪的高发态势面前日益显得捉襟见肘。另一方面,"头痛医头,脚痛医脚"的罪名增设方法,没有跟得上互联网技术的代际变化步伐,远远滞后于现实罪情和犯罪规律的变化。① 就当前网络犯罪来看,尤其是移动互联网时代,移动互联网的虚拟性、便捷性使得犯罪分子实施网络犯罪后极难发现,即使被发现也因罪与非罪、此罪与彼罪的界限不易把握而难以被司法机关有效惩处。这种困境具体体现在以下方面。

(一)知识储备不足,认识程度滞后

在希腊福基斯地区,有一个著名景点——德尔菲神庙,传说是太阳神亲自为自己修建,古希腊人认为,德尔菲是地球的中心,是"地球的肚脐",在这座神庙的门楣上刻着一句箴言:认识你自己。传说这句话是苏格拉底留给希腊乃至全人类最珍贵的礼物,实现了哲学主题由神到人、由自然到社会的转变。即便到了科学技术如此发达的今天,这句话仍影响着我们的生活。至少就网络犯罪而言,我们应当有网络方面的知识储备和认识,否则,就类同广东俗语"鸡同鸭讲",无法沟通与应对。

正如对一线司法人员及律师的调查问题反映,多数司法人员及律师是没有接受过网络犯罪的相应知识培训的。对于从事网络犯罪一线工作的警察、司法人员及律师而言,如果对互联网经济新模式不了解、对互联网数据背后的技术逻

<hr />

① 于志刚."双层社会"中传统刑法的适用空间[J].法学,2013(10).

辑缺乏背景知识、对一些新型网络行为(如"骗红包""骗积分")的性质认识有偏差、对互联网灰黑产业没有认识的话,是很难下决心应对网络犯罪中的新情况、新问题的。[①] 试想,从不进行网购的侦查人员,如何认识"炒信"行为? 从不使用微信的司法人员,又如何直观表述"公众号"的问题?

(二)法律适用困难,立法支持不力

根据 360 互联网安全中心发布的 2016 年中国互联网安全报告,2016 年,360 互联网安全中心共截获 PC 端新增恶意程序样本 1.9 亿个、Android 平台新增恶意程序样本 1403.3 万个、新增手机勒索软件 17 万个,170 万台手机遭到攻击。在截获盗取个人信息的手机恶意程序样本中,67.4%的样本会窃取短信信息,34.8%的样本会窃取手机银行信息,10.0%的样本会窃取手机联系人信息,3.7%的样本会窃取手机通话记录,2.0%的样本会窃取社交软件(例如微信、QQ 等)聊天记录,1.8%的样本会窃取手机录音信息,0.1%的样本会窃取手机照片信息。此外,2016 年,360 互联网安全中心共拦截各类垃圾短信约 173.5 亿条,106 号码开头的垃圾短信为 70.0%,从类型上看,主要是商业推广短信,占 92.2%,其次为违法短信 4.2%,另有 2.8%为典型的诈骗短信;截获各类新增钓鱼网站 196.9 万个,拦截钓鱼攻击 279.5 亿次,拦截骚扰电话 385.1 亿次,其中主要为广告推销、诈骗电话。2016 年,360 网站卫士共拦截各类网站漏洞攻击 17.1 亿次,平均每天拦截漏洞攻击 534.4 万次;国内企业邮箱用户平均每天遭遇疑似盗号攻击事件约 1.0 万件。2015 年,全球由受控的僵尸网络发动的网络 DDoS 攻击 27489410 次,被攻击网站数量多达 776095 个,针对一个月的流量追踪抽样分析发现,约近四分之一(23%)的网站无法摆脱 DDoS 攻击的致命影响,基本无望重新复活。[②]

上述网络报告无疑告知我们,黑客已经形成了产业化链条,打击网络犯罪的源头性、技术性犯罪刻不容缓。问题是,面对网络上层出不穷的新情况,我们应当如何针对网络犯罪准确适用法律。例如,最近引起重视的电子商务领域内的

---

① 我们在杭州调研过程中,某知名互联网公司的网络安全专家提及其公司一"90 后"曾向某知名刑法老专家(年龄已过 50)及其陪同的学生(亦"90 后")解释某网络名词及网络术语,前后解释 5 次,该专家仍不清楚,其学生却早已明白。

② 360 互联网安全中心.2016 年中国互联网安全报告[EB/OL].[2017-03-29].http://bbs.360.cn/thread-14837467-1-1.html.

"炒信"。炒信就是指在网络商城上,炒信团队利用虚假交易,炒作商家信用。①比如皇冠店,可能就是炒信团队的速成品。2016年10月25日,反"炒信"信息共享协议签字仪式在国家发改委举行,阿里巴巴、腾讯、京东、58同城、滴滴出行、百度糯米、奇虎360、顺丰速运等8家企业代表共同签订了反"炒信"信息共享协议。可见,利用各种途径和手法进行涉嫌虚假交易、炒作信用的"炒信"行为已经具有一定普遍性,其严重程度已经破坏了网络生态环境的正常秩序,侵害了消费者合法权益,造成了恶劣的社会影响,具有一定的社会危害性。应对炒信行为,倘若用刑法规制,必然有相当大的争议。司法实践中,炒信迄今无一司法判例。而就适用罪名而言,传统的以违法所得界定社会危害性的惯性思维必然会遭遇"信用无价"的尴尬。再如移动互联网时代,虚拟财产的属性及价值的认定问题。在微信未出现之前,对QQ号、游戏装备、游戏宠物等虚拟财产能否在刑法上界定为应受保护的财产已经争议颇多。反对者不乏国内知名学者,以虚拟财产不具有现实性,很难衡量其价值等理由否认虚拟财产的"财物"属性。支持者则认为虚拟财产本身有劳动价值,具有使用和交换价值,应赋予其刑法上保护的"财物"属性。②微信出现之后,微信上的公众号等是否具有财产属性及能否认定有价值更是争议不断。一方面,具有较高关注度的公众号在眼球经济的今天无疑有着巨大的商业价值;另一方面,公众号的价值又如何在司法上进行鉴定?

对此,北京市海淀区人民法院在其调研报告中明确指出,主观构成要件的认定、危害结果的确定、行为的定性都是当前新型网络犯罪法律适用的难点。③

究其问题,有学者认为网络犯罪中的多数犯罪仍然只是传统犯罪的网络再现,只是由于技术性因素的介入而在一些方面发生了变化,通过刑法理论和解释规则的"与时俱进",套用传统犯罪的罪刑条款完全可以解决问题。只有极少数情况是侵犯到了一种全新法益,需要设置新的罪刑条款。传统犯罪网络变异所造成的真正障碍是法益仍然是固有的传统法益,但犯罪对象、犯罪目的、犯罪行为和犯罪形态在网络空间中发生了严重变异,此时如何在立法和理论上加以应对是个难题。犯罪对象的归属和犯罪目的的具备与否,是一个解释论问题,前者本质上仍是一种法益判断,后者实际上是一种具备与否的纯粹解释。但犯罪行

① 央视新闻.何为"炒信"?"炒信"的整个流程又是怎样的?[EB/OL].[2017-03-29].http://mt.sohu.com/20161026/n471381604.shtml.
② 王地.2016年互联网刑事法制高峰论坛述要[N].检察日报,2016-12-29.
③ 北京市海淀区人民法院.海淀法院调研报告[N].人民法院报,2017-03-05.

为和犯罪形态的变异,严重冲击着传统的刑事立法和刑法理论,需要扩大化的刑法解释加以应对。[①] 笔者较为赞同这种观点,但认为,扩大解释仅可应对传统犯罪的网络化,对源头性、技术性的纯正网络犯罪而言,仅仅扩大解释并不足以解决法律的适用问题。

(三)侦查力量薄弱,难以有效打击

网络犯罪,尤其是源头性、技术性的纯正网络犯罪,专业化程度高、隐蔽性强、取证困难,具有极强的跨国性、跨地域性,而且犯罪分子常常持续作案,造成的社会危害后果十分严重。可以这样说,即使对于仅将网络作为作案工具的传统犯罪,犯罪手段的变异已经使得侦查难度及压力陡增,更何况高技术、专业化分工、更隐蔽的纯正网络犯罪? 应对网络犯罪,首先要求有高质量高效率的侦查队伍,其次要求侦查队伍有着整体的配合和系统的管理。

就队伍建设而言,当前各地打击网络犯罪的侦查力量普遍欠缺,手段严重滞后,十分匮乏打击网络犯罪的专业人才;出现网络犯罪案件时,不敢办、不想办、不会办,办得越少侦查经验也就越少,形成恶性循环,直接制约了网络犯罪侦查破案率的提升,也是网络犯罪得以迅速发展的重要原因。[②] 调研中,各地网络安全专家普遍反映侦查机关缺乏专门的网络技术人才,导致与各地公安侦查机关的业务沟通十分困难。

四、规制策略:网络犯罪刑法规制的路径思考

当今社会,大数据是人们获得新的知识,创造新的价值的源泉;大数据还是改变市场、组织结构,以及政府与公民关系的方法。[③] 基于对我国网络犯罪现状的反思以及对当前网络犯罪的特点趋势的整体研判,在发挥大数据优势的基础上,我们认为,应当从以下几个方面来完善我国网络犯罪的刑事法规体系,切实有效打击网络犯罪。

---

① 于志刚.网络犯罪与中国刑法应对[J].中国社会科学,2010(3).

② 孙晓冬.网络犯罪侦查[M].北京:清华大学出版社,2014:38.

③ 维克托·迈尔·舍恩伯格,肯尼斯·库克耶.大数据时代——生活、工作与思维的大变革[M].盛杨燕,周涛,译.杭州:浙江人民出版社,2013:72.

（一）实务操作层面：转变观念，实行办案机构跨区域专门化，培养复合型办案人才

无论是以网络系统为犯罪对象的源头性、技术性纯正网络犯罪还是以网络系统作为犯罪工具的不纯正网络犯罪，都涉及网络信息技术的运用。因此，正确认定犯罪事实的前提是办案机构及办案人员自身应当清楚网络信息技术运行的基本原理、规律、漏洞。目前，实践中以及理论界之所以对一些新型网络违法犯罪案件的性质认识不一、分歧很大，对一些传统犯罪网络化的打击不力，其重要原因就在于有关人员本身就没有厘清其中所涉及的网络技术原理。网络犯罪的高度专业性和技术性，使得涉及网络犯罪的很多法律问题都与其技术问题是分不开的。

因此，基于网络犯罪所呈现出来的技术性、专业性特点，办理涉网络犯罪案件，首先应当转变观念，不能用传统的犯罪理论及应对思维套用至网络犯罪。考虑到网络犯罪的全地域性，应变更传统的办案机构，成立跨区域的专业办案机构，类似知识产权法院、网络电信犯罪检察处都是实践中有益的探索。[①] 网络犯罪的侦查监督、审查起诉及侦查指导均由同一办案机构进行处理，检察部门提前介入网络犯罪侦查，指导公安机关办案，无疑有利于促进对侦查机关的引导取证工作，保障此类案件审查处理的优质高效，提高网络犯罪的打击力度。

从我国现有政法队伍的情况来看，有网络专业技术或相关知识储备、背景的人才明显偏少，普通警察不敢办理，普通检察官不敢批捕、公诉，普通法官不敢下判的情况屡见不鲜，明显不能有效遏制网络犯罪蔓延趋势，加大网络法律人才的培养已经成为我国乃至全世界的共识。当然，人才的引进和培养并非短期内可见成效。目前的可行之路应是，邀请腾讯、阿里巴巴等知名互联网企业的网络安全专家及学术界有理论研究的学者，实务界有办案经验的警官、检察官、法官，对现有公检法人员进行互联网法律知识轮训，提高公检法人员对互联网技术、大数据及其背后业务逻辑、技术逻辑的深入了解，加大法律＋技术、法律＋数据等跨界人才培养力度。在线下培训的同时，充分利用公务员网上培训学习平台，建成线上＋线下融合的培训体系。

---

① 2012 年 3 月，北京市东城区检察院正式成立了专门的网络电信犯罪检察处，负责辖区内和上级检察机关交办的涉嫌以互联网为工具或者对象的犯罪案件和电信诈骗犯罪案件的审查批捕和审查起诉工作，同时负责对上述犯罪的立案、侦查以及刑事审判活动开展法律监督。

（二）法律适用层面：适时修改刑事法律，设定扩张解释的规则和程序

在网络环境下，共同犯罪具有不同于一般共犯的特性，一个人能够成为很多人的共犯，如提供侵入计算机信息系统的程序的人，能够为成千上万的人提供帮助，并从中获取利益。其利用所具有的技术编写出的破坏计算机信息系统的程序，可以说是其后进行的犯罪的肇始，但有可能每一个利用这个程序的个人并未达到入罪标准，因而也无法将其以帮助行为入罪。这种行为的社会危害性其实很大，应该予以刑事处罚。① 立法虽已出现将网络犯罪帮助行为正犯化的回应，如《刑法修正案（七）》规定的提供侵入、非法控制计算机信息系统程序、工具罪，但技术的发展速度是非常惊人的。《刑法修正案（七）》通过时微信还没有投入使用，云服务器也没有普及。科技的发展，已使得计算机系统的概念和内涵不断发生变化，社会关注的网络热点问题也不断变化，刑事立法应当对此做出积极回应。

因此，从网络犯罪立法模式而言，应根据网络犯罪类型的不同，综合选用不同的刑事立法模式。对于以网络系统为犯罪对象的源头性、技术性纯正网络犯罪，应按照刑法条文与司法解释相结合的方式，在尽量保持刑法稳定性的同时，及时调整此类犯罪的规制范围，回应网络犯罪手段的层出不穷。而对于以网络系统为犯罪工具的网络犯罪则宜坚守刑法典的立法模式，与其他同类犯罪适用相同条文。

此外，结合网络技术发展的新特点，应允许法官在判决时对传统刑事法律规范作"网络化"解读。具体而言，在判决中，可考虑作扩张解释，回应现有的网络犯罪司法现状。鉴于刑事立法规定的滞后、不足，如果仅严格按照文义解释的方法来处理一些新型的网络犯罪，可能难以定罪处罚，从而放纵了严重危害社会的行为。克服现行法律在惩治网络犯罪上的局限性，就需要采用扩张解释刑法的字面含义，使其更为符合刑法的真实意思和实质正义的要求。采用扩张解释的解释方法，虽然解释的内容已经超出了刑法条文的字面含义，但由于文字边缘的模糊性这一特征，只要尚未超出"文义射程"所能达到的范围，则并不违反罪刑法定原则。② 司法实践中，法官应合理运用刑法的扩张解释，树立罪刑法定的实质化理念，破除原有的传统犯罪处理观。正如有的学者建言："可以将法官在边缘

---

① 于志刚.共同犯罪的网络异化[M].北京:中国方正出版社,2010:12.
② 田宏杰,温长军.理解制度变迁:我国刑法的修订及其适用[J].法学杂志,2011(9).

刑事案件中的解释功能与加强网络犯罪立法结合起来,在没有新的立法时,充分发挥法官的解释功能,待时机成熟尽快进行相关立法。"[1]

当然,这种司法实务的扩张解释应当遵循一定的规则和程序。笔者认为,首先,法官的扩张解释应当严格按照刑事立法的本意和保护法益的要求。其次,法官的扩张解释仅限于对刑法条文字面含义的解释。再次,法官如在判决中采用扩张解释,应在判决中予以释明,同时此类案件一般应提交审判委员会讨论决定。最后,对于采取扩张解释的判决,生效后,应当提交上级法院逐级备案,对于带有普遍性的判例,应当及时提交最高人民法院适时制定司法解释或层报立法机构修改法律。

---

[1] 刘守芬,申柳华.网络犯罪新问题刑事法规制与适用研究[J].中国刑事法杂志,2007(3).

第三部分
互联网生态治理

信息系统建设方面的融资租赁业
法制环境之完善研究
——以上海自贸区相关法制环境为中心的考察

陈历幸[*]

融资租赁作为与实体经济结合最紧密的金融工具,是连接现代服务业与先进制造业,连接金融中心与贸易、航运、科创中心建设的重要纽带。研究如何完善上海自贸区融资租赁业发展法制环境,对于在上海自贸区探索建立符合国际化和法治化要求的跨境投资和贸易规则体系,完成在新时期加快政府职能转变、管理模式创新、促进贸易和投资便利化,为全面深化改革和扩大开放积累新经验的使命,都能起到重要的作用。上海是我国最早的融资租赁业发展地,而近年来上海自贸区一直与天津滨海、深圳前海并列为我国融资租赁行业的三大聚集地。研究融资租赁业在上海自贸区的发展过程中出现的问题及完善相关法制环境的对策,无疑将有助于未来中国融资租赁有关法制的改善和融资租赁业正常有序的发展。限于篇幅,笔者于本文中拟重点考察完善上海自贸区相关法制环境的对策中关于信息系统建设方面的对策,同时,基于政府监管体制以及立法权限方面的缘由,上海自贸区融资租赁业发展法制环境是由能够适用于全国的法律、行政法规、部门规章和仅适用于上海乃至仅适用于上海自贸区的地方性法规、规章、规范性文件所综合形成的,完善上海自贸区融资租赁业发展法制环境亦将涉及国家和地方两个层面的相关法制环境。

---

[*] 陈历幸,上海社会科学院法学研究所副研究员。

一、信息系统建设方面融资租赁业发展法制环境的现状与问题

(一)商务部和中国人民银行的相关管理信息系统分立,信息分割严重

我国的融资租赁企业根据监管主体的不同,可以分为两类三种机构:一类是银监会审批设立的金融租赁公司,属于非银行金融机构;另一类是融资租赁公司,其中又可进一步分为外商投资融资租赁公司和内资试点融资租赁公司——前者由商务部省级主管部门审批设立,后者由商务部和国家税务总局及其授权机构审批设立。监管主体的不同,导致了相关管理信息系统的分立。

一方面,商务部依托全国融资租赁企业管理信息系统对融资租赁行业进行监管,无法顾及"金融系"融资租赁企业。《商务部关于利用全国融资租赁企业管理信息系统进行租赁物登记查询等有关问题的公告》(商务部公告 2014 年第 84 号)第一条规定:"全国融资租赁企业管理信息系统(http://leasing.mofcom.gov.cn)是商务部建立的综合性融资租赁服务平台,可为内资融资租赁试点企业、外商投资融资租赁企业及相关企业、组织和个人提供公共信息、租赁物登记公示查询、交流合作等服务。"这里只提到"内资融资租赁试点企业、外商投资融资租赁企业"(即"商务部系"融资租赁企业)而未提到"金融系"融资租赁企业。另一方面,银监会尚未建立针对"金融系"融资租赁企业的类似系统,"金融系"融资租赁企业的有关信息录入中国人民银行企业征信系统——尽管实践中也已有部分"金融系"以外的融资租赁企业依国务院有关政策接入中国人民银行的征信系统。[1] 这种情势所造成的结果是信息分割严重,影响有效监管。

(二)融资租赁物权属重复登记,查询不便

如前所述,我国的融资租赁企业分为"金融系"融资租赁企业与"商务部系"融资租赁企业两类,与之相应,融资租赁公示物权属的登记公示系统主要也有两

---

[1] 国务院办公厅 2015 年 8 月 31 日发布的《国务院办公厅关于加快融资租赁业发展的指导意见》第四点规定:"按照相关规定,将有接入意愿且具备接入条件的融资租赁公司纳入金融信用信息基础数据库,实现融资租赁业务的信用信息报送及查询。"这里的"金融信用信息基础数据库"沿用了国务院 2013 年 1 月 21 日公布的《征信业管理条例》(国务院令第 631 号)中的提法,其指的就是中国人民银行企业征信系统和个人征信系统。《征信业管理条例》第二十七条规定:"国家设立金融信用信息基础数据库,为防范金融风险、促进金融业发展提供相关信息服务。金融信用信息基础数据库由专业运行机构建设、运行和维护。该运行机构不以营利为目的,由国务院征信业监督管理部门监督管理。"由《征信业管理条例》第四条第一款可知,"国务院征信业监督管理部门"即中国人民银行。

个,即中国人民银行征信中心融资租赁登记公示系统和前述的商务部全国融资租赁企业管理信息系统。另外,针对某些特殊标的物(如飞机、船舶)进行的权属登记,还需要在相应主管部门的登记公示系统进行登记。由于登记部门不同,信息缺乏整合,融资租赁物权属的公示存在重复登记、查询不便等问题。

中国人民银行征信中心融资租赁登记公示系统是中国人民银行征信中心为了拓宽服务领域,借鉴应收账款质押登记公示系统的成功经验,在应收账款质押登记公示系统平台基础上建立的,于2009年7月20日上线运行。自2012年起,经批准,中国人民银行征信中心将应收账款质押和融资租赁两项登记服务委托给下设专业服务机构"中征动产融资登记服务有限责任公司"(以下简称中登公司)提供。2013年1月14日,经过近一年的改造升级,应收账款质押登记公示系统和融资租赁登记公示系统正式整合到由中国人民银行征信中心和中登公司共建的"中登网"内的"中征动产权属统一登记公示平台"(简称RMP)上,以实现应收账款质押和融资租赁的统一登记、查询等服务,并对系统已有功能进行完善和优化。日前,RMP二期建设工作已顺利完成,RMP包含的动产融资业务登记类别达到了10个,分别为应收账款质押登记、应收账款转让登记、租赁登记、所有权保留登记、租购登记、留置权登记、保证金质押登记、存货/仓单质押登记、动产信托登记、其他动产融资登记。① 另据悉,中登公司未来还准备开办农村土地经营承包权、林权和农业设施抵押登记。②

目前,我国司法机关对于查询登记信息与判别第三人受让融资租赁物权利时是否善意之间的关联性没有比较固定的做法(仅个别地区例外,下详)。《最高人民法院关于审理融资租赁合同纠纷案件适用法律问题的解释》(2013年11月25日最高人民法院审判委员会第1597次会议通过)第九条仅规定:"承租人或者租赁物的实际使用人,未经出租人同意转让租赁物或者在租赁物上设立其他物权,第三人依据物权法第一百零六条的规定取得租赁物的所有权或者其他物权,出租人主张第三人物权权利不成立的,人民法院不予支持,但有下列情形之一的除外:……(三)第三人与承租人交易时,未按照法律、行政法规、行业或者地区主管部门的规定在相应机构进行融资租赁交易查询的……"然而,"按照法律、行政

---

① 中国人民银行征信中心. 中征动产融资统一登记平台登记业务简介[EB/OL]. [2016-03-02]. http://file. zhongdengwang.com/rs/system/jianjie/intro. html.

② 崔津渡. 以应收账款服务平台促动产融资发展[J]. 中国征信,2014(4).

法规、行业或者地区主管部门的规定"需要加以查询的相应机构往往模糊、杂乱甚至未得到规定,这就给融资租赁物通常的所有权人即融资租赁企业带来较大风险。

(三)行业信用体系的信息交流等功能未能充分发挥

由于客观原因,我国融资租赁企业的形态分为金融租赁、外商投资融资租赁和内资试点融资租赁三种,存在两类协会(中国银行业协会金融租赁专业委员会和外商投资企业协会租赁业工作委员会)。虽然融资租赁企业分别受到银监会和商务部的监管,但是金融租赁专业委员会与外商租赁业工作委员会打破部门隔阂,本着开门办会的指导方针,共同举办每年的中国金融租赁分会和中国融资租赁年会,并推动成立有三类融资租赁企业参加的融资租赁论坛,加强了彼此间的沟通。2006年,由全国42家租赁行业组织和企业作为中国租赁协会发起人,向商务部和民政部报送了关于组建中国租赁协会的申请。发起人商定,在申办期间,先组建一个业内联谊性组织——中国租赁联盟,以加强发起人和整个行业的信息交流。2014年1月10日,"中国融资租赁企业协会第一次会员代表大会暨成立大会"在北京召开,宣告中国融资租赁企业协会正式成立,弥补了中国融资租赁业发展30余年尚无统一全国性行业协会的空白。该协会是由在中国境内注册的融资租赁企业、相关的组织和人员自愿组成的全国性、行业性、非营利性社会组织,是目前我国融资租赁业内唯一的一个国家一级行业协会,主要接受业务主管单位商务部和社团登记管理机关民政部的业务指导和监督管理。① 中国融资租赁企业协会成立后,其地方分会也在陆续成立中,但其建立行业信用体系的工作尚未实质性启动[该协会的前身中国租赁联盟所建立"中国租赁联盟"网站,依据《中国租赁联盟章程(试行)》第四条的规定仅"作为联盟成员的交流平台"],相应地,其收集、整理行业信息和统计数据,便利企业和政府以及企业之间的信息交流等功能无法得到充分发挥,影响行业信用环境的建设。

---

① 肖旺.国字号行业协会面世,融资租赁业期望有序发展[N].金融时报,2014-01-13;李万赋.中国融资租赁企业协会正式成立[EB/OL].[2017-10-30].http://finance.ifeng.com/a/20140113/11455104_0.shtml.

二、信息系统建设方面融资租赁业发展法制环境的对策与建议

（一）对全国融资租赁企业管理信息系统的信息搜集和利用方式进行调整

目前的全国融资租赁企业管理信息系统为融资租赁企业提供部分行业信息数据查询权限，具备租赁物登记、公示、查询以及承租人违约信息记录、查询等功能，业务主管部门（商务部）则通过该系统对融资租赁企业业务进行实时监管和动态监管。

国务院办公厅 2015 年 8 月 31 日发布的《国务院办公厅关于加快融资租赁业发展的指导意见》第七点称"要求融资租赁公司通过全国融资租赁企业管理信息系统及时、准确报送信息，利用信息化手段加强事中事后监管"。然而，笔者认为，从长远和全局来看，应当剥离全国融资租赁企业管理信息系统的融资租赁物登记公示功能，而强化其作为监管信息系统的功能，并改变由商务部作为该系统单一管理部门的格局，由商务部与银监会共同运作该系统。不过，仅就近期和地方层面来看，可以马上着手进行的工作是对该系统的信息搜集和利用方式进行调整。首先，应当要求中国人民银行地方分行、地方银监局将其所搜集的相关信息提供给该系统。其次，应当要求地方商业局（商务委）将该系统搜集的信息完整备份并提供给中国人民银行地方分行、地方银监局。最后，应当要求各信息系统逐步做到信息搜集和利用标准的兼容乃至统一。对全国融资租赁企业管理信息系统的信息搜集和利用方式进行调整的具体做法如下。

其一，规定信息系统的管理机构有研发金融风险评测模型和金融前沿应用技术的义务及鼓励商业机构研发有关产品的义务。受信息产业发展进程的影响，目前我国金融监管机构所使用的信息前沿应用技术大部分来自国外，而且源代码大都掌握在外国公司的手中。为保障国家的金融安全和金融稳定，在风险管理、衍生工具等国内尚属空白的应用领域，法律上应当要求有关管理机构努力研发金融前沿应用技术，并制定一些相关的鼓励金融应用技术研发活动的具体规则，对有自主创新能力的国内软件企业进行多方面的扶持。

其二，规定信息系统的管理机构有逐步进行应用技术标准化和信息格式统一化的义务。一方面，应用技术标准化和信息格式统一化不仅能灵活满足不同金融监管机构的应用需求，减少系统冗余，节省资源，使信息得到充分共享，还可以降低系统的复杂性和管理难度，简化操作，并有利于市场突变时的快速应对，

从而提升监管的前瞻性和主动性。但另一方面,应用技术标准化和信息格式统一化的具体实施也是一个复杂和渐进的过程,不同系统所面临的技术标准化和信息格式统一化需求不尽相同,不同层次金融机构的标准化难度也不一样。硬件、网络、基础软件等的标准化较为容易,而应用系统的标准化往往需要依据各自的不同分阶段实施。法律上应当在概括规定信息管理机构有逐步进行应用技术标准化和信息格式统一化的义务的同时,给有关管理机构一定的执行空间。

其三,确立信息真实性责任人制度。通过建立和执行严格的信息责任制度,可以为监管信息的真实性把好入口关,从而为监管信息的进一步处理打好基础。在法律上应当建立严格的信息真实性责任人制度,要求每一位制作和加工信息的人员对相关信息负责:信息收集人对收集的原始数据的及时性、真实性、完整性负责;信息核对人对同期的不同报表中的各项信息之间的吻合度及不同期报表中的同类项信息之间的差异度负责;数据加工者对数据加工的过程和结果负责。法律还应要求信息系统保存每一笔监管信息的操作过程和操作内容,作为考核信息真实性责任人及其监管人员工作绩效的依据。

其四,完善信息保密制度等。信息系统所汇集的信息中可能含有部分密级较高的信息,需要敦促有关部门做好有关信息保密工作,确保涉及国家经济金融安全的重要信息和其他保密信息不被泄露。必须在法律上规定金融监管信息管理机构有建立信息保密制度的义务,在技术方面满足金融监管信息的保密要求。法律还应要求信息系统的管理机构就如何确定监管数据的密级、相关人员的权限、数据库的开放限度等具体问题协商一致,制定相关的细则。

另外,目前上海自贸区已在全国率先实行了全面简化行政审批、缩短办事流程的改革创新,使企业享受到办事大厅“一口受理”等服务便利,为方便企业办事提供实惠。这种进一步简化办事流程的行政服务平台,也可以成为调整后全国融资租赁企业管理信息系统在地方层面的雏形。

(二)对各种融资租赁物登记公示系统的信息进行整合

国务院办公厅 2015 年 8 月 31 日发布的《国务院办公厅关于加快融资租赁业发展的指导意见》(国办发〔2015〕68 号)第八点已提出“研究建立规范的融资租赁物登记制度,发挥租赁物登记的风险防范作用”;国务院办公厅 2015 年 9 月 1 日发布的《国务院办公厅关于促进金融租赁行业健康发展的指导意见》(国办发〔2015〕69 号)第五点也提出“研究建立具有法律效力的租赁物登记制度”。笔者认为,对各种融资租赁物登记公示系统的信息进行整合的法制建构,符合上述规定的基本精神，具体而言，应当以中国人民银行征信中心融资租赁登记系统为依托，对各种租赁物登记公示系统的信息进行整合。之所以可以对相关信息进行整合，是因为上述各登记公示系统虽然分属不同的部门管理，但其运行原理及运行机制并无实质区别。之所以选择以中国人民银行征信中心融资租赁登记系统为依托对相关信息进行整合，不仅是因为上海市浦东新区的有关政策要求配合中国人民银行征信中心开展融资租赁企业试点接入中国人民银行征信中心融资租赁登记系统工作并对成功接入该系统的融资租赁企业提供费用补助①，也不仅是因为中登系统成立时间早、规模大，更是因为中登系统如前所述已发展成为面向各类动产担保物、各种动产担保形式的统一动产担保登记公示系统。

《上海市人民政府办公厅关于加快本市融资租赁业发展的实施意见》(沪府办发〔2016〕32号)第十三条仅规定："融资租赁公司(金融租赁公司除外)与承租人签订租赁合同、开展租赁业务，就租赁物申请相关权属登记的，登记部门应当依法及时办理；国家未有明确登记机关的，本市融资租赁公司(金融租赁公司除外)开展融资租赁业务时应在中国人民银行征信中心的'融资租赁登记公示系统'办理融资租赁登记，公示融资租赁合同载明的租赁物权属状况。本市融资租赁公司(金融租赁公司除外)及相关机构在办理资产抵押、质押和受让等业务时，应当通过'融资租赁登记公示系统'查询所涉标的物的权属状况。"据此，只有在租赁物"国家未有明确登记机关"的情况下当事人才有义务在中国人民银行征信中心融资租赁系统登记。上海市浦东新区人民政府于2015年10月12日发布的《关于促进浦东新区融资租赁行业健康发展的若干意见》第八条的有关规定("宣传推动融资租赁企业主动使用人民银行征信中心融资租赁登记公示系统办理登记")则更不具备强制性。笔者认为，如何在地方层面应对融资租赁物登记部门不同、融资租赁物权属认定困难的问题，具体的操作方式可在参考天津市的各行政机关、中国人民银行分支机构与司法机关协调推进的做法的基础上，进一步要求具备融资租赁物权属登记权限的各行政机关将有关信息提供给中国人民银行征信中心融资租赁登记公示系统。

---

① 浦东新区政府于2015年10月12日发布的《关于促进浦东新区融资租赁行业健康发展的若干意见》第八条规定："……配合人民银行征信中心开展融资租赁企业试点接入人民银行征信系统相关工作，对于成功接入人民银行征信系统的融资租赁企业，提供一定费用补助。"该文件的全文作为《促融资租赁业发展15条出炉》一文的附录。浦东新区政府.促融资租赁业发展15条出炉[EB/OL].[2017-10-30].http://gov.eastday.com/shjs/node6/node31/u1ai87060.html.

　　天津市政府各部门对其所主管的机构都要求融资租赁相关主体在中国人民银行征信中心融资租赁系统登记和查询融资租赁物权属状况。2011 年 11 月 2 日天津市政府金融服务办公室、中国人民银行天津分行、天津市商务委员会、中国银行业监督管理委员会天津监管局联合签署的《关于做好融资租赁登记和查询工作的通知》(津金融办〔2011〕87 号)第一条即规定:"各金融租赁公司、外商投资融资租赁公司、内资融资租赁试点企业(以下简称各融资租赁公司)在办理融资租赁业务时,应在中国人民银行征信中心(以下简称征信中心)的融资租赁登记公示系统办理融资租赁权属状况登记,并按照《中国人民银行征信中心融资租赁登记规则》(以下简称《融资租赁登记规则》)的规定,如实填写登记事项,公示融资租赁合同中载明的融资租赁物权属状况。"该通知第三条则明确规定:"各银行、金融资产管理公司、信托公司、财务公司、汽车金融公司、消费金融公司、金融租赁公司、外商投资融资租赁公司、内资融资租赁试点企业、典当行、小额贷款公司、融资性担保公司(以下简称各机构)在办理资产抵押、质押、受让等业务时,应登录征信中心的融资租赁登记公示系统,查询相关标的物的权属状况。"而天津市高级人民法院要求下级法院在审理融资租赁案件时,要结合上述要求来衡量第三人受让融资租赁物权利的时候是否善意。2011 年 11 月 11 日发布的《天津市高级人民法院关于审理融资租赁物权属争议案件的指导意见(试行)》第二条规定:"《通知》(笔者按:即前述《关于做好融资租赁登记和查询工作的通知》)中所列各机构在办理动产抵押、质押、受让等业务时应当依照《通知》中所规定的必要程序,登录'中国人民银行征信中心融资租赁登记公示系统'对所涉标的物的权属状况进行查询。""未依照前款规定查询的,在该标的物的出租人主张权利时,《通知》中所列各机构作为第三人以未查询、不知标的物为租赁物为由抗辩,应当推定该第三人在受让该租赁物或以该租赁物设定抵押权、质权等权利时,未尽到审慎注意义务,因而不构成善意。"①

(三)由融资租赁行业协会建立行业信用信息系统

　　一般认为,企业的交易活动具有相对的稳定性和专业性,在同一行业范围

---

　　①　正由于《关于做好融资租赁登记和查询工作的通知》第三条已明确要求各机构"在办理资产抵押、质押、受让等业务时,应登录征信中心的融资租赁登记公示系统,查询相关标的物的权属状况",天津市高级人民法院才能够在适用《最高人民法院关于审理融资租赁合同纠纷案件适用法律问题的解释》的基础上,认定"《通知》中所列各机构作为第三人以未查询、不知标的物为租赁物为由抗辩,应当推定该第三人在受让该租赁物或以该租赁物设定抵押权、质权等权利时,未尽到审慎注意义务,因而不构成善意"。

内,企业的信用资料相对集中,使用率也比较高,建立行业信用信息系统就成为企业的共同需求。行业协会一般不具有强制性,因此,这类数据库的建立和运行可以依据自愿和互换的原则进行。成员企业必须提供自身的信用资料及有关的信用记录,才能获得查询其他成员和行业外企业信用资料的权利。行业内部的信用数据库可采取有偿向非成员开放的方式,从而提高企业加入行业协会的积极性,使行业信用数据库覆盖更多的企业。行业协会与权威信息中心的信息交流也可以采取互换的方式,这有利于双方降低交易成本。① 之所以要在全国融资租赁企业管理信息系统以外再由融资租赁行业协会建立行业信用信息系统,一是因为全国融资租赁企业管理信息系统搜集的信息,基于技术所限,不得不从质和量两方面有所节制,而该系统未搜集的信息可由行业信用信息系统加以搜集和利用;二是因为基于目前我国国情,尚不可能完全由市场主体(如征信企业)提供融资租赁企业所需的信息,否则将在经济实力差别较大的融资租赁企业之间形成信息不对称;三是因为由社会组织应对政府和市场均无法完全解决的问题已成为未来我国社会组织发展的重要趋势;四是对全国融资租赁企业管理信息系统的信息搜集和利用方式进行调整,涉及多个部门的体制变革,短期内难度较大,可以先由行业协会建立行业内部的信息系统,使不良记录或者是违约记录等信用信息及早实现行业内共享。行业信用信息系统可以建立企业失信警告机制,即根据权威信息中心提供的信息资料,对信用度低的成员企业发出警告;也可以建立信用风险预警机制,即为企业提供其交易对象的信用信息,防止企业因对交易对象的信用状况缺乏了解而遭受不必要的损失。

融资租赁行业协会建立行业信用信息系统的具体做法,可以参考对全国融资租赁企业管理信息系统的信息搜集和利用方式进行调整的具体做法。浦东新区政府于 2015 年 10 月 12 日发布的《关于促进浦东新区融资租赁行业健康发展的若干意见》第十二条曾要求"打造浦东新区融资租赁专业服务平台,通过政府购买服务方式支持自贸区租赁产业服务中心、上海市租赁行业协会、自贸区融资租赁资产产权交易平台等组织推动融资租赁产业发展,发挥专业服务平台和社会组织在融资租赁信息管理、资产登记交易平台建设、行业信息统计交流等方面的积极作用"。不过,目前由上海市商务委主导推进、委托租赁行业协会具体实施建设的上海市租赁行业综合信息服务与交易平台,其所拥有的信息服务较为

---

① 朱志兵.行业协会的企业诚信体系的初步构建[J].管理现代化,2004(4).

狭窄,尚不具备上述行业信用信息系统的基本特征,但可以成为建立上述行业信用信息系统的基础。

另外,行业信用信息系统还可以充分利用信用中介服务机构等第三方机构获取并加工的行业信用信息,以期更符合专业化社会分工的需要。具体做法可以参考已有的"联合征信模式",以信用中介服务机构为主体建立信息平台,由行业协会加以配合。在"联合征信模式"之下,采集企业信用信息主要通过三种渠道:一是来源于各级政府部门和社会机构拥有的社会信用信息;二是从新闻媒体、消费者协会、公众舆论等途径获得的信息(社会监督);三是从行业协会获得的信息。① 上海在推行"联合征信模式"方面有过较好的经验:早在 2002 年 3 月,上海资信公司承建的上海市企业联合征信系统即已试运行,该系统的信息合作单位包括上海市工商局、市技监局、市统计局、市国资办、上海海关、人行上海分行等,上海资信公司作为第三方中介机构采用市场化机制、企业化经营来开展企业和个人的信用联合征信业务。② 也已有研究者探讨过上海自贸区采用"联合征信模式"的可行性及操作步骤。③ 不过,之前上海所推行的以及研究者建议在上海自贸区采用的"联合征信模式"均由政府主导,笔者则建议由行业协会主导,由其建立的行业信用信息系统具体利用信用中介服务机构所提供的融资租赁行业信用信息。

① 朱志兵.行业协会的企业诚信体系的初步构建[J].管理现代化,2004(4).
② 刘红柳.国外企业信用征信模式的启示与联合征信模式在我国的适用性[J].学习与实践,2009(12).
③ 祁勇祥,荆珏,华蓉晖.(中国)上海自贸区联合征信模式研究[J].上海金融,2015(4).

P2P 网贷风险解构与规制路径分析

郭泽强　　盛天姿*

传统的 P2P 网络借贷平台的角色定位是"信息中介",其在贷款人与出借人之间"牵线搭桥",撮合双方借贷交易的顺利完成,然后平台提取一定的报酬,在此过程中较少出现违法违规现象。而当下大部分的 P2P 网贷平台已突破了"纯中介性质"发生了异化,风险亦随之而来。游走在法律边缘的网贷集资行为,稍有不慎就有可能违法。近年来,国家开展了对互联网金融领域的一些违法违规行为的整治,针对 P2P 网络借贷行业亦出台了相应的政策与法规。当前最新政策与法规对 P2P 网贷平台的核心要求是:应守住法律底线和政策红线,落实信息中介性质,不得设立资金池,不得非法集资,不得自融自保。未经批准不得从事资产管理、债权或股权转让、高风险证券市场配资等金融业务。P2P 网络借贷平台客户资金与平台自有资金应分账管理,遵循专业化运营原则,严格落实客户资金第三方存管要求,不得挪用客户资金,保护客户资金安全。[①]

一、P2P 网贷之创新性体现

(一)有利于中小企业和个人融资

中小企业的发展为我国经济的发展带来了活力,增加了就业岗位,但我国的

---

* 郭泽强,中南财经政法大学刑事司法学院教授,湖北法治发展战略研究院网络犯罪治理中心主任;盛天姿,中南财经政法大学刑事司法学院硕士研究生。

① 邓建鹏,黄震.互联网金融法律与风险控制[M].2 版.北京:机械工业出版社,2017:72.

中小企业一直面临着融资难的问题,虽然国家近几年也相继推出了一些致力于解决中小企业融资难、提高中小企业发展活力的相关举措,但效果并不甚明显。对我国的中低收入阶层来说,我国目前融资渠道单一,传统金融业仍处于垄断地位,再加上融资审批程序烦琐、周期长,因此基于各种因素的限制使得资金实力非常有限的中小企业和初创业者融资非常不易。

P2P 网贷的兴起打破了传统金融行业时间和空间上的禁锢,资金供需双方可借助于互联网平台直接进行匹配和交易,避免了烦琐的业务流程,资金流转简单便捷。在互联网金融下,人们能够根据市场化规则,更快速、准确地引导资金投向,改善了中小企业和个人投资者长期以来受制于传统金融机构的被动性,极大地降低了融资门槛,拓宽了融资渠道,增强了社会公众在借贷过程中的话语权和选择权,满足了中小企业和中低收入人群的借贷需求,具有普惠金融的特质。

(二)倒逼传统金融借贷行业改革创新

经济学中有一个著名的概念,即"鲶鱼效应"。沙丁鱼生性喜欢安静,追求平稳,在长途运输中容易缺氧死亡。为了能将新鲜的沙丁鱼顺利运至港口从而卖出高价,渔民总是想方设法地让沙丁鱼活着回到渔港。可是虽然经过种种努力,绝大部分沙丁鱼还是在中途死亡。后来有位船长在装满沙丁鱼的鱼槽里放进了一条以鱼为主要食物的鲶鱼。鲶鱼进入鱼槽后,由于环境陌生,便四处游动。沙丁鱼见了鲶鱼十分紧张,左冲右突,四处躲避,加速游动。这样,沙丁鱼缺氧的问题就迎刃而解了,沙丁鱼也就不会缺氧而死了。[①]

这一效应与当下 P2P 网贷和传统金融行业的关系十分相似,我国传统的金融行业可谓是"家大业大",实力相当雄厚,所以不管是整个传统金融行业还是行业的领导者和从业者都像是早已适应了安逸而没有风险环境下的沙丁鱼,他们不用担心有一天会有人抢了他们的"饭碗",所以整个行业普遍不具有忧患意识和创新意识。但从图1[②]中我们可以清晰地看出近几年 P2P 网贷的迅猛发展,P2P 网贷平台的数量大幅增加,这只"鲶鱼"跳进金融市场,给传统金融行业带来了不小的冲击。对于传统金融行业里的借贷业来说,要想保持自己的借贷融资优势,保证客户不外流,就必须着力开展金融创新,提高服务质量。

---

① 百度知道.鲶鱼效应来源于什么故事?[EB/OL].[2017-11-12].https://zhidao.baidu.com/question/504794465.html.

② 中国产业信息网.2016 年中国网络借贷行业现状分析及发展趋势预测[EB/OL].[2017-11-12].http://www.chyxx.com/industry/201609/445190.html.

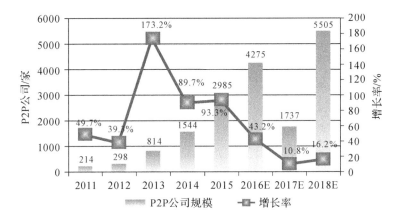

图 1　2011—2018 年中国 P2P 公司规模及增长率

(三)促进金融领域信用体系建设

P2P 网贷受众广,借助互联网高精度且低成本的征信能力,能有效促进我国金融行业的信用体系建设。这主要表现在以下三个方面:

首先,信用征集范围广。P2P 网贷所面向的投融资者大多是传统银行体系很难覆盖的中小微企业及资金供给量小的个人投资者,这两部分用户对我国的经济发展有着重要影响,对他们的信用数据收集及评估,能够最客观地反映我国信用发展水平的真实情况,对央行的数据库覆盖规模是巨大的补充。

其次,信用征集细致度提高。由于 P2P 网贷采用的是线上运作,使得 P2P 贷款公司在风险控制层面面临的最大挑战是确认借贷双方的真实信息,当下大多数网贷平台都会从多个维度(例如:姓名、身份证号、信用卡号、银行预留手机号等)确保筹资人的真实身份、筹资目的以及还款能力。这可以极大丰富央行数据库的信息维度,做到全面立体地评估我国用户及企业的信用。

最后,信用征集准确性提高。P2P 网贷是互联网技术和科技发展的产物,其获取及利用数据的能力要强于传统金融机构,成熟并且不断进步的技术手段,可以保障数据获取的准确性。尤其投融资双方在 P2P 贷款平台内的行为信息,完全可以通过信息技术进行实时连续的抓取,及时反映信息的变化,以便将投资风险降至最低,防患于未然。

二、P2P 网贷之乱象概要

P2P 网络借贷在我国的发展虽然才短短的几年时间,但其发展势头非常迅猛,由于没有专门的法律法规对其借贷行为进行及时的规制,致使 P2P 网贷一度出现"无准入门槛、无行业标准、无监管机构"的危险局面[①],从而衍生出了 P2P 网贷领域的一些乱象。

笔者在中国裁判文书网输入"刑事案由""P2P 网络借贷",共搜索到 50 条结果,经过删选比对,笔者选取出其中比较具有典型性的六个案例,如表1:

表 1   P2P 网络借贷案例

案例名称	吸收金额	损失金额	投资者人数	利息	资金用途	具体行为方式
缪忠应、王永光集资诈骗案	2550 万	1523 万	45	无数据	投资期货、炒股,资金链断裂后卷款跑路	未经许可设立"优易网"并发布"秒标"、承诺即时还本付息
陶秀义非法吸收公众存款案	5036 万	2382 万	654	年息 22%	转借给他人	未经批准设立"徽煌财富"网贷平台,虚构标的、承诺高息
严庆海非法吸收公众存款案	1 亿余元	2000 万	1003	无数据	投资房地产或高息借贷给他人	未经批准设立"平海金融"网贷平台,虚构借贷标的进行融资
叶小军集资诈骗案	1116 万	23184 万	140	年息 24% 到 36%	赌博和支付利息	搭建"文妥财富"网贷平台,冒用、伪造他人抵押借款材料虚构借款"标的"
宋后荣非法吸收公众存款案	1586 万	298 万	500+	年息 36% 到 48%	生产经营、归还债务	未经批准设立"诚宜创投"P2P 借贷平台,发布虚假借款标的、承诺虚假高息
宋义民非法吸收公众存款案	82476 万	清退完结,无损失	一万余人	无数据	主要用于正常的生产经营活动	未经许可向不特定对象提供借贷投资理财业务

(一)归集资金池

当下大部分的 P2P 网贷平台都突破了其作为"信息中介"的角色定位,出现

---

① 姚文平.互联网金融[M].北京:中信出版社,2013:44.

了大量归集资金池,进行资本运作的情况。在表 1 所列举的六个案件中每个案件中的行为人都无一例外地吸收了集资款在千万元以上,在严庆海非法吸收公众存款一案中吸收的金额更是过亿,大量资金涌入平台,形成巨大的资金池。此时的网贷平台已实际上在扮演着金融机构的角色,发挥着资金融通的作用。一旦平台资金链断裂,不仅会使投资者面临资金无法提现、血本无归的风险,还会给金融秩序带来一定的冲击。

(二)擅自提供担保

P2P 本质上是一种民间融资的金融模式,为了吸引更多的投资者向其平台投资,平台经营者往往会采取提供担保的方式来增加平台信誉度和资金的保障度以此来增强投资者对平台的信任感。实践中有的平台采用的是以平台自身提供担保,而有的平台为了吸引投资采用的是虚假担保,如在广东省深圳市中级人民法院所判处的杨立群非法吸收公众存款一案[①]中,中贷信创网站以高息和奖励金诱使投资者向借款人借款或进行翡翠股票投资,并宣称由深圳市中瑞隆信托资产管理有限公司提供无限担保,直至公司资金链断裂无法提现投资者才发现所谓的无限担保完全是平台经营者凭空编造的用来欺骗投资者的谎言而已。

(三)承诺虚假高息

大肆宣传并承诺高额利息可以说是 P2P 网贷平台吸引投资者投资的"惯用伎俩"。大部分的投资人亦正是因为抵挡不住高息的诱惑,在投资初期尝到些许的甜头后而进行大量投资。在笔者前述列举的案件中可以清晰地看出这些网贷平台所承诺的年息均在 20% 以上,高者更是达到了 48% 左右的年息,而据资料显示,最新央行公布的短期贷款即一年以内(含一年)的贷款利率是 4.35%[②],2015 年 8 月最高人民法院发布的《关于审理民间借贷案件适用法律若干问题的规定》将民间借贷的利率分为两线三区,即借贷双方约定的利率未超过年利率 24% 的部分是受法律保护区,利率不超过年利率 36% 的部分是自然债务区,而高于 36% 的部分是无效区。这一规定对借贷双方都有很重要的参考意义,利率过高,虚假性亦随之升高。

(四)虚构借款标的

当下的 P2P 网贷平台有许多投资交易可以说是真假难辨,这些平台多是通

---

① 深圳市中级人民法院(2016)粤 03 刑初 179 号刑事判决书。

② 银行信息网. 2018 年最新银行存贷款利率表:央行最新基准利率表[EB/OL]. [2017-11-12]. http://www.yinhang123.net/lilvbiao_new/47900.html.

过虚构借款或投资标的来使得投资者相信平台是基于真实的借贷交易而运作的。在笔者前述所举的案例中几乎每一个平台都是以虚构的投资标的来吸引投资者投资。例如,在陶秀义非法吸收公众存款一案中,其所设立的 P2P 网贷平台"徽煌财富"就曾通过发布"矿山抵押""股权质押"①这样虚假的月标来吸引投资者投资。

(五)挥霍挪用集资款

P2P 网贷平台借助于互联网信息流转快的效应,往往能在较短的时间内就吸入大量的资金,对于这些资金有的平台经营者是用于正常的经营业务,有的是转借给他人从而赚取利息差,这两种情形下的资金运营风险相对较低;而有的平台经营者是将所吸收来的资金用于投资期货、股票或房地产等高风险的领域;更有甚者如前述表 1 中的叶小军集资诈骗案中,被告人叶小军是将所吸收来的集资款用于赌博这样的违法活动,完全不顾投资者的利益而肆意挥霍。

三、P2P 网贷集资行为之风险解构

P2P 网贷的发展由于存在上述的诸多乱象,使得其面临各种经营风险。当前学界对以 P2P 网络借贷为代表的新的金融模式所涉及的刑事法律风险分类不一。例如,有的学者将其分为经营正当互联网金融业务的刑事风险和利用互联网实施违法犯罪行为的刑事风险两类②;有的学者将其分为以下三类,即互联网金融平台提供者实施的犯罪、互联网金融业普通参与者实施的犯罪、以互联网为对象实施的扰乱金融秩序的犯罪③。对具体的 P2P 网贷行业来说,笔者认为其所涉的风险可以分为以下三类,即平台内生性经营风险、平台次生性刑事风险、平台异化后的刑事风险。

(一)平台内生性经营风险

内生性经营风险是基于 P2P 网贷平台纯中介性质这一角色定位。举例来说,当下的网贷平台中仍属于纯中介性质且具有代表性的主要有拍拍贷、陆金所。对于纯信息中介性的平台在运营过程中会涉及的经营风险主要表现为以下两种。

---

① 徽煌财富. 月标[EB/OL]. [2017-11-12]. http://www.p2peye.com/thread-24223-1-1.html.
② 李振林."互联网金融犯罪的防控与治理"犯罪学沙龙综述[J].犯罪研究,2014(4).
③ 姜涛.互联网金融所涉犯罪的刑事政策分析[J].华东政法大学学报,2014(5).

1. 信用风险

虽然当下的网贷平台在借贷双方正式进行借贷交易前都会广泛地收集、审核资质,进行实名认证,但依然无法摆脱信用风险的考验。举例言之,拍拍贷采用的线上运营模式只对借款方进行信用审核,尽管借款人在实名认证后向平台上传相应的认证资料和信息,但仍存在提供虚假信息产生信用风险的问题。而陆金所平台是由客服人员通过电话的方式对借款人信用进行初步审核,通过后平台通知借款人到指定的线下网点提交审核材料,后由担保公司对借款人进行审核和调查,这种由担保机构线下审核借款人的方式也会产生信用风险。主要表现为:(1)借款人为了获得借款提供虚假资料蒙蔽担保公司或借款人贿赂担保公司,双方合谋将失真信息反馈至平台;(2)尽管担保公司委托第三方收集的信息较全面,但如果第三方包庇借款人、反馈的信息不全面,也会引起信用风险。①

2. 资金监管风险

投资者通过网贷平台的介绍将钱款借给借款人,一旦出现借款人未及时还款且投资者催收未果的情况,投资者往往会将索款目标转向平台,但客观而言平台对借出资金的真实使用情况是否符合合同规定及借款人是否能按时还款是很难准确把握的。另外,投资资金在由第三方支付机构划转给借款人至借款人归还资金期间,借款人未自觉向平台和投资者及时反馈资金使用范围是否符合合同规定、是否能及时还款的情况,也会引起资金监管风险。此外,借贷担保机构是否对借款人的资金使用情况进行了有效的监督,这亦是影响平台经营风险的一个重要因素。

（二）平台次生性刑事风险

P2P 网贷平台的次生性刑事法律风险主要是指一些不法分子将网贷平台作为实施违法犯罪行为的工具,以及平台未及时采取有效措施防范和抑制不法行为的发生而成为不法分子实施犯罪行为的帮凶,从而衍生出以下两种刑事法律风险:一是不法行为人利用网贷平台实施犯罪行为;二是平台自身基于信息网络的特质所面临的拒不履行信息网络安全管理义务罪和帮助信息网络犯罪活动罪。

首先,当下进入网贷平台的资金源繁杂多样,由于其都是通过网络在线支付

---

① 王帆,权军庆.我国 P2P 网贷平台风险管理研究——基于拍拍贷和陆金所的对比分析[J].征信,2017(9).

来完成资金的转移从而大大增加了辨别资金来源合法与否的难度。平台中的资金除了大量来自出借人合法的闲散资金以外,不乏一些灰色资金如从银行获批的大额贷款以及一些不法资金如通过贪污受贿、贩毒、赌博等违法犯罪行为所获取的资金涌入其中,使得网贷平台沦为犯罪分子洗钱的工具。另外,一些网贷平台设立者的初衷并不是以提供中介服务而赚取利润为目的而是设立平台之初就是为了将平台作为犯罪工具实施盗窃、诈骗等不法行为,一旦平台募集到大量资金就直接卷款跑路,致使投资者血本无归。

其次,《刑法修正案(九)》中增加了对网络服务提供者的规制,对于 P2P 网贷平台经营者而言也自然被赋予了相应的法律义务。现行《刑法》第二百八十六条规定了网络服务提供者拒不履行信息网络安全管理义务罪。详言之,即网络服务提供者不履行法律、行政法规规定的信息网络安全管理义务,经监管部门责令采取改正措施而拒不改正,情节严重的行为。根据《网络借贷信息中介机构业务活动管理暂行办法》第十一条的规定:参与网络借贷的出借人与借款人应当为网络借贷信息中介机构核实的实名注册用户。这一规定在明确平台核实借贷双方信息的基础上亦使得网贷平台成为大量公民信息的掌控者,使得平台负有保护公民个人信息不被泄露的义务,如若平台经营者"监守自盗"将平台收集的公民个人信息予以出卖营利或进行其他不法活动,经监管部门责令改正而拒不改正的,就会面临拒不履行信息网络安全管理义务罪刑事法律风险。

帮助信息网络犯罪活动罪是指自然人或者单位明知他人利用信息网络实施犯罪,为其犯罪提供互联网接入、服务器托管、网络存储、通信传输等技术支持,或者提供广告推广、支付结算等帮助,情节严重的行为。[①] 以网络洗钱为例,一方面,如果行为人只是单纯将网络平台作为洗钱的工具,平台经营者对其行为并不知情,那么这种情况只能认定为传统金融犯罪的网络化,不属于互联网金融领域的犯罪,也不涉及网贷平台的责任,按刑法中洗钱罪的规定对行为人定罪处刑即可;另一方面,如果平台经营者明知他人是利用其平台进行洗钱活动而为其提供资金账户、转账结算或帮助其将资金转移至境外,情节严重的,将会涉嫌帮助信息网络犯罪活动罪。

(三)平台异化后的刑事风险

如前所述,当下的一些借贷平台已由传统的信息中介即主要是提供借贷双

---

① 张明楷.刑法学(下)[M].5 版.北京:法律出版社,2016:1051.

方的交流平台、撮合双方借贷交易的完成等纯中介模式化的运作越来越向提供担保机制、归集资金池等方面发展,伴随着平台经营者对集资款肆意挥霍,投资其他高风险业务的不当行为,使这些新的运作模式下的 P2P 网贷平台面临着诸如非法吸收公众存款罪、集资诈骗罪等刑事法律风险。

1. 涉非法吸收公众存款罪的刑事风险

首先,根据我国《刑法》第一百七十六条规定:非法吸收公众存款或者变相吸收公众存款,扰乱金融秩序的行为构成非法吸收公众存款罪。P2P 网络借贷平台所涉的非法吸收公众存款罪的法律风险主要表现在以下两个方面。

一是主体不合格。在 2010 年 12 月 13 日最高人民法院公布的《关于审理非法集资刑事案件具体应用法律若干问题的解释》(以下简称《集资案件解释》)中亦有规定,即未经有关部门依法批准或者借用合法经营的形式吸收资金的行为是非法的。在表 1 所列的几个案件中这些网贷平台绝大部分都是没有经过行政审批而私自设立的。这一点契合了非法吸收公众存款罪的规定。

二是行为方式、内容不合法。在表 1 的案例中所有明文宣传出来的利息均远远超出了央行规定的存贷款利率,即这些平台存在承诺虚假高息的不当行为,另外发布虚假投资标的、借贷交易电子回单造假等现象亦使网贷平台的信誉蒙上了阴影。例如,在宋后荣非法吸收公众存款案中,在网贷之家对其所设立的"诚宜创投"网贷平台进行考察的过程中发现,网贷之家所拍摄到的打印版电子回单,与工商银行电子回单查询系统中查询得到的电子回单信息金额一项存在出入。工行得到打款金额为 50 元,而诚宜创投造假的电子回单打印版金额为500 万元。①

其次,《集资案件解释》中对非法吸收公众存款罪的构成除了非法性之外还规定了公开性,即通过媒体、推介会、传单、手机短信等途径向社会公开宣传;利益性,即承诺在一定期限内以货币、实物、股权等方式还本付息或者给付回报;广延性,即向社会不特定对象吸收资金。另外,在 2014 年 4 月 21 日银监会牵头启动了对 P2P 网贷的监管,对其经营行为划定了四条红线,即"一是明确平台的中介性质,二是平台本身不得提供担保,三是不得归集资金搞资金池运作,四是不得非法吸收公众资金"。

对当下 P2P 网贷平台的经营业务行为与法律法规的规定进行对比,可以明

---

① 铜掌柜网站[EB/OL].[2016-03-02].http://www.tzg.cn/xuexi-cychuangtou/25767.html.

晰其法律风险的具体体现。第一,互联网本身作为一种新兴的传媒工具,向社会公开宣传的能力是与生俱来的,因此与上述司法解释中规定的公开性不谋而合;第二,P2P网络借贷本身是有利息回报的,且在实际操作中还会高于同期银行的利率,以此来吸引大众的投资,这也就符合了上述解释中的利益性;第三,P2P网贷的受众广泛,面对的是不特定的多数人,因此也具有广延性。相较之下我们会发现P2P网络借贷平台是否构成非法吸收公众存款罪的关键就在于是否经有关部门依法批准。

2.涉集资诈骗罪的刑事风险

集资诈骗罪是指以非法占有为目的,使用诈骗方法非法集资,数额较大的行为。① 集资诈骗罪与非法吸收公众存款罪都是非法集资的行为,但两个罪名之间有两点最重要的区别:一是行为方式不同,即集资诈骗罪要求以欺诈的方法来骗取集资款,例如,行为人采取虚构集资用途,以虚假的证明文件、高回报率作为诱饵来骗取集资款;二是集资诈骗罪要求行为人具有非法占有集资款的目的。

根据《集资案件解释》第四条的规定,以下几种情形可以认定为具有"非法占有的目的":一是集资后不用于生产经营活动或者用于生产经营活动的资金与筹集资金规模明显不成比例,致使集资款不能返还的;二是肆意挥霍集资款,致使集资款不能返还的;三是携带集资款逃匿的;四是将集资款用于违法犯罪活动的;五是抽逃、转移资金、隐匿财产,逃避返还资金的;六是隐匿、销毁账目,或者搞假破产、假倒闭,逃避返还资金的;七是拒不交代资金去向,逃避返还资金的。例如前述表1中的缪忠应、王永光集资诈骗案中行为人将集资款用于投资期货、炒股等高风险项目,资金链断裂后就卷款而逃;叶小军集资诈骗案中行为人更是直接将集资款用来进行赌博等非法活动。对于上述两个案件而言,行为人非法占有集资款的目的可谓十分明显。

当下P2P网络借贷模式中的借款人和平台都有可能成为集资诈骗的犯罪主体。一是一些不良的借款人在P2P网络借贷平台上以虚拟的项目或者使用虚假的身份信息,向不特定多数人发出借款邀请,在骗取借款后卷款而逃,从而达到非法占有出借人钱款的目的;二是对于P2P网络借贷平台而言,个别的网络借贷平台经营者,发布虚假的高利回报信息,更有甚者发布"天标""秒标"来吸引出借人向其平台投资,利息无法兑付时就使用借新贷还旧贷、拆东墙补西墙的方法进

---

① 张明楷.刑法学(下)[M].5版.北京:法律出版社,2016:796.

行资金运作,骗取资金后卷款跑路,致使出借人的款项血本无归。例如,2014 年 1 月中旬,杭州国临创投、深圳中贷信创、上海锋逸信投等三家 P2P 网上借贷平台几乎同时倒闭。上述三家平台公司的实际控制人郑某卷款一亿多元逃往香港后便不知去向,造成大量投资人无法提现。[①]

四、P2P 网贷集资行为之规制路径分析

以互联网信息技术为载体的 P2P 网贷平台受众广,涉及民事、行政、刑事等各种法律关系。对网贷平台的监管与规制亦是一项繁杂的系统工程,单靠某一个部门法发力进行规制,很难达到理想的效果。基于此,笔者认为对 P2P 网贷平台的规制应形成一个全面立体的监管网络,首先需要平台本身加强自律监管,其次需要行政法规进行规范,最后对于涉罪的平台则需要动用刑法手段加以规制。如此一来才能形成一个平台自律,行政监管,刑法最后把关的完备的阶梯式监管体系。

(一)平台自律监管

P2P 网贷平台作为经营者只有先做好自律监管,合法合规地经营,才能在激烈的行业竞争中立于不败之地。对于平台来说做好信息审查与披露、设立风险备用金以及建立资金隔离制度是加强平台自律监管的可行举措。

1.做好信息审查与披露

P2P 网贷具有受众多、资金流转迅速等特点,对借贷双方的资质、信用进行审查以及对自身运营情况进行及时披露显得尤为重要。首先,当下多数平台是通过网上社交平台、购物消费情况、线下电话询问等方式来收集信息用于判断借贷双方的信用,这样的缺陷是不够全面且真实性难以保证。基于此,P2P 网贷行业可尝试制定行业内的信用等级标准,建立信用评分体系,科学、系统地甄别和跟踪信息,并逐步与银行业的征信系统对接,实现信息共享。另外,网贷平台之间也可以广泛地开展合作,互通有无及时进行信息交换,建立行业内的"黑名单"制度,对具有不良信息记录和逾期不还款的客户进行重点标注和风险提示。其次,平台要及时向受众披露自身的管理和运营信息,及时向投资者提供融资信

① 21 世纪网. 三家 P2P 平台倒闭 老板卷款上亿元疑跑路[EB/OL]. [2017-11-12]. http://sn. ifeng. com/caijing/cyjj/business/detail_2014_01/21/1764188_0. shtml.

息、揭示投资风险,并确保所提供信息的真实性和有效性。①

2.设立风险备用金

风险备用金主要来源于平台撮合借贷双方成交所获得的收益,即平台从每笔借款交易中收取的一定比例的服务费。平台建立专门的风险备用金账户来管理这部分资金,同时制定赔付规则,对符合规则的投资行为遭受的损失进行赔付。

以人人贷制定的赔付规则为例。首先,平台在每笔借款成交时,提取一定比例的金额放入"风险备用金账户"。当理财人投资的借款出现严重逾期时(即逾期超过 30 天),人人贷平台将根据"风险备用金账户使用规则"通过"风险备用金账户"向理财人垫付此笔借款的剩余出借本金或本息。其次,风险备用金赔付时遵照规定的时间顺序,先偿付发生在先的债权。再次,当风险备用金当期余额不足以支付当期所有应享受该账户的理财人所对应的逾期赔付金额时,则按照一定的比例赔付当期应赔付的投资人。最后,人人贷还明确了"有限偿付规则",即"风险备用金账户"资金对理财人(债权人)逾期应收赔付的偿付以该账户的资金总额为限。当该账户余额为零时,自动停止对理财人逾期应收赔付金额的偿付,直到该账户获得新的风险备用金。②

3.建立资金隔离制度

根据《集资案件解释》的规定,P2P 网贷平台是不允许归集资金池的,所以如果能建立起平台与资金的隔离制度,就能有效避免平台直接接触资金,避免形成资金池从而降低非法吸收公众存款罪等刑事法律风险。建立资金隔离制度有两条路径:第一条路径是将平台排除在资金流转路径之外,从根本上杜绝平台经手客户资金。即借贷双方都无须向平台账户充值,完全实现借贷双方之间的资金直接流转。第二条路径是平台依旧为借贷双方代收代付借款,但其接受资金的账户必须进行托管。可行的主要有两个,即第三方机构托管和银行托管。

举例来说,2013 年年初第三方支付机构汇付天下针对 P2P 网贷平台的资金建立了国内首个专门性的托管体系。汇付天下 P2P 账户系统托管,是汇付天下为 P2P 行业量身定制的账户系统与支付服务系统。一方面为 P2P 平台开发定制

---

① 贾希凌,马秋萍.P2P 网贷平台的主要风险及防范策略[J].上海商学院学报,2014(2).

② 人人贷.本金保障计划[EB/OL].[2017-11-13].https://www.renrendai.com/help/security/security! detail.action? flag=bjbz.

账户系统,提供系统外包运营服务;另一方面为 P2P 平台提供支付和结算服务,帮助平台和用户实现充值、取现、资金划拨等操作。同时,保障用户资金由银行全程监管,投资人资金划入虚拟账户后,纳入汇付客户备付金管理体系。这一模式既满足了 P2P 平台为其客户提供各类基于投融资交易的支付服务需求,又确保了交易资金全程由银行监管,使得平台无法触碰资金,避免了资金池风险。截至 2016 年 1 月,汇付天下已与超 900 家 P2P 平台达成合作。①

(二)行政手段监管

采取行政手段对 P2P 网贷平台进行监管可以说涉及平台从设立到注销的整个过程,但从我国当前网贷平台的经营情况来看,把控好平台的准入门槛和疏通平台的退出机制是两条可行的路径。

1.把控平台准入门槛

"人"和"钱"可谓是 P2P 网贷平台设立和经营的两个最关键的因素,因此在准入门槛的设置上对平台注册资本限额和对平台管理者资质的审查显得尤为重要。

首先,P2P 网贷平台作为金融平台,注册资金是其最重要的组成部分。但 2014 年 3 月 1 日开始实施的《公司法》取消了一般公司的最低注册资本限制。即使是在该规定生效之前,有限责任公司的注册资本也只需 3 万元。这就使得某些 P2P 网贷平台不需任何注册资本或仅需投入几万元的成本,建立或者购买空壳网站就能开始上线运营。② 但实际上,P2P 网贷平台的后续运营成本,包括为了提高安全技术水平而投入的安全保障资金等,这部分资金可能要远高于最初设立网站的费用。因此,在 P2P 网贷平台的市场准入规则中设立相应的注册资本起点限额可以有效防止先天不足、实力欠佳的网贷平台在成立后至成功运营前因平台后续经营资金供给不足而导致平台倒闭。

其次,P2P 网贷平台的经营管理专业性较强,且由于其会涉及大量资金的流动周转问题,对高管人员的道德品质亦有较高的要求。可以说高管的专业性资质和道德素养是决定平台后续能否长久健康运行的两个关键因素。从当下网贷行业中一些停业破产的平台来看,要么是因为管理者能力不足对经营风险认识

---

① 凤凰网.汇付天下合作 P2P 平台超 900 家[EB/OL].[2017-11-13].http://news.ifeng.com/a/20160118/47111290_0.shtml.

② 吴思琼.P2P 网络借贷平台准入门槛研究[J].经济管理者,2014(34).

不到位,要么是因为管理者见钱眼开将投资者的资金卷款跑路。面对频发的这种现象,行政管理部门在进行审批时要力求做到细致深入,对经营者的专业资质和以往的信用状况进行重点审查。

2. 疏通平台退出机制

P2P网贷平台毕竟是新兴事物,因经营管理不善而倒闭的平台不在少数。一些没有形成资金池的平台可能因后续运营资金短缺而倒闭,这主要包括两种情形。一是纯中介性质完全不经手客户资金的平台的退出相对简单,只需注销行政许可登记即可。二是基于纯中介性质并已经与第三方建立起资金托管业务的平台,其退出涉及的关系较为复杂。这种情形下当平台已经面临破产风险时,行政监管部门就必须介入,责令平台不得撮合新的借贷,已有的借贷按原有的借贷合同,由第三方托管机构或银行将平台上所有借贷清偿完毕后再为其办理注销手续。对于已经形成了资金池而后破产的平台究其原因主要有两个:一是经营者挪用客户资金投资高风险业务或从事违法犯罪活动导致平台资金链断裂而破产;二是平台经营者直接将平台上所吸存的客户资金卷款跑路,致使大批投资者诉求无门,这种情况下对投资者利益的损害是最大的。因此不管是网贷平台正常的停业主动退出还是因违法违规而被迫退出,疏通平台的退出机制来切实保障投资者的利益都是非常必要的。

(三)刑事法律规制

金融行业的发展需要一定的自由和创新,而自由和创新则是金融行业赖以生存的基础。如果刑法过度地介入金融领域则会挤压金融行业的自由生存空间,扼杀金融行业的创新成果,不利于金融行业的发展。[①] 对于P2P网贷行业来说,其发展有着如前述的有利于中小企业及个人融资、有助于我国金融领域征信体系建设、有助于传统金融体系改革等创新之处。所以,刑法在介入P2P网贷时应十分谨慎,避免操之过急、操之过重而影响到整个互联网金融生态的健康发展。

1. 坚持二次违法性原则

根据二次违法性原则,社会越轨行为体系存在一种严格的责任位阶关系。刑法是保证各种法律规范得以贯彻执行的最后一道屏障,始终处于保障法的地位。某种行为如果能用其他部门法调整,就不能动用刑法。如果一个行为未违

① 刘宪权,金华捷.论互联网金融的行政监管与刑法规制[J].法学,2014(6).

反其他部门法,就根本谈不上犯罪。也就是说,处罚互联网金融犯罪的前提是行为人的犯罪行为已经明确违反了民法、行政法等前置性法律的规定,并且超出了前置法规定的违法程度,必须由刑法来进行调整,达到一种"出于他法而入刑法"的效果。因此,对 P2P 网贷集资行为所涉最多的非法吸收公众存款罪和集资诈骗罪的处罚往往存在一个二次违法的过程。

具体而言,坚持二次违法性原则,一方面,要对违反民事、行政法律法规构成犯罪的行为,坚决予以刑事打击;另一方面,刑法介入只能在行为人既违反其他部门法又违反刑法,即存在二次违法的情况下才能进行,只有在其他法律的保护不充分时,才能允许刑法进行保护。因此,对于一个行为在未做出行政违法认定之前,刑法不能介入。正如日本著名刑法学家大冢仁所说:"只有在其他法律的保护不充分时,才能允许刑法进行法益保护,这样的关系叫作刑法的第二次性质或者补充性质,刑法的适用必须慎重并且谦虚。"[①]

根据 2011 年 8 月 18 日最高人民法院发布的《关于非法集资刑事案件性质认定问题的通知》第一条、第二条的规定,行政部门对于非法集资的性质认定,不是非法集资案件进入刑事程序的必经程序。行政部门未对非法集资做出性质认定的,不影响非法集资刑事案件的审判。人民法院应当依照刑法和最高人民法院《集资案件解释》等有关规定进行案件事实性质和是否构成犯罪的认定。有学者认为这一规定是对金融刑法二次违法性原则的冲击。笔者认为这两个法律文件解决的是非法集资行为行政违法与刑事违法的认定程序问题,而不是解决非法集资行为认定是否需要有行政违法的问题。规定非法集资的性质认定可以不经过行政认定程序,并非说明非法集资行为不需要有行政违法性。

举一个常见的例子来说,交通肇事罪与一般违章行为的区分,是以正确区分刑法上的责任与交通行政管理上的责任为前提。《道路交通安全法实施条例》第九十二条规定:"发生交通事故后当事人逃逸的,逃逸的当事人承担全部责任。"这里的责任是行政责任,司法机关不能据此认定行为人构成交通肇事罪。[②] 换言之,如果行为人的行为仅违反《道路交通安全法实施条例》的规定,则应据此先认定其行政责任,只有在行为人的行为已经超出了《道路交通安全法实施条例》的规定而具有刑事违法性时才能根据刑法的规定认定行为人的刑事责任。

① ［日］大冢仁.刑法概说(总论)[M].3 版.北京:中国人民大学出版社,2009:25.
② 张明楷.刑法学(下)[M].5 版.北京:法律出版社,2016:720—721.

2.坚持比例原则

比例原则在立法、司法与执法过程中对国家的公权力与公民的基本权利之间的边界划分上起着指导与制约作用,并依据其自身的适当性、必要性与均衡性来判断公权力运行是否合法、合理。在这一概念界定之下,比例原则把平衡性作为目的,从而延伸出了适当性、必要性与法益均衡性等下位原则。其中,适当性是欲达成的目的与实现目的所采用手段之间的对称关系;必要性是指在存在多种实现目的的手段中,以什么标准来选择的问题;而法益均衡性则表明,当国家公共利益和公民个人自由发生冲突之时,应如何权衡的问题。[1]

基于对P2P网贷平台集资行为刑法介入比例原则的审视,应从以下维度来把握。首先,需考察刑法介入网贷平台的必要性,在多种能达到规制平台集资行为的手段中,选择一个侵害最小、最温和的手段,如果其他手段可以达到规制目的,则不必用更强硬的手段,即所谓"杀鸡焉用牛刀"。例如,对于一些虽然形成了资金池,进行了资金运作,但没有对投资者的资金造成损失的平台,完全可以通过行政手段来加以规制而无须动用刑法。其次,需考察刑法介入P2P网贷集资行为是否过度。基于前述当下P2P网贷平台的经营行为与非法吸收公众存款罪的构成要件存在高度的契合,该罪就像是悬在P2P网贷平台头上的"达摩克利斯之剑",稍不注意就有可能面临违法犯罪的风险。正是刑法的介入处于这种太容易入罪的尴尬境地,所以适当提高入罪门槛、限缩犯罪圈,使刑法的规制范围控制在合理的限度范围内,是当前面对P2P网贷平台的集资行为所亟须解决的问题。

3.适当限缩犯罪圈

黄金分割点原理说明对事物的介入保持合理的限度才会展现出完美的局面。为了在打击P2P网贷平台的非法集资行为时,既能起到打击犯罪又不扼杀金融创新的效果,在入罪时应非常慎重,笔者认为对于P2P网贷平台集资行为所涉较多的非法吸收公众存款罪和集资诈骗罪而言,首先,要明确、统一各罪的入罪标准,以免造成认定时的肆意;其次,应当对两罪名的构成要件进行实质性的解释,适当限缩犯罪圈。

(1)对非法吸收公众存款罪的限缩适用

第一,统一入罪标准。在对非法吸收公众存款罪的认定上"两高"的司法解释所确定的标准不一,这不仅不利于立法上的统一,也不利于司法上的认定。最

① 姜涛.追寻理性的罪刑模式:把比例原则植入刑法理论[J].法律科学,2013(1).

高人民检察院、公安部《关于公安机关管辖的刑事案件立案追诉标准的规定（二）》（公通字〔2010〕23 号）中规定，个人非法吸收或者变相吸收公众存款 30 户以上的，单位非法吸收或者变相吸收公众存款 150 户以上的应予立案追诉刑事责任。而最高人民法院在《集资案件解释》中规定的是：个人非法吸收或者变相吸收公众存款对象 30 人以上的，单位非法吸收或者变相吸收公众存款对象 150 人以上的应当依法追究刑事责任。众所周知"户"与"人"是两个截然不同的概念。因此，"两高"应对该罪的认罪标准进行统一规定，否则不仅有损法律的权威，也会导致司法实践中在罪的认定上的主观臆断。

第二，对"集资款用途"的合理界定。对 P2P 网贷平台吸收公众存款用于货币、资本经营以外的正当的生产、经营活动是否以非法吸收公众存款罪定罪处罚的问题，笔者持否定的观点。刑法设立非法吸收公众存款罪的目的在于规制以经营资本、货币为目的的间接融资行为，因此对于集资后用于合法的商业、生产经营的行为应排除在该罪之外。因此，笔者建议从集资的用途方面对非法吸收公众存款罪进行限定，对集资款用途的非法性进行实质性的解释。国家制定法律禁止非商业银行组织、个人从事只有商业银行才能从事的放贷款业务就是为了维护现存的金融管理秩序。只有当行为人将集资款用于从事资本和货币经营时，才可能扰乱金融管理秩序；而当其将集资款用于合法的商业、生产运营时，则不会对金融管理秩序造成损害。对此，《集资案件解释》采取的亦是出罪的观点，其第三条规定：非法吸收或者变相吸收公众存款，主要用于正常的生产经营活动，能够及时清退所吸收资金，可以免予刑事处罚；情节显著轻微的，不作为犯罪处理。

另外，从国家允许民间借贷的事实也不难看出，法律并非禁止公民和企业集资，而是禁止公民和企业未经批准从事金融业务，即像金融机构那样用吸收的资金从事资本和货币经营。而能够用吸收的资金从事资本和货币经营业务正是金融业与其他行业的主要区别所在。由此可见，只有将集资款用于以经营资本和货币为目的的间接融资行为才侵犯了国家金融秩序。因此，行为人将非法集资款用于发放贷款以外的合法商业、生产运营，而并未进行资本、货币经营，即使未经银行管理机构批准，也不应该认定其行为构成非法吸收公众存款罪。

（2）对集资诈骗罪的限缩适用

对集资诈骗罪的限缩适用焦点在于对行为人"非法占有目的"的实质性认定上。目前学界对"非法占有"目的的认定说法不一，具有代表性的几种观点有：

一是白建军教授的"三点一线法"，即结合行为人申请贷款的还款能力、贷款使用过程中是否积极创造还款能力、贷款逾期后行为人是否具有恶意拒绝还款的事实以及在整个过程中行为人是否一直以真实身份出现等客观情形来判断的一种方法。①

二是刘宪权教授的"主客观结合法",是指对集资款"无法返还"的原因应做主客观分析,如果是客观原因如扩大再生产而投入大量资金导致暂时集资款无法收回成本或因经营管理不善而破产导致的"无法返还",就不应认定为"非法占有"目的,如果是基于肆意挥霍、携款潜逃等主观原因造成的,应认定为"非法占有"目的。②

三是高铭暄教授等的"综合排除法",是指在认定主观心理态度时,必须立足于其实施的具体客观行为,并综合各种犯罪事实,运用严谨的逻辑论证来排除其他的可能性,即达到相应的证明程度才可以认定存在非法占有的目的。③

针对 P2P 网贷平台经营者所涉的集资诈骗罪中非法占有目的的认定,笔者赞同刘宪权教授的观点。理由如下。

首先,对行为人是否具有主观上的非法占有目的的认定上坚持主客观相一致的原则,既要避免单纯根据损失结果客观归罪,也要避免仅凭被告人自己的供述定罪,而要结合全案的事实具体案件具体分析。

其次,在处理具体案件时要注意以下两点:一是不能仅凭较大数额的非法集资款不能返还的结果,推定行为人具有非法占有的目的;二是行为人将大部分资金用于投资或生产经营活动,而将少量资金用于个人消费或挥霍的,不应仅以此便认定行为人具有非法占有的目的。在表 1 的宋义民非法吸收公众存款案中,行为人非法吸收公众资金达 82476 万元,投资者更是高达一万余人。但是,在该案中作为网贷平台经营者的宋某将所有的资金都清退完结,并没有造成投资者资金的损失,法院最后认定行为人构成的是非法吸收公众存款罪而非集资诈骗罪,即法院认为在这种情况下行为人对集资款是不具有非法占有的目的的。

最后,《集资案件解释》第三条从行为人客观方面出发,规定非法吸收或者变相吸收公众存款,主要用于正常的生产经营活动,能够及时清退所吸收资金,可以免予刑事处罚;情节显著轻微的,不作为犯罪处理来进行出罪的规定,亦是将主客观相结合进行实质上的认定从而适当限缩集资诈骗罪适用的例证。

① 白建军.贷款诈骗罪[J].金融法苑,1999(4).
② 刘宪权.刑法严惩非法集资行为之反思[J].法商研究,2012(4).
③ 高铭暄,孙道萃.论诈骗犯罪主观目的的认定[J].法治研究,2012(2).

电商领域牟利性维权刑法规制路径探究

胡　军　韩　笑　梅哲宾*

一、牟利性维权的概念及其在电商领域的存在现况

(一)牟利性维权的概念界定

最高人民法院办公厅于 2017 年 5 月 19 日就十二届全国人大五次会议第 599 号建议发表答复意见(以下简称《答复意见》),首次提到了"牟利性打假"这一概念,指出"将根据实际情况,积极考虑阳国秀等代表提出的建议,适时借助司法解释、指导性案例等形式,逐步遏制职业打假人的牟利性打假行为"。根据《答复意见》的描述,"牟利性打假"这一概念与职业打假人这一群体是密不可分的,指职业打假人为了实现其牟利目的针对商家售假行为向商家索要惩罚性赔偿的行为。笔者为了更好地概括电商领域职业打假人的行为,针对电商领域职业打假人的牟利不再只限于商家的售假行为这一现状,根据"牟利性打假"概念尝试性地提出"牟利性维权"这一概念,笔者认为"牟利性维权"是指以消费者名义购买商品后,利用相关法律的惩罚性赔偿条款向商家索赔的行为。

(二)消费领域的惩罚性赔偿条款的历史沿革及电商领域牟利性维权的存在现况

牟利性维权的牟利依据是有关惩罚性赔偿的相关法律或法规规定。关于惩罚性赔偿,我国在 1993 年 10 月 31 日颁布的《消费者权益保护法》第四十九条中,

---

　　* 胡军,杭州市余杭区人民检察院副检察长;韩笑,杭州市余杭区人民检察院技术科科长;梅哲宾,杭州市余杭区人民检察院公诉二部检察官助理。

首次进行了规定①;2003 年 4 月 28 日,最高人民法院发布了《关于审理商品房买卖合同纠纷案件适用法律若干问题的解释》,就在商品房买卖合同领域的恶意违约等行为做出了惩罚性赔偿的规定(第八条、第九条);2009 年 2 月 28 日颁布的《食品安全法》第九十六条中,进一步对食品安全消费领域的惩罚性赔偿进行了规定;2009 年 12 月 26 日颁布的《侵权责任法》第四十七条,首次就"惩罚性赔偿"这一概念的表述,以法律条文的方式予以明确;2013 年 10 月 25 日,全国人大常委会对《消费者权益保护法》中涉及惩罚性赔偿的条款进行了修改,将惩罚性赔偿额从一倍调增为三倍,同时设定 500 元是惩罚性赔偿款的保底数额②;2015 年 4 月 24 日,修订后的《食品安全法》在第一百四十八条中也规定了惩罚性赔偿额为价款的十倍或者损失的三倍,并同时设定 1000 元是食品安全领域惩罚性赔偿款的保底数额。

尽管用于索要惩罚性赔偿款的法律依据越来越多,覆盖范围越来越广,但根据笔者调研的情况,发生在电商领域的牟利性维权,绝大多数还是牟利性维权人以网络商家存在欺诈行为或销售明知是不符合食品安全标准的食品为由,依据《消费者权益保护法》《食品安全法》中的相关条款索要惩罚性赔偿金;几乎不存在牟利性维权人以遭受人身、财产或其他损害为由索要惩罚性赔偿金的牟利性维权方式,以受到人身、财产损害作为维权理由也不符合牟利性维权人的牟利逻辑。值得注意的是,随着新《广告法》的出台,以商家网店的销售页面中的广告存在"虚假或者引人误解的内容"(俗称"极限词")而索要惩罚性赔偿金的牟利性维权也为数不少。此外,因销售假冒注册商标的商品等售假行为在网络电商领域仍大量存在,以商家售假而索要惩罚性赔偿金的牟利性维权也屡见不鲜。但笔者认为,不论是利用广告"极限词"还是利用商家的售假行为索要惩罚性赔偿,其本质上依据的法律还是《消费者权益保护法》第五十五条第一款中涉及经营者欺诈行为的惩罚性赔偿条款(将在下文以利用《广告法》实施牟利性维权的案件为

---

① 1993 年《消费者权益保护法》第四十九条:经营者提供商品或者服务有欺诈行为的,应当按照消费者的要求增加赔偿其受到的损失,增加赔偿的金额为消费者购买商品的价款或者接受服务费用的一倍。

② 《消费者权益保护法》第五十五条:经营者提供商品或者服务有欺诈行为的,应当按照消费者的要求增加赔偿其受到的损失,增加赔偿的金额为消费者购买商品的价款或者接受服务的费用的三倍;增加赔偿的金额不足五百元的,为五百元。法律另有规定的,依照其规定。经营者明知商品或者服务存在缺陷,仍然向消费者提供,造成消费者或者其他受害人死亡或者健康严重损害的,受害人有权要求经营者依照本法第四十九条、第五十一条等法律规定赔偿损失,并有权要求所受损失二倍以下的惩罚性赔偿。

例,进行详述)。

二、牟利性维权的权利来源

本文主要探讨依据《消费者权益保护法》第五十五条第一款进行的牟利性维权,即牟利性维权人以经营人存在欺诈行为索要惩罚性赔偿款的行为。笔者认为,探讨牟利性维权法律规制路径的前提,是探讨牟利性维权的实施机制,也就必须从法律的角度探讨牟利性维权的权利来源。

(一)利用《消费者权益保护法》第五十五条第一款实施牟利性维权的请求权基础是经营者存在欺诈行为

从该法条文本看,首先需要经营者在提供商品或者服务的过程中存在欺诈行为,关于《消费者权益保护法》中的"欺诈行为",笔者认为其具体的表现形式可参照2015年国家工商行政管理总局发布的《侵害消费者权益行为处罚办法》第十六条列举的几种行为进行判断。同时,实践中也有大量依据最高人民法院《关于贯彻执行〈中华人民共和国民法通则〉若干问题的意见(试行)》(以下简称《民通意见》)第六十八条"一方当事人故意告知对方虚假情况,或者故意隐瞒真实情况,诱使对方当事人作出错误意思表示的,可以认定为欺诈行为"这一相对抽象的规定认定欺诈行为的情况。

从上述条文的描述中可以看出,《侵害消费者权益行为处罚办法》规定的欺诈行为的成立条件是存在欺诈故意及欺诈的行为(两要件);而《民通意见》规定的欺诈行为的成立条件不仅包括欺诈的故意、欺诈的行为,还包括被欺诈方的错误认识与欺诈行为之间需存在因果关系,被欺诈方因错误认识而作出意思表示(四要件)。[①] 那么,认定《消费者权益保护法》中"欺诈行为"的成立,具体是参照《侵害消费者权益行为处罚办法》的两要件,还是参照《民通意见》的四要件?笔者认为,还是宜根据《民通意见》所设定的四要件判断该行为是否属于《消费者权益保护法》上的"欺诈行为",理由如下:

(1)《消费者权益保护法》第五十五条第一款调整的法律关系,实质上是民事领域的特殊的买卖合同关系。对于消费者是否应当获得惩罚性赔偿的判断,是民事领域的判断,应当以《民通意见》中关于"欺诈行为"的定义作为判断依据。

---

① 马一德.虚假宣传构成欺诈之认定[J].法律科学,2014(6).

而《侵害消费者权益行为处罚办法》是由国家工商行政管理总局发布的部门规章,是为工商行政管理部门对侵害消费者权益的行为作出行政处罚的一种指引,在民事诉讼领域,法官适用《民通意见》作为判断欺诈行为的依据显然更为合适。

(2)最高人民法院办公厅在《答复意见》中也明确提出:"在普通消费产品领域,消费者获得惩罚性赔偿的前提是经营者的欺诈行为。民法上的欺诈,按照《民法通则意见》第六十八条的解释,应为经营者故意告知虚假情况或故意隐瞒真实情况,使消费者做出了错误意思表示。而对知假买假人而言,不存在其主观上受到欺诈的情形。"根据最高院的上述归纳,可以看出,最高院在对消费领域的欺诈行为,即《消费者权益保护法》中欺诈行为进行分析时,将其视同《民通意见》中的欺诈行为。

笔者认为,购买者知假买假,经营者并不构成《消费者权益保护法》中的欺诈行为,但我们仍应非常注意,目前《侵害消费者权益行为处罚办法》与《民通意见》有关欺诈行为的认定标准也存在一定的冲突,容易导致实践中处理涉欺诈消费者案件时依据迷失,经营者欺诈行为的认定标准在理论界缺少统一意见,在现行法律法规上缺少统一尺度,导致在相关消费争议中,牟利性维权人获得惩罚性赔偿极其容易,也导致牟利性维权是否合法之辩持续至今。

(二)利用《消费者权益保护法》第五十五条第一款实施牟利性维权的必要条件是实施了"受《消费者权益保护法》保护的消费者行为"

关于何为《消费者权益保护法》中的"消费者",目前尚无相关法律法规予以明确规定,仅在《消费者权益保护法》第二条中有所涉及:"消费者为生活消费需要购买、使用商品或者接受服务,其权益受本法保护;本法未作规定的,受其他有关法律、法规保护。"这一法条并未直接明确"消费者"的概念,也未写明不是为了生活消费需要,例如,以营利为目的而购买商品的购买者是否受《消费者权益保护法》保护?[①] 那么对于未写明的购买行为,例如为了索要惩罚性赔偿金而知假买假的行为,是否受法律保护? 关于这个问题的争论,从《消费者权益保护法》诞

---

① 2016 年 8 月 5 日公布的《中华人民共和国消费者权益保护法实施条例(征求意见稿)》中,写明了以营利为目的而购买、使用商品或者接受服务的行为不适用该条例,但该《实施条例》截至笔者完稿之日,仍未生效实施。

生的那天就开始了,可能还将继续持续下去。① 笔者认为,在现行《消费者权益保护法》尚未以排除性规则规定并列举不受法律保护的购买行为的情况下,可认定前述其他购买行为,例如,为索要惩罚性赔偿金的知假买假行为受法律保护,原因在于现代消费者的消费目的往往五花八门,例如,金融产品消费者购买理财产品的目的是为了自身财产的保值增值,甚至其他产品的消费者,包括但不限于房产、邮票、红木家具的消费者的消费目的均可能不是为了生活消费需要。若对《消费者权益保护法》第二条做封闭式的理解,认为消费者不为生活消费需要而购买的行为均不受《消费者权益保护法》的保护,不利于全面保护消费者的合法权益,而一旦对上述法条做开放式的理解,则需要认为消费者基于其他消费目的的购买行为也受保护,除非法律做出排除性的规则确定不受保护的购买行为。

(三)利用《消费者权益保护法》第五十五条第一款实施牟利性维权索要惩罚性赔偿款的计算依据是购买的价款

实践中,关于该条款中的"损失"二字如何理解?是否需要消费者在遭受了实际的人身、财产等损失后,方能依据该条款向经营者索要惩罚性赔偿?笔者认为,此处的"损失"二字,应适当有别于民法或侵权责任法中的损失,从《消费者权益保护法》第五十五条第二款规定的内容看,根据该条款索要惩罚性赔偿的条件之一是消费者或者其他受害人遭受人身损害,但根据《消费者权益保护法》第五十五条第一款规定的内容,索要惩罚性赔偿的条件并不包含消费者遭受损害,只需要经营者提供的商品或者服务有欺诈行为即可。因此笔者认为,此处的"损失"指的应当是消费者因受到经营者欺诈时所支付的钱款,或者是《消费者权益保护法》规定的消费者知情权被侵害后产生的损失,不需要有民法意义上的实际的人身、财产等损失。另外,即使认为消费者在被欺诈后没有损失,消费者在损失额为零元的基础上要求增加赔偿的做法也和该条款的相关规定并不矛盾,司法实践中的相关判决也并不要求消费者在有实际损失的情况下请求惩罚性赔偿才能胜诉。②

(四)附论:利用《广告法》有关规定实施牟利性维权的请求权来源分析

《广告法》第四条规定"广告不得含有虚假或者引人误解的内容,不得欺骗、

① 有学者认为这个问题的争论焦点在于知假买假人是否属于"消费者",但笔者认为,根据法条的文义,知假买假行为的存在并不直接否定购买人"消费者"的身份,探讨的问题应当是消费者的何种行为属于《消费者权益保护法》应当保护的行为,以及何种行为不属于应当保护的行为。
② 如武汉市洪山区人民法院(2016)鄂 0111 民初 5550 号民事判决书。

误导消费者。广告主应当对广告内容的真实性负责",第九条第三款规定广告不得"使用'国家级''最高级''最佳'等用语",第五十五条第一款规定"违反本法规定,发布虚假广告的,由工商行政管理部门责令停止发布广告,责令广告主在相应范围内消除影响,处广告费用三倍以上五倍以下的罚款,广告费用无法计算或者明显偏低的,处二十万元以上一百万元以下的罚款……"第五十七条规定"有下列行为之一的,由工商行政管理部门责令停止发布广告,对广告主处二十万元以上一百万元以下的罚款……(一)发布有本法第九条、第十条规定的禁止情形的广告的……"根据上述规定,广告主发布虚假广告以及发布使用"国家级""最高级""最佳"等用语的应当受到相应的行政处罚。同样,发布虚假广告在民事上也属于欺诈行为,在民事的消费领域,若消费者被虚假广告欺诈,则可以要求获得惩罚性赔偿。那么,在广告中使用"国家级""最高级""最佳"等用语(俗称"极限词")的行为,民事上如何定性? 笔者发现,在相关民事判决中,均将使用"极限词"的行为认定为欺诈行为,例如(2016)苏 0305 民初 4238 号民事判决书,法院认定被告在其网店销售页面上使用"顶级 K 歌声卡""淘宝销量第一"等宣传用语是虚假、引人误解的宣传,属于欺诈行为。也就是说,牟利性维权人可以利用商家违反《广告法》关于"极限词"的规定要求商家支付惩罚性赔偿款,请求权的来源就是使用"极限词"的行为属于欺诈消费者的行为。当然,关于何种词汇属于《广告法》规定的"国家级""最高级""最佳"类的词语或者是虚假或引人误解的内容,目前尚无相关规范性文件予以确定,法院或者工商行政管理部门在对相关广告用语进行判断时,也多通过行使自由裁量权做出经营者是否存在欺诈行为的判断。

三、电商领域牟利性维权刑法规制的难点

随着网络电子商务的兴起,针对网络电子商务经营者的牟利性维权数量也不可避免地大幅增加了。相比于传统的"王海式"的线下的牟利性维权,针对网络商家,发起的牟利性维权往往规模更大,索要财物的总数额更大,对商家经营的影响也更大。如今,在 QQ 群组搜索界面输入关键词"打假",就可以查到成百上千的以诸如"职业打假货源发布""职业打假交流维权合作"字样为名的群组,通过这些群组,牟利性维权的行为人可以很容易地召集到大量人员对某个网店发起集中的牟利性维权,集体索要惩罚性赔偿款,给网店经营者造成巨大的经济

损失。不可否认的是,网络电子商务经过这几年的快速发展,虽然取得了惊人的成就,但网络售假问题尚未完全解决,网店经营过程中的欺诈问题仍然受到大量消费者的诟病,网络电商领域牟利性维权的出现,在一定程度上为净化网络交易空间、规范网络交易市场起到了积极的作用。但近年来,上述牟利性维权在电商平台愈演愈烈,并呈现出集团化、公司化、跨地域实施的趋势,上述牟利性维权的大量实施,其动机并非为了净化市场,而是利用惩罚性赔偿等法律条款为自身牟利或借机对商家进行敲诈勒索。更有甚者,针对某项商品已经胜诉且获得赔偿,又购买该商品以图再次获利。长此以往,这种行为的存在非但不利于净化网络交易空间、规范网络交易市场,反而会对电子商务的发展造成严重影响。针对上述现状,笔者认为,当前存在探讨牟利性维权法律规制路径的必要性。

从行为模式看,牟利性维权是一种向商家索要财物的行为,若要通过探讨其入刑路径来对其进行法律规制,敲诈勒索罪作为索取类财产犯罪,较为符合牟利性维权的有关特征,实践中,也有类似的行为被判处敲诈勒索罪的案件。[①] 但是即便存在上述判决,实践中对于牟利性维权是否构成犯罪依然存在非常大的争议,笔者将主要探讨相关牟利性维权是否构成敲诈勒索这个罪名。从敲诈勒索罪的构成要件分析,笔者认为目前认定牟利性维权构成敲诈勒索罪主要有以下难点。

(一)合法的惩罚性赔偿索要依据,阻却了认定牟利性维权人具有敲诈勒索目的非法性的认定可能

根据张明楷教授关于非法占有目的中的"非法"的理解:"只要是侵害财产罪所保护的法益的,就可以认定为非法,进而认定行为人的占有目的具有非法性。因此,一般来说,行为人没有占有他人财产的合法依据,或者说没有使他人转移财产给行为人或第三者的合法依据,却具有占有他人财产的目的的,就属于非法占有目的。"[②][③]例如,经营者宣称其销售的系"双面羊绒大衣",若行为人尚未购买

---

①　赵刚,郭瑞.人民法院报:李海峰获刑关键是虚构吃今麦郎患癌[EB/OL].[2017-09-13].http://www.china.com.cn/cppcc/2016-02/04/content_37734437.htm.

②　张明楷.论财产罪的非法占有目的[J].法商研究,2005(5).

③　在本段论证过程中,笔者刻意将"目的的非法性"与"非法占有的目的"区别表述,旨在区分上述两个概念,本段引用张明楷教授关于非法占有目的中"非法"的理解,系因笔者认为该"非法"的理解也可以适用在"目的的非法性"概念的"非法"之中,关于敲诈勒索罪中"目的的非法性"与"非法占有的目的"之间的关系,将在下文详述。

该衣服,便以经营者实际出售的只是羊毛大衣,不是羊绒大衣,经营者销售的衣服与宣传不符,存在欺诈行为为由向经营者索要财物并实行威胁的,虽然经营者确实实施了欺诈行为,但行为人一方面未因经营者的欺诈行为做出错误的意思表示,另一方面未支付相关价款,不具备"消费者"这一索要惩罚性赔偿的主体身份,也就不存在使经营者向自己或第三者转移财产的民法根据或者民法上的权利,也就可以认定行为人的目的具有非法性。但在上例中,若行为人是在买下有关衣服后,以该衣服质地与宣传不符,经营者存在欺诈行为为由向经营者索要惩罚性赔偿金并实行威胁的,由于经营者有欺诈行为,购买人也在购买过程中实际支付了价款,其向经营者索要购买价款三倍或最低五百元的惩罚性赔偿的行为便是具有合法的请求权来源(依据)的。值得注意的是,目前绝大部分的牟利性维权,就是利用商家的欺诈行为知假买假来获得"消费者"的主体身份,继而获得合法的惩罚性赔偿金索要依据,因此也就难以认定实施上述行为的牟利性维权人存在非法的目的。

(二)惩罚性赔偿索取权利的有无之争,增加了认定牟利性维权人存在违法性认识可能性的难度

看到这里,细心的读者一定注意到了笔者的一个矛盾之处。根据笔者的观点,《消费者权益保护法》中,经营者欺诈行为的成立不仅要有欺诈的故意、欺诈的行为,还要有被欺诈方的错误认识与欺诈行为之间有因果关系、被欺诈方因错误认识而做出意思表示(四要件)。根据牟利性维权的基本特征,购买人系在明知经营者存在欺诈行为的情况下实施购买行为的,即购买人并未因经营者的欺诈行为陷入错误认识,也未基于任何错误认识做出购买商品的决定,经营者也就不存在《消费者权益保护法》意义上的欺诈行为——因经营者欺诈行为的不成立,"知假买假"的牟利性维权其实并不具有合法的惩罚性赔偿请求权来源(依据),在民事诉讼过程中,牟利性维权人的惩罚性赔偿请求也不会被支持。

但是认定了牟利性维权人不具有合法的索赔依据,是否就能进一步认定牟利性维权人构成敲诈勒索罪?从部门法的关系看,一个不被民事法律支持的行为,并不必然是刑法意义上的犯罪行为,判断行为是否是犯罪行为,还应当考虑是否符合犯罪的构成要件。敲诈勒索犯罪构成要件中的"以非法占有为目的"是责任要件,"对他人实行威胁(恐吓),索取公私财物"是违法要件。因此在判断行为人是否具有非法占有目的(是否符合责任要件)时,应当判断行为人是否具有违法性认识的可能性(消极的责任要素之一),具体到是否构成敲诈勒索罪的判断时,判断行为人是否具有违法性认识可能性的其中的一个方面就是判断行为人是否知道自己的占有目的是非法的。① 在以往处理普通敲诈勒索案件时,判断行为人是否明知自己具有非法占有目的经常会被忽略,是因为这些案件中行为人对目的财产他人权属的无争议性以及自身威胁(恐吓)手段的非法性有足够的认识,这些认识的存在,可以直接进一步认定行为人具有违法性认识的可能性。例如,明知是他人的财产仍以威胁的手段索取的,只要证明行为人明知自己不能合法取得他人财产,就可以认定行为人意识到自己的目的是违法的,结合其他方面可以继而认定行为人具有非法占有的目的(满足犯罪构成要件中的责任要件)。

但在研究牟利性维权时,正如前文所言,实施知假买假行为后是否存在惩罚性赔偿的请求权目前在理论和实务界均有较大争议:社会上对于知假买假行为既有支持的声音,也有反对的声音,知假买假的牟利性维权也曾获得过相关民事判决的支持。② 因此,知假买假人在实施牟利性维权时,并不一定明知自己不具有惩罚性赔偿的请求权的合法来源——无从通过合法手段索取经营者的财产,知假买假人也就并不一定对自己的牟利性维权存在违法性认识的可能性。有些人在实施牟利性维权时,仍以"打假斗士"自居,将自己视作正义与法律的化身,于是,自我的蒙蔽、道德的默认、部分舆论的支持、现行法律的纵容,导致绝大部分的牟利性维权人无法认识到自己行为的违法性,认为自己的行为不违法,也就不具有违法性认识的可能性。

(三)威胁(恐吓)手段的合法性增加了非法占有目的的认定难度

在无法认定牟利性维权人目的的非法性、无法认定牟利性维权人对自己目的的非法性具有违法性认识的可能性的情况下,是否无法认定牟利性维权人构成敲诈勒索罪?笔者认为,还是应当继续探讨是否存在认定非法占有目的(即责任要素/非难可能性)的可能性。"依据目的与关系理论,对于强制行为之违法性判断,不是单纯地依据强制手段,也不是单纯地依据强制目的,而是应该根据两者之间的关系,从事违法性之判断,若就强暴胁迫之手段与强制目的两者彼此之关系上,可评价为'法律上可非难'者,亦即以强制手段,而达成强制目的之整体

---

① 判断行为人是否具有违法性认识的可能性还应当考虑其他方面,例如还应当考虑行为人是否意识到自己威胁的手段是非法的,关于"手段的非法性"与"非法占有的目的"关系的分析,将在下文详述。

② 虽然目前有部分判决,例如杭州市余杭区人民法院(2016)浙 0110 民初 11857 号民事判决书,在查明购买者知假买假后对其诉请不予支持,但司法界针对知假买假问题尚未形成统一的处理标准。

事实系社会伦理之价值判断上可责难者,则该强制行为即具有违法性。"①可见,判断敲诈勒索罪非法占有目的是否存在,不仅应当考虑目的是否具有非法性,还应当考虑手段是否具有非法性,同时还要考虑行为人是否对目的的非法性、手段的非法性存在违法性认识的可能性。因此,威胁手段是否具有非法性也是认定非法占有目的是否存在的一个重要方面,"例如,行为人从生日蛋糕中吃出苍蝇,以向媒体反映或向法院起诉要挟,要求生产商赔偿的,即使所要求的数额巨大乃至特别巨大,也不成立敲诈勒索罪。因为,行为人的手段和目的均具有正当性,至于赔偿数额,则取决于双方的商谈。但是,如果行为人以加害生产商的生命、身体、财产等相要挟,而且所要求的赔偿数额明显超过了应当赔偿的数额的,由于手段不具有正当性,目的超出了应当赔偿的范围,应以敲诈勒索罪论处"②。笔者认为,在上例中,若行为人所要求的赔偿数额并未明显超过应当赔偿的数额,但以加害生产商的生命、身体、财产等相要挟,即目的不具有非法性,手段具有非法性,且要挟的手段达到了非常严重的强制程度时,也可以认定行为人具有非法占有目的,构成敲诈勒索罪:"若暴力之运用或恶害之胁迫与其所欲达到之目的相较,可视为可非难者,则行为违法。作为构成要件之补充。"③综上,笔者认为目的与手段的非法性均是认定敲诈勒索罪中非法占有目的的要素,只要认定目的具有非法性,可以不考虑手段是否具有非法性即认定存在非法占有目的;若认定目的不具有非法性,应当考虑手段的非法性是否达到可责程度才能认定非法占有目的的存在。

在实施牟利性维权的过程中,牟利性维权人往往以起诉至法院、投诉至工商局向经营者实施要挟要求赔偿,因上述手段不具备非法性,也无法认定牟利性维权人具有非法占有的目的。值得注意的是,目前部分牟利性维权是同时利用经营者的广告违法行为实施威胁的,例如,购买了经营者在网店商品页面上宣称是"顶级 K 歌声卡"的声卡,并确认经营者确实存在欺诈行为后,以经营者存在欺诈行为为由,同时以经营者存在违反《广告法》第四、九、五十五、五十七条为由,投诉(针对欺诈消费者行为)、举报(针对广告违法行为)至工商局,工商局对上述投诉以及举报受理后,牟利性维权人联系经营者,告知其已被投诉、举报,要求经营

---

① 林山田.刑法特论[M].台北:三民书局,1978:146—147.
② 张明楷.刑法学(下)[M].5 版.北京:法律出版社,2016:1018.
③ 林山田.刑法特论[M].台北:三民书局,1978:146.

者支付购买商品价款三倍的惩罚性赔偿款,方能撤销举报,同时告知经营者若不支付上述款项,经营者将被行政处罚,承担巨额罚款的,因该牟利性维权在实施过程中无法认定其目的具有非法性,只能判断不赔偿就不撤销举报这一威胁手段是否具有非法性。笔者认为,举报广告违法行为以及撤销对广告违法行为的举报均是主张消费者权利的正确方式,手段不具有非法性,因此很难认定上例中的牟利性维权人构成敲诈勒索罪。

四、电商领域牟利性维权的刑法规制路径

根据笔者的调研成果,目前网络电商领域的牟利性维权不论是在数量的增长速度方面,还是在体量比重方面,均已脱离正常态势,且导致行政、司法成本的无谓增加。若网络电商领域的牟利性维权得不到有效遏止,如此异常体量的牟利性维权势必会对电子商务经济的发展产生严重影响。那么如何遏制牟利性维权?笔者认为可以从以下几个方面对此种行为进行规制。

(一)尽快出台相关法律法规,剥除牟利性维权索要惩罚性赔偿款的合法依据

首先,上文已经介绍,《消费者权益保护法》第五十五条第一款中"欺诈行为"的概念,目前只能参考最高法的《民通意见》以及国家工商行政管理总局的《侵害消费者权益行为处罚办法》中的相关规定予以认定。但上述两项法律法规在认定欺诈行为的构成要件上存在矛盾,容易导致执法、司法判断的迷失,笔者认为,出台准确认定消费领域的"欺诈行为"的统一性、专门性的规定,在法律法规层面终结消费领域"欺诈行为"构成要件之争是当务之急。

其次,笔者认为,牟利性维权的是非之争根本上是一种社会价值与法律价值之争,实质上是金融消费者以外的自然人、法人和其他组织以营利为目的而购买、使用商品或者接受服务的行为是否应当受到《消费者权益保护法》的保护之争。我国惩罚性赔偿条款的发展史,其实就是我国消费者权益的保护史,改革开放后我国经济产业高速发展,但政府部门打假能力的提升速度并未能及时跟上经济产业的发展速度,导致假冒伪劣产品一度在市场上泛滥横行,大型的食品安全事件在 21 世纪初期集中爆发,消费者的权利受到严重侵犯,在当时扩大惩罚性赔偿条款的适用范围,增加惩罚性赔偿数额,赋予牟利性维权人获得惩罚性赔偿的权利,将群众的力量作为政府部门打假能力的一个有力补充是很有必要的。

然而,随着法制的健全,政府部门打假能力的显著提升,人民群众消费观念、鉴别能力的进步,以及电商网络平台对假冒伪劣产品不遗余力的治理,假冒伪劣产品的泛滥势头已经得到了有效的遏制,笔者认为,是否仍旧需要如此众多的牟利性维权人作为政府部门打假能力的补充,已经成为一个可以考虑的问题。另外,随着互联网技术的广泛普及,牟利性维权已经呈现出集团化、专业化的态势,有大量文化程度低、法律知识差的年轻人混杂在牟利性维权人中,专职从事牟利性维权,获取比从事正当经营还高的收益,此种现象的出现,不利于青年形成正确、积极的就业、创业理念,也并不能起到良好的改善市场风气的作用。笔者欣慰地看到,国家工商行政管理总局于 2016 年 8 月 5 日公布的《中华人民共和国消费者权益保护法实施条例(征求意见稿)》中,写明了以营利为目的而购买、使用商品或者接受服务的行为不适用该条例,该条例于同年 11 月 16 日以送审稿的形式上报国务院,保留了以上有关规定;2017 年,最高人民法院办公厅也在有关答复中提出"将根据实际情况,积极考虑阳国秀等代表提出的建议,适时借助司法解释、指导性案例等形式,逐步遏制职业打假人的牟利性打假行为"。笔者认为,以上部门的有关动作,也体现出国家在社会价值与法律价值观念上面的转变,因此,笔者呼吁,最高人民法院应当尽快出台相关司法解释,国务院应当尽快公布实施《中华人民共和国消费者权益保护法实施条例》,以法律法规的形式正式剥除牟利性维权索要惩罚性赔偿款的合法依据。

(二)认真审查牟利性维权的个案特征,对确实涉嫌犯罪的牟利性维权绝不姑息

第一,对于确能查明存在非法占有目的且以有关威胁手段索要财物的牟利性维权,应当以敲诈勒索罪对牟利性维权人定罪处罚。首先,在个案中应当查明牟利性维权的目的是否具有非法性:例如,未购买相关商品,直接以经营者网店商品宣传页面中有"极限词"为由,以举报至工商部门相威胁,索要钱款的行为,因不具有合法的惩罚性赔偿款索要依据,目的具有非法性,可以认定其存在非法占有的目的,构成敲诈勒索罪。又如,销售张小泉剪刀的网店在商品销售界面中,宣传该产品的锻造技艺被评为"国家级非物质文化遗产",该宣传中虽有"国家级"字样,但不属于误导消费者的用词,且社会一般公众也不会认为该字样系违反《广告法》的用语,若行为人购买剪刀后仍以网店宣传存在"极限词"为由以威胁的手段索要钱款的,笔者认为可以推定行为人在明知商家不存在欺诈行为,自己不具备索要惩罚性赔偿的合法依据的情况下仍然索要财物,其目的具有非法性,且对目的的非法性存在违法性认识的可能性,据此可以认定行为人存在非法占有的目的,构成敲诈勒索罪。再如,牟利性维权人通过传言得知某网店内销售的宣称全新的电脑其实是翻新机后,到该网店内购买该电脑并要求发货至自己朋友处,朋友收到该电脑后,牟利性维权人在未开箱检视该电脑,并查明经营者确实有欺诈消费者行为的情况下,即以网店经营者有欺诈行为为由要求经营者支付惩罚性赔偿款并进行威胁,但事后经侦查该电脑确实是翻新机的,笔者认为,因该牟利性维权人在不确定自己是否具有合法的惩罚性赔偿款索要依据的情况下直接索要财物,其目的具有非法色彩,且其对自己目的具有非法色彩也有违法性认识的可能性,可以尝试性地认定其具有非法占有的目的,构成敲诈勒索罪。其次,在个案中应当查明牟利性维权手段的非法性是否到了可认定存在非法占有目的的严重程度。例如,在无法查明牟利性维权人目的的非法性的情况下,若牟利性维权人以将要对经营者的网店实施海量差评、大量购买后恶意退货造成运费损失等干扰经营者正常经营的行为的,可以认定牟利性维权人采用了非法手段,且该手段恶性达到可以认定其有非法占有目的的严重程度,据此认定其构成敲诈勒索罪。

第二,对于借助消费欺诈行为等手段实施牟利性维权的,应当严肃查明消费欺诈等手段是否存在并严厉打击其中的犯罪行为。关于消费欺诈行为的定义,杨立新教授在《消费欺诈行为及侵权责任承担》一文中已充分阐释:"消费欺诈行为是指行为人以消费者的身份,在购买商品或者接受服务中,虚构事实,谎称经营者销售的商品或者提供的服务构成经营欺诈,利用惩罚性赔偿责任制度获取非法利益,侵害经营者合法权益,破坏市场交易秩序的欺诈行为。"[①]通过上述定义,可以发现,实施消费欺诈行为的牟利性维权人必然具有非法占有的目的,若同时实施威胁手段索要财物的,应当以诈骗罪或敲诈勒索罪定罪处罚,例如,在网店内购买并实际收到正版 iPhone 手机后,拿出事先准备好的仿品对经营者谎称收到的是假冒手机,要求网店经营者支付惩罚性赔偿款,并以一定手段相威胁的,司法机关应当在充分查明此类牟利性维权人目的非法性的情况下,以诈骗罪、盗窃或者敲诈勒索罪对其定罪处罚。

---

① 杨立新.消费欺诈行为及侵权责任承担[J].清华法学,2016(4).

对侵犯公民个人信息行为的刑事
规制发展的检视

贾　元　刘仁文[*]

随着社会信息化的快速发展，公民的个人信息作为许多犯罪行为重要的初始资源，成为违法犯罪的重灾区，侵犯公民个人信息犯罪的案件持续增多。为了更好地管控和裁判这类行为，公安部、最高人民法院、最高人民检察院都先后单独或联合公布了侵犯公民个人信息典型案件。从这些案件中可以整理出如下几类获取公民个人信息的方式：通过网络黑客侵入银行、酒店等企业的内部资料库窃取员工和顾客信息，再通过撞库行为非法获取相关网络账号；通过伪基站发送钓鱼链接获取个人账号、密码等信息；内部工作人员利用职务之便传播、出售掌握的公民信息；通过网站平台、注册页面等骗取公民提供个人信息；建立非法平台、社交群组来交换甚至交易公民个人信息。这些违法行为严重侵犯了公民的个人权益，甚至可能对日常生活和人身财产安全造成严重影响，而且，由于侵犯公民个人信息类案件往往具有技术难度低、涉及范围广、犯罪金额大、犯罪行为人众多等特点，且此类案件往往成为其他案件的前置案件，为犯罪行为人实施进一步的犯罪提供"工具"，所以这类行为的影响力不仅限于对公民个人信息的泄露和传播，更有可能造成不可预知的危害。

与触目惊心的千万条个人信息、数十万甚至上百万元的非法获利这些数字形成落差对比的是司法实践中对这类案件的处罚力度。从公布的这些典型案例中可以看出，对这类案件的判处更多的是出于一种对公众警示的角度，惩罚反而

---

*　贾元，中国社会科学院法学研究所助理研究员，博士后研究人员；刘仁文，中国社会科学院法学研究所研究员，刑法研究室主任，博士生导师。本文为最高人民法院 2016 年司法研究重大课题"网络信息保护及网络犯罪问题研究"（ZGFYKT201621）的阶段性成果。

成为次要目的，因为认定为"情节特别严重"的最高判刑也不过三年左右，还有很多是缓期执行。相比其他侵犯公民人身安全和财产安全的犯罪，本类罪名完全属于处罚较轻的层级。自侵犯公民个人信息行为入罪至今也经过了修改并出台相关解释，在这样的背景下我们可以检视一下，现有的规定经过数次修改后，有何进步之处？又有何不足之处？

一、概念的厘清：法律保护的边界

个人数据、个人信息这些用语有区别吗？我国国内的相关立法一直使用的是"信息"，不同国家的用语有一定差别，有些国家采用"个人数据""个人资料""个人隐私"等用语，也有国家和我国相同，采用"个人信息"的概念，从保护的目的和范围角度，不同的用语的侧重点有所不同。比如欧盟从 1995 年的《数据保护指令》（*The Data Protection Directive*）开始，一直使用的是"数据"一词，欧盟 1995 年《个人数据保护指令》第二条规定，所谓个人数据，是指一个身份已被识别或可识别之自然人（或称数据主体）的任何数据；所谓可识别包括直接和间接地被识别的人，尤其是通过参照身份证号码或一个或多个特定于其身体、生理、精神、经济、文化或社会身份的因素可识别之人。美国对于个人信息的保护和界定，主要是通过判例和部门立法模式进行的，针对不同的主体、行业有不同的规定，其核心内容是对"个人识别信息"（personally identifying information，PII）这一概念的不同诠释。[①]

在我国早期的相关法律规定中，公民个人信息和个人隐私是混同规定的，比如最高人民法院《关于审理利用信息网络侵害人身权益民事纠纷案件适用法律若干问题的规定》中，规定"个人隐私和其他个人信息"包括"自然人基因信息、病历资料、健康检查资料、犯罪记录、家庭住址、私人活动"。网络技术发展后，权力部门对公民个人信息的核心特点有了进一步的认识，在《电信和互联网用户个人信息保护规定》中就界定了以识别性作为核心的公民个人信息范围。2013 年，最高人民法院、最高人民检察院、公安部《关于依法惩处侵害公民个人信息犯罪活动的通知》规定："公民个人信息包括公民的姓名、年龄、有效证件号码、婚姻状况、工作单位、学历、履历、家庭住址、电话号码等能够识别公民个人身份或者涉

---

① 梅夏英，刘明. 大数据时代下的个人信息范围界定[J]. 中国法学，2013(7).

及公民个人隐私的信息、数据资料。"这个定义基本认可了个人信息的可识别性是概念和范围界定的核心属性。

2017年3月15日,全国人大正式通过《民法总则》。《民法总则》第一百一十一条专门规定个人信息保护规则,首次从民事基本法层面提出个人信息权,并明确了信息安全的保护,"不得非法收集、使用、加工、传输他人个人信息,不得非法买卖、提供或者公开他人个人信息"。但《民法总则》中并没有给出个人信息的准确定义,这个工作由《网络安全法》来完成。

《网络安全法》第七十六条中将个人信息界定为能够"识别自然人个人身份的各种信息",显然使用的是广义的"身份识别信息"的概念,即既包括狭义的身份识别信息(能够识别出特定自然人身份的信息),也包括体现特定自然人活动情况的信息。

除此之外,我们认为还有一类信息也应当包括进来,即公民的基因信息。基因信息具有个人信息的关键特征,即可识别性,所以,从性质上可以纳入。从必要性上也可以进行论证。

相较于一般的隐私而言,基因隐私和遗传信息相连,有着特殊之处。首先,一般隐私的内容是权利人本人所熟知的,其范围也往往是权利人自己定义的,而基因信息只有在借助专门的科技手段后才能为权利人所知,内容和范围都并非由权利人自己创设。由于检测机构必然会早于权利人知道隐私内容,所以对基因隐私保护很重要的一环就是禁止已经被检测出的基因信息的传播。其次,基因信息内容贯穿生老病死始终,所以它不仅表达了过去的权利内容,还含有未来的权利内容。最后,尽管基因信息为个体所有,但是一些致病基因和缺陷基因可能是一个家族的遗传,所以这种隐私内容的主体是一个家族或社群,这是不同于一般隐私权主体的。在就业、保险、科学研究、医疗甚至犯罪人DNA检测等领域,都涉及对基因信息的保护问题。因为权利人和侵权人可能地位悬殊,所以被侵权人很难找到证据,甚至有时候都不知道侵权的发生。此外,基因信息一旦泄露,影响巨大,因为它不仅表达了过去的固有信息,还包含对未来趋势的预测,这会对被侵权人造成难以估量的损害。此外,对基因信息的保护也和国家安全密切相关。20世纪90年代,在我国还没有对各民族的基因信息采集引起足够重视之前,美国有不少研究机构到中国对不同年龄、性别、民族的群体进行了大规模的基因采集,并带回国进行研究。这种基因资源的流失不但会影响本国相关研究的发展,也埋下了安全隐患,比如基因病毒、基因武器等等,所以,对基因信息的保护应当是公民个人信息保护中很重要的一部分。

二、两次刑法修正案的创新和成效

在刑法领域,侵犯公民个人信息犯罪罪名的产生和发展轨迹,就是互联网从1.0 走到今天 3.0 时代①的一个反映。所谓的互联网 3.0 时代,其实和 2015 年出现在《政府工作报告》中的"互联网＋"的概念殊途同归。在 2015 年 3 月 5 日上午召开的十二届全国人大三次会议上,李克强总理在《政府工作报告》中首次提出"互联网＋"行动计划,即推动移动互联网、云计算、大数据、物联网等与现代制造业结合,促进电子商务、工业互联网和互联网金融健康发展,引导互联网企业拓展国际市场。刑法领域侵犯公民个人信息犯罪行为的规制起步于 2009 年《刑法修正案(七)》首次入罪;之后在 2013 年,最高人民法院、最高人民检察院和公安部联合发布的《关于依法惩处侵害公民个人信息犯罪活动的通知》对司法实践中的一些难题做出提示性指导;2015 年《刑法修正案(九)》进一步完善这一罪名的要件规定;2017 年"两高"出台的《关于办理侵犯公民个人信息刑事案件适用法律若干问题的解释》系统地填补了之前立法中的遗留空白,回答了司法实践中的难题,是公民个人信息刑法保护里程碑式的成就。

(一)《刑法修正案(七)》的开创之举

2007 年以前,互联网尚处于 1.0 时代,所谓的信息化,仅仅是单向的,即网站发布信息,受众被动接受。2007 年之后,随着智能手机的兴起,互联网进入 2.0时代,这一时期,人成为互联网的主体,人和人之间在网上实现了主动的信息交流和互换,随之就产生了原本属于非流通的数据信息被迫公开后的保护问题。虽然从 1997 年刑法开始就有对计算机信息系统安全和管理秩序的保护立法(《刑法》第二百八十五、二百八十六条)以保护信息数据交流和计算机技术的发展,但这种保护仍然基于单机或局域网的封闭空间,和现在的网络空间还是有所差别的,所以这一时期刑法的保护是很有限的。

最早出现的对个人信息的刑法保护是 2009 年 2 月出台的《刑法修正案(七)》,增加了对公民个人信息保护、计算机系统数据等三个专门罪名,其中第七

---

① 互联网 1.0 时代指 PC 电脑端的信息互联时代,互联网 2.0 时代指智能手机端的社交关系互联时代,互联网 3.0 时代指人机交互的资产互联时代。

条在《刑法》第二百五十三条后增加一条,规定了出售、非法提供公民个人信息罪(国家机关或者金融、电信、交通、教育、医疗等单位的工作人员,违反国家规定,将本单位在履行职责或者提供服务过程中获得的公民个人信息出售或者非法提供给他人)和非法获取公民个人信息罪(窃取或者以其他方法非法获取公民个人信息)两个罪名。

(二)《刑法修正案(九)》的合二为一

互联网进入 3.0 时代后,成为一个物联网的时代,人与物、物与物之间都建立了万千联系,这种分享式的网络使得商家能够更快地接入系统和分享用户,打破原有的电商壁垒。同时,这种便捷的平台也为非法产业提供了更为方便的交易渠道。互联网已经成为社会重要的生产、生活工具,和社会生活的方方面面都有着千丝万缕的联系。

2015 年 8 月,《刑法修正案(九)》对第二百五十三条之一的规定作了进一步完善,将原有的两个罪名整合为侵犯公民个人信息罪。经过修改的条文为:"违反国家有关规定,向他人出售或者提供公民个人信息,情节严重的,处三年以下有期徒刑或者拘役,并处或者单处罚金;情节特别严重的,处三年以上七年以下有期徒刑,并处罚金。违反国家有关规定,将在履行职责或者提供服务过程中获得的公民个人信息,出售或者提供给他人的,依照前款的规定从重处罚。窃取或者以其他方法非法获取公民个人信息的,依照第一款的规定处罚。单位犯前三款罪的,对单位判处罚金,并对其直接负责的主管人员和其他直接责任人员,依照各该款的规定处罚。"

从两次修正案的规定中可以看出侵犯公民个人信息罪在定罪上的发展。

第一,在犯罪主体上,《刑法修正案(七)》的犯罪主体是公权力机关的工作人员,《刑法修正案(九)》将特殊主体修改为一般主体,且范围从个人扩大到单位,规定任何单位和个人违反国家有关规定,非法获取、出售或者提供公民个人信息,情节严重的,都构成犯罪。这种变化反映出立法者对侵犯公民个人信息犯罪产业链"源头"的重点打击。侵犯公民个人信息犯罪一般由"源头""中间商"以及"非法调查公司"三部分构成"非法产业链",彼此之间以犯罪所得的金钱利益为纽带,互相勾结,分工配合,并与网络诈骗、网络敲诈等下游犯罪相互交织。如果对源头犯罪不能追究到具体行为人,只能从中间商和下游公司入手追责的话,不能从根本上解决侵犯公民个人信息的问题。而由于网络环境的开放性,不再只有公权力主体才能有非法获取公民个人信息的渠道,普通公民也有可能。所以,只有加大对源头的打击面,才能迎合司法实践的需求。

第二,在行为种类上,《刑法修正案(七)》只规定了特定行业人员的出售或非法提供行为入罪,《刑法修正案(九)》的规定则更为全面。首先,《刑法修正案(九)》去掉了提供行为的"非法"二字,直接规定"向他人出售或者提供公民个人信息"就构成犯罪,意味着只要是出售或者违反规定提供,情节严重的都要追究;其次,将基于服务关系或履行职务收集到的信息用于非法出售规定为加重情节;最后,将《刑法修正案(七)》中规定的非法获取行为继续入罪。不过,和《刑法修正案(九)》向社会公开征求意见的草案稿相对比可以看出,《刑法修正案(九)》还是坚持了"违反国家有关规定"这一前提,而草案中"未经公民本人同意"的出售或非法提供行为入罪的规定最终没有采纳。

第三,在违法性上,《刑法修正案(九)》(草案一次审议稿)将出售或者提供个人信息入罪的前提要件设置为"未经公民本人同意",即采用的是主观判断的标准;但是,从《刑法修正案(九)》(草案二次审议稿)开始采取了客观判断标准,即"违反规定",最终《刑法修正案(九)》确定为"违反国家有关规定",坚持了客观标准。这和本文之前讨论的公民个人信息概念的客观性不谋而合,尽管公民个人信息是带有强烈主观色彩的概念,但进入刑法规制视野的公民个人信息的范围并不是由个体主观决定的,而是立法者根据规制的需要确定的一个相对客观,并可能小于实际公民个人信息范畴的概念,"即使是以人格为基础的信息也是社会现实的反映,而不能视为仅与所涉及的个人有关"[①],所以,对是否入罪的判断,也不应从受侵犯的公民主观感受出发,而应从客观规定去评判。

第四,在处罚上,《刑法修正案(九)》将最高刑期从三年提升到七年,加重了侵犯公民个人信息犯罪行为的刑事责任。

三、司法解释的补充和完善

近年来,侵犯公民个人信息犯罪仍处于高发态势,不仅严重危害公民个人信息安全,而且与电信网络诈骗等犯罪存在密切关联,甚至与绑架、敲诈勒索等犯

---

① 刘巍.行政调查中的个人信息保护——以人口普查为中心[D].天津:南开大学,2009.

罪活动相结合,社会危害日益突出①,与此同时,由于《刑法修正案(九)》中对公民个人信息的定义、情节严重的标准等具体问题没有做出规定,给司法实践造成了困难,出现法律适用争议,需要通过司法解释做出规定。

为了进一步明确侵犯公民个人信息罪的定罪量刑标准,解决司法实践中的适用争议,2017 年 5 月 8 日,最高人民法院、最高人民检察院公布了《关于办理侵犯公民个人信息刑事案件适用法律若干问题的解释》(以下简称《解释》),为保证法律适用的统一和准确提供指南,加大惩治力度,有利于我国刑事法网的严密。《解释》共有 13 条,主要规定了"公民个人信息"的范围、"违反国家有关规定"的认定、"提供公民个人信息"的认定、"非法获取公民个人信息"的认定、侵犯公民个人信息罪的定罪量刑标准、认罪认罚从宽处理、涉案公民个人信息的数量计算规则、罚金刑适用规则等方面的内容。

本次《解释》对侵犯公民个人信息犯罪相关的司法实践中出现的问题一一做出了回应,主要有以下几个亮点。

1. 在《网络安全法》的基础上进一步明确"个人信息"的范围

在《网络安全法》第七十六条的基础上,《解释》第一条对"个人信息"做出了明确定义:"指以电子或者其他方式记录的能够单独或者与其他信息结合识别特定自然人身份或者反映特定自然人活动情况的各种信息,包括姓名、身份证件号码、通信通讯联系方式、住址、账号密码、财产状况、行踪轨迹等。"这个定义基本上采取了《网络安全法》广义的识别定义,但又做了一定的列举,是一种广义上的个人信息的定义。

与之前的规定相比,《解释》第一条明确"活动情况信息"属于个人信息范畴,这充分体现了立法者对现有科技水平的认识和把握。由于 GPS 信息技术的发展和个人智能手机的普及,对公民活动轨迹的追踪变得十分容易,而这种对个体日常生活轨迹的定位很容易使犯罪分子找到可乘之机,实施犯罪行为,所以防止这种信息的泄露和传统的身份识别信息的保护同样重要。并且在《解释》中,对活动轨迹这类敏感信息设置了不同于普通个人信息的入罪标准和保护力度:一方面,对于出售或提供行踪轨迹信息的,只要被他人用于犯罪,就属于情节严重,没有明知或非法获取等条件;另一方面,对非法获取、出售或者提供行踪轨迹信息

---

① 周加海,邹涛,喻海松.《关于办理侵犯公民个人信息刑事案件适用法律若干问题的解释》的理解与适用[J].人民司法(应用),2017(19).

的,只要50条就属于情节严重(住宿信息等一般个人信息需达到500条)。

2.明确了《刑法》第二百五十三条之一的立案标准

在此之前,作为构成犯罪最关键的"情节严重"这一条件,一直没有明确的规定,2013年"两高"和公安部联合发布《关于依法惩处侵害公民个人信息犯罪活动的通知》提示性地列举了次数、数量、手段和牟利数额、造成的损害后果等考量因素,认为"造成受害人人身伤害或者死亡,或者造成重大经济损失、恶劣社会影响的,或者出售、非法提供公民个人信息数量较大,或者违法所得数额较大的"情况可以入罪。这一规定虽然提到了牟利、获取信息的数量和次数等标准,但并没有全面和明确界定所有"情节严重"的具体情形,不利于司法实践中定罪量刑标准的统一。本次《解释》第五条在此基础之上具体规定了认定"情节严重"的九种具体情形和"情节特别严重"的三种具体情形,并以"其他情形"的方式做出兜底规定。由于各情形的列举有详细的数量、金额或具体行为规定,在司法实践中就不会再出现量刑标准模糊不清,同案不同判等情况。

3.明确了侵犯公民个人信息行为定罪前提条件的范围

《刑法修正案(九)》对侵犯公民个人信息罪的前提要件由"违反国家规定"修改为"违反国家有关规定"。在《解释》中对"有关规定"的范围做出了明确,包括法律、行政法规、部门规章等国家层面的规定,不包括地方性法规等非国家层面的规定。

最早出现对公民个人信息的保护条文是在2006年的《护照法》中,该法第十二条规定:"护照签发机关及其工作人员对因制作、签发护照而知悉的公民个人信息,应当予以保密。"此后很多单行法规中都有对公民个人信息保密和责任承担的规定,但专门针对公民个人信息保护的立法却迟迟没有出台。

事实上,早在2006年我国就有学者提出了公民个人信息保护法草案,2013年工业和信息化部发布关于《电信和互联网用户个人信息保护规定(征求意见稿)》《电话用户真实身份信息登记规定(征求意见稿)》公开征求意见的通知,但相关的立法进程一直没有进展,和个人信息保护相关的规定散见于各部门法和政府规章之中。相关法律引擎的搜索结果显示,我国现有专门规定公民个人信息保护相关的中央法规司法解释共有3篇,即2017年《解释》和随之发布的典型案例;相关的部门规章有4篇,包括《国家邮政局关于印发〈寄递服务用户个人信息安全管理规定〉和〈邮政行业安全信息报告和处理规定〉》《电信和互联网用户个人信息保护规定》《关于依法惩处侵害公民个人信息犯罪活动的通知》以及《信息安全技术公共及商用服务信息系统个人信息保护指南》；地方法规规章11篇，主要针对的是软件行业和保险行业的个人信息保护问题。除此之外，在大量的中央和地方的立法文件中有个人信息相关的条文，但这些条文针对的主要还是传统媒介下的公民个人信息保护，比如报案人信息、出入境人员信息、举报人信息、律师从业中获得的信息，等等。

近几年随着大数据平台的普及，信息的传播和取得愈发容易，对公民个人信息的保护也成为新近立法普遍涉及的要点，比如，2017年10月生效的《民法总则》第一百一十一条规定，自然人的个人信息受法律保护。任何组织和个人需要获取他人个人信息的，应当依法取得并确保信息安全，不得非法收集、使用、加工、传输他人个人信息，不得非法买卖、提供或者公开他人个人信息。2017年6月开始实施的《网络安全法》第二十二条第三款规定："网络产品、服务具有收集用户信息功能的，其提供者应当向用户明示并取得同意；涉及用户个人信息的，还应当遵守本法和有关法律、行政法规关于个人信息保护的规定。"

以上这些法律法规均属于"有关规定"的范畴，但遗憾的是，涉及公民个人信息的条文虽多，但大多数都是简单的禁止性规定，没有真正意义上违反规定的处罚后果，所以，实际上无法起到规制相关行为的有效作用。比如，在行政处罚领域，之前仅有《消费者权益保护法》第五十六条规定了侵害消费者个人信息时相关的处罚：除承担相应的民事责任外，其他有关法律、法规对处罚机关和处罚方式有规定的，依照法律、法规的规定执行；法律、法规未作规定的，由工商行政管理部门或者其他有关行政部门责令改正，可以根据情节单处或者并处警告、没收违法所得、处以违法所得一倍以上十倍以下的罚款，没有违法所得的，处以五十万元以下的罚款；情节严重的，责令停业整顿、吊销营业执照。在责任承担和处罚规制层面，刑法发展的脚步远远超过民法和行政法，实际上，不仅是在侵犯公民个人信息犯罪的领域，在和新兴科技相关的很多领域，比如，网络科技、生物科技等有关的利用行为中，都出现了规制"倒挂"的状态，即单行专门立法不足，传统三大规制手段中刑法先行，民法和行政法并没有及时跟进。《刑法》第二百五十三条之一成立的重要条件之一"违反国家有关规定"，在相关立法没有出台的情况下就陷入了尴尬的处境，原本是非常重要的一个客观要件，却处于虚置的境地。

最新出台的《网络安全法》也许可以部分地扭转这种局面，加强行政法的管控力度。从该法对侵犯个人信息类行为的规定来看，对于网络运营者或产品、服务的提供者非法收集、使用个人信息的行为将会受到行政处罚,包括警告、没收违法所得以及罚款等措施,而对于更严重的窃取或者以其他非法方式获取、非法出售或者非法向他人提供个人信息,尚不构成犯罪的,也会受到没收违法所得和罚款的行政处罚。这样的规定部分地填补了《刑法》第二百五十三条之一的空白。但是由于没有统一的《个人信息保护法》,新旧行政法规之间仍然有冲突之处,比如,对网络服务者侵犯用户个人信息的行为,除了上述的《网络安全法》的规定之外,在此之前还有《消费者权益保护法》《电信和互联网用户个人信息保护规定》等行政法规相关条文的规定,其处罚措施、力度都有所不同。

4.规定了对帮助犯的处罚情形

在网络犯罪中,对帮助行为人,比如网络平台的经营者、服务器的运营者等追究刑事责任已经成为打击网络黑灰产业链的重要部分,对在侵犯公民个人信息犯罪中提供了帮助行为的行为人,《解释》对其刑事责任进行了明确。[①]

一方面,《解释》规定了责任主义原则成立的情形。

依据《解释》第五条第一款第二项的规定,"知道或者应当知道他人利用公民个人信息实施犯罪,向其出售或者提供的",属于"情节严重",在行为人主观明知的时候实施了侵犯他人个人信息的行为,就需要承担相应的责任;同时,这也是一种帮助行为的正犯化,那么何时成立具体罪名的帮助犯与本罪正犯的想象竞合,何时认定为单纯的具体犯罪帮助犯? 这可能需要从主观认识上是否有特定的故意和认识来区分,"如行为人主观上仅知道或者应当知道他人将利用个人信息实施犯罪行为,但对于实施何种犯罪、如何实施以及犯罪的时间、地点并没有认识,则不能成立具体犯罪的帮助犯,但可依据本项定罪处罚,如果行为人对他人即将实施的犯罪存在具体的认识,依然向他人提供个人信息的,后他人果然利用其提供的个人信息实施了具体的犯罪行为,则行为人应当构成具体罪名的帮助犯与本罪正犯的想象竞合,择一重罪处罚"[②]。

对于本项中"犯罪"的范围,有学者认为进行目的性限缩解释,不应当包括本罪[③],我们认为是可以包括的。因为从利用公民个人信息的黑色产业链来看,对公民个人信息的获取和传播有时会经过多重层级,最终流向不同的犯罪行为终

---

① 当然,在帮助信息网络犯罪活动罪等认定中,行为人的行为是所谓的中立行为,而本罪的帮助行为显然并不"中立",所以以本罪行为的性质和中立行为入罪的情况也不同。

② 赵忠东,黄田万.运用体系解释界定侵犯公民个人信息犯罪[N].检察日报,2017-08-09.

③ 赵忠东,黄田万.运用体系解释界定侵犯公民个人信息犯罪[N].检察日报,2017-08-09.

端,所以在这个过程中,任何一级都可以依据本条成立侵犯公民个人信息罪。

另一方面,《解释》还规定了责任主义的例外情形。

《解释》第五条第一款第一项规定,"出售或者提供行踪轨迹信息,被他人用于犯罪的",可被认定为情节严重。对比其他条款可以看出,对于这类行为,无须判断主观上是否知道或应当知道涉案信息被用于犯罪,这主要是为了解决在司法实践中取证难的问题而设立的条款,可以说是实践推动规则制定的直接反映,但从理论角度,这样的规定是否合适还有待商榷。我们曾试图用大陆法系客观处罚条件[①]对《解释》这一款项的处罚正当性进行解释,但客观处罚条件大部分时候都表现为一种出罪功能,只有在少数状态下具有刑罚加重功能,即所谓的不纯正的客观处罚条件。[②]《解释》中的这一款项显然不是为了减轻被告人的刑罚,而是为严密法网而设,所以是一种不纯正的客观处罚条件,实际上也是不法构成要件,但与故意过失相分离,而且我国刑法学界对客观处罚条件的概念、定义以及在我国的适用争议很大,所以对这一款项的理论解读还需要进一步的研究。

5.建立了公民个人信息第三方使用的合法化根据

我们的日常生活已经离不开网络,每天都有无数的数据传播行为发生,尤其是在智能手机普及之后,同意某一应用软件使用公民个人信息已经成为一种常态,那么,在这种情况下,对公民个人信息的使用如何界定是否合法?

互联网发展至今,信息主体的知情和同意已经成为网络主体对公民个人信息的所有行为开展的前提,也是对公民个人信息的最低保护要求。由于大数据时代用户与网络服务提供者之间的联系不再单一,而是一个多重网络,所以对公民个人信息的自我控制能力减弱,知情和同意权利的实现也变得更为困难,同时规定也更为严格。《解释》第三条也从刑法层面呼应了同意原则,规定"未经被收集者同意,将合法收集的公民个人信息向他人提供的,属于刑法第二百五十三条之一规定的'提供公民个人信息',但是经过处理无法识别特定个人且不能复原的除外"。

---

① 在特定情况下,除了不法行为的责任之外还必须存在其他情况才能成立刑事可罚性,这种附加在有责的不法行为中并能够引发刑事可罚性的情况被德国刑法学家称为"客观的处罚条件"或"刑事可罚性的客观条件"。参见:[德]克劳斯·罗克辛.德国刑法学总论(第一卷)[M].王世洲,译.北京:法律出版社,2005:290.

② [德]汉斯·海因里希·耶塞克,托马斯·魏根特.德国刑法教科书[M].徐久生,译.北京:中国法制出版社,2001:669.

根据欧盟第 29 条工作组的观点,信息主体的同意必须满足以下三个标准:同意必须是明确具体的,同意必须是基于自由意志做出的,同意必须是在信息充分的情况下做出的。① 传统的个人信息保护结构来自欧盟《数据保护指令》,众多国家的立法均是以此为蓝本,其"知情同意"结构要求机构在收集用户信息前,告知用户信息处理的情况,在网络服务的语境中通常表现为发布隐私声明,用户在阅读声明后做出同意的意思表示,作为对个人信息收集及利用的合法授权,然而此种控制机制在信息时代尤其是大数据时代遭遇严重冲击。② 2016 年,欧盟最新通过的《一般数据保护法案》(GDPR)强化了对公民的知情权和同意权的规定。根据该法,公民能够查询个人信息的存储和处理情况,一旦发生数据泄露的事件,信息所有者有权第一时间被告知。不同于欧盟严格的数据管控,美国对个人信息的利用则采取宽容的态度,只要基于合法目的,任何人都可以进行个人信息的采集和记录,而不需要事先同意。这样不同的管控理念在面对企业信息使用的管控中尤为明显。

2016 年 11 月 1 日,欧洲隐私监管机构向 WhatsApp 发出警告,认为其隐私政策存在分享隐患,要求立刻停止数据分享,直到其确认没有违反欧洲的隐私规定。实际上在 2014 年 Facebook 和 WhatsApp 宣布合并后,美国联邦贸易委员会(Federal Trade Commission)的监管者就已经公开警告这两家公司,要求他们保护用户的数据隐私。2016 年 8 月,WhatsApp 修改其隐私政策,宣布和母公司 Facebook 共享用户信息,引起了很多用户的不满,次月德国汉堡市数字保护专员认定 Facebook 利用用户信息不存在法律基础,命令 Facebook 停止在德国收集和储存 WhatsApp 用户数据,还同时要求 Facebook 将 WhatsApp 已转发的所有信息全部删除。③ 在 2017 年 10 月底,第 29 条工作组给 WhatsApp 最新的信中提到,"虽然 WhatsApp 试图获得用户的同意,与 Facebook 分享他们的信息,但是又告知用户如果不同意数据分享条款就无法继续使用该服务,对此,监管机构表示'同意或者离开'的策略没有给用户充足的自由选择权,应当加以修改,但 Facebook 对此尚未采取行动"。与此同时,欧盟议会也表决通过了将诸如

① 梅夏英,刘明.大数据时代下的个人信息范围界定[J].中国法学,2013(7).
② 范为.大数据时代个人信息保护的新路径[C]//惠志斌,覃庆玲.中国网络空间安全发展报告(2016).北京:社会科学文献出版社,2016:294.
③ 刘莹.德监管部门责令 WhatsApp 停止收集信息[EB/OL].[2017-10-27].http://tech.hexun.com/2016-09-28/186226252.html.

WhatsApp 和 Skype 等在线消息和电子邮件服务纳入更严格的电信隐私规则的范围内的提议,从而限制上述平台跟踪用户的行为。与此类似的是第 29 条工作组对 Google(谷歌)公司的态度。谷歌 2012 年将用户信息账户统一管理,对此第 29 条工作组要求其做出补充说明并推迟修改隐私政策,但谷歌仍按原计划于 2012 年 3 月 1 日实施了新隐私政策。对此工作组在之后的半年里展开了合规性调查,并于 10 月 16 日向谷歌发出通告,要求其在 4 个月内按要求修改隐私政策,但谷歌对此置之不理,于是第二年(2013 年)法国的数据保护监管机构——国家信息自由委员会(CNIL)于当地时间 2013 年 4 月 2 日宣布,欧洲六国的隐私保护部门将联合对谷歌加强限制。①

这两个案件也从侧面表明了欧盟通过严格的数据管理规则遏制美国互联网霸权的目的。

我国 2017 年新实施的《民法总则》和《网络安全法》也顺应国际潮流,强化了用户的知情权和同意权。《民法总则》规定了个人信息保护的一般原则是告知与同意原则,虽然没有明确界定"告知"和"同意"的标准,但可以通过其他相关立法规定明确。如《网络安全法》第二十二条规定了网络产品、服务提供者的告知义务,"发现其网络产品、服务存在安全缺陷、漏洞等风险时,应当立即采取补救措施,按照规定及时告知用户并向有关主管部门报告"。第四十二条第一款表达了对公民同意作为合法化前提的支持,该款规定,对网络运营者收集的公民个人信息,"未经被收集者同意,不得向他人提供个人信息"。同时该款也规定了一个例外,就是经过处理无法识别特定个人且不能复原的情况下,可以不经过同意对外提供。这种前置的同意原则和欧盟的数据管理立法思想是类似的。

6. 体现了宽严相济的刑事政策思想

《解释》的出台体现了宽严相济的刑事政策思想,以对处罚的情形和数量、金额的认定为例,一方面,严密刑事法网,延续《刑法修正案(九)》扩大源头打击的思路。《解释》规定,对在履行职责或者提供服务过程中获得的公民个人信息出售或者提供给他人的情形进行入罪认定时,信息数量或违法所得数额的入罪标准减半认定。另一方面,考虑到刑法的谦抑性,对为合法经营活动而非法购买公民个人信息的行为单独规定,将按照普通情况数额达到"情节特别严重"标准的

---

① 新华社.欧洲六国联合调查谷歌的隐私政策是否合法[EB/OL].[2017-10-27]. http://roll. sohu. com/20130403/n371688029. shtml.

情形降格为情节严重,体现了立法者对经济活动实际情况的准确把握。

四、余 论

在我们对《解释》给予肯定的同时,也有对其适用正当性的疑问,在网络犯罪这个新领域,刑法走得这样远,是否合适?从具体的判决实践中看,虽然涉案人数众多,但判刑上并不严重,往往是短期监禁甚至缓刑,很少有判处三年以上刑期的犯罪嫌疑人,大多都是几个月到一年并缓刑,并处的罚金和违法所得金额相比甚微,这就使我们产生疑问,这样的刑罚是否能够达到原本入罪的目的,抑或也许采取民事或行政措施更为有效?在传统观念中,刑罚作为最后一道防线,是在其他措施调控无力之时才能够启动的,在个人信息保护领域,民事、行政措施,与其说是调控无效,不如说是尚未完善,有心无力——民事措施偏重对隐私权的保护,对个人信息的其他权利属性鞭长莫及,而在缺少单行专门立法的行政制裁领域,其措施严厉有余,控制力度和范围不足——所以在这样的情况下,能不能直接进入刑法层面?应对网络时代犯罪发展快、数量大、影响广、损失高等特征,有时候就应当用刑法先划定最低的底线,这样能够更好地规制行为。但是,刑法要做的不是考虑如何在入口处去限制,如何去控制和减少对个人信息的利用行为,这应该是其他部门法的任务,刑法是要守住最后的防线,发挥威慑的作用,以如何处罚侵犯公民个人信息以及与之相关的上下游行为作为边界,避免"代行"民法或行政法等其他部门法的任务。

侵犯公民个人信息罪司法适用问题

李忠强　孟红艳[*]

近年来,随着网络信息的快速发展,侵犯公民个人信息违法犯罪现象日益突出,呈多发态势。中国互联网协会发布的《中国网民权益保护调查报告2016》显示,我国54%的网民认为个人信息泄露情况严重,84%的网民曾亲身感受到因个人信息泄露带来的不良影响。据估算,近一年我国网民因垃圾信息、诈骗信息、个人信息泄露等遭受的经济损失高达915亿元,人均损失133元,比2015年增加9元。[①] 为依法、准确地办理侵犯公民个人信息案件,笔者通过对义乌市人民检察院2009年2月至2017年9月办理的侵犯公民信息案件情况进行实证分析,针对此类案件的特点、法律难点,提出相应的对策和建议,以期对实践有所裨益。

一、侵犯公民信息犯罪案件基本特点

自2009年2月《刑法修正案(七)》实施至2015年10月,义乌市人民检察院审查起诉8件出售、非法提供公民个人信息、非法获取公民个人信息刑事案件,9人涉案。自2015年11月《刑法修正案(九)》实施以来,义乌市人民检察院共审查起诉9件侵犯公民个人信息罪案件,25人涉案。从侵犯公民个人信息罪案件的样本统计来看,涉及处置公民个人信息在5万条以上的有6件,50万条以上的有3件,每个案件平均涉及个人信息30.69万条,最高的案件中涉及个人信息

---

* 李忠强,浙江省人民检察院研究室副主任;孟红艳,浙江省义乌市人民检察院公诉部副主任。

① 中国互联网协会.中国网民权益保护调查报告2016[EB/OL].[2017-06-02].http://www.isc.org.cn/zxzx/xhdt/listinfo—33759.html.

109 万余条。

（一）作案手段多样化

从办案实践看，行为人侵犯公民个人信息的手段多样。有的是利用身为淘宝客服的便利条件，或者以窃取公民个人信息为目的，专门应聘到网店做淘宝客服；有的是从 QQ 群、微信群购买后又通过网络销售给网友；有的通过冒充网店工作人员，偷偷在淘宝网店植入木马的方式非法获取客户订单信息；有的甚至利用电脑技术远程侵入他人网站信息系统获取。根据案件情况，通过网络非法获取互联网公民个人信息主要有三种途径：一是通过网络搜索。嫌疑人通过网上主动搜索、整理用户数据开展诈骗活动。如早期出现的冒充领导类型电信诈骗、冒充军人购买军用物资类型诈骗。二是通过木马盗取账号密码。嫌疑人通过网络传输、电子邮件、短信群发、伪基站、扫描二维码等方式盗取密码。且木马盗号的犯罪方式已呈现出从针对电脑转向针对移动端，从针对点转向无线循环的发展趋势。三是通过暴库、拖库获取公民个人信息。数据库中最重要、最有价值的一类数据就是用户的账号和密码，黑客获取账号密码最常用的方式是暴库和撞库，嫌疑人以撞库、暴库、拖库①的方式非法获取公民个人信息后，进行批量数据清洗，后进行贩卖，犯罪分子获取后将信息用于实施诈骗活动。如傅某某侵犯公民个人信息案，傅某某系计算机科学技术专业人员，先利用电脑技术获取浙江省宁波工程学院教师在"数字宁工系统"上的登录账户，并以弱口令尝试登录，冒用教师账号从网站上非法获取公民个人信息 2 万余条，后又利用 SQLMAP 程序对义乌市教师招聘考试报名网站进行攻击，非法获取了公民个人信息 2187 条。又如竹某某侵犯公民个人信息案中，竹某某利用自己编写的爬虫程序侵入杭州电子科技大学学校短信系统内，非法窃取在校生公民个人信息 2 万余条。

（二）侵犯公民信息是网络犯罪的重要上游环节

公民个人信息安全已经成为一个重要的社会问题。2017 年 9 月 19 日，在全国社会治安综合治理表彰大会上，时任中央政法委书记孟建柱在讲话中指出，现在网络犯罪已成为第一大犯罪类型。我们要打破以传统办法对付网络犯罪的思维定式，深入研究网络黑灰产业链产生蔓延的特点，完善全产业、全链条打击整

---

① 撞库，是指黑客通过收集互联网已泄露的用户和密码信息，生成对应的字典表，尝试批量登录其他网站后，得到一系列可以登录的用户。暴库，就是通过一些技术手段或者程序漏洞得到数据库的地址，并将数据非法下载到本地。拖库，本来是数据库领域的术语，指从数据库中导出数据，到了黑客攻击泛滥的今天，它被用来指网站遭到入侵后，黑客窃取其数据库。

治机制,提高线索发现、全程追溯、证据固定、依法打击能力,以立体防控链摧毁犯罪产业链,坚决把网络犯罪高发态势压下去。① 当前,通过获取公民个人信息滋生的通信诈骗、网络诈骗、敲诈勒索等犯罪正持续高位运行,导致社会管理难度不断升级。盗取、贩卖公民个人信息是当前网络犯罪,尤其是电信网络诈骗犯罪的黑色产业链之一。所谓黑色产业,即利用非法的手段获取利益的违法行为。网络非法获取公民信息已从身份信息、电话号码、家庭地址,扩展到网络账号密码、银行账号密码、行踪轨迹信息等,不法分子通过技术手段实施攻击,在获取到这些信息后再直接或者进行层层转卖,最终流入各类不法分子手中,形成了"源头——中间商——非法使用人员"的黑色产业链。如贺某某侵犯公民个人信息案,贺某某通过义乌市某公司网店的E店宝软件,从该软件导出客户资料信息后以1.5元每条信息的价格,通过QQ卖给上家奥某某,上家奥某某获取信息后,又加价以2.5元每条的价格卖给电信网络诈骗不法分子,后不法分子冒充该网店客服利用客户资料信息进行退货诈骗,导致在该网店购物的多名买家遭受损失。又如周某某侵犯公民个人信息案,周某某利用在某针织公司内做客服的便利,通过QQ聊天工具以直接发送或者协助发送代码由对方远处登录操作的方式出售了大量的客户信息给QQ昵称为"A.直升机"的上家,不法分子获取客户信息后,冒充该针织公司淘宝客服以交易出现问题需要退款的名义进行诈骗,导致数名客户被骗,造成恶劣的影响。

(三) 买卖公民个人信息产业投入小、获利大

马克思在《资本论》第二十四章"所谓原始积累"第七节中的注释中,引用了邓宁格《工会与罢工》中的一段话:"一有适当的利润,资本就会非常胆壮起来。只要有10%的利润,它就会到处被人使用;有20%,就会活泼起来;有50%,就会引起积极的冒险;有100%,就会使人不顾一切法律;有300%,就会使人不怕犯罪,甚至不怕绞首的危险。如果动乱和纷争会带来利润,它就会鼓励它们。走私和奴隶贸易就是证据。"②这段"利益法则"其实就是对于资本疯狂追逐利润的描述,在利益的驱使下,就会有人冒着接受法律制裁的风险做出触犯法律的行为。这段"利益法则"的论述同样适用于买卖公民个人信息产业,行为人只需要利用

① 搜狐网.网络犯罪已成为我国第一大犯罪类型[EB/OL].[2017-09-23].http://www.sohu.com/a/194070051_468696.
② 马克思.资本论(第一卷)[M].北京:人民出版社,1958:839.

黑客软件、植入木马或者本身职务便利等方法就可以轻松获取大量公民个人信息,每条信息可根据内容的不同以几元至数百元不等的价格进行买卖,行为人不需要资本投入,即可通过买卖公民个人信息获得高额回报,可谓是无本万利。如黄某某侵犯公民个人信息案。黄某某通过植入木马方式非法获取淘宝订单数据,后以每条 6 元至 8 元不等的价格卖给微信名为"夏天"的嫌疑人,非法所得共计人民币 10100 元。在利益的诱惑下,侵犯公民个人信息案件存在团体化作案现象,且侵犯公民个人信息数量惊人。如杨某非法获取公民个人信息案。杨某为获取淘宝客户身份认证信息,组织吴某某、苏某某、郭某某等 5 人到多家店铺假装应聘工作,伺机将木马程序 Boxthing.exe 植入淘宝店工作电脑,通过该木马程序劫持商家登录千牛后的 session 凭证信息,并盗取商家的订单数据,共盗取的订单数量为 620346 条。再如龙某某侵犯公民个人信息案。龙某某通过 QQ 软件从他人处购买、交换获取公民个人信息共计 987173 条,后通过 QQ、微信账号进行出售。又如韦某侵犯公民个人信息案。在 2015 年 10 月 7 日左右,QQ 网友"逍遥"以 1 元/条的价格向韦某购买淘宝买家信息,到了同年 12 月 10 日左右,"逍遥"告知韦某淘宝买家信息已涨价,最高可卖至 6 元/条,短短两个月时间,淘宝买家信息的价格即涨了 5 倍。

二、侵犯公民信息案件司法适用中的问题

(一)"公民个人信息"范围的界定仍然存在争议

2017 年 5 月新公布的《最高人民法院、最高人民检察院关于办理侵犯公民个人信息刑事案件适用法律若干问题的解释》(以下简称《解释》)第一条对"公民个人信息"的范围做出了界定,明确了个人信息能够"识别特定自然人身份或者反映特定自然人活动情况"的属性,重点在于与"特定自然人"相关。以上新解释的出台,细化了公民个人信息的范围和特点,解决了实践办案中的诸多身份信息认定争议问题。但在具体适用上,部分案件对于是否属于"公民个人信息"的认定仍然存在争议。例如,目前公安机关正在侦办的王某侵犯公民个人信息案,王某将从网络上搜集到的各个公司的信息打包卖给网友,每条信息不仅包含公司的基本信息、地址、电话等情况,也含有公司负责人的姓名和私人手机号码。此类公司信息中包含的公司负责人姓名、手机号码符合以上《解释》的规定,属于能够识别特定自然人身份的信息,但此类公司信息又是能够从网上或者公司主页上

公开搜索到的。能够公开得到的公民个人信息不能认定为非法取得，是否能适用《解释》第三条第二款"未经被收集者同意，将合法收集的公民个人信息向他人提供的"而认定行为人构成侵犯公民个人信息罪？对于此类在网络上可以公开查到公司信息，内附公司负责人的姓名、号码情况，是否属于侵犯公民个人信息行为还需进一步明确。

（二）对于"合法经营"的理解和适用存在困难

《解释》第六条规定为合法经营活动而非法购买、收受公民个人信息，需符合该条规定的特定情形，才能入罪，其中第一项为数额标准，即"利用非法购买、收受的公民个人信息获利五万元以上的"。该条规定，将为合法经营活动而获取的公民信息进行了特殊规定，体现宽严相济的刑事政策和刑法的谦抑性。但实践中对该条的适用仍存在困难：一是对于"合法经营"如何把握存在难点。合法经营一般是指从事产品生产和商品交换的经营组织和个人在国家法律和政策允许的范围内进行的各种经营活动。[①] 实践中出现的问题是，超越经营范围的算不算"合法经营"？一般来说，企业或个体工商户具有固定的经营范围，在进行公司注册申请时就已明确可以从事的生产经营与服务项目。例如，典当行、寄售行、投资公司收集大量公民个人信息后，公司内业务员以拨打电话的方式招揽高利贷业务，而高利贷并不属于公司的经营范围，此种情况是否就可以认定为不合法经营存在争议。二是《解释》第六条第一项规定的数额标准"获利五万元以上"，实践中获利五万元以上的取证也存在困难，如义乌公安在办案过程中曾遇到正规的教育培训机构涉嫌侵犯公民个人信息的案件，由于很难区分正常报名的学员和利用非法购买的公民信息打电话招揽的学员，故存在获利数额取证、认定困难的问题。

（三）实践中罪名适用不统一

此类案件手段方式多样化，侵犯公民个人信息案件常常以植入木马程序为盗取个人数据的手段，如义乌市人民检察院办理的案件就有指使、雇佣他人以植入木马程序的方式盗取淘宝订单数据，那么对于受雇佣的植入木马人员，应定性为侵犯公民个人信息罪还是非法获取计算机信息系统数据罪就存在很大争议。司法实践中，全国各地的罪名适用不统一，常常出现同案不同判现象。

---

① 张首吉.党的十一届三中全会以来新名词术语辞典［EB/OL］.［2017-05-28］. http://xuewen. cnki.net/R2006090220000462.html.

三、规制侵犯公民个人信息犯罪的对策和建议

(一)立法层面:统一侵犯公民个人信息罪法律适用的认识

《解释》的公布施行,强化了对公民个人信息的刑法保护,体现了依法惩治侵犯公民个人信息犯罪活动的基本立场。但此类案件在实践中犯罪手段层出不穷,不断出现新情况、新问题,各地司法机关在办案过程中应尽可能统一对《解释》的理解适用,确保量刑均衡。

1. 一定范围内公开的公民个人信息应受刑法保护

如前述提到的案例,在网络上可以公开查到公司信息,内附公司负责人的姓名、号码情况,行为人非法收集后贩卖的行为是否构成侵犯公民个人信息罪?对此,案件办理中存在不同观点:持反对观点者认为,公司将主要负责人信息放在公司主页或者公开于网络上,即视为公司负责人同意其个人的通信信息被他人收集,因此不能认定收集者侵犯公民个人信息。而另一种观点认为,公司负责人将个人信息公开于公司主页,只是一种公司信息公开的需要,而并未同意自己的个人信息被他人收集并买卖,故应当认定收集者构成侵犯公民个人信息罪。

笔者认为,以上情形应当入罪。对于公民个人信息的界定,在民法、行政法中比较有代表性的学说有关联说、隐私说、识别说。关联说,认为一切与个人相关的信息均应认定为公民个人信息;隐私说,认为不愿他人知道的所有信息应认定为公民个人信息;识别说,认为能识别出特定人的信息应认定为公民个人信息。① 当前,《网络安全法》已就个人信息的属性界定为能够识别自然人个人身份的各种信息,且这一界定被新公布的《解释》进一步确定。可见,我国目前刑事司法实践中采用的是识别说,而对隐私性并未达成共识。因此,笔者认为,刑法所保护的公民个人信息应当具备可识别性和刑法保护的必要性。在网络上可搜集到的公司负责人个人信息,虽然是公司自愿在一定范围内公开的信息,不涉及个人秘密或隐私,但其真实姓名和私人手机号码等信息具有可识别性,被不法分子买卖后用于犯罪仍然会危害公民人身财产安全和社会秩序,具有刑法保护的必要性。综上,笔者认为行为人买卖网络搜集到的在公司网页或者网站公开的公民个人信息的行为,应认定为侵犯公民个人信息罪。

---

① 齐爱民.中国信息立法研究[M].武汉:武汉大学出版社,2009:76—77.

2.明确"合法经营"活动的适用标准

前述案例提到超越经营范围,能否认定为"合法经营"活动,并适用《解释》第六条"为合法经营活动购买、收受公民个人信息"的特殊标准。在案件办理中就存在对"合法经营"理解上的分歧,如有观点认为:根据《刑法》第二百二十五条对非法经营罪的规定,是指违反国家规定,从事非法经营,扰乱市场秩序,情节严重的行为。非法经营罪的前提是经营活动"违反国家规定",具体内容是由最高院以司法解释的形式,以列举的方式予以明示的,未予明示的不宜认定为非法经营活动。而民间发放高利贷的行为性质,司法解释并没有明确厘定以非法经营罪论,故不应认定为"非法经营"。刑法对于非法经营活动的认定是明确的,需要以"违反国家规定"为前提,高利贷行为即使超经营范围,也不能认定为"非法经营",故可以适用《解释》第六条的特殊规定。

对此种观点,笔者不能认同。理由主要有:其一,将"合法经营"仅理解为不属于刑法上的非法经营罪的范围不符合文理解释。作为解释理由的文理解释,是指刑法用语可能具有的含义。① "合法经营"的文字含义,应当是指经营行为符合一般法律的规定,而非仅指符合刑法的规定。其二,根据《民法通则》和《公司法》的规定,企业法人应当在核准登记的经营范围内从事经营,改变经营范围应当办理变更登记。此外,根据《企业法人登记管理条例施行细则》第六十条第一款第四项规定:超出核准登记的经营范围或者经营方式从事经营活动的,视其情节轻重,予以警告,没收非法所得,处以非法所得额 3 倍以下的罚款,但最高不超过 3 万元,没有非法所得的,处以 1 万元以下的罚款。同时违反国家其他有关规定,从事非法经营的,责令停业整顿,没收非法所得,处以非法所得额 3 倍以下的罚款,但最高不超过 3 万元,没有非法所得的,处以 1 万元以下的罚款;情节严重的,吊销营业执照。可见,对应于企业法人设立登记时的一般许可和特殊许可,与经营范围有关的企业法人的法律责任可分为两种:一是超越经营范围从事一般许可的经营活动所带来的行政法律责任,可称为"普通超范围经营"的法律责任;二是超越经营范围从事法律禁止、限制或特许经营事项的经营行为所带来的行政法律责任,可称为"非法经营"的法律责任。普通的超范围经营行为是一种行政违法,超越法律禁止、限制、许可经营范围的经营行为是一种刑事违法。因此,两种超范围经营行为都不能认定为"合法经营",实践中碰到的超出经营范围

---

① 张明楷.刑法学(上)[M].5 版.北京:法律出版社,2016:35.

的行为就不应再适用《解释》第六条的特殊规定。其三,如果"合法经营"仅理解为刑法上的非法经营,那么,完全没有必要把该条解释写成"合法经营",因为非法获利5万元以上的,完全可以套用刑法上的非法经营罪。而将此种利用公民个人信息实施的非法经营行为另规定一个侵犯公民个人信息罪的行为,因为侵犯公民个人信息罪是手段,非法经营是目的,构成牵连犯,按照从一重的处断原则,更难以区分罪名的适用问题。

3.合理界定此罪与彼罪的界限

对于前述案例,关于侵犯公民个人信息罪还是非法获取计算机信息系统数据罪的定性问题,在案件办理中,有观点认为,应当认定为非法获取计算机信息系统数据罪,该罪名为《刑法修正案(七)》规定中增加条款,《刑法》第二百八十五条第二款,是指违反国家规定,侵入计算机信息系统或者采用其他技术手段,获取该计算机信息系统中存储、处理或者传输的数据,或者对该计算机信息系统实施非法控制,情节严重或者情节特别严重的行为。受他人雇佣去淘宝店铺安装木马程序盗取订单信息的行为人,对于窃取的订单信息作何用途并不清楚也并不关心,行为符合非法获取计算机信息系统数据罪的构成要件。笔者倾向于认为,对于受雇佣人员,应当认定为侵犯公民个人信息罪;植入木马的行为属于盗取订单信息的手段,最终的目的还是盗取公民个人信息,具有牵连犯的性质,应当按照处罚较重罪名定罪。

(二)司法层面:检察机关严格依法审查,充分监督追诉侵犯公民个人信息关联犯罪

第一,检察机关在办理侵犯公民个人信息案件时应当严格审查证据,确保案件质量。侵犯公民个人信息犯罪同其他新型网络犯罪一样,具有隐蔽性和非接触性,犯罪分子买卖信息大多使用虚拟身份,并在网络支付交易,聊天记录、交易信息和电子公民个人信息均容易删除,电子证据极易灭失,给侦查取证带来了巨大困难。检察机关在办理侵犯公民个人信息案件时,应当提前介入并引导侦查部门取证,尤其是及时引导侦查机关提取、固定电子证据,就案件的事实认定、证据采信、证据补充、法律适用等向侦查部门提出需要完善、补侦证据的具体要求,并阐明理由,通过针对性地引导取证,从源头上保证案件质量。

第二,强化法律监督职能,充分监督追诉侵犯公民个人信息关联犯罪。网络买卖个人信息违法犯罪行为往往形成由源头、中间商、下游不法分子组成的黑色产业链,作案隐蔽,内外勾结,上、中、下游犯罪链条紧密关联。同时,被窃取的公民个人信息经加工、转卖，被大量用于电信网络诈骗、敲诈勒索、不正当商业竞争、暴力追债等违法犯罪。检察机关在办理侵犯公民个人信息案件时，应加强对关联犯罪线索的审查，发现电信网络诈骗、网络敲诈勒索等下游犯罪时，或在审查其他犯罪时，发现涉及侵犯公民个人信息犯罪的，应及时深挖余罪线索，强化法律监督职能。同时，侵犯公民个人信息犯罪案件常常出现个人和单位犯罪并存，检察机关在办案中要严格审查案件，对涉及单位犯罪的及时对涉案单位进行追诉。

（三）产业发展层面：大数据发展和个人信息保护兼顾

大数据时代，信息的价值在于流通、使用，只有充分地流通、使用才能将数据本身蕴涵的巨大价值发挥出来。根据大数据分析公司易观与东方出版社联合发布的《中国互联网产业发展年鉴 2016》分析，数字资产将成为企业的核心资产，大数据会成为企业的"新能源"，并终将成为下一个社会基础设施。[①] 在数据资源开放、共享的过程中，侵犯公民个人信息犯罪呈多发态势，如何有效保护公民个人信息安全，成为必须面对的困难和挑战。在 2017 年夏季达沃斯论坛上，李克强总理在特别致辞中说："我们对新产业、新业态、新模式，比如像电子商务、移动支付、共享单车，都实行包容审慎监管方式，促进了其健康发展。"[②]

当前，互联网新技术新业务正前所未有地改变着个人信息的收集和使用方式，给个人信息保护带来巨大挑战。云计算让个人信息远离个人终端，用户对于个人信息的控制能力大大降低，个人甚至并不清楚其个人数据的存储位置；移动互联网更让信息收集变得无处不在，且所收集的信息高度个人化，比如通讯录、照片、邮件、APP 应用的使用信息等。如果说这两种应用只是从量的层面加剧了个人信息保护的难度，那么大数据的出现则是从质的层面冲击了个人信息保护制度存在的基础，给个人信息保护规则带来深远影响。如果个人信息保护法固守传统，仅适用于严格界定的"个人信息"，那么大数据环境下的数据利用的安全风险又将如何规制？如果个人信息保护法扩张个人信息的边界，那么又将扩张到何种程度，才能在法律上重新找到保护公民个人权利与促进技术发展之间的新的平衡点？在各类新技术业务特别是大数据带来的巨大冲击面前，个人信息

---

① 中国发展网. 中国互联网产业发展年鉴 2016［EB/OL］.［2017-05-27］. http://www.chinadevelopment. com. cn/news/cy/2016/12/1110208. shtml.

② 光明网. 对待新业态新模式，总理为何反复强调监管当"包容审慎"［EB/OL］.［2017-06-25］. http://www. gov. cn/xinwen/2017—07/17/content_5211314. html.

保护制度将不可避免地面临变革。有观点认为：在当前的网络环境下，隐私已经消亡，个人信息保护政策已到了退出历史舞台的时刻。我们以为对此问题的回答可以从长远和现在两个角度展开。从长远来看，上述论述有一定的道理。因为技术本身对于价值观念、法律制度的改造能力总是超乎人们的想象。就比如现在年轻一代在隐私观念上已经有了显著的变化，更年轻的一代更加积极主动地拥抱网络，将自己的生活状态甚至心情感悟等日常生活的点点滴滴都公布于网络，并从中获得分享乐趣。但从现在的角度而言，大数据的发展并不能成为放弃隐私保护的理由。不可否认，新技术、新业务正在以"润物细无声"的方式，默默地影响甚至改造着人们的隐私观念。然而虽然这是一个变革的趋势，但并不意味着当下的我们就可以轻松地丢弃隐私保护这一基本价值。相反，在日益强大的技术能力面前，现实中更多的呼声是如何加强对个人信息的保护，如何对个人信息保护法加以改革，以适应技术变革带来的新挑战和新问题。问题是在新的时代背景下如何进一步坚守公民个人信息权的保护，值得进一步的探索。例如，可以设计更具有实际意义、更富有效率的用户个人信息保护机制。尽管"知情同意"制度在很多场合下仍然有效，但显然已不能满足大数据应用场景。个人信息保护机制应当朝向更有意义、更可执行、更与个人相关的方向进行改革。比如针对大数据应用，企业要分析其相应的安全风险并提出与之匹配的保护措施。此外，"数据泄露通知"制度正在被更广泛地引入立法，也反映了个人信息保护从注重事前知情同意到事后安全保障转换的趋势。

因此，在保护公民个人信息安全的同时，也要充分考虑和适应大数据的发展。要做到"包容审慎"，那么刑法必然不能过度地干预，应先由民事、行政措施先行调整，只有用尽了所有的民事、行政措施，才能考虑动用刑法。当前，国家在刑事方面对侵犯公民个人信息的行为已专门进行了规定并出台了相应解释，而在民事、行政法规方面对个人信息保护的规定仍然空白，故需要在民法、行政法制定过程中加强对个人信息保护的规定，尤其是应当加快制定专门的个人信息保护法，才能充分利用民事、行政和刑事多种手段，建立全面的个人信息保护体系。

修正案背景下信息网络侮辱、诽谤罪的困局及应对

门植渊*

一、前　言

近年来,互联网正逐步改变着我们的工作和生活,"据报道,截至 2015 年 7 月,中国网民数量达 6.68 亿,网民规模全球第一;网站总数达 413.7 万余个,域名总数超过 2230 万个"①。全新的网络环境不仅有利于个人开阔眼界、增长知识、交流沟通,而且拓宽了政府部门获取百姓利益诉求的渠道,在接受监督的过程中不断改进工作方式,建成更加透明、高效的政府。但是由于网络自身具有的虚拟性、开放性等特征,加之社会诚信以及相关网络监管制度欠缺,通过信息网络实施侮辱他人或者捏造事实诽谤他人的行为日益增多,其影响范围广、传播速度快、社会危害性大,远远超过了传统的侮辱、诽谤行为,同时,该种新型犯罪形态在取证上存在困难,也助长了犯罪分子的气焰,国家需要对此做出明确回应。

针对目前面临的问题,《刑法修正案(九)》对《刑法》第二百四十六条侮辱罪、诽谤罪增设第三款,即"通过信息网络实施侮辱他人或者捏造事实诽谤他人的行为,被害人向人民法院告诉,但提供证据确有困难的,人民法院可以要求公安机关提供协助"。此修正案通过规定公安机关在证据搜集上的协助义务,一定程度上改变了网络上的侮辱、诽谤犯罪取证难的问题。

* 门植渊,北京市东城区人民检察院检察官助理。
① 金园园.规制网络空间犯罪呼待刑事立法转型——访中国人民大学法学院教授刘品新[J].人民检察,2016(1).

二、《刑法修正案(九)》第十六条的立法背景

(一)通过信息网络实施侮辱、诽谤他人的行为危害极大

通过信息网络对他人实施侮辱或者诽谤,是指故意通过"以计算机、电视机、固定电话机、移动电话机等电子设备为终端的计算机互联网、广播电视网、固定通信网、移动通信网等信息网络,以及向公众开放的局域网"[①]侮辱、"捏造并散布某种虚假事实,损坏他人人格,破坏他人名誉的行为"[②]。该种行为除了具有传统的侮辱、诽谤行为所具有的"故意捏造""散布虚假事实"等特征外,还具有一些新特点,带来了更为严重的社会危害性。

第一,通过信息网络发布侮辱、诽谤他人的言论传播速度快、扩散范围广,且难以删除,给受害人带来的痛苦是巨大的,造成的负面影响难以消除。侮辱、诽谤信息存在于互联网上,易被公众发现,无论是出于好奇心还是为了博人眼球,转帖、评论等行为不可避免,但在这一过程中却很少有人会去考证该信息的真伪性,甚至随着越来越多的关注、越来越激烈的讨论,三人成虎的故事一再上演。继而可能衍生出对受害人及其亲友在身体、财产等方面的一系列不确定的侵害后果。

第二,通过信息网络实施侮辱、诽谤行为所针对的对象包括官员、公众人物等特殊对象和普通民众。特殊对象所具有的影响力使得该种犯罪的社会危害性增大,如果不对此行为进行有效规制,及时对社会大众形成心理强制,会助长网民不负责任的行为,滋长不良的社会风气,更加不利于营造一个和谐健康的网络环境。若普通网民相信网络上那些侮辱、诽谤他人的言论,会对政府、社会失去信心,不利于整个社会的稳定和发展。

(二)信息网络侮辱、诽谤案在权利救济上的困难

侮辱、诽谤罪属于典型的亲告罪,只有在"严重危害社会秩序和国家利益"时,公安机关才会立案侦查,在一般的案件中,被害人只能通过自己提供证据完成刑事诉讼,追究行为人的刑事责任。当初之所以将侮辱、诽谤罪设置为亲告

---

① 2013 年 9 月 10 日施行的最高人民法院、最高人民检察院《关于办理利用信息网络实施诽谤等刑事案件适用法律若干问题的解释》第十条。

② 刘波.论网络诽谤行为的规制问题——以刑法规制为主要探讨[D].济南:山东大学,2014.

罪,主要是考虑到该类案件事实简单,证据搜集相对容易,自诉人完全有能力提供证据支持控诉,以节省国家司法资源。但是,互联网时代的到来完全改变了这一局面。在互联网上,普通网民在权利救济方面的知识及能够采用的技术、手段、资源都相对欠缺,致使犯罪嫌疑人的身份难以确定,犯罪证据的搜集和保存较为困难。同时,出于对公民隐私权的保护,网络信息公司也不会向被害人提供犯罪嫌疑人的基本信息和相关证据,这都使得自诉人凭借自身能力无法完成对网络环境下侮辱、诽谤罪的举证。具体而言:

第一,发布网络侮辱、诽谤言论的行为人以及实施地点难以确定。通过信息网络实施侮辱、诽谤他人的行为成本低廉,在微信、微博、论坛等平台申请账号简便且大多不需要真实身份验证,甚至有许多网站的服务器是虚拟服务器,在此种情况下要确定该行为人的真实身份和实施地点难度更大。若想获得这些信息,专业人员尚且需要花费一定的时间和精力,那么普通公民在证据搜集中付出的巨大成本可想而知。即使自诉人借助相关的计算机技术可以确定信息网络实施侮辱、诽谤行为的实施地点,但后续的诉讼过程也未必理想。

第二,根据亲告罪关于举证方面的规定,即原告负有举证责任,在传统的侮辱、诽谤案件中,自诉人不但需要提供证据证明行为人所散布的信息为伪造、不真实的,而且还要证明因行为人伪造并散布的信息损害了自己的名誉权,而且达到了法律规定的"严重情节"。如果将这一标准继续沿用到网络侮辱、诽谤案件中,不仅给被害人带来精神和经济方面的压力,也将会给网络侮辱、诽谤案件的审结增加成本、带来麻烦,不符合我国刑法惩治犯罪、保障公民合法权益的宗旨。

(三)相关法律法规不完善导致无法对部分信息网络侮辱、诽谤行为定罪量刑

2000年12月,全国人大常委会通过了《全国人民代表大会常务委员会关于维护互联网安全的决定》(以下简称《决定》),首次对运用互联网实施的犯罪行为的刑事责任进行了系统的规定。2013年9月,最高人民法院、最高人民检察院通过了《关于办理利用信息网络实施诽谤等刑事案件适用法律若干问题的解释》(以下简称《解释》),对利用信息网络实施的诽谤犯罪等的定罪及处罚问题做了较为详尽的解释。《决定》和《解释》的出台在打击互联网犯罪、保护互联网安全、维护国家对互联网的管理秩序、净化互联网环境等方面做出了突出贡献。但是,《决定》和《解释》都是以现行刑法为原则和标准,面对层出不穷的互联网犯罪,刑法本身没有对此问题进行有效规制,从而使得司法机关因法律规定的欠缺而无法对信息网络侮辱、诽谤案进行处罚,致使部分不法行为人逍遥法外。

三、《刑法修正案(九)》第十六条所解决的问题

当公民在自我权利救济出现问题时,国家应该承担起保护公民权利的重任。从 1997 年刑法到 2013 年的《解释》,再到 2015 年的《刑法修正案(九)》,整个过程都是根据新情况、新要求对侮辱罪和诽谤罪进行的完善和创新。

(一)构罪标准逐步明确

《刑法》第二百四十六条规定,侮辱、诽谤他人要达到"情节严重"的程度才构成侮辱罪、诽谤罪。《解释》第 1、2 条对网络诽谤等行为构罪所需具备的"捏造事实诽谤他人""情节严重"的要求作出规定,其中"情节严重"列举了"同一诽谤信息实际被点击、浏览次数达到五千次以上,或者被转发次数达到五百次以上的;造成被害人或者其近亲属精神失常、自残、自杀等严重后果的"等情形,将侮辱罪和诽谤罪的构成要件明确化,使得人民法院在审理案件时有法可依,体现了法治的公平正义。

(二)《刑法修正案(九)》第十六条改变了一直以来亲告罪所规定的举证责任方式,改变了自诉人举证难的困局

目前,法律没有赋予被害人、自诉人调查取证权,所以在遇到信息网络侮辱、诽谤行为时,自诉人要想取得关键、核心证据存在很大困难。《刑法修正案(九)》第十六条规定了当被害人提供证据确有困难时,人民法院可以要求由公安机关提供协助,公安机关可以通过其专业、权威的取证技术,大大缩短调查的时间和经济成本,保证证据搜集的及时性和有效性。同时,正是有了公安机关的介入,使得普通网民在使用网络发表言论时有所顾忌,达到了一般预防的效果。公权力的介入是维护信息网络安全,尊重和保障人权的体现,是"互联网不是法外之地"的最好诠释。《刑法修正法(九)》第十六条的颁布完善了我国的法治建设,严密了我国的法律体系,实现了对违法行为查处的全面覆盖,符合我国刑法立法的发展趋势。

(三)明确表示公安机关在被害人请求下可以介入自诉案件

因亲告罪的性质要求,若公安机关随意介入网络侮辱、诽谤案件的侦查过程中,会面临"乱作为"的尴尬处境,《刑法修正案(九)》增设的"可以要求公安机关提供协助"的规定解决了过去只能根据《刑法》第二百四十六条第二款,以"严重危害社会秩序和国家利益"为由公安机关才能参与侦查的情况;避免了公安机关

因自己在侮辱、诽谤案中无侦查权而以其他罪名进行立案侦查的不当做法；更重要的是，自诉人可以借助公安机关的侦查获得相关证据，其合法权益得到切实保障。

四、网络侮辱、诽谤罪的实践困局

尽管 2016 年 11 月 7 日第十二届全国人民代表大会常务委员会第二十四次会议通过了《中华人民共和国网络安全法》，但该部法律并未涉及网络侮辱、诽谤罪的相关细化规定，司法实践中问题依旧突出。

（一）信息网络侮辱、诽谤案在立案上仍然存在问题

根据传统的自诉案件的立案条件，只有同时具备"属于自诉案件的范围；属于该法院管辖；有被害人告诉；明确的被告人、具体的诉讼请求和能证明被告人犯罪事实的证据"①四个条件时才能立案。虽然《刑法修正案（九）》第十六条在自诉人举证方面进行了突破和创新，但是目前复杂的网络环境致使立案过程并非像法律规定的那样简单易行。

1. 确定该法院是否有管辖权存在争议

《刑事诉讼法》第二十四条规定："刑事案件由犯罪地的人民法院管辖。如果由被告人居住地的人民法院审判更为适宜的，可以由被告人居住地的人民法院管辖。"法条中所指的犯罪地，一般理解为包括犯罪预备地、犯罪行为实施地、犯罪结果地以及销赃地等。但互联网与实际生活不同，其虚拟性和复杂性使得通过信息网络实施侮辱、诽谤他人的案件会关系到多个地点，如通过信息网络实施侮辱、诽谤他人行为的实施地、受害人所在地、网络服务提供商所在地等其他与网络侮辱、诽谤犯罪行为有关的地点，甚至有时都无法确定通过信息网络实施侮辱、诽谤他人的行为地和结果地到底有哪些，因其不确定性致使被害人到法院提起诉讼时可能会因法律中对管辖问题没有明确规定而无法立案。

2. 网络匿名化使得有"明确的被告人"这一条件难以满足

《最高人民法院关于人民法院登记立案若干问题的规定》第五条规定了刑事自诉状中被告人的信息必须明确，需包括被告人的姓名、性别、年龄、民族、文化程度、职业、工作单位、住址、联系方式等。然而，在当前网络环境之下，要想知道

---

① 见《最高人民法院关于执行〈中华人民共和国刑事诉讼法〉若干问题的解释》第一百八十六条。

发布侮辱、诽谤信息的人,就必须知道发布侮辱、诽谤信息的 IP 地址,甚至,IP 地址的发现仍然不能确定实施侮辱、诽谤言论的行为人,因为多数行为人不会在其家中、办公室里发布侮辱、诽谤言论,多是在不需要身份证登记即可上网的网吧等公用电脑资源。因此,在网络混乱且没有实名制的背景下寻找发布侮辱、诽谤言论的行为人犹如大海捞针。即使通过相关技术、手段明确了被告人,但是对于被告人的信息要掌握到自诉状中的要求并不容易,尤其是当网络侮辱、诽谤行为由关系不特定的主体或者"网络水军"等职业犯罪主体实施时,无疑给自诉人进行自诉设置障碍。

3. 单纯依据次数要求立案导致某些情况下无法对行为人定罪处罚

"同一诽谤信息实际被点击、浏览次数达到五千次以上,或者被转发次数达到五百次以上的"属于情节严重,被认定为构成网络诽谤罪的条件,但是实践中存在问题,例如,将一条侮辱或诽谤的信息发布在其随意申请的博客或微博中,虽然每条状态下有浏览次数,但很多时候不用点击进入就能看到,因而当时状态下的浏览次数并不能真实反映出该信息被浏览的真实状态;若将一条侮辱或诽谤的信息发布在其微信朋友圈,被害人通过现有设备可以获知阅读次数但无法得知转发次数。因而虽有被告人的犯罪事实,但无法提供法律规定的次数要求,极易造成法院不予受理的无奈结局。

目前《刑事诉讼法》规定了定罪量刑的标准,即"案件事实清楚,证据确实、充分",自诉人在收集证据证明自己名誉权受到损害且情节严重的同时,还要证明被告人实施了侮辱、诽谤的行为并且该侮辱、诽谤行为与自己的损害结果之间存在因果关系。而如果自诉人提供不出充分的证据,那么法院就会建议自诉人撤回起诉或者是裁定驳回自诉人的诉讼请求,这一系列过高的证明标准使得自诉人难以维护自身权益。

(二)《刑法修正案(九)》第十六条在具体实施过程中面临的问题

1. 人民法院自由裁量权过大

通过信息网络实施侮辱、诽谤他人的行为是否构成侮辱罪、诽谤罪,其中一个重要的标准就是是否达到"情节严重",虽然 2013 年的《解释》第二条列举了三种情形可供参考,却仍有"其他情节严重的情形"的概括规定,通过信息网络实施侮辱、诽谤他人的行为是否达到明确的"情节严重"或概括的"情节严重"都由人民法院判定,不难发现判定过程中存在很大的人为可操作性。

2.对于被害人"提供证据确有困难"的认定没有明确、具体的标准

《刑法修正案(九)》只规定被害人"提供证据确有困难"时可以请求公权力救济,但没有规定到底什么情况属于"确有困难"。因专业知识、教育背景、职业经历等因素的不同,被害人、法官和警察对"困难"的认知也会有所不同,自诉人因经济能力等条件有限会认为自己属于"提供证据确有困难"的情形,或者自诉人认为难且客观情况确实"困难",但法官认为易,再或者即使自诉人和法官都认为"提供证据确有困难",而公安机关的意见是并不存在困难,因此缺乏对"提供证据确有困难"认定的统一明确标准,无疑增加了启动"公安机关提供协助"此种救济方式的不确定性。

3.对人民法院和公安机关做出的决定缺乏有效的监督制约机制

第一,《刑法修正案(九)》规定被害人"提供证据确有困难的,人民法院可以要求公安机关提供协助",却没有规定人民法院在面临被害人"提供证据确有困难"时可以要求公安机关提供协助而做出不要求的决定时,自诉人的权益又将如何得到保障。第二,当遇到既符合被害人"提供证据确有困难"的要求,人民法院又做出了"要求公安机关提供协助"的决定,但公安机关不提供协助或者消极怠工,自诉人和人民法院又该分别采取哪些救济措施确保被害人的权益不受侵害。

4.公安机关提供协助的范围不明确

现有法律规定,公安机关对于通过信息网络实施侮辱、诽谤他人案件在取证方面有协助的义务,但具体提供哪些协助并没有明确规定。因此,在案件的具体处理过程中,公安机关"提供协助"是要做到行使侦查权,积极运用侦查手段,采取侦查措施,还是仅仅做到帮助即可?倘若只要求帮助即可,则帮助的界限又是什么?

五、完善网络侮辱、诽谤罪的建议措施

《刑法修正案(九)》第十六条以及增设网络犯罪的相关罪名,体现了我国在扩大法益保护范围、完善刑事立法方面的进步。通过信息网络实施侮辱、诽谤他人的行为造成的负面影响巨大,倘若片面强调、一味固守刑法谦抑原则,会制约刑法本应具有的引导、教育功能的发挥,不仅增加了治理社会的成本,而且使网络侮辱、诽谤现象愈演愈烈、难以控制。因而,司法机关要结合我国国情,秉承宽严相济的原则,在符合立法原意和解释规则的基础上,严密刑事法网,通过完善

相关法律法规,遏制通过信息网络实施侮辱、诽谤他人行为的不良风气,以期实现法律的公平和正义。

(一)构成犯罪的标准有待继续完善

1.扩大承担责任的主体范围

目前,通过信息网络实施侮辱、诽谤他人的行为呈现低龄化的趋势,青少年易怒、做事冲动、不顾后果,新闻中频频出现的校园暴力事件也只是以批评教育的方式处理,对于青少年通过信息网络实施侮辱、诽谤他人的行为更是无人问津,"这种一律不追究刑事责任的做法值得批判性反思"①。应注意到,在美国,尽管各州都有将诽谤除罪化的倾向,但对于对象是未成年人而实施的网络侮辱、诽谤行为却施以刑罚。如果网络侮辱、诽谤的实施者是学生,仍然要为其不当言论承担责任,只是在某些情况下对其主观恶性的审查更为严格。而台湾地区规定,"年满14周岁具有刑事责任能力的自然人就应当对诽谤罪承担刑事责任"②。因而,建议考虑扩大通过信息网络进行侮辱、诽谤行为的责任主体范围,通过规定未成年人对其实施的网络侮辱、诽谤他人的行为承担相应的民事责任,提高青少年的法治意识以及塑造良好的网络环境。

2.改变单纯以次数作为判断情节是否严重的标准

通过信息网络实施侮辱、诽谤他人的行为,侵犯法益,社会危险性大,需要通过法律形式进行规制,完善网络环境。既然以"情节严重"作为罪与非罪的标准,且对其部分内容采用的是列举形式,就应根据不断发展的社会实践,增加"情节严重"情况的解释规定。同时,应改变过去唯次数入罪的标准,建议按照"情节+次数"的构罪标准,既能解决捏造事实进而散布传播无法查明次数的尴尬局面,有助于遏制唯恐天下不乱的恶意行为,又可防止被他人陷害、恶意点击或转发信息的情况,真正实现既不盲目定罪也不放纵犯罪的法律正义。

(二)完善通过信息网络实施侮辱、诽谤他人案件的管辖制度并逐步降低被害人的举证责任

对于通过信息网络实施侮辱、诽谤他人案件的诉讼管辖应秉承"以犯罪地的人民法院管辖为主,以被害人居住地的人民法院管辖为辅"的原则。因通过信息

---

① 金园园.规制网络空间犯罪亟待刑事立法转型——访中国人民大学法学院教授刘品新[J].人民检察,2016(1).

② 张海梅.中国大陆与台湾地区诽谤罪比较研究[J].河北法学,2016(4).

网络实施侮辱、诽谤他人的行为会产生多个犯罪结果地,因而,当能够确认犯罪行为地时,由犯罪行为地的人民法院管辖。但实践中,确认犯罪行为地会花费大量的人力、物力,甚至利用了侦测技术仍无法确定犯罪行为发生地时,就要适用犯罪行为结果地的管辖原则,此时恰恰多数被害人的居住地与犯罪行为结果地会发生重合,到该地人民法院进行自诉即可。

自诉案件过高的立案标准使得自诉人往往耗费巨大的人力、物力之后都不能查出网络侮辱、诽谤的实施者,无奈之下放弃对网络侮辱、诽谤行为人刑事责任的追究,不利于保护被害人的合法权利。因而,建议降低自诉人的举证责任,如规定为被害人提供发现了的犯罪事实或者犯罪嫌疑人即可,目前明确犯罪嫌疑人身份难度稍大,对于发现通过信息网络实施侮辱、诽谤他人的违法行为更显实际。自诉人只需提供信息网络实施侮辱、诽谤他人的违法事实,有证据证明网络上的侮辱、诽谤言论侵害了自身的名誉权或者侵害后果符合《解释》规定的"情节严重",那么人民法院就可以考虑立案了。之后对于被害人提供证据确有困难的就可以要求公安机关提供协助,但公安机关协助提供的证据不建议由公安机关出示,考虑到公安机关是国家公权力机关的特殊地位,易影响人民法院对案件的审理,因而建议公安机关将协助提供的证据交由自诉人,由自诉人在法庭上出示、接受质证,依旧秉承"谁主张、谁举证"的原则。

(三)对于通过信息网络实施侮辱、诽谤他人的行为应从重处罚

根据《刑法》第二百四十六条规定,网络侮辱、诽谤罪的量刑处罚适用传统侮辱、诽谤罪的量刑标准。然而,网络侮辱、诽谤罪所具有的传播速度快、社会危害性大、损失难以全部弥补等特点,使得通过信息网络发布的侮辱、诽谤言论给被害人造成的负面影响达到了前所未有的广度和深度。加之,网络侮辱、诽谤罪在自诉取证方面程序不清、困难重重,被害人的法益保护不足。因此,当通过信息网络实施侮辱、诽谤他人的行为构成犯罪时,应从重处罚,以符合罪刑相适应的基本原则,应对复杂多变的网络安全问题。

(四)逐步完善《刑法修正案(九)》第十六条的相关规定

1. 明确"提供证据确有困难"和"可以要求公安机关提供协助"的具体标准

目前,对于被害人"提供证据确有困难"的"困难"没有明确标准,被害人出于自身利益甚至可将取证的责任多数推给人民法院和公安机关处理,或因人民法院和公安机关对"困难"的判定标准不同而导致取证过程无法顺利进行。因而,建议将"确有困难"的标准确定为被害人所要提供的证据、数据,"除了公安网监网管部门外其他普通公民"①无法得到,此规定既避免了被害人因生活、精神等因素声称自己提供证据确有困难而给人民法院和公安机关造成不必要的司法资源浪费,又可避免人民法院和公安机关因公权力的滥用致使被害人的权益受损。

对于被害人"提供证据确有困难"时,法律规定"人民法院可以要求公安机关提供协助",而不是应当要求公安机关提供协助,因此明确"可以要求公安机关提供协助"的条件对于保护被害人的合法权益至关重要。建议"可以要求公安机关提供协助"的条件如下:被害人发现犯罪事实且有其他相关证据进行佐证、满足被害人提供证据确有困难的具体标准、被害人所无法提供的证据是本案件的核心关键证据之一,如犯罪嫌疑人身份等。

2. 明确公安机关提供协助的范围界限

公安机关提供协助,区别于公安机关立案侦查,可理解为通常所说的公安机关协查。在信息网络侮辱、诽谤案件中,由人民法院向公安机关发出"提供协助"的通知书,该通知书的内容应包括人民法院已经受理的案件情况、被害人提供证据满足确有困难的要求、满足可以要求公安机关提供协助的条件和需要公安机关提供协助的具体事项,包括查询发布侮辱、诽谤信息的 IP 地址,IP 地址所在位置,发布侮辱、诽谤信息的可疑人员,同一侮辱、诽谤信息实际被点击、浏览次数或者被转发次数。公安机关收到通知书后,应当及时回复是否提供协助。

3. 发挥检察机关的法律监督职能,完善监督制约机制

第一,当满足"可以要求公安机关提供协助"的条件,人民法院却做出不要求公安机关提供协助的决定时,建议规定人民法院应以书面形式将处理意见和原因反馈给自诉人,以便自诉人可凭此依据寻求其他公权力救济。建议赋予自诉人有权提请同级人民检察院进行监督的权利,根据《人民检察院刑事诉讼规则(试行)》规定,审判活动监督主要由公诉部门和刑事申诉检察部门负责,因此当人民法院在可以要求公安机关提供协助而做出了不要求的决定时,自诉人可提请同级人民检察院的公诉部门或者刑事申诉检察部门进行监督。此规定有利于防止因法官的主观臆断、国家司法资源紧张等因素将通过信息网络实施侮辱、诽谤他人的违法行为置之不理。

第二,若满足"可以要求公安机关提供协助"的条件且人民法院要求公安机

---

① 李晓明. 网络侮辱、诽谤在定罪、举证与审理上的新变化[J]. 法治研究,2015(6).

关提供协助而公安机关不提供协助时,建议规定公安机关应以书面形式将处理意见和原因反馈给人民法院和自诉人,自诉人向人民检察院提出,人民检察院认为公安机关不提供协助理由不能成立的,应当通知公安机关提供协助,公安机关接到通知后应当提供协助。当人民法院做出"要求公安机关提供协助"的决定后,公安机关消极怠工时,检察机关应要求公安机关积极执行。

就监督的具体方式而言,《人民检察院刑事诉讼规则(试行)》中对刑事侦查活动的监督做了专章规定,同时《人民检察院刑事诉讼规则(试行)》第五百八十一条规定:"人民检察院对人民法院审判活动中违法行为的监督,可以参照本规则有关人民检察院对公安机关侦查活动中违法行为监督的规定办理。"人民法院和公安机关也应当及时将案件情况和执行情况反馈给检察机关,便于检察机关及时、全面、有效地落实监督职能,切实保障自诉人的合法权益。[①]

---

① 王鹭颖.论自诉人权利的公权力救济——建立我国自诉案件的公权力救济机制[J].法制与社会,2014(1).

P2P 平台非法集资行为刑事规制的难点及对策

彭新林[*]

P2P 网络借贷是互联网与金融深度融合的产物,在"互联网＋"上升为国家战略的时代背景下,作为互联网金融重要业态的 P2P 网络借贷,在促进中小微企业发展、服务实体经济方面发挥了重要作用,备受国家政策鼓励和重视。但是,互联网金融创新本就是风险与机遇并存,P2P 网络借贷平台(以下简称"P2P 平台")在实践中的异化,诸如非法吸收公众存款、卷款"跑路"等,使得平台的性质发生根本性变化,严重损害投资者合法权益,危及金融安全和社会稳定。对 P2P 平台非法集资行为予以刑事规制,既是保护投资者合法权益、遏制 P2P 网络借贷行业非法集资乱象的现实需要,也是促进互联网金融健康发展的重要保障。

一、P2P 平台非法集资行为刑事规制的现状透视

P2P 平台非法集资行为触碰刑法底线,必然引起国家刑事制裁体系的反应。我国对 P2P 平台非法集资行为的刑事规制,是将其纳入整个金融犯罪刑事规制框架之内的。

(一)P2P 平台非法集资行为的立法规制

P2P 平台非法集资的行为模式、类型不同,其涉嫌的罪名也不尽一致。有学者认为,P2P 平台的异化行为可能涉嫌擅自设立金融机构罪、非法吸收公众存款罪、集资诈骗罪、高利转贷罪、非法经营罪、虚假广告罪等。^① 当然,这只是从应然

---

* 彭新林,北京师范大学刑事法律科学研究院中国刑法研究所副所长,中国刑法学研究会副秘书长。
① 李晓明. P2P 网络借贷的刑法控制[J]. 法学,2015(6).

角度所作分析,若从实然的角度考察,P2P平台非法集资所涉嫌的罪名主要是非法吸收公众存款罪和集资诈骗罪。事实上,最高司法机关制定的相关司法解释,其内容也主要是针对非法吸收公众存款罪和集资诈骗罪。

《刑法》第一百七十六条、第一百九十二条分别规定了非法吸收公众存款罪、集资诈骗罪。两罪除了侵犯的客体、既遂的标准不同之外,主要界限在于犯罪目的的不同,集资诈骗罪具有非法占有的目的,而非法吸收公众存款罪无此目的。两罪尤其是非法吸收公众存款罪是P2P平台非法集资行为所涉嫌的主导性罪名,是悬在P2P问题平台上的一把"达摩克利斯之剑"。如平台直接或间接归集资金形成资金池,或者以诈骗方法吸收资金后卷款"跑路"等,则应以其实际实施的行为及构成的法律关系确定罪名。

最高司法机关曾就办理非法集资刑事案件具体应用法律问题出台过两个重要的司法解释。一个是2011年1月4日起施行的《关于审理非法集资刑事案件具体应用法律若干问题的解释》(以下简称《解释》);另一个是2014年3月25日印发的《关于办理非法集资刑事案件适用法律若干问题的意见》(以下简称《意见》)。《解释》细化了非法吸收公众存款罪的定罪量刑标准,尤其是对刑法规定的"非法吸收公众存款或者变相吸收公众存款"作了规范解释,确定了认定为"非法吸收公众存款或者变相吸收公众存款"的四个要件。《意见》则在《解释》规定的基础上,结合非法集资案件司法实践中出现的新情况、新问题,对行政认定、向社会公开宣传的认定、社会公众的认定、共同犯罪的处理等问题提出了适用法律的意见。值得一提的是,相比于《解释》的规定,《意见》对"向社会公开宣传""社会公众"等范围的判断作了扩大解释,涵摄范围更宽。如《解释》将"向社会公开宣传"的途径界定为"通过媒体、推介会、传单、手机短信等途径",而《意见》表述为"各种途径"。显然,《意见》所指的各种途径包括媒体、推介会、传单、手机短信等途径在内。另外,《意见》将"明知吸收资金的信息向社会公众扩散而予以放任等情形"也一并认定为"向社会公开宣传",显著扩大了"向社会公开宣传"的外延,具有很强的现实性和针对性。

2015年,P2P网贷行业迎来了监管元年。这一年,顺应P2P行业发展实际,最高人民法院于8月6日出台了《关于审理民间借贷案件适用法律若干问题的规定》(以下简称《规定》)。《规定》亦有部分内容与P2P平台非法集资行为的刑事规制紧密相关。第一,明确了P2P网贷的民间借贷性质,有助于司法机关甄别实践中P2P平台集资行为的性质。如何界定民间借贷的定义和范围,直接关系到互联网金融的监管及相关刑法条文的适用等重要问题,而《规定》有针对性地解决了这个问题。需要注意的是,P2P 网贷的民间借贷性质与 P2P 平台的信息中介定位并不矛盾,这是一个问题的两个方面,民间借贷性质是就借贷双方的直接借贷行为而言的,信息中介定位则是针对 P2P 平台的职能属性而言的。第二,明确了 P2P 平台非法集资行为民刑交叉问题的处理。从实践情况看,民间借贷纠纷常与非法集资犯罪夹杂在一起,导致由同一个法律事实或两个交叉关系的法律事实引起民刑交叉。对此,《规定》第五至七条明确了处理原则,主要包括三个方面的内容:一是法院立案后发现 P2P 平台涉嫌非法集资犯罪的,应当裁定驳回起诉,并将涉嫌非法集资犯罪的线索移送公安或检察机关;二是若与 P2P 网络借贷纠纷案件虽有关联但不是同一事实的涉嫌非法集资犯罪的线索、材料,P2P 网络借贷纠纷案件继续审理,涉嫌非法集资犯罪的线索、材料移送公安或检察机关;三是 P2P 网络借贷的基本案件事实必须以刑事案件审理结果为依据,刑事案件尚未审结的,裁定中止诉讼。

关于 P2P 平台非法集资行为刑事规制的最新规范性文件,是 2017 年 8 月 4 日最高人民法院印发的《关于进一步加强金融审判工作的若干意见》(以下简称《若干意见》)。《若干意见》第一条就开宗明义指出:"对于以金融创新名义非法吸收公众存款或者集资诈骗,构成犯罪的,依法追究刑事责任";第七条强调:"依法严厉打击涉互联网金融或者以互联网金融名义进行的违法犯罪行为,规范和保障互联网金融健康发展。"《若干意见》上述条文中所涉及的以金融创新名义非法吸收公众存款或者集资诈骗、涉互联网金融或者以互联网金融名义进行的违法犯罪行为等显然都有所指,而 P2P 平台非法集资行为就是其中最为重要的组成部分。

(二)P2P 平台非法集资行为的司法规制

关于 P2P 平台非法集资行为司法规制的情况,通过对中国裁判文书网 2010 年 1 月 1 日至 2017 年 8 月 1 日间收录的 192 件我国法院 P2P 平台非法集资刑事案件裁判文书的梳理分析,可以得出以下几点规律性认识。

1. 司法规制的主要罪名系非法吸收公众存款罪和集资诈骗罪,且以非法吸收公众存款罪为主体

这 192 份裁判文书均为有罪裁判文书,法院判决的罪名分别为非法吸收公众存款罪和集资诈骗罪。其中,判决为非法吸收公众存款罪的裁判文书 159 份,占 82.8%;判决为集资诈骗罪的裁判文书 33 份,占 17.2%。此外,绝大多数裁判

文书中检察机关指控罪名与法院判决罪名保持一致,只有3份裁判文书,法院将指控的集资诈骗罪变更为非法吸收公众存款罪。由上可知,虽然从应然的角度分析,P2P平台非法集资行为可能涉嫌非法经营罪、擅自设立金融机构罪等罪名,但实际上法院判决的罪名集中于非法吸收公众存款罪和集资诈骗罪,而且非法吸收公众存款罪裁判文书占比8成以上,居于明显的主体地位,尚未见到判决其他罪名的裁判文书。

2.司法规制的总体态度从消极向积极转变,2016年判决案件呈井喷态势

虽然我国早在2007年就成立了第一家P2P平台,然而,相当长一段时间内,P2P平台非法集资案件被判决的少之又少。直至2014年8月,深圳市中级人民法院才对被称为国内首例P2P平台非法集资案件——"东方创投案"做出刑事判决。笔者收集的185件有效裁判文书中,从2010年至2013年均无判决,2014年只有4份,2015年25份,2016年113份,2017年前7个月为43份。可见,从2014年开始,相关P2P平台非法集资案件陆续进入审判程序,尤其是2016年达到113件,是2015年判决案件数量的4.52倍,呈现出井喷式增长态势。这表明,自首家P2P平台在我国诞生7年之后,法院才正式判决了P2P平台非法集资刑事案件,而在此之前对P2P平台非法集资行为的司法规制基本是缺失的。不难看出,大体在2015年以前,我国司法机关对待P2P网贷平台涉嫌非法集资行为的反应,总体上是消极、宽松的,真正进入刑事审判阶段的案件寥寥无几。即使已经进入司法程序的案件,基本上也是涉案数额巨大、投资人数众多、社会反响强烈的极少数案件。这主要是由于P2P平台非法集资基本上是打着金融创新的旗号,其法律政策界限不易把握,而且涉案人员众多、投资者分散,调查取证方面存在较大困难。之所以2016年判决的案件呈爆炸式增长态势,这应与2015—2016年相关监管政策措施的落地有关。

3.司法规制的核心标准是认定非法性和非法占有的目的

实践中,控辩双方对P2P平台非法集资的公开性、社会性和利诱性特征,一般不会有争议,争议的焦点在于涉案集资行为是否具有非法性,这也是认定P2P平台集资行为罪与非罪的关键所在。如有的辩护人甚至以"法无明文规定"为由试图否定P2P平台非法集资行为的犯罪性。例如,在莱芜万顺商务咨询有限公司、康某等非法吸收公众存款案中,莱芜万顺商务咨询有限公司、康某提出上诉的一个重要理由是其所从事的P2P行业的合法性已为国家所认可,案件应定性

为民间借贷,不应定性为非法吸收公众存款罪。[①] 又如,在贺某某、李某某非法吸收公众存款案中,贺某某提出上诉的其中一个理由就是,"该案是在 P2P 业务大量涌现的背景下发生的,相关行政管理部门未担负起监督管理职责,出事之后让其承担责任不公平"。[②]

此外,对 P2P 平台非法集资行为的司法规制,到底是以非法吸收公众存款罪定罪还是以集资诈骗罪论处,核心标准是看是否有非法占有的目的。可以说,非法占有目的既是区分集资诈骗罪和其他非法集资犯罪的关键所在,也是集资诈骗罪司法认定的难点。[③] 如在笔者收集到的 33 份集资诈骗罪裁判文书中,有 23 份裁判文书中的被告人(上诉人)否认其具有非法占有的目的,提出了其行为仅构成非法吸收公众存款罪的辩护意见。例如,在徐某集资诈骗案中,徐某提出其虽然利用乐贷通 P2P 平台非法吸收资金,但无进行销毁、隐匿账目等行为,且在平台资金出现提现困难后,曾采取积极的补救措施,主观上无非法占有的目的,不构成集资诈骗罪。[④] 可见,到底是定非法吸收公众存款罪还是集资诈骗罪,非法占有的目的的认定非常关键。当然,并非所有 P2P 平台非法集资刑事案件一律要定集资诈骗罪,而不能定非法吸收公众存款罪。比如,对于以虚假借款标的先形成资金池再实际转贷牟利的问题,就不能仅凭此得出行为人具有非法占有目的的结论。但就前述案件而言,徐某既不能提供资金使用人的有效线索和所吸资金的真实投资去处,而且其本人又不具有对资金缺口进行弥补的归还能力,故法院认定其主观上具有非法占有的目的,将案件定性为集资诈骗罪是正确的。

二、P2P 平台非法集资行为刑事规制的难点分析

P2P 平台非法集资行为的刑事规制,在实践中存在"发现难""定性难""追赃难"和"预防难"等四难。

(一)发现难

发现难是 P2P 平台非法集资行为刑事规制的首要难点。此类案件往往是平

---

① 莱芜市中级人民法院(2015)莱中刑二终字第 30 号刑事裁定书。
② 珠海市中级人民法院(2017)粤 04 刑终 43 号刑事裁定书。
③ 刘为波.《关于审理非法集资刑事案件具体应用法律若干问题的解释》的理解与适用[J].人民司法,2011(5).
④ 温州市中级人民法院(2016)浙 03 刑终 1896 号刑事裁定书。

台崩塌或者负责人"跑路"而引发集体性举报、信访时才会案发。如近年来进入司法程序的"东方创投案""网赢天下案"等 P2P 平台非法集资大要案,都没有能够在早期发现涉案平台的非法集资行为,这给后期的侦破、取证、追赃等带来了不少困难。究其原因:一是 P2P 平台非法集资行为具有极强的隐蔽性,往往打着金融创新、民间借贷等旗号,在开始阶段一般会制造种种假象,如办理正规备案手续、案发前期采用兑付回报的方式掩饰等,以取得投资人的信任;二是在资金链尚未断裂、平台尚能维持"拆东墙补西墙"时,现有监管体系也难以奏效,非法集资活动可长时间不被曝光;三是行刑衔接机制不畅。一般来说,应是监管层面先发现问题,然后再将涉嫌非法集资犯罪的线索、材料移送至司法机关查处。但事实上,实践中"以罚代刑"现象比较突出,主动将案件移交司法机关处理的并不多见。

(二)定性难

P2P 平台集资的手法花样翻新、真真假假,其行为应否认定为非法集资犯罪,需要准确甄别定性。而准确定性又恰是 P2P 平台非法集资行为刑事规制的一大难点。

首先,罪与非罪的界限难以区分。实践中,P2P 平台集资行为究竟是行政违法行为还是刑事犯罪,监管机关与司法机关之间常存有分歧,一些案件甚至出现了"监管机关要求定、司法机关不好定"或者相反的尴尬局面。此外,刑事规制的边界难以划定。P2P 网络借贷业务发展初期,监管政策较为宽松,以顺应金融创新的趋势,很少见到 P2P 平台非法集资行为被刑事追究的案例。但在监管政策逐步健全、P2P 平台非法集资社会危害日益严重的新形势下,对于涉案平台的违规集资行为,是否一律以非法集资犯罪论处,也是困扰司法机关的一大难点。

其次,此罪与彼罪的界限难以把握。一是非法吸收公众存款罪与集资诈骗罪有时难以区分。这主要涉及对非法占有目的的认识模糊上。如所吸收资金用于归还平台运营者实际控制的其他公司债务是否属于生产经营,投资房地产、炒股、炒期货等属于个人挥霍还是用于生产经营活动,个人购买少量奢侈品时能否认定非法占有目的,等等。对这些问题的不同认识,必然会影响非法占有目的的判断,进而影响行为的定性。二是非法集资犯罪的竞合问题。这主要涉及 P2P 平台非法集资所采取的手段、行为触犯刑法规定的其他罪名的情况。如某些 P2P 平台打虚假广告宣传或者违规承诺提供担保等,造成严重后果的,有可能涉嫌虚假广告罪、非法经营罪等犯罪,此时是选择数罪并罚还是按非法集资犯罪论处抑或择一重罪论处,这也是司法机关定罪时需斟酌的问题。

最后,共同犯罪的成立范围难以划定。P2P 平台非法集资案件的特点决定了其背后通常有一个公司化团队在支撑着平台运转。一旦 P2P 平台卷入非法集资,那么这种运作模式必然使得涉案人员众多,责任比较分散,此时如何划定共同犯罪的成立范围就成为问题。如一些 P2P 平台非法集资案件案发后,部分被告人常辩称自己只是公司一般行政人员、普通业务员等,把责任全都推到负责人身上,意图逃避刑事追究。例如,在"网赢天下案"中,身为网赢天下总经理的被告人钟某辩称自己只是名义上的总经理,没有参与公司核心事务,不应当被追责;该司运营总监伍某某也辩称,自己只是平台技术负责人,对于投资标的、钱款去向、虚构标的骗取投资等均不知情,亦无审核投资标的的义务,其行为不成立共同犯罪。① 在诸如此类的案件中,能否认定名义上的运营者以及技术人员、普通业务员等成立非法集资犯罪的共犯,在实务中常发生争议。

(三)追赃难

在 P2P 平台非法集资案件中,投资者更在意的是投资款能否被追回,而非行为人是否受到惩罚。但实际上,P2P 平台非法集资案件的追赃是很难的:一是不少 P2P 平台非法集资案件案发时,所吸资金要么用于支付前期投资者的高额返利,要么就是被挥霍一空,要么就是被卷款"跑路",无赃可追。二是准确界定涉案赃款的范围也有难度。实践中,此类案件经常发生平台账户与个人账户混合,而且被转移的赃款通常不会挂在其个人名下,就算是挂在个人账户名下的财产也有些是家庭共有财产,如果不能准确区分合法财产与违法所得,将直接关系到案件处置的最终结果。三是行为人拒不退缴赃款、财产追缴线索有限。限于刑事规制的力度不够,一些不法分子宁可多判几年刑也不愿退赃,拒不提供赃款追缴线索。

(四)预防难

刑事规制除了刑事制裁之外,还包括预防犯罪的一面。近年来,P2P 平台非法集资乱象丛生、形势严峻,刑事规制的预防功能并没有很好实现。P2P 平台非法集资行为之所以预防难,主要是以下两方面的原因使然:一是犯罪成本低,刑罚威慑力弱。P2P 平台非法集资主要借助网络平台实施,犯罪成本相对较低,而非法吸收公众存款罪的法定刑又偏轻,最高刑期不超过 10 年有期徒刑。不难想

---

① 深圳市中级人民法院(2014)深中法刑二初字第 273 号刑事判决书。

象,长期面对 P2P 平台所吸巨额资金的诱惑,行为人难免会有铤而走险的念头,此时刑罚的威慑效果大打折扣。二是实践中重打击、轻预防的策略。对于 P2P 平台非法集资行为的刑事规制,司法机关更为重视的是事后制裁和处置,而对此类案件的事前、事中预防工作重视不够。无论是监管机构、行业协会还是司法机关,对 P2P 平台非法集资行为的预警、防范等工作都有不到位的地方,这些都影响了预防效果。

三、P2P 平台非法集资行为刑事规制的完善之策

刑事规制是治理 P2P 平台非法集资犯罪的重要一环。为更好地发挥刑事规制的综合效能,促进 P2P 网络借贷行业的健康发展,下文就我国 P2P 平台非法集资行为刑事规制的改进完善略呈管见。

(一)完善 P2P 平台非法集资行为刑事规制的总体思路

思路决定出路。只有厘清完善刑事规制的总体思路,然后在思路的指引下确定改进的具体策略,才能确保 P2P 平台非法集资行为的刑事规制取得良好效果。

1.刑事规制完善要在维护金融安全与促进金融创新之间保持合理平衡

P2P 网络借贷属于互联网金融的范畴,一方面,P2P 平台的非法集资行为完全背离了金融创新的方向,侵犯投资者的合法权益,严重危及金融安全,必须坚决发挥刑事规制手段的规范和惩戒功能,依法严厉打击 P2P 平台非法集资犯罪;另一方面,P2P 网络借贷作为一种新生事物和新兴业态,有助于拓展普惠金融的广度和深度,加之在发展初期相关监管政策不完善,因而需要妥善把握刑事规制的范围和边界。正如有学者指出,P2P 网络借贷属于一种处于起步阶段的创新金融模式,未经其他法律的初次评价就径直将 P2P 网络借贷中的违规现象予以刑罚报应,会贬损刑法的权威和尊严。[①] 诚然,维护金融安全、保障互联网金融健康发展需要刑事规制的介入,但是这种介入必须审慎、妥当,不能以阻碍金融创新为代价,刑事规制需要在维护金融安全与促进金融创新两个价值之间共生和平衡,做到有所为有所不为。

---

① 刘权.P2P 网络借贷犯罪及其刑法治理研究[J].中国人民公安大学学报,2014(6).

2.刑事规制完善要坚持问题导向,着力解决刑事规制中的难点问题

当前,无论是 P2P 平台非法集资行为的立法规制还是司法规制,都是存在一些问题的,诸如如何准确界定金融创新与金融违法犯罪的界限,如何判断"违反国家金融管理法律规定""以非法占有为目的"等要件,如何破解刑事规制中的难点,等等。对此,应当坚持问题导向,从薄弱环节入手,集中突破 P2P 平台非法集资行为刑事规制的重点难点问题。具体来说,就是要以相关法律法规为依据,深入剖析 P2P 平台非法集资行为的模式和实质,进而确定刑事规制的罪名和力度,从而准确区分罪与非罪、此罪与彼罪、重罪与轻罪、打击与保护的界限。不难想象,随着互联网金融的创新发展,P2P 平台非法集资行为刑事规制中的新情况、新问题还将不断涌现,这些都需要结合金融司法实践加强研究和应对。

3.刑事规制完善要择善而从,积极借鉴域外有益法治经验

P2P 网络借贷业务在国外经过了较长时间的发展,其与国内 P2P 行业乱象丛生的现象形成鲜明对比,确有值得学习借鉴之处。事实上,"国内的 P2P 网络借贷模式大都是对国外模式的借鉴与适合国情的改良。因此,研究国外 P2P 网络借贷模式有助于对我国 P2P 网络借贷平台运营模式的认识与发展"①。如美国作为 P2P 模式发展较早的国家,其 P2P 网贷借贷行业长期保持着较为平稳健康的发展,这除了得益于美国良好的社会征信体系、高规格的市场准入门槛和完善的信息披露机制之外,还有赖于其行之有效的刑事规制体系。对于 P2P 平台的非法集资行为,美国主要是从两个方面规制:一是将未经批准利用 P2P 平台非法吸收资金的行为定性为违法公开发行证券,但这种行为一般不会被追究刑责。这就相当于将涉嫌我国非法吸收公众存款罪的行为排除在犯罪圈之外,抬高了入罪门槛,从而为 P2P 模式的发展提供了广阔空间。二是坚决惩治集资诈骗犯罪。在 P2P 平台运营的过程中,一旦行为人意图将所募集的资金非法占为己有,那就应以证券欺诈罪追究刑责。证券欺诈罪是由该国《证券法》规定的,相当于我国的附属刑法条款。②"他山之石,可以攻玉",美国等国家对 P2P 平台非法集资行为刑事规制的经验,我们理当持开放的态度,辩证取舍、择善而从。

(二)完善 P2P 平台非法集资行为刑事规制的具体对策

P2P 平台非法集资行为刑事规制的完善是一项系统工程,既需要宏观思路

---

① 宜刚,王庆国.论 P2P 网络借贷犯罪的刑法适用[J].山东警察学院学报,2014(6).
② 朱伟一.非法集资的中、美法律比较[J].国际融资,2013(11).

的指引,也需要有具体的对策支撑。

1. 调整 P2P 平台非法集资行为的刑事政策

对于包括 P2P 网络借贷在内的互联网金融,国家层面确立的是适度宽松的监管政策。① 适度宽松的监管政策必然会影响到 P2P 平台非法集资行为的刑事政策,因为 P2P 平台非法集资犯罪作为法定犯,其刑事政策对金融发展政策有很强的依附性,两者具有较强的联动关系。从学界的态度来看,主流意见也是呼吁对 P2P 平台的集资行为持宽松态度,认为作为一个法律尚未明确定性又缺少相关法律予以规范的新兴领域,刑法的介入应保持审慎。② 即使是刑法规制,也应避免过度干预,要保持刑法的谦抑性,不能扼杀金融上的创新。③ 无论是适度宽松的监管政策还是呼吁保持刑法的谦抑性,实际上对 P2P 平台非法集资行为的刑事政策是宽缓的。在 P2P 网络借贷业务发展初期,确立宽缓的刑事政策无疑是合适的,对促进金融创新和互联网金融健康发展也有积极作用,但是随着 P2P 平台非法集资犯罪的大量增长、互联网金融乱象集中爆发,不得不让人反思现行 P2P 平台非法集资行为刑事政策的合理性、妥当性,进而考虑如何合理平衡鼓励金融创新与维护金融安全的关系。申言之,建议调整现行单一的宽缓政策,确立两极化(轻轻重重)刑事政策:一方面,对于 P2P 平台的一般性违规行为,以及犯罪情节较轻、主观恶性小、在非法集资犯罪中作用次要的业务人员,应严格控制刑法干预的边界,要充分发挥《刑法》第十三条"但书"的出罪功能,即使入罪也应依法从宽处理,重视非刑罚处罚方法的适用;另一方面,对于集资诈骗犯罪分子及犯罪情节严重、主观恶性大、在共同犯罪中起主要作用的核心管理人员,依法从严打击,加大财产刑适用,增强刑罚的惩罚力度。

2. 完善 P2P 平台非法集资行为的刑法规范及解释体系

第一,在《刑法》第一百七十六条明确界定"非法吸收公众存款或变相吸收公众存款"的四个要件。刑法对非法吸收公众存款罪的规定采取的是简明罪状,即表述为"非法吸收公众存款或者变相吸收公众存款,扰乱金融秩序的"行为。若从立法的科学性、妥当性及罪刑法定原则的角度考察,采取简明罪状的表述方式,未在法条中明确"非法吸收公众存款或变相吸收公众存款"的成立要件,是有

---

① 如《关于促进互联网金融健康发展的指导意见》有关规定。
② 刘权. P2P 网络借贷犯罪及其刑法治理研究[J]. 中国人民公安大学学报,2014(6).
③ 李永升,胡东阳. P2P 网络借贷的刑法规制问题研究[J]. 政治与法律,2016(5).

所不妥的:首先,非法吸收公众存款罪是法定犯,不宜采用简明罪状,而且仅简单描述非法吸收公众存款罪的基本构成特征,客观上导致了司法实务中难以准确把握该罪的构成要件,使得该罪构成要件的类型化模糊,有导致入罪泛化之嫌。难怪乎有"两会"代表提案批驳"非法吸收公众存款罪"就是一个"筐",建议取消该罪。[①] 其次,虽然相关司法解释已对"非法吸收公众存款或变相吸收公众存款"的四个要件作了明确界定,但将上述要件立法化,即把司法解释的相关内容纳入刑法条文,有助于起到提示、指引的作用,彰显刑法的威慑功能,加大对非法集资犯罪的惩处力度。再次,将法律解释中对个罪构成要件特征的界定纳入刑法也有先例可循。如《刑法修正案(八)》在完善黑社会性质组织犯罪的法律规定时,为进一步加大对黑社会性质组织犯罪的惩处力度,就将法律解释中关于黑社会性质组织犯罪特征的内容纳入了刑法。

第二,将包括集资诈骗罪在内的金融诈骗罪整体移入刑法分则第三章第四节"破坏金融管理秩序罪"一节。目前,金融诈骗罪单独作为一节规定在刑法分则第三章之中(即第五节)。但是,从金融诈骗罪兼具金融犯罪和财产犯罪的双重属性来看,将其纳入破坏金融管理秩序罪中,不仅足以达到着重保护金融管理秩序的目的,化解与传统刑法分类依据相悖的问题,而且可满足从整个金融市场入手遏制金融诈骗罪的需要,更有利于实现打击金融诈骗犯罪的现实目的。[②] 尤其是集资诈骗犯罪,其与非法吸收公众存款犯罪紧密相关,有时甚至直接交织在一起,且主要是发生在社会金融活动过程中,无论是否骗取投资人财物,首先都是对国家金融管理制度的侵犯和金融秩序的破坏,因此从罪质的准确定性及行为特征分析,将集资诈骗罪等金融诈骗罪纳入"破坏金融管理秩序罪"一节具有妥当性和合理性。

第三,完善非法吸收公众存款罪、集资诈骗罪的刑罚配置,增设资格刑。P2P平台非法集资的行为人,很多都是了解我国金融法律政策、熟悉互联网金融相关业务及流程的人士,他们非法集资往往是利用了职业便利或者违背职业要求的特定义务,只能判处其一定期限的有期徒刑或者同时附加适用财产刑,不一定能很好地实现刑罚预防犯罪(特别预防)的效果。如果没有资格刑对其从业禁止的话,那么这类人员刑满释放后通常还会重操旧业,不仅会给互联网金融的健康发

① 朱征夫."非法吸收公众存款罪"应尽快废除[N].新京报,2015-03-10.
② 刘宪权.我国金融犯罪刑事立法的逻辑与规律[J].政治与法律,2017(4).

展带来重大隐患,而且对预防重新犯罪、保障金融安全不利。而《刑法修正案(九)》增设的从业禁止措施,是作为《刑法》第三十七条(非刑罚性处罚措施)之一规定的,实际上是非刑罚的法律后果,适用范围十分有限。因此有必要增设相关资格刑,禁止此类案件的犯罪分子自刑罚执行完毕之日起一定期限内从事相关职业。此外,考虑到非法吸收公众存款罪量刑幅度过窄、法定刑偏轻,建议对非法吸收公众存款罪的法定刑增加一个量刑档次,即规定"数额特别巨大或者有其他特别严重情节的,处十年以上有期徒刑……"

第四,完善非法集资刑事案件司法解释相关内容,增强其针对性和实用性。虽然《解释》《意见》为依法惩治非法集资犯罪活动提供了依据指南,但在实施的过程中也存在问题:一是某些条文的表述比较原则、概括,使得司法适用中有相当弹性和模糊之处。例如,如何理解《解释》规定的"违反国家金融管理法律规定",其是仅指针对互联网金融的具体管理规定,还是也包括一般性金融管理法律规定,不同的理解会涉及罪与非罪的区别。二是非法集资犯罪司法实践中遇到的新情况、新问题,也亟须司法解释明确其法律适用,比如,不具有运营融资资格的单位向社会募集资金的是否属于"其他非法吸收资金的行为",等等。这些都是相关司法解释没有涉及的,亟待研究解决。

3.改进 P2P 平台非法集资行为的司法规制机制

第一,健全 P2P 平台非法集资案件的行刑衔接机制。在以往实践中,因受鼓励互联网金融创新、适度宽松监管政策等因素的影响,行业监管部门即便发现 P2P 平台存在违规问题,往往也是通过监管谈话、出具警示函、责令改正、通报批评、警告、罚款等措施进行处理,很少能够主动将案件移交司法机关进一步查处,使得司法介入时机明显滞后。鉴于此,建议从国家层面统筹,加强行政执法与刑事司法衔接,推动形成统一的"网上衔接、信息共享"平台建设,通过衔接联动平台实现 P2P 平台非法集资案件的网上移送受理、案件信息流程跟踪和执法动态监控,防止出现"以罚代刑"、打击不力的现象。

第二,探索 P2P 平台非法集资案件专业化办理机制。P2P 平台非法集资属于兼具涉众性、专业性、网络性的新型金融犯罪,对案件线索的查证、行为定性、证据审查、法律适用、追诉标准的把握,不同于传统的金融犯罪,需要从侦查、起诉、审判各环节全方位地提升案件办理的专业化水准。鉴于此,建议采取以下两项措施:一是在公安、检察、法院探索建立专业化的案件办理机构,如设立 P2P 平台非法集资犯罪组或者互联网金融犯罪组,以形成良好的办案机制衔接;二是加强办案队伍的专业化建设,建立司法机关与金融监管机构人员交流挂职等机制,有针对性地开展专题培训,努力造就一支既懂法律又懂金融还懂网络的高素质办案队伍,不断提升 P2P 平台非法集资案件办理的专业化水平。

第三,积极推行 P2P 平台非法集资犯罪案例指导制度。互联网金融创新日新月异,涉及 P2P 网络借贷的刑事案件在各地也时有发生。建议司法机关建立案例指导制度,以期规范司法人员自由裁量权的行使,统一办案尺度和标准,提高案件办理质量,推动对 P2P 平台非法集资刑事案件的正确认定和适用,避免引发人们对司法公正的质疑。具体来说,可及时选择典型、疑难或新类型的 P2P 平台非法集资刑事案例,分析和挖掘这些案例背后所体现的法律精神、法律原理、法律规则和办案理念、办案方法、办案技能,采取选编指导性案例等形式,理论联系实际地准确诠释相关刑事法律法规和司法解释,为办案人员提供有针对性、权威性的业务指导和参考。

第四部分
人工智能法学＋“一带一路”法律

刑事司法人工智能的负面清单

黄京平[*]

十几年前,当人们阅读有关法律人工智能,或者人工智能与法律推理关系的文献[①]时,想必绝大多数人会觉得,法律领域的人工智能,只是很久以后的未来可能的图景。今天,在"未来已来"的时代,法律人尤其是法律实务工作者,已真切地感受到,法律人工智能是触手可及的,或者是早已身在其中、享受着人工智能带来的便利。对法律人工智能迅疾发展的态势,及其初步成果的司法应用,理论研究界与司法实务界的反应,有着显著的差异。法学界反应迟缓,少有文本表现[②],至多是置身事外静观事态的发展,弥漫着浓重的保守气息。而在法律实务界,尤其是司法界,却呈现着另一番景象:依据决策层"创造性运用大数据提高政法工作智能化水平"的部署,司法机关以高昂的热情、巨额的投入、异乎寻常的速度和规模,实现人工智能与司法操作的对接,众多成果已经实际启动司法运行。当前刑事司法领域人工智能的特点,着重表现为:一是,几乎涉及刑事诉讼的所有阶段,不仅有特定司法机关(如检察机关)研制的仅限于本机关法定职权行使的专用人工智能,还有适用于刑事诉讼主要阶段的通用人工智能。二是,从指导理念、研发趋势和运行状况看,几乎没有禁区设置措施,人工智能可以介入任何层次、任何环节的刑事司法判断。本文以为,即便未来的人工智能极其发达、高超,与人类智慧可以比肩,甚至比人类还聪明,即便始终坚持人工智能处于辅助办案的地位,人工智能在刑事司法领域必须有明确的禁区,除非人类法治文明对

---

* 黄京平,法学博士,中国人民大学法学院教授、博士生导师。

① 张保生.人工智能法律系统的法理学思考[J].法学评论,2001(5);於兴中.人工智能、话语理论与可辩驳推理[C]//葛洪义.法律方法与法律思维(第3辑).北京:中国政法大学出版社,2005:115—129.

② 余成峰.从老鼠审判到人工智能之法[J].读书,2017(7).

刑事法治的要求或相应标准发生了颠覆性的改变。

一、需要设置禁区吗?

对此,习惯性考虑的,首先是官方的立场和态度。因为这是一个与国家政策密切关联的领域。国务院《新一代人工智能发展规划》(国发〔2017〕35 号)从司法管理的角度,对"智慧法庭"明确规定:"建设集审判、人员、数据应用、司法公开和动态监控于一体的智慧法庭数据平台,促进人工智能在证据收集、案例分析、法律文件阅读与分析中的应用,实现法院审判体系和审判能力智能化。"该规划作为科技、产业政策,对人工智能发展的不确定性带来的新挑战,强调"加强前瞻预防与约束引导,最大限度降低风险,确保人工智能安全、可靠、可控发展"。具体对刑事司法领域的智能辅助办案系统,决策机构的定位是:为公检法相互配合、相互制约提供新载体,为线下办案活动规范化提供助推器,为司法人员依法独立判断提供好助手。明确了"运用智能辅助办案系统,不会替代线下刑事诉讼活动和司法人员独立判断"的智能系统司法运行的主旨。① 显然,在国家总体工作部署和基本政策层面,对刑事司法领域的人工智能,并没有禁区设置措施的安排。

在系统研发、技术实施的层面,对刑事司法人工智能应否存在禁区,技术界与司法界有着不同的立场。技术界始终是积极进取的姿态,通常的见解认为,只要技术可以实现,人工智能在司法领域的应用空间就不应有所限制。在技术界看来,人工智能是使用机器代替人类实现认知、识别、分析、决策等功能的技术,其本质是对人的意识与思维的信息过程的模拟;作为一种基础技术,人工智能的发展终究会处理司法判断中需要自由裁量、自由心证的问题,即替代司法官实现非规范判断。技术界甚至自信而乐观地预言,计算法律(computational law)和算法裁判,或将成为法律的终极形态,人工智能可以代替法官直接作出裁判,换言之,人工智能司法应用的最终成果,会实现由裁判辅助者向裁判生成者的转变。总之,技术无价值,技术无禁区。在技术界的观念中,这就是司法人工智能应有的品质。

在司法界,一种基于"谨慎乐观态度"的观点具有相当的代表性。该观点认

---

① 张子扬.孟建柱:智能辅助办案系统不会替代司法人员独立判断[EB/OL].[2017-08-10].http://www.chinanews.com/gn-07-11/8274867.shtml.

为,智慧司法所需要的人工智能,第一要务是辅助或服务司法官办案,不是替代司法裁决、淘汰办案司法官。在司法大数据存在很大局限性的基础上,人工智能在司法领域的应用需要分步骤进行:一是,通过智能语音识别技术,将司法辅助人员从记录或咨询事务中解脱出来;二是,将智能图像和文件识别技术嵌入司法办案系统,将司法官从简案处理和烦琐文牍中解脱出来;三是,通过数据提纯、算法测试和专业训练,让系统变得更加智能,辅助司法官决策判断;四是,或许真会出现的"阿尔法法官"自主办案系统。这种观点强调,司法人工智能的研发水平实际距离第三步的实现还遥遥无期。因为,辅助司法官决策判断的系统必须以海量数据为基础,以类型化案件为突破口,通过提炼裁判规则、研发最优算法、归纳既有经验,在类型化案件中实现以裁判规则、司法经验归纳为基础的有限智能化。"可以预见的是,在类型化案件中,有可能形成统一的智能化算法;在不那么规格化的案件中,至少可以做到法律依据提醒、政策比较和类案参考。"①本文以为,在司法人工智能研制大干快上,特别是刑事司法人工智能的研发成果频频问世,舆论好评如潮,初级智能系统实际适用效果有待检验的背景下,前述观点客观、理性、严谨,批评中肯,建言切实。其中,辅助办案系统"有限智能化"的提法,就暗含着司法人工智能的作用空间应当受到限制的观念。一方面,它实际否定了司法人工智能系统自主办案的可能性,换言之,即便是未来的超级人工智能确实具备相应的能力,也只能辅助司法官办案,禁止其径直做出司法裁决。另一方面,它强调,相当数量的非类型化案件或者案件的非类型化因素,是可能形成的统一的智能算法实际难以适用的领域;对非类型化案件的司法裁决,人工智能至多具有辅助的作用。某种程度上,正是司法活动的规律、司法判断的特点,客观决定了人工智能在司法领域的作用空间或实际禁区。尽管"有限智能化"是司法界通行的观点,尽管对司法人工智能明确定位为"辅助办案系统",但在具体操作层面,究竟如何稳妥地划定人工智能的司法禁区,尚未形成明晰的共识。就刑事司法而言,需要结合一般司法规律、刑事判断特征与司法人工智能的可能风险,从多角度进行必要的深度分析,才能促成这种共识的达成。

探讨司法人工智能的禁区,可以有多种思路及其相应的理据。以立法方式,对人工智能的应用采取必要的法律监管,是一种较为便捷的防范人工智能可能或潜在风险的措施。在美国,为应对人工智能的普遍应用可能对社会运行产生

---

① 何帆.我们离"阿尔法法官"还有多远[J].方圆,2017(2).

的冲击,立法机构已经着手考虑,对人工智能技术可能在刑事司法等领域的滥用,予以必要规制。①另外一种思路,也较为常见,以理论思辨方式剖析人工智能与人类的差别,揭示人工智能根本不能具有的,或者无法习得的人类能力,进而实际否定人工智能可能的风险或威胁。相应的理论分析指明,人类文明早已是一种混合了人类和机器的文明,人工智能是人的智性结晶,具有模拟人的意识与思维过程的能力;但人不光有智性,还有心性和灵性,人类的心性、智性和灵性是相辅相成且互相制衡的,人的心性是感情、情绪、感觉的发源地,人的灵性与人的精神世界、崇拜及信仰有关;人工智能不具有人的心性和灵性的潜力,人工智能的发展会受到人的心性和灵性的制约。②依据这种推断,不仅需要人的智性,而且需要人的心性和灵性融入其中的司法判断技能,很难被完全转化为算法而由人工智能所掌握。算法裁判无疑会具有模拟人的智性、体现人的智性的功能,但很难具有源于人的心性和灵性的司法判断潜质。由此推论,设置司法人工智能的禁区,至少是以部分虚幻的假定为前提的,或者说,司法人工智能的禁区,无须人为设置,因为这种禁区的客观存在,是由人工智能欠缺人的心性和灵性的特质所决定的。显然,这一抽象思辨的结论,基本排斥了人工智能对司法活动可能形成的威胁,自然会降低对算法裁判风险的过度忧虑。但这种提振信心的方式过于浪漫,欠缺实效,不利于实施防患于未然的措施。而前述立法规制的方式,也未必就是好的选项。因为,立法内容如过于原则,会不具操作性,难以形成规制效果;立法内容如超前性把握失准,恐有妨碍人工智能技术发展之虞。于是,基于政策考量出台相应措施,或许是当前技术发展状态下,较为稳妥的做法。

二、核心禁区在哪?

对司法人工智能的具体应用范围实施政策性调控,首要的条件就是,必须阐明特定司法领域或特定司法判断的独有规律。就刑事司法而言,对人工智能技术应做适当限制的领域,重点包括以下方面。

(一)案例规则及其调整

刑事司法的常态,包括两类有所区别的司法判断活动。准确适用既有刑事

---

① 张艳.人工智能给法律带来四大挑战[N].社会科学报,2016-08-04.
② 於兴中.当法律遇上人工智能[N].法制日报,2016-03-28.

规则判断案件相关问题，或者严格依据实体性和程序性规则对具体案件作出判断，是最为常见、占比最高的刑事司法类型。其中的重要特征是，所适用的全部规则是既有的，对案件做出司法裁判的依据均具有超稳定的属性。第二类常态的刑事司法活动，是以较低位阶规则的调整为特征的。此种类型的刑事实体性判断，必须符合罪刑法定原则，所依据的基本规则即立法规范明确，通常还有司法解释、规范文件、指导性案例作为裁判依据，但其所依据的最直接、最细化、位阶最低的规则，是调整而成或创制而成的。换言之，这种刑事司法判断，既是生成新的细化规则的过程，也是以新的细化规则作为裁判依据的结果。本文以为，人工智能在刑事司法领域的应用，只能以前一类司法判断为范围，应当禁止人工智能在后一类司法活动中的应用。简要理由如下。

以刑事司法为视角，刑法规则尤其是定罪规则，是由不同位阶的规则组成的体系。其中，效力最高的，当然是刑法立法规定和法律解释（立法解释）；效力位于第二的，是司法解释、规范文件、指导性案例所明确的相对细化的规则。然而，仅有前述两种位阶的规则，很难满足司法实务的实际需求，刑事司法的规律要求有更为细化的规则作为定罪指引，这种最细化的指引性规则，尤以案例规则①最为常见、最为活跃。前述所言"调整而成或创制而成的"最低位阶的规则，主要是指这种案例规则。本文以为，禁止人工智能在案例规则调整领域应用，主要是由案例规则的基本特征所决定的。

第一，作为刑法规则体系中最为活跃的规则，案例规则的首要特征自然是多样性。多样性主要表现为对相同的事项，或者相同的问题，存在不同的案例规则。其相应的适用结果是，对同一案件，依据不同的案例规则，可能出现不同的司法裁判。例如，对"扒窃"的对象，虽然司法解释已经明确规定为"他人随身携

---

① 如最高人民法院业务部门为指导执法办案需要编选的《刑事审判参考》中的案例，地方各级人民法院为总结司法审判经验、指导本辖区审判工作编选并发布的"参考案例""示范案例"和"典型案例"等案例。司法实务界将这类案例通常称为"具有指导作用的案例"，并与"指导性案例"严格区别。但对"具有指导作用的案例"的编选主体，有观点主张不做严格限制，甚至教学研究机构或法科教学研究者也可以成为编选主体。参见：胡云腾.一个大法官与案例的 38 年情缘[J].民主与法制,2017(20).对此，本文以为，作为案例规则载体的案例选编主体，应仅限于司法机关，或者司法机关所属机构。所以，除前述案例外，最高人民法院中国应用法学研究所编辑的《人民法院案例选》所刊载的案例，也应归属于"具有指导作用的案例"，即本文主张的案例规则的载体。

带的财物"，但是，在实际操作层面，依然存在财物贴身说①与财物近身说②的不同司法主张，与之相应，也存在不同的案例规则。须知，案例规则的多样性，是上位规则细化的重要方式之一，也是孕育更新上位规则或相同位阶制定规则的重要途径之一；多样性符合罪刑法定原则，是司法官依据刑法规定、司法解释行使自由裁量权的体现；与相同位阶的制定规则（如创制型地方规范）相比较，很大程度上，多样性是由规则的载体形式所决定的；不能以适用某种具体规则的案件多寡，或主张某种规则的司法官比重，判断案例规则的对错。所以，在案例规则层面，"同案同判"或"类案同判"的要求是欠妥当的，违背司法规律。在某种意义上，司法官对不同案例规则有选择适用的权利，甚至可以依据对法律规定的正确理解，在既有案例规则之外，创制新的案例规则。但是，当前刑事司法人工智能的研发目标或设计标准，却趋势明显地意图消除这种多样性。对这种不区别刑事规则领域的人工智能技术，应当有适当措施予以必要限制。

第二，观察刑事实务可以发现，案例规则，除较长时间处于稳定状态的以外，部分案例规则会升格为更高位阶的规则，部分案例规则会转化为位阶相同的制定规则。这是案例规则与上位规则、相同位阶其他形式规则相互关系的实在状况。这种状况，就是案例规则的暂时性特征。在某种程度上，当案例规则升格或转化之后，以案例为载体的规则，不再具有价值，但原案例规则的裁判理由，可以作为理解新规则的司法文献，或者间接作为适用新规则的说理依据。需要注意的是，更高位阶的规则（司法解释、规范文件的内容和指导性案例的要旨），适用效力当然高于案例规则；位阶相同的制定规则，虽然效力等级与案例规则相同，但司法官几乎没有适用与否的自由裁量空间，它对司法判断的事实约束力，明显高于案例规则。所以，升格之后或转化之后的规则，当然排斥原案例规则的适用。作为案例规则的重要特征——暂时性——着重用于揭示新的裁判规则或更高效力的新裁判规则的生成规律。这一规律的核心是，只有相应层级的司法机关才有权，或实质上能够制定新的裁判规则。换言之，它不是司法官可以行使的权力。基于深度学习（deep learning）、迁移学习（transfer learning）的人工智能，如果应用于刑事司法领域，极有可能自己生成新的裁判规则，改变了规则提供主

---

① 胡云腾，周加海，周海洋.《关于办理盗窃刑事案件适用法律若干问题的解释》的理解与适用[J].人民司法，2014(15).

② 陈国庆，韩耀元，宋丹.《关于办理盗窃刑事案件适用法律若干问题的解释》的理解和适用[J].人民检察，2013(11).

体的性质。也就是说,刑事司法判断,有可能以人工智能提供的裁判规则作为依据。对此,理应设置严格的禁区,防范可能的风险。

第三,如果不是探讨人工智能的应用问题,案例规则的公开性几乎可以略去不提。公开性,首先是规则本身的公开,以及多样的案例规则内容的公开,只有如此,司法官才可以比较判断并选择适用,行使自由裁量权。其次,公开性,是指案例规则升格为上位规则,或转化为相同位阶的制定规则的路径、理由等的公开,从中,司法官可以知晓新规则的渊源,便于司法官把握新规则的说理依据。换言之,公开性,是案例规则适用,以及案例规则升格、转化后的规则妥当适用的必要条件。如果人工智能应用于案例规则调整的领域,由"黑箱"算法而导致的算法决策的高度隐蔽性、极难被设计者控制的特性,会屏蔽对既有案例规则、案例规则调整轨迹及内容的知悉可能,造成司法官无法掌握规则调整的状况,甚至可能使司法机关失去对规则整理、规则发展、规则细化的控制。更何况有关实验已经表明,人工智能技术已经具有了躲避人类监管的企图和能力。

第四,无论多么细化的裁判规则,都丝毫不能偏离公正的基准。公正性,是与多样性关联的、有必要单独强调的特征。一定意义上讲,案例规则的公正性,是以遵循罪刑法定原则,符合立法规范的明确规定为标准的。对同一事项或同类问题,并存两种以上案例规则,是因为司法判断需要保持适当的弹性,以适应类案的复杂性。多种案例规则,凡是在法律规定的含义之内,都符合公正性的要求。但是,这种多样的案例规则与明确的立法规定之间的平衡,或许会由于人工智能技术的介入而受到破坏,且很难被察觉。例如,迄今难以消除的算法歧视,会形成"自我实现的歧视性反馈循环",使歧视得到巩固,进而以算法决策的方式损害规则适用的公正性,甚至扩大刑事司法的不公正。

(二)非正式制度

刑事司法的良性运行,不仅必须以坚实的正式制度为基础,还需要非正式制度参与其中。其中,正式制度又可分为刑事立法确定的制度,以及司法解释、规范文件明确的制度。在刑事法律制度初步形成、相对完备的条件下,正式制度通常源自于、脱胎于非正式制度,但非正式制度也可能长期存在于司法操作层面,并非必然或者一律最终转化为正式制度。与刑事司法有关的非正式制度,主要包括刑事政策、改革试验和地方规范。这些非正式制度除共有属性、相同特点外,也有各自的独有特征,它们决定了人工智能应用范围的边际。

1. 刑事政策

刑事政策所具有的非正式制度属性,取决于刑事政策的功能。本文以为,刑事政策的重要功能之一,应当定位于,它是参与刑事法律适用不可或缺的制度资源、广义依据;只有在刑事法律与刑事政策的协调作用下,才能使刑事司法产生兼顾刑事法律适用与社会时代需求的效果,即完整意义的刑事司法才会具有的效果。相对于既有的刑事法律制度,刑事政策的作用通常会以刑事政策的制度化方案(区别于既有制度的新制度)得以实现。① 刑事政策与其制约之下的制度化形式和制度化进程,大体表现为基本政策—政策指引—改革举措(改革试验)—正式制度的演进形式和转化过程。例如,刑事案件速裁程序、认罪认罚从宽制度改革,就是历经基本政策、政策指引发展环节,目前处于改革试验阶段,预期成为正式制度的前景明朗的实例。其中,政策指引和改革举措,不仅是正式制度的源流,而且会相对独立、长期稳定地存在于刑事司法过程之中,作为刑事政策的恰当存在形式或者最佳作用方式,参与刑事法律适用的活动。政策指引与改革举措,未必是阶段性明显的发展环节,两者或许完全重合或部分交叉。但可以较为清晰区别的是,刑事司法的改革试验,必须以立法机关依法授权为条件,且有确定的试点期限和试点地区;而政策指引,自然不具有这样的限制条件。

政策指引,相对于基本刑事政策,当然更加具体。而相对于具体制度(包括正式制度、改革举措和地方规范),则具有内容较为概括、提倡适时调整、不成文或非公开,以及实施效果区域差别较大等特征。在与刑事实体法适用有关的领域,政策指引担当调整法律实际适用范围的角色,它具有激活既有规范、指引裁量方向、扩张裁量空间,赋予实体法适度的政策弹性,并在一定区域、一定时期统一政策实施尺度的功能。但所有这些都以严格依法为原则,只是"在法律规定的范围内,适时调整从宽和从严的对象、范围和力度"②。最具代表性的政策指引,莫过于各国或各地区的检控(起诉与不起诉)政策指引,例如,德国检察实践中检控政策的非公开、不成文的实际状况③;荷兰在刑事诉讼法典之外,基于便宜原则

---

① 黄京平,李舸禛.宽严相济刑事政策司法运行情况指标体系的构建[J].北京联合大学学报(人文社会科学版),2017(1).

② 最高人民法院《关于贯彻宽严相济刑事政策的若干意见》(法发〔2010〕9号)。

③ [美]艾瑞克·卢拉,[英]玛丽安·L.韦德.跨国视角下的检察官[M].杨先德,译.北京:法律出版社,2016:41.

的不起诉政策指引,是一半以上不起诉案件的直接依据①。再如,受检控政策指引的影响,在德国,虽然适用统一的联邦刑法和刑事诉讼法,但"刑事程序终止"率在各州的差异很大,从南方州的 40% 到北方州的 80% 之间不等②;在法国,"作轻罪处理"的实践,由于更多考虑地方刑事司法优先方向、可利用的地方资源等缘故,已经形成一种"地方刑法政策"③。足见,在西方法治发达国家,政策指引的地方性差异,或者由政策指引所致的刑事法律适用差异,是刑事司法的规律性表现。我国宽严相济刑事政策的实施,也受相同规律的制约。以常见、多发的醉驾犯罪为例,虽然适用的是相同的刑事法律、相同的司法解释性质规范文件,但由于各地政策指引(有的地区直接转化为地方规范)的差别,使得各地对醉驾犯罪的实际入罪标准、处罚力度、裁判尺度等存在显著差别,甚至出现了醉驾实际状况与入罪规模不符、不同机动车驾驶者入罪比例失衡的状况。所以,在充分肯定刑事政策的功能、政策指引的积极作用的前提下,人工智能的司法应用必须特别注意:至少在政策指引稳定性不足或者异常变动的领域,尤其是已经出现地区间司法适用尺度悬殊的领域,应当仔细甄别政策类刑事司法数据的性质,屏蔽无用(无效)数据,剔除有害数据,充分开掘、深度利用有用数据,确保智能系统政策类数据来源的可靠性。数据的可靠性,须以真实、完整、有用为基础,也即足以反映司法规律、契合办案需求、具有实现形式正义与实质正义相统一的效果。如此,才能符合人工智能对数据的基本要求。"机器学习是典型的数据驱动的思维方式,它从数据出发,通过各种计算方法来理解数据,并建立适当的算法模型来拟合数据并得到结论。"④

2. 改革试验

我国既往的刑事司法改革试验,大致分为两个发展阶段。由政策性运行到法制化运行,是 21 世纪初期开始的刑事司法改革的重要特点,一定的政策规划或政策许可几乎成为对正式制度改革的基础。所以,此阶段,刑事司法改革启动

---

① [美]艾瑞克·卢拉,[英]玛丽安·L.韦德.跨国视角下的检察官[M].杨先德,译.王新环,审校.北京:法律出版社,2016:137—139.

② [美]艾瑞克·卢拉,[英]玛丽安·L.韦德.跨国视角下的检察官[M].杨先德,译.王新环,审校.北京:法律出版社,2016:32—33.

③ [美]艾瑞克·卢拉,[英]玛丽安·L.韦德.跨国视角下的检察官[M].杨先德,译.王新环,审校.北京:法律出版社,2016:114—115.

④ 吴喜之教授语。参见:胡永波,鸽子.成不了 AI 高手? 因为你根本不懂数据![EB/OL].[2017-08-09]. http://www.sohu.com/a/163079703_826434.

的法律依据薄弱,试验过程的质量控制机制欠缺,自发性显著,区域差异较大。尽管某些改革成果最终转化为立法明确规定的制度,如公诉案件刑事和解制度、未成年人附条件不起诉制度,但这种改革方式始终受到质疑。于是,自 2012 年年底开始,刑事司法改革步入新的阶段。对与现行法律规定不一致、修改法律条件尚不成熟、需要先行先试的改革举措,全国人大常委会按照法定程序做出授权决定,为局部地区或者特定领域先行先试提供法律依据和支持,确保有关改革试点在法治框架内依法有序推进。① 刑事案件速裁程序改革、认罪认罚从宽制度改革便是"法治框架内依法有序推进"的刑事司法改革。但是,改革的依法有序推进,并不能消除改革本身固有的特征,即各试点地区之间失衡状况明显,不同试点阶段的裁判尺度差异较大等。例如,在认罪认罚从宽的试点工作中,作为实体从宽依据的量刑规则,除具有法律约束力的规范外,主要是具有事实约束力的地方量刑细则或地方特别细化规则,据此,不同试点地区,甚至同一试点地区的不同司法机关,对认罚的量刑减让、对从简程序选择的量刑减让的幅度,存在过于悬殊的差距。从一定意义上讲,刑事司法改革就是一个允许试错的过程。即便是在法治发达国家,刑事司法改革也是"有前途的失败"的努力过程。② 在前述两项改革试点中,本应予以相对不起诉、不得从宽处罚的案件,却被不适当或规模化提起公诉、予以从宽处罚,坦率地讲,就是典型的失败实例。所以,人工智能应用于刑事司法改革领域会存在客观障碍。一是,改革失误的经验,不可作为人工智能的学习素材或训练数据。否则,数据输入的错误必然导致司法判断的失真,陷入"垃圾进、垃圾出"的困境。二是,改革的举措,未必对应地、直接地转化为未来的正式制度,试验所得的经验与成熟制度的安排之间,未必是完全协调或基本对接的状态。可靠的辅助办案系统,只能以正式制度的稳定运行作为数据采集的基础。三是,改革的尝试,未必会一律体现为正式制度的确立,某些改革的举措,或许较长时间内会以非正式制度的形式存在。毕竟,理想中的司法人工智能,既包括裁判规则的类似应用,也包含为既有规则的改变和反思提供数据积累。③

---

① 乔晓阳.党的十八大以来立法工作新突破[J].求是,2017(11).

② [美]格雷格·伯曼,奥布里·福克斯.失败启示录:刑事司法改革的美国故事[M].何挺,译.北京:北京大学出版社,2017:185—196.

③ 何帆.我们离"阿尔法法官"还有多远[J].方圆,2017(2).

3.地方规范

尽管理论界长期质疑、立法机关明确禁止,有关刑事司法的地方规范依然普遍存在,并可以产生正式制度难以比拟的司法效果。所以,地方规范是不可忽略的非正式制度载体,更是探讨人工智能的应用范围理应高度关注的领域。例如,2017年上半年,在醉驾案件受理移送审查起诉人数同比下降19.6%的基础上,浙江检察机关对醉驾案件的不起诉数同比上升127.4%。其直接原因是,该省检察机关适用浙江省高级人民法院、人民检察院、公安厅《关于办理"醉驾"案件的会议纪要》(浙高法〔2017〕12号),以更好地贯彻宽严相济刑事政策,更加稳妥地处理醉驾案件,从源头上有效控制案件数量。作为直接办案依据的这一《会议纪要》就是典型的地方规范,而且是对醉驾案件定罪量刑标准做出相应调整的新的地方规范,其实然的司法效果异常显著,具有规模化影响司法判断的功能。涉及刑事司法的地方规范至少可以分为以下三种:第一,上位规则且主要是司法解释、规范文件的细化规定,属于正式制度的延伸。例如,以最高人民法院《关于常见犯罪的量刑指导意见》(法发〔2017〕7号)为指导纲要,各高级人民法院制定的《〈关于常见犯罪的量刑指导意见〉实施细则》。① 第二,没有直接的上位规则作为依据,不是直接上位规则的细化规定,而是创制型地方规范。这种地方规范,不仅可能是上位规则的生成渊源,而且是非正式制度的重要存在形式。第三,明显违背直接上位规则的地方规范②,虽然不具有合法性、合理性,但作为一种实在的规范形式,会对司法判断或司法裁判形成事实上的约束力。前述第二、第三种地方规范的规定,都属于非正式制度,只是有合理与不合理或相对不合理的区别。

本文以为,合理或相对合理的地方规范不仅是客观的、具有事实约束力的细化规则,而且是符合刑事司法规律的、值得重视的裁判规则。最低限度,它是被立法机关默认存在、最高司法机关间接认可的规则形式。最高人民法院、最高人民检察院《关于地方人民法院、人民检察院不得制定司法解释性质文件的通知》

---

① 多数高级人民法院《〈关于常见犯罪的量刑指导意见〉实施细则》都有基本精神一致的类似规定:"本实施细则如果与刑法、司法解释、刑事司法政策以及最高人民法院《关于常见犯罪的量刑指导意见》相冲突,以上述法律、法规、政策为准,本实施细则将随着法律、司法解释和刑事司法政策以及上级法院规定的变动适时做出调整。"这无疑说明,这种地方规范的具体规定,属于正式制度。

② 例如,G省高级人民法院《G省高级人民法院关于正确适用缓刑的指导意见》(2009年2月)明确规定,被告人故意犯数罪的,一般不应适用缓刑。该地方规范的规定,与最高人民检察院法律政策研究室《关于对数罪并罚决定执行刑期为三年以下有期徒刑的犯罪分子能否适用缓刑问题的复函》(1998年9月)的规定精神不相一致。

（法发〔2012〕2号），明确将地方司法机关制定的文件，分为司法解释性质文件与其他规范性文件，并明确禁止制定司法解释性质文件，但允许制定不属于司法解释性质文件的其他规范性文件，只是禁止在法律文书中援引其他规范性文件。[①]依此标准，前述第一、第二种都是合理的地方规范，但分别属于正式制度与非正式制度的范畴。

涉及地方规范的人工智能，首先，需要甄别正式制度与非正式制度，属于正式制度的地方规范，理应作为充分利用、深度开掘的数据。其次，对属于非正式制度的地方规范，应当仔细研判，确认不合理的地方规范。凡与此种地方规范有关的刑事司法资料，绝对不得作为人工智能的学习素材或训练数据。最后，属于非正式制度的合理地方规范，通常是由案例规则转化而来的，它以相对稳定性和适用统一性，与多样性、暂时性的案例规则相区别。与这种地方规范有关的司法活动，可以纳入人工智能的应用领域。但在应用中，需要及时跟踪地方规范的变动情况，注意剔除与新的制定规则不一致或相冲突的旧有规则，以及有关的刑事司法资料。例如，前述浙江省《关于办理"醉驾"案件的会议纪要》执行之日，该省《关于办理"醉驾"犯罪案件若干问题的会议纪要》（浙高法〔2012〕257号）和该省高级人民法院刑三庭《关于"醉驾"犯罪审判中若干问题的解答》（2014年4月30日）就不再执行。显然，在新的地方规范生效之后，依据旧有规则办理案件所形成的刑事司法资料，不能再作为人工智能的数据来源。

三、能否实现智能型标准化？

刑事司法领域的人工智能，受到异乎寻常的重视，发展迅猛，成果频出，是不争的事实。为"努力构建适应实践需要、符合司法规律、体现时代特征的刑事司法新模式"，决策层将智能辅助办案系统，实际作为"刑事司法新模式"的重要参与要素或决定性条件，期望人工智能可以帮助司法人员克服认识局限性和主观

---

① 最高人民法院、最高人民检察院《关于地方人民法院、人民检察院不得制定司法解释性质文件的通知》（法发〔2012〕2号）第一条具体规定：根据全国人大常委会《关于加强法律解释工作的决议》的有关规定，人民法院在审判工作中具体应用法律的问题，由最高人民法院做出解释；人民检察院在检察工作中具体应用法律的问题，由最高人民检察院做出解释。自本通知下发之日起，地方人民法院、人民检察院一律不得制定在本辖区普遍适用的、涉及具体应用法律问题的"指导意见""规定"等司法解释性质文件，制定的其他规范性文件不得在法律文书中援引。

随意性,促进对案件事实证据的认定符合客观事实,统一司法尺度,保障司法公正。① 其中,统一司法尺度,是对刑事司法智能系统功能的基本定位。这一核心功能,在决策实施的指导层面,被清晰且通俗地概括为"标准化"。以标准化为核心功能的司法人工智能,会给法院的模式带来几方面的变化:改变法官的判断和决策模式,改变诉讼流程,改变法院的人员配置模式和设置模式等。较为展开的表述是:"标准化就意味着将审判权还给法官的同时,确保类似案件的裁判尺度尽量相同。"②这就是刑事司法人工智能受到青睐、快速发展的直接原因。换言之,"刑事司法新模式",就是能够确保"类案同判"效果的智能控制模式。一定意义上讲,这是司法改革顶层设计没有包括的举措,或未及规划的内容。它之所以被及时补充为改革的重要配套措施,或许与人工智能技术的快速发展有关,但更主要是顺应司法实践迫切需求的产物。

所有这些,与传统的案件质量控制模式发生变化,或传统的案件质量控制机制失灵有着最直接的关系。在法官、检察官员额制实施之前,确保案件办理质量和裁判尺度统一的机制,不符合"让审理者裁判,由裁判者负责"和"谁办案谁负责、谁决定谁负责"的司法规律。随着法官、检察官员额制的实施,司法责任制确立、落实的条件得以满足,需要以新的质量控制模式,替代旧有的质量控制模式。但是,对既往质量控制模式的依赖习惯尚未彻底消除,新的质量控制模式尚欠完善,或者运行不畅,致使质量集中管控机制向质量分散保障机制的转换遇到诸多问题。在此背景下,又遇到员额司法官大幅减少与案件数量飞速增加,以及"司法责任加重与司法资源不足"③的矛盾凸显,于是,多种问题的叠加促成智能型标准化的思路形成,以期这种控制模式实现新形势下的"统一司法尺度"的使命。

本文以为,作为案件质量分散保障机制的重要手段或参与要素,智能型标准化在刑事司法领域具有总体可行性,但涉及刑事实体法的适用,须有所限制或特别慎重的方面,主要包括以下方面。

(一)相对性

相对性,即区域间实体法适用的合理差异。之所以允许实体法适用存在区

---

① 林平.孟建柱:大数据司法可减少人为误差和干扰,有助防范冤假错案[EB/OL].[2017-08-06]. http://www.thepaper.cn/newsDetail_forward_1729756.

② 杨鑫健,王梦琦.最高法司改办何帆:中国法院正努力把人工智能引入办案系统[EB/OL].[2017-08-09].http://www.thepaper.cn/newsDetail_forward_1746283_1.

③ 龙宗智.司法改革:回顾、检视与前瞻[J].法学,2017(7).

域差异,是因为与刑事程序法、刑事证据法的刚性规定不同,刑事实体法的适用依法存在必要的裁量空间,更具有合理的适用弹性。首先,相对性,主要体现为正式制度适用的差异。例如,以最高人民法院《关于常见犯罪的量刑指导意见》为指导纲要,各高级人民法院制定的《〈关于常见犯罪的量刑指导意见〉实施细则》的具体规定,实际存在着差别。Z省关于故意轻伤的量刑规范为:故意伤害致一人轻伤的,可以在六个月至一年六个月有期徒刑幅度内确定量刑起点。每增加一人轻微伤的,增加二个月以下刑期;每增加一人轻伤的,增加三个月至六个月刑期;每增加一处轻伤的,增加三个月以下刑期。故意伤害致人轻伤的,伤残程度可在确定量刑起点时考虑,或者作为调节基准刑的量刑情节。G省关于故意轻伤的量刑规范为:故意伤害致一人轻伤的,可以二年以下有期徒刑、拘役幅度内确定量刑起点。故意伤害致人轻伤的,伤残程度在确定量刑起点时考虑。每增加一人轻微伤的,可以增加一个月至三个月刑期;每增加一人轻伤的,可以增加三个月至一年刑期。显然,依据上述不同的地方量刑规范,最终裁量的刑罚会有实际的差异。但是,这种地方量刑规范,具有明确的上位规则为依据,是正式制度的组成部分,依据此类规则裁量刑罚而出现的差异,属于正式制度许可范围内的差异,是具有合理性的差异。其次,相对性,是被现行司法责任制所认可的。换言之,作为判定司法责任基准的裁判尺度,是以相对性为基本特征的。最具说明性的,是有关司法责任制的规范文件,均对裁判尺度做一定范围的限制性表述①;并将"在专业认知范围内能够予以合理说明的",当作不得作为错案追究责任的事由②。这些规范内容意味着裁判尺度的相对性或地域性。第三,相对性,也包含政策指引的合理差异。这不仅符合政策指引适时调整的规律性特征,而且也被司法责任制的规范所认可。③ 最典型的现象,莫过于同一城市不同基层

---

① 例如,《最高人民法院司法责任制实施意见(试行)》(2017年7月)对裁判尺度,规范性地表述为"本院同类生效案件裁判尺度"。G省高级人民法院《贯彻落实〈关于完善人民法院司法责任制的若干意见〉的实施意见(试行)》(2016年9月)将"统一本院裁判标准"明确规定为各级法院审判委员会承担的职能,还明确规定,"中、高级法院的庭长,还应负责组织本庭对下业务调研指导,统一裁判尺度和标准"。此外,最高人民法院巡回法庭承担着"统一巡回区法院裁判尺度"的职能。参见:单玉晓.如何统一裁判尺度——专访最高人民法院审委会副部级专职委员、第一巡回法庭庭长刘贵祥[J].中国改革,2017(5).

② 最高人民法院《关于完善人民法院司法责任制的若干意见》(法发〔2015〕13号)第二十八条规定,"对法律、法规、规章、司法解释具体条文的理解和认识不一致,在专业认知范围内能够予以合理说明的",即使案件按照审判监督程序提起再审后被改判,也不得作为错案进行责任追究。

③ 根据最高人民法院《关于完善人民法院司法责任制的若干意见》(法发〔2015〕13号)第二十八条的规定,因政策调整而导致案件再审之后改判的,不得作为错案追究责任。

检察院的政策指引,会导致诉与不诉的规模性差异,即同类案件有的普遍做相对不起诉处理,有的被普遍定罪免刑,甚至定罪适用缓刑。基于上述各种情况,本文以为,应当禁止或者尽量避免使用全国通用的智能辅助办案系统,至少应当对技术成熟的智能系统,在嵌入能够适应区域性标准化控制的功能之后,再实际应用于刑事司法领域。

(二)可靠性

在刑事司法人工智能的研发中,重大、疑难、复杂、新型案件的数据来源,比常见、多发且相对简单案件的数据来源,在可靠性方面受到的重视程度高得多。换言之,对占比高达80%左右或更高的简单案件,真实、完整且有用的数据,在智能系统研发中没有得到足够的重视,甚至被严重忽视。这是因为,司法智能系统的研发,本应是从标准或比较标准的判决中提炼共性,进而明确类案同判的统一裁判尺度或标准。但是,在实际操作中,标准的刑事判决或判断,有时被简化成为裁判文书。正如审判专家所概括的,与这种简单案件裁判文书关联的大数据,"体量"并不代表"质量","大"并不代表"准",现在并不代表未来。① 这突出地表现为刑事裁判文书的说理性不强,也即"无理"判决的现象:在事实和证据方面,缺少对形成心证过程和理由的阐述;在裁判理由方面,对适用法律的论证过于简单、概括,说理不够、不透,缺乏针对性;在诉讼过程方面,未能完全展现案件审理的全过程。而所有这些需要透彻说理的内容,或者能够用于提炼案件规则的资料,却只在作为"内部文件"的案件审理报告或审结报告中有全面、翔实的体现。② 总之,这样的情形,若出现在简单案件的数据采集中,其后果及其可能带来的危害是不堪想象的。因为,这种丝毫没有数据挖掘价值的信息,一旦成为刑事司法智能系统的数据来源,一是,无法真实反映案件判断所依赖的裁判规则、审理经验等;二是,对辅助案件裁判,哪怕是最基本的类案检索,都没有实际的作用;三是,说理简单或者说理千篇一律,等于强化了不说理,并由此会形成辅助未来裁判的有害数据。所以,杜绝没有可靠性的数据,包括外观仅是无用但经智能系统应用会生成的有害数据,才能实现智能型标准化所预期的效果。

(三)适度性

适度性,着重在于提示,刑事司法智能系统的应用,不要有过度的强制性标

---

① 何帆.我们离"阿尔法法官"还有多远[J].方圆,2017(2).

② 王靖.法官"讲理"与刑事裁判文书"说理"——当前刑事裁判文书说理性不强的现状及原因分析[EB/OL].[2017-08-06]. http://www.chinacourt.org/article/detail—07/id/1663425.shtml.

准。之所以强调适度性,最主要的原因是,司法智能系统的研发和应用,已经显露出改变司法官判断和决策模式的显著趋势;尤其是这种趋势,还带有混淆指令性判断与裁量性判断界限的明显痕迹。在此背景下,依赖智能型标准化实现的案件质量控制,更应切忌绝对化。也即除依法必须适用的刚性规定之外,对其他依法可自由裁量的领域,智能系统的应用必须预留基本裁量空间,否则,与法律规定和司法规律不符。换言之,司法判断有指令性判断与裁量性判断的区分,对于这两种不同类型的司法判断,智能系统的设计和应用必须在严格区分的基础上有不同的实现方式。凡属于裁量性判断的事项,智能系统可以采取"适用指引"的方式,实现案件质量的标准化控制,也就是说,可以由系统给出自由裁量的合理区间,供司法官参考;但理应禁止出现绝对化的、意图统一裁量性判断的质量控制标准。例如,最高人民法院《关于常见犯罪的量刑指导意见》对确定宣告刑的方法,明确规定:"综合考虑全案情况,独任审判员或合议庭可以在20%的幅度内对调节结果进行调整,确定宣告刑。当调节后的结果仍不符合罪责刑相适应原则的,应提交审判委员会讨论,依法确定宣告刑。"各高级人民法院据此规定的实施细则,通常对宣告刑的确定有更细化的规定。[①] 再如,针对刑事司法智能系统中基本证据标准指引的功能,已有专家告诫,要避免法定证据制度理性地走向反面,如果过于追求证据规则细致化、繁密化,可能会使司法官的理性判断窒息,由事务性取代人性,会使一些案件事实在信息化、智能化的操作之下扁平化。[②] 总之,裁量性判断的质量控制,无论是传统模式,还是智能模式,都必须以符合司法规律和有关法律规定作为基础。否则,越是智能化的控制模式,反而会使裁判尺度校准失误。

(四)独立性

刑事司法智能系统的具体类型很多,目前最被看好的,或许最有发展前景的,是公检法通用智能系统。这种被称为"推进以审判为中心的诉讼制度改革软

---

① 例如,G省《〈关于常见犯罪的量刑指导意见〉实施细则》明确规定,量刑情节对基准刑的调节结果在六个月以下,综合全案犯罪事实和量刑情节,依法应当判处拘役、管制或者单处附加刑的,应当依法适用;犯罪情节轻微不需要判处刑罚的,可以依法免予刑事处罚。Z省《〈关于常见犯罪的量刑指导意见〉实施细则》明确规定了"从宽处罚限制规则",包括:宣告刑一般不应低于基准刑的50%;如果具有未成年人犯罪等特定量刑情节,先适用该量刑情节对基准刑进行调节的,宣告刑一般不应低于被调节后的基准刑的50%。本细则另有规定的除外。

② 张建伟教授观点。参见:王治国,徐盈雁,闫晶晶.司改要敢于啃下硬骨头——专家学者建言检察机关深化司法体制改革[N].检察日报,2017-07-22.

件",是要通过公检法在共同的数据办案平台上、明确的基本证据标准指引下办案,推动以审判为中心的刑事诉讼制度改革落地,提升刑事司法的质量和效率。这种通用智能系统,在形式上,将公检法机关原本独立的数据办案系统打通;在手段上,主要以基本证据标准指引,引导办案机关和工作人员依法、全面、规范收集、审查证据;在实质上,是重构刑事案件的办案流程。① 本文以为,研制刑事司法通用智能系统的初衷,或预期实现的目的,是值得充分肯定的。其研制及应用的思路之一,符合我国《刑事诉讼法》对各诉讼阶段证据标准的规定。依据《刑事诉讼法》的规定,侦查终结的证据标准,与起诉的证据标准和定罪的证据标准完全相同。具体而言,在证据质的方面,侦查中获取的用于结案的证据均逐一查证属实,其他证据也经过一一核实;在证据量的方面,证据的数量足以使人就犯罪嫌疑人是否有罪及应受刑事处罚,做出肯定或否定判断。起诉证据标准的质和量,自然也是如此。② 但是,通用智能系统中基本证据标准指引的功能,并不排除会引起以下问题:一是,案件的实体定性,未必会在各诉讼阶段始终保持一致,实体判断构成的罪数也未必完全相同。但是,通用智能系统是以特定罪名及其类型,分别确定证据标准指引,如盗窃案件分为当场抓获型、重要线索型和网络犯罪型的证据标准指引。如侦查时认定为 A 罪,公诉机关以 B 罪起诉,法院判决构成 C 罪,暂且不说通用智能系统如何实现实体判断与证据指引的对接,这种实体判断误差的责任由谁承担呢? 具体承办人? 所属办案机关? 智能系统? 开发智能系统的机构? 二是,侦查机关、检察机关和审判机关在通用智能系统办案,如何能够确保侦查权、检察权、审判权专属原则③的落实? 能否保障依法独立公正行使审判权与依法独立公正行使检察权的正常关系? 能否有效避免可能出现的"提前介入"的负面后果? 总之,重构刑事案件的办案流程,甚至出现类似"在线指导办案"的迹象,是通用智能系统带来的可能后果。所以,建议有关方面对通用智能系统的研发依据、应用影响等,做审慎判断,或者在积累必要经验的基础上调整实施方案。

(五)可控性

可以想象这样一种场景:在刑事司法智能系统高度发达、应用普及后入职的

---

① 杨鑫健,王梦琦.最高法司改办何帆:中国法院正努力把人工智能引入办案系统[EB/OL].[2017-08-09].http://www.thepaper.cn/newsDetail_forward_1746283_1.
② 张建伟.刑事诉讼法通义[M].北京:清华大学出版社,2007:534,565.
③ 张建伟.刑事诉讼法通义[M].北京:清华大学出版社,2007:201—202.

司法官,无疑会按照"重构的办案流程"做出职责所要求的司法判断,但他们既无法习得虽然传统但确属司法官必须具备的技能,也无从积累只有传统办案方式才可以获得的司法经验,更会中断刑事办案经验和技能的传承。这是涉及智能办案系统的数据控制权的重大问题。本文以为,智能办案系统的核心数据,尤其是涉及裁量性判断的数据,必须以传统办案为基础。也即只能从传统方式办理的案件中提炼裁判规则、归纳既有经验,作为智能系统的必要数据来源。这是隔绝智能系统的有害数据或可能的有害数据的有效办法。换言之,凡是与规则生成、经验积累、技能传承有关的数据,必须来自于司法官的独立办案,或者在智能系统有限辅助下的相对独立办案,杜绝以智能系统生成的数据为来源。只有这样,才能确保司法官、司法机关对刑事司法智能系统的数据控制权,机器或智能系统决不能成为规则数据、经验数据、技能数据的提供主体。为此,至少需要做两件事。一是办案人才的必要训练。可以考虑,要求检察官助理、法官助理以传统(或相对传统)方式,办理一定比例的案件;而法官、检察官办理可能生成新规定、积累新经验的案件,应当力戒智能系统可能的有害影响。以此保障对司法经验、技能的传承。二是数据更新的严格控制。当人工智能技术高度发达,也即高级智能技术、超级智能技术发展到可以生成新规则的阶段,应当制定并实行有效的制度,对规则生成、经验积累、技能传承等方面的数据予以严格控制,确保数据源于司法官的判断,而非纯粹来自智能系统。简言之,凡是与裁量性判断有关的数据,特别是既有智能系统的数据更新,提供主体必须保持唯一性——司法官和司法机关。

大数据在检察工作创新中的运用

季美君　赖敏娓　王　燃[*]

一、大数据时代司法环境的改变

所谓大数据,是指种类多、流量大、容量大、价值高、处理和分析速度快的真实数据汇聚的产物。[①] 这样的数据是一般软件工具难以捕捉、管理、处理、整理和分析的,通常以"太字节"为单位。随着网络技术的发展和大数据时代的到来,网络正迅速改变着社会的各行各业,这种变化不仅体现在数据本身,也体现于人们的思维模式,进而酝酿并带动着社会各个领域的整体变革。

(一)从注重定性分析向注重量化分析转变

大数据之大,并不仅仅在于容量之大,更大的意义在于通过对海量数据的交换、整合和分析,发现新的知识,创造新的价值,带来"大知识""大科技""大容量"和"大发展"。大数据时代强调数据的大,一改传统数据分析的样本收集,强调尽可能全面地收集数据并进行分析。相比依赖于精确性的小数据时代,大数据更强调数据的完整性和混杂性,可以帮助人们更进一步接近事实的真相。在小数据时代,资源有限,要选择收集全面完整的数据需要付出高昂的代价,样本分析法无疑是条捷径。大数据打破以往对数据节点的随机抽样,采用所有数据集中采集分析的方法,其所研究的结果更具有普遍的应用价值。当前,大数据时代的

　＊　季美君,最高人民检察院检察理论研究所研究员;赖敏娓,浙江省台州市人民检察院检察官;王燃,天津大学法学院讲师。

　①　麻玉然.检察机关运用大数据、云计算、物联网的前景与思考[J].法制与社会,2016(35).

量化分析模式已经突破了传统定性分析的局限性,随着信息技术的进一步发展,量化分析将成为大数据时代数据分析的主流。从注重定性分析到更加注重定量分析的转变,对司法机关如何准确地把握犯罪趋势、制定相关的预防惩治政策,以有效地打击犯罪维护社会稳定,带来巨大的影响。

(二)从注重因果关系向注重相关关系转变

大数据借助于强大的数据计算法则和计算能力,其数据挖掘和分析能力,超出传统统计学的抽样样本的局限性,使接近于全体的数据分析成为可能。其能够通过一定的运算法则,将事物之间通过相关关系搜索列入量化数据分析的范畴,其所提供的是事物之间的相关关系而非因果关系。这种相关关系的分析无疑会改变传统司法的思维方式。

(三)从注重精确推理向注重概率思维转变

传统科学研究强调演绎思维,是在观察分析的基础上提出问题,再通过猜想提出解释问题的假说,再根据假说进行演绎推理,最后通过实验检验推理得出确定性结论。在大数据时代,信息量大而丰富,科学研究往往通过分析大而全的事例归纳出共性特征,最终得出非确定性结论或者说做出概率性、可能性推断。[1]大数据从类型上可分为结构化数据、半结构化数据和非结构化数据。[2]结构化数据是在固定字段集合中存放的数据,如 Excel 表格中案件情况的统计数据等,属于精确表达。非结构化数据是指难以用数据库二维逻辑表表现的数据,主要是基于互联网、手机等智能终端所形成的视频、图片、地理位置、活动轨迹、网络日志等数据。半结构化数据介于结构化数据和非结构化数据之间,指用标签和其他标志划分数据元素的数据,包括可扩展标记语言和超文本标记语言等[3],如Word 文档中的文字、网页中的新闻、电邮等。大数据时代,只有 5％的数据是结构化且能适用于传统数据库的。如果不接受不确定性,剩下 95％的非结构化数据都将无法被利用。[4]大数据时代通常用概率说话,而不是执着于"确凿无疑"的结论。这种概率性统计分析与思维模式在预防犯罪、把握犯罪的发展趋势方面具有独特的作用。

---

① 郑一卉. 范式与方法:对大数据环境中社会科学研究的反思[J]. 新闻知识,2016(1).
② 王岑. 大数据时代下的政府管理创新[J]. 中共福建省委党校学报,2014(10).
③ 徐继华,冯启娜、陈贞汝. 智慧政府——大数据治国时代的来临[M]. 北京:中信出版社,2014:56.
④ [英]维克托·迈尔—舍恩伯格,肯尼思·库克耶. 大数据时代[M]. 盛杨燕,周涛,译. 杭州:浙江人民出版社,2013:45.

由上可知,大数据时代,因数据本身所具有的既大又全且复杂的特性,从而引发了人们在分析问题、判断问题和解决问题方面思维模式的根本性转变,人们在思维模式上的这种转变无疑会对传统司法模式带来很大的冲击与挑战。

二、大数据时代检察机关遇到的问题与挑战

在大数据时代,运用互联网、大数据等现代信息技术,是检察机关加强司法公信力、提高工作效率、促进司法公正的必然要求,也是加强信息化建设的必然路径选择。但是,从总体情况来看,目前我国检察机关在开发和运用大数据等现代信息技术方面,存在着以下几个方面的问题。

(一)理念上的问题

由于大数据这一概念具有普适性和不确定性,当前司法人员包括检察人员,容易陷入两种错误的思维误区:一是僵化思维;二是"唯大数据论"思维。前者认为,大数据与检察工作无关。虽然,经过短短几年的迅猛发展,大数据已在金融、电子商务、医疗等诸多领域带来了颠覆性的革命,但相当一部分司法人员仍然认为大数据与司法工作无关,喜欢固守于传统的办案模式,没有树立起大数据理念。而后者则认为,大数据是无所不能的。这类人容易陷入"唯大数据论"误区,认为大数据分析结果一定是准确的,大数据算法可以应用于所有领域。但客观情况并非如此,大数据分析结果很难达到100%准确,如上所述,大数据的统计分析更侧重于概率性而非精准性。

(二)体制上的挑战

1.严重的数据壁垒

拥有海量数据是开展大数据应用的基础,但目前,检察机关还存在着数据资源沉睡、数据壁垒严重的现象。首先,数据资源沉睡。检察机关并非没有数据资源,只是相当一部分的数据还处于沉睡状态,没有被激活。最典型的便是全国检察机关统一业务应用系统中的数据,多年来,系统中已积累了海量的办案数据,但这部分数据目前尚未被充分激活、利用。其次,数据壁垒严重。除了少部分检察文书在网络上公开以外,目前大部分检察数据还仅是"内部公开",局限于某系统、某部门、某地区范围内,不同地区、不同级别之间的检察数据各自为政,存在较为严重的壁垒。

2. 地区建设零散化、重复化

在大数据潮流下,很多地区的检察机关纷纷搭建本单位的大数据平台。笔者认为,对于一些需求普遍的司法大数据应用平台、模型,宜由最高检统一规划建设,再推广至各地区检察机关。一来避免各地重复投入,节约资源;二来上级检察机关有着更为丰富的数据源和协调能力,能够更有力地推进司法大数据进程。

(三)应用上的难点

目前检察机关在运用互联网、大数据方面的主要困境为数据量小,应用功能弱,共享程度低。当前迫切需要解决技术与法律之间的代沟问题。司法人员与技术人员之间的"隔行"是一个非常严重的问题,不是技术人员不懂司法业务,就是司法人员不懂技术原理,导致很多司法需求难以被理解、被转换成技术方案。

法律与技术之间的衔接主要体现为对检察业务、法律规则的数据化抽取、数据化表达,将其转换成可供机器分析的"数据语言"。目前,司法人员与技术人员之间的"隔行",还需要司法人员和技术人员协力配合,甚至是培养专门的法律与数据复合型人才去填补。除了司法人员与数据技术人员的协作外,检察大数据应用的"落地"还需要多环节、多部门的通力合作。

三、大数据在检察领域的实践价值

(一)有利于提升司法公信力

大数据时代为同案同判提供了操作平台,诉讼参与者均能够通过平台获得基本一致的司法结论,让民众对司法的严肃性保持一定的敬畏之心。与此同时,司法工作者通过数据信息平台,可以快速找到相关联的"同案",作为案件办理的参考样本,从而提升司法效率。大数据时代信息平台的构建,使得各类检察信息能够在平台上得以公开,让民众实时了解司法办案,让司法公开成为常态,也有助于提升司法公信力。如对于非法获取网络游戏币、充值卡,并予以转让牟利行为的定性,司法实践中有定盗窃罪的、有定非法获取计算机系统数据罪的、有定破坏计算机信息系统罪的。办案人员可以通过大数据平台,分析对此类案件定性的地域分布和时间分布,掌握此类案件不同定性的司法说理,在全方面参考的基础上,对案件的定性充分说理,使民众信服此类案件的处理结果,从而确保司法公信力的维护与提升。

(二)快速预测类案发展态势

大数据时代,检察机关可以对接近于全体的样本进行量化分析,运用归纳总结的思维模式,对案件的走向做出高概率性预测。目前讨论较多的是犯罪热点成因分析,即将刑事案例与社会数据相融合,运用数据挖掘技术,以犯罪地点信息为主,根据犯罪人的身份信息,结合一定区域内的社会、经济、空间及活动轨迹等个人信息,通过犯罪制图来探究犯罪热点和成因。审查批准逮捕的检察人员可以借助于犯罪热点成因分析,熟悉掌握区域内的类案处理情况,预测类案的犯罪发展态势,以便更好地判断犯罪嫌疑人的社会危险性,从而在审查批准逮捕阶段客观地对个案犯罪嫌疑人决定是否适用逮捕措施或其他强制措施。

(三)有效管理网络舆情

大数据的核心作用是预测,大数据时代使得案件的网络舆情分析变得更为直观明了。在检察机关办理案件中,网络舆情分析主要是通过收集分析互联网上关于社会热点或网民关注焦点事件的大量消息报道,发掘背后隐藏的关系,进而预测事态的发展趋势,为案件办理可能诱发的舆情事件处置提供决策参考。当然预测不是预知,更非先知,案件舆情分析也是通过对现有数据分析运算而推出结论,对事件发展趋势的预测与数据数量、质量和分析模型等密切相关。在舆情事件处置中,应特别关注贴吧、论坛、新闻跟帖、微博、微信等互动数据的采集,透过消息表象全方位揭露隐藏于消息背后的微妙关系。如果能够合理、合法地利用后台数据,新型传媒终端对传统社会的管理机遇将远大于挑战——研究的内容开始涉及如何采集庞大的数字化数据集合,用来科学预测和阐释网络上的集体化行为。[①] 通过利用短信、微博、微信和搜索引擎,检察机关可以关注与所办案件相关的热点事件,挖掘舆情,对关注此案人们的网络行为和网络情绪进行细化测量,积极引导网络舆情,变被动为主动,尽可能减少网络舆情给办案人员带来的心理压力,减少网络舆情对司法办案的负面影响。

(四)提高检察统计效率

依托大数据的技术支持,检察统计工作将会有很大的改观。计算机的录入与分析,办案软件的即时录入与上传,可以避免手工录入的纰漏,且能提高工作效率。同时,将检察统计的结果通过网络平台等予以发布,可以让检察统计工作阳光化、透明化。大数据时期,每月或每季一报的部门业务条线案件报表及专项

---

① 姜飞,黄廓.把握大数据时代契机,推动我国网络社会管理更加科学化[J].中国广播,2013(5).

工作报表可由系统自动生成数据,避免人工统计的烦琐。通过大数据平台,案件质量评估、工作业绩考核等均可实现系统自动提取、自动分析、自动生成报告。在类案分析中,通过比较往年与今年的相关数据,可以分析出当前案件的发展趋势、类案成因等,为检察决策提供信息参考。通过检察系统办案数据的横向比较,可以对特定时期特定类案的办理情况进行智能分析,对案件分布的时空特点进行归纳、总结。

(五)有助于规范司法,促进司法公正

随着理念的转变,大数据在运用过程中,因其具有统计上的便利、归纳上的优势以及判断上的简单明了,在检察实践中,若能适当地整合与应用相关数据及分析结果,至少可以做到以下几点。

1.保障同案同处

同案同判是司法公正的基本要求,是朴素的自然正义在司法领域的具体表达。但在司法实践中,对法律的认知,往往要结合办案者自身的生活经验,法律认定不一致的情况极容易出现。大数据时代的关联分析法能够减少案件因时空差异而造成的信息沟壑。借助于检察机关搭建的数据共享平台,利用大数据的信息分析研判功能,对相似案例进行对比分析,充分挖掘已判案例数据和检察已结案例数据,输出与目标案件相似的已判案例和已结案例,从而智能化协助检察人员办案,实现同案同判在检察机关的同案同处。大数据时代的关联性分析为同案同判提供了便捷路径,通过对法院已判案例数据和检察已结案例数据的自动关联,进行多维度对比分析,可对案件的定性或裁量提供类案对比参考。比如针对轻刑案件,系统自动与历史案例的裁判、审结尺度进行对比,减少主观因素,从而真正实现案件的同案同处,减少地域性差异,提高司法公信力。

2.规范司法办案

检察机关横向纵向信息共享平台的搭建,将实现对检察机关司法办案每一个环节的全方位监管,严格规范司法办案,实现网上办案、网上管理、网上监督、网上考核,让司法规范成为每一名检察办案人员绕不过去的门槛,实现办案从数量到质量的优化整合。可从绩效、时间、案件、人员四个维度,把案件数据细化到每个检察院、每个业务部门、每个检察办案人员,力求司法办案评价的准确性。另外,还可以"利用云计算的理念和构建模式,充分发挥案件管理中心和办案部门双重管理力量,保证办案质量,使每个办案部门在案件管理中心的统筹下,都

变成案件管理的'云',实现最低的资源投入,发挥最大的案件管控效果"①。

3.提高电子取证水平

随着信息时代的到来,电子证据在案件中的重要性越来越凸显。大数据使得电子证据的获取渠道广泛化,在对案件中的各类电子证据,如电话通话记录、银行账单,手机及计算机中的结构化数据以及音频、视频、图像等非结构化数据进行综合分析,充分挖掘各类电子证据存在的价值,为检察办案决策提供帮助,从而提升案件的办理质量与效率。另外,可以依托检察机关的大数据信息库,构建大规模高性能的电子证据取证分析鉴定平台,实现对电子数据的远程咨询、鉴定,快速取证以及快速检索、归档等。通过电子证据取证分析鉴定平台,还可以实现电子证据之间的无介质传递、运输。大数据在收集、固定、鉴定电子证据方面的独特优势,无疑有助于实现个案的公正,最终提升检察机关的整体公信力。

四、大数据时代检察工作的应对措施

若想让大数据成为新时期检察工作突破瓶颈的新思维、新路径,必须抓住大数据的时代脉搏,学会三样技能,即收集数据、使用数据和开放数据,且应围绕这三项技能构建机制。具体而言,可以从以下几个方面着手。

(一)转变观念,培养大数据意识

大数据不仅带来技术上的变革,更带来人类思维模式、意识理念的变化。检察人员不仅要熟练掌握法律规定,更要与时俱进,充分了解并跟上时代的发展、社会形势的变化,尽快转变传统的办案思维,树立大数据意识,学会运用大数据方式办案、办公。当然,大数据意识本身是个复杂的体系,包括数据开放共享理念、数据化理念、数字化管理理念等多元化体系。检察人员在具体工作中,应重视数据、尊重数据,"让数据发声",从关联数据信息中发现问题、判断趋势、策划解决方案。

与此同时,还应转变原来的管理观念,增强服务意识。很多检察人员对全国检察机关统一业务应用系统的运行效果不甚满意,有些工作数据在纸面上完成后,还需要再录入系统中,某种程度上反倒加重了工作量。有鉴于此,有关部门在进行相关系统、应用设计时,应转变传统的"管理意识"为"服务意识",从服务

---

① 唐道飞.大数据与云计算的关系及其在检察机关中的应用[J].统计与管理,2015(9).

于检察官办案、辅助检察官办案的角度出发,确保大数据办案系统操作的便捷性,如此才符合提高办案效率的大数据司法应用初衷。在大数据时代,费时费力的资料收集等工作,可以交给大数据系统的人工智能操作完成。这不仅是人力的大解放,效率的大提高,也是科技辅助办案、智能办案的大进步。

(二)完善相关立法,加大个人信息保护力度

大数据在改变我们生活方式的同时,也会带来新的社会风险,改变原有的信息秩序。毕竟,大数据的核心思想就是用数据规模剧增来改变现状。尤其是信息收集的广泛性使得公民的所有隐私均有暴露于众的可能性,因此,对公民、企业信息的保护应该在立法层面予以重视,尽快完善相关法律制度。

另外,在大数据时代,对信息的保护不仅应着眼于静态的数据信息本身,还应着眼于动态的数据处理过程。因为大数据时代是动静态相结合的信息秩序,对两者状态的任一破坏,都是对大数据信息秩序的侵害。传统数据信息保护模式侧重于数据本身的保护模式——结果犯保护模式,注重静态数据本身的保护,对数据本身的破坏,如对以窃取、收买或者其他违反国家规定的方式,向他人出售或者提供个人、企业信息数据的行为,均进行否定性评价,以刑法加以规制。在大数据时代,对信息秩序的保护应同时侧重于数据动态处理过程的保护——行为犯保护模式,对合法的数据处理过程进行非法破坏,如擅自收集、分析、利用他人信息的行为,或者非法对数据加以处理加工的行为,均进行否定性评价,以刑法加以规制。采用"结果犯"加"行为犯"相结合的保护模式严密信息秩序的保护网,更能有效地打击各类非法采集、利用数据的犯罪,助力于大数据的可持续发展。

(三)培育复合型人才,提升信息素质

信息素质,顾名思义,就是利用信息的素质能力,在大数据时代,主要是指主动收集、分析研判、甄别使用信息的能力。身处大数据时代的检察人员,应当对各类新事物保持一定的认知能力,并能将法律规范适用于新类型案件,能在司法实践中对新事物、新案件进行准确的表述和概括。在大数据时代,仅靠法学专业知识是无法适应时代发展需求的,因此需要具有多学科背景特别是计算机技术背景的人才,如引进具有大数据应用经验的专家等,充实到检察队伍中,同时应积极创造条件,培养高端的复合型人才。

诚然,培养高端复合型人才需要一定的时间,当务之急是要提高经验丰富的司法人员的信息素质,让能熟练应用大数据去解决司法问题的经验丰富的研究

者或者实务者参与检察系统人才培训方案的设计,培训时聘请实践经验丰富的专家、学者等讲解大数据相关知识、程序规则、数据挖掘、网络电子证据固定、司法实践案例解析等内容,加强新知识、新技术的学习更新,提高司法人员的大数据运用能力。唯有如此,方能在办案过程中做到事半功倍,让科技力量在检察业务中的作用得以充分发挥,从而真正实现办案的精细化、现代化。

(四)建立数据基础平台,实现全方位的信息共享

拥有海量数据源是进行检察大数据应用的基础。当务之急是打通检察系统数据壁垒,盘活已有的数据资源,并推行"人—机"互动的数据自动采集机制。具体可从以下几方面展开探索。

1. 建立数据共享机制

借助当前建设国家检察大数据中心、"检务大数据资源库"的契机,最大程度打通数据壁垒,建立检察数据共享机制。具体而言,可以从以下几方面展开工作:第一步,各检察机关的统一业务应用系统中都积累有海量的文书等数据,可充分盘活系统中数据,作为大数据检察应用的基础。第二步,在此基础上,不同地区的检察系统应当有权限地开放数据系统查询、共享机制;不同级别检察系统之间应当适当开放数据查询、共享机制。第三步,检察机关应进一步与社会其他行业,如银行、税务、证券等行业建立数据共享机制,将外部行业数据资源引入检察系统。

2. 推行卷宗数据化

卷宗和法律文书是最主要的数据来源,卷宗包括历史卷宗和在办案件卷宗,其中也包括刑事裁判文书。通常将经过数据化处理的电子卷宗称为"数据卷宗",其比"电子卷宗"的定位更进一步。具体言之,从卷宗里抽取出罪名、地点、手段、情节、量刑以及其他要素,并将各要素汇集存入数据库,在此基础上进行数据化处理,开展各类大数据与人工智能的开发。

制作数据化卷宗主要依据文本分析技术。具体而言,将卷宗、裁判文书和法律法规进行扫描识别,然后应用语义分析的分词软件程序,将卷宗中的文字按词汇进行分割,分出一个个独立的词语,并进行词性及词意褒贬判断。在此基础上,建立相应的字典库,如法律法规库、卷宗库、裁决文书库及量刑库等,数据可检索、可关联,为大数据检察应用提供条件,也为针对新卷宗抽取数据提供方法策略。

3.物联网数据采集

大数据时代的特征之一便是"万物皆可数据化",而将万事、万物进行数据化的基础便是"物联网"技术。不同于当前的人工事后录入数据机制,在物联网技术基础上,过去很多不被关注的数据都将被自动记录、保存下来。概言之,检察数据物联网的核心就在于推动法律人行为的在线化,推动办案过程全程留痕。

检察数据的物联网采集可从以下两个方面着手:(1)办案过程全面数据化。对全国检察机关统一业务应用系统进行改良,检察官直接在业务系统中办案,除了文书数据外,系统自动记录相关操作元数据,并对之进行汇总、统计及分析。(2)办公过程全面数据化。运用物联网技术,将检察官出勤时间、在线办公时间、文书审批流程等全面数据化,为数字化检察管理提供条件。

事实上,信息共享平台的搭建,除了检察系统自身外,还应积极引入外部数据,实现与外部数据的对接,如与公安系统和法院系统的信息共享衔接。公安机关处在刑事案件侦查的初始阶段,掌握着刑事案件的原始信息,加之公安机关日常承担大量社会治安综合治理工作,其所拥有的信息库是包罗万象的。法院处于刑事诉讼流程的末端,其对刑事案件的审判具有终局性,但囿于地域差异,法院对刑事案件的定罪量刑具有明显的时空性。对于处于刑事诉讼中段的检察机关而言,若能实现与公安机关、法院的横向信息共享,其监督的触角可实质性地延伸至刑事案件的立案和审判执行阶段。对于公安机关提请批准逮捕和移送审查起诉的刑事案件,通过提取法院对类似案件的判决、裁定,检察机关可以对刑事案件的未来走向作一个预测,便于在审查批准逮捕阶段对犯罪嫌疑人的社会危险性作全面客观的综合性分析,在审查起诉阶段对被告人可能判处的刑罚做到心中有底。特别是在当前认罪认罚从宽制度试点中,依托信息共享平台,便于在对轻刑案件做出快速处理时有比较客观公正的标准。

(五)开发业务应用,打造"智慧检察"

大数据时代,在改变思维理念和方式的前提下,可以将大数据方法引入检察机关的管理领域,各种数据任由调取,真正实现检察工作"运筹于帷幄之中,决胜于千里之外",打造"智慧检察",改变以往粗放型的管理模式,构筑精细化的检察管理运作模式。从现实出发,依托全国检察机关统一业务应用系统,全国四级检察机关可进行互联的网上办案,将案件的受理、审查、处理结果及案卷归档、移送、备案等工作流程全部纳入统一的办案系统,实现对各级检察机关办案工作的全面、动态和实时监控,确保每月上报至最高检的统计报表数据均从数据中心自动采集,及时生成,为实现检察机关办理案件的科学化分类、多元化检索和量化数据比对分析奠定基础,从而实现检察统计工作的统一化、自动化和精确化。具体而言,在拥有数据源的基础上,可以在以下领域开展检察大数据应用。

1. 智能生成起诉书

根据起诉书的格式,可以从卷宗里面对应的书证、笔录及法律文本中抽取相应的元素;罪名对应的法律条文可以从法律文本库中抽取;犯罪事实部分,不同的案件有不同的叙述形式,在叙述案情部分一定要围绕法律法规所涉及的量刑要点去叙述。在此基础上,还应当由检察官对智能生成的文书进行审查及修改。

2. 大数据量刑

表面上看,量刑情节是交错的、复杂的,深入分析量刑过程就会发现,量刑情节是一个有序叠加的过程。对于法律列举有量刑情形的罪名,按照相应的公式可以计算得到刑期。大数据量刑可依据以下步骤展开:第一步,应用大数据机器学习的方法建立每种罪名的量刑模型;第二步,运用文本分析法从卷宗中提取犯罪情节;第三步,将案件要素代入模型公式计算,对与犯罪情节相对应的刑期进行加减,并由刑法总则对之进行比例调整。这样就完成了对一个新案件的大数据量刑。

3. 智能摘录证据

传统的证据查找依赖于纸质卷宗,效率低。有了数据化卷宗,可以根据语义分析技术应用查询功能,直接定位到有关证据内容的位置(如同百度搜索一样),在此基础上进行证据摘录,并通过机器学习方法,探索自动化、智能化证据摘录。

4. 智能讯问

机器通过对证据摘录和证据分析行为的学习,将具备一定的证据分析鉴别能力和智能讯问能力。由人工智能汇总分析以往讯问笔录,找出规律和适用场景,在新案件的讯问中,可以根据需要使用相应语言和策略。

5. 诉讼文书告知

北京市人民检察院全面整合了历年来的办案数据,把50万件案件数据打造成为"检察大数据",为司法办案决策提供帮助,形成了全面、全程、全要素覆盖的"检立方"。①这种信息化服务实践"检立方"的运用,为检察机关适应大数据时代的转型升级积累了宝贵的经验材料。可借鉴"检务云"的操作模式,将诉讼参与

---

① 崔京文.大数据时代检察工作理念及办案方式的调适[J].中国检察官,2016(5).

人在刑事、民事诉讼中享有的权利义务汇编成册,对刑事案件在检察环节的权利义务告知工作进行规范化运作,推行诉讼文书书面告知统一进出口,由检察机关的案管部门实行统一告知。与此同时,对于案件在检察环节需要向犯罪嫌疑人、被告人告知的,由案管部门统一开具诉讼文书并组织专门人员告知犯罪嫌疑人、被告人。通过同一案件管理系统,对延迟告知、未告知等各种不规范司法行为进行监督,对告知期限进行实时提醒,确保对犯罪嫌疑人、被告人权利义务、诉讼阶段告知等义务真正落到实处。

6.建立网络舆情研判与预警系统

检察机关通过系统内外的共享信息资源,可以对网络舆情进行实时监控、研判。对于可能出现舆情的重点阶段、重点环节、重点部门、重点群体的网络信息进行监控,系统根据指定词条指令,自动生成日通报、周研判、月分析和重大警情专题研判,强化网络舆情研判分析工作。对一些社会公众广泛关注,可能酿成社会公众事件或群体性事件的舆情信息,第一时间发布预警信号,必要时启动防控预案。

7.多维度推送

这里的多维度推送,包括类案推送、相关法规推送等。(1)利用人工智能识别出案件的难点,在历史卷宗中,找到类案进行推送,供办案人员参考。(2)补充知识体系。通过人工智能侦测到办案人员知识体系的不足,有目的地推送相关法律法规。(3)延伸思考。推送有利于提高办案人员阅读兴趣的教学模式,形成办案与教学培训相得益彰的效果。

综上,大数据时代释放出来的巨大价值使得我们选择大数据的理念和方法不再是一种权衡,而是通往未来之路的必然选择。检察机关应当适应大数据时代的思维模式,加快推进检察管理模式的创新升级,突破信息孤岛困境,实现全国检察机关跨部门、跨层级、跨业务、跨行业的多维度数据共享平台,变被动监督为日常化的主动监督,充分发挥法律监督者的职能,让大数据所蕴含的巨大能量转化为检察机关发展的前进动力,让科技真正服务于检察,助力于检察。

"一带一路"背景下网络诈骗案的域外视频取证研究

蒋庐雯[*]

一、前　言

"一带一路"(the Belt and Road,缩写为 B&R)是"丝绸之路经济带"和"21 世纪海上丝绸之路"的简称,2013 年 9 月和 10 月,由中国国家主席习近平分别提出建设"丝绸之路经济带"和"21 世纪海上丝绸之路"的合作倡议。随着"一带一路"的深入发展,中国和世界的联系进一步加强,在给我们带来机遇的同时也带来了挑战。

就像互联网时代在给人们带来生活便利的同时,也滋生出网络诈骗、网络赌博、网络色情等违法犯罪活动。互联网没有国界限制,以致容易发生涉外刑事案件,这些犯罪行为突破领土限制,但是各国打击互联网犯罪的刑事立法仍然固守于主权范围之内,两者的紧张关系使得犯罪分子利用这种立法的差异性规避法律,各国之间的刑事司法协助发展也比较滞后。随着"一带一路"的深入发展,此类网络诈骗案件会极大影响各国之间正常的经贸往来。因此,在查办此类犯罪案件的过程中,取证主体的适格性始终是首先要考虑的问题。

以余某某诈骗案[①]为例,被告人余某某利用购买来的 RFQ 账号和他人银行卡,在阿里巴巴国际 RFQ 平台上采集国外客商采购信息,然后利用远低于市场的价格、机动的采购数量以及虚假的图片宣传等方式向国外客商进行要约邀请。

---

[*]　蒋庐雯,杭州市滨江区人民检察院检察官助理。

①　杭州市滨江区人民法院(2012)杭滨刑初字第 69 号刑事判决书。

在国外客商通过电汇等方式将钱款打入其购买的银行卡账户后,余某某采取不发货或者发次品的方式骗取货款,其使用上述方式先后骗得 Mi Sook Kim 等境外客户美金 5000 余元。这个案件作为典型的网络诈骗,每个被害人的被骗金额多少不等,有的可能都不能达到我国刑法中诈骗罪的定罪标准,而且被害人来自世界各地,对被害人的取证需花费高额的金钱和时间成本。此外,因为各被害人的所在地不同,所适用的准据法也各不相同。在该案件中,被告人余某某作为我国公民,实施的诈骗行为在我国发生,虽然被害人在国外,但是根据属地管辖原则,我国的司法机关具有管辖权。但是,如何向外国被害人进行取证成为侦办此类案件亟待解决的一个问题。

二、向外国被害人取证的现状及困境

(一)向外国被害人取证的现状

域外取证一直是涉外网络诈骗案件的一个难题。在国际法上,对于域外取证,一是依照该国所缔结或者参加的国际条约规定的途径进行;二是在没有条约关系的情况下,通过外交途径进行;三是外国驻该国的使领馆可以向该国公民调查取证。

关于域外取证,《刑事诉讼法》第十七条规定:"根据中华人民共和国缔结或者参加的国际条约,或者按照互惠原则,我国司法机关和外国司法机关可以相互请求刑事司法协助。"这种刑事司法协助,是国与国之间相互请求和相互帮助完成与刑事有关的某种事项和互相合作行为。也就是说,我国域外取证采取的是通过刑事司法协助的双边条约方式进行,我国自 1987 年至今,已与 40 个国家签署了《刑事司法协助条约》。①

(二)向外国被害人取证的现实困境

根据我国《刑事诉讼法》的规定,在我国网络诈骗案件办理中向外国被害人取证采取的是双边条约进行司法协助,由被请求国进行取证,但是,通过这种方式进行取证在实际操作中也面临着重重困难。

1. 立法的冲突

在现代国际法上,各国的司法主权都是平等的,司法权作为国家主权的一部

---

① 该数据统计自"北大法宝"数据库内全国人大常委会批准的《刑事司法协助条约》的数量。

分,在刑事司法中都没有适用外国法的义务。因此,向外国被害人取证行为原则上是以被害人所在地国家的法律为准据法,域外刑事证据的审查原则上以证据使用地国家法律为准据法,证据的取证和审查适用的不同国家之间立法存在的冲突,必然导致域外取证的合法性受到质疑。

第一,适用法律具有复杂性。在涉外的刑事案件中,域外取证牵涉的法律具有国际和国内两个层面,因此在适用时势必会产生矛盾和冲突。首先,在国际法层面适用的主要有《世界人权宣言》《联合国禁止酷刑公约》《联合国反腐败公约》《公民权利与政治权利国际公约》等,各国参与国际公约的情况不同,必然导致在司法协助时发生冲突。其次,各国之间为了加强对跨国犯罪的打击,相互之间签署双边或者多边条约,对域外取证适用的范围做出规定。最后,作为刑事诉讼中属地原则的体现,被请求国在取证时适用的是本国的法律,虽然在现代的司法实践中开始有了一些变化,但是,本国法律仍然还是主要应遵从的内容。因此不同法律之间本身存在的冲突以及司法协助适用法律的复杂性,就导致向外国被害人取证的复杂性。

第二,向外国被害人取证的请求国与被请求国法律的冲突。国家作为国际法主体,其功能之一就是可以行使管辖权。国家的管辖权为主权的一个方面,它是指司法、立法与行政权力。各国根据自己国家的需求制定、实施不同的法律,是其管辖权的一个重要体现。也就是说,因为请求国与被请求国各自行使管辖权,制定的法律之间必然存在冲突,导致向外国被害人取证的难以实现。首先,"在传统国际法上,在司法协助条约中的权利义务被限定在请求国—被请求国之间,作为刑事司法协助方式之一的调查取证行为属于一国的主权行为。鉴于各主权国家一律平等,请求国对于被请求国协助取证的行为无权复查,通过司法协助取得的域外刑事证据当然具有可采性"①。这就意味着,从这种司法协助获取的证据只要符合被请求国的实体法律即可,是否符合请求国的实体法律并不在考虑的范围之内。也就是说,通过该途径获取的证据有可能因不符合请求国的法律而不能够在法庭上被采纳。其次,根据"场所支配行为"这一传统国际法原则,即被请求国取证时原则上应当按照本国程序法进行,被请求国在取证时只要适用本国的刑事诉讼法,而不需要考虑该行为在请求国是否合法。也就是说,取证行为在被请求国是合法的,但是在请求国就有可能是违法的,进而导致取得的

---

① 何家弘.证据的审查认定规则:示例与释义[M].北京:人民法院出版社,2009:295,328.

证据成为非法证据而被排除。比如在"湄公河"案件中,糯康不认可域外证人提供的书面证言并否认所犯罪行,最终来自老挝、泰国的多名域外证人在我国法院出庭作证。[①]

第三,外国被害人的诉讼权利难以保证。在向外国被害人取证的过程中,取证行为和证据的审查行为是在不同国家进行的,适用的程序法必然不同。且被害人作为直接感知案件事实的人,是一种类似"证人"的角色,其也应当享有类似"证人的知情权、异议权"[②]等基本权利。但是,在通过刑事司法协助方式取证的过程中,外国被害人的此类诉讼权利难以得到请求国的保障。

2. 取证成本高昂

向外国被害人取证虽然可以通过司法协助进行,但是在实践中却适用比较少。比如前文提到的余某某诈骗案件中,起诉书认定的 7 笔犯罪事实,被害人来自多个不同国家,如果使用传统的司法协助方式进行取证,那么司法机关首先要制作请求书,然后通过外交途径送达被请求方,经过被请求方外交部送达中央主管机关,再转交有关下级法院办理。在这样的过程中,会花费大量的时间在文书的跨国送达过程中,而且对取证时效也无法保证,反而会导致案件办理时间的大大拖延。如果采取像糯康案件一样,直接将被害人请到中国进行作证,则需要高额的经费,且这笔经费需要由请求国提供,最后司法机关的司法成本可能远远超过案件中被害人损失的金额,这也不符合诉讼经济的原理。

3. 司法协助获得的刑事证据可采性存疑

虽然我国《刑事诉讼法》第十七条对于涉外刑事案件采取司法协助做出了规定,但是未对通过司法协助获得的刑事证据可采性作出规定。在 2012 年以前,由于刑事诉讼法及司法解释中未对这一问题作出规定,司法实践中做法不一:一是直接承认域外刑事证据可以作为证据使用。如最高法《关于对信用证诈骗案件有关问题的复函》中规定:"根据刑事诉讼法第十七条的规定,依照刑事司法协助的内容委托境外执法机构询问证人的情况可以作为证据使用。"海关总署缉私局等出台的《关于走私犯罪中境外证据的认定与使用有关问题的联席会议纪要》中规定,对境外单位或者个人提供的证据,境外提供者没有特殊限定的,可以直接作为办案的证据并在庭审时使用。二是原则上要求域外刑事证据在履行必要

---

① 杨健鸿,吕彬.指控糯康,证据 6000 页[N].检察日报,2012-11-08.
② 王克玉.域外取证法律冲突下证人权益保障问题的审视[J].政法论坛,2015,33(4).

的证明手续后才可以作为证据使用。对于在我国领域外形成的证据,应当依法履行必要的证明手续。侦查机关因特殊原因未履行上述证明手续,但相关证据的真实性得到其他证据佐证的,可以作为证据使用。[①] 三是要求在特定案件中,域外刑事证据原则上不得直接作为证据使用。如在毒品犯罪中,"对于境外获取的证据,特别是境外移送的犯罪嫌疑人的供述等言词证据材料,应当慎重对待。公检法机关不能将外国移交的证据直接认定为案件证据"[②]。

由于实践中做法的不统一,导致了涉外刑事司法案件的域外取证采信的困难重重。直至2012年《最高人民法院关于适用〈中华人民共和国刑事诉讼法〉的解释》第四百零五条第一款对域外刑事证据的可采性判断作了统一规定:"对来自境外的证据材料,人民法院应当对材料来源、提供人、提供时间以及提取人、提取时间等进行审查。经审查,能够证明案件事实且符合刑事诉讼法规定的,可以作为证据使用,但提供人或者我国与有关国家签订的双边条约对材料的使用范围有明确限制的除外;材料来源不明或者其真实性无法确认的,不得作为定案的根据。"但是,关于通过司法协助获得的域外刑事证据"符合刑事诉讼法规定"是"指应当符合《最高院刑诉法解释》第四百零八~四百一十一条、《人民检察院刑事诉讼规则(试行)》第十六章、《公安机关办理刑事案件程序规定》第十三章中关于刑事司法协助、警务合作的规定;还是符合我国刑事诉讼法关于取证程序、权利保障等的规定,且不属于证据排除的范围;或者是不得违反我国刑事诉讼法上的重要诉讼权利,且不属于证据排除的范围并没有明确规定"[③]。也就是说,法院在审核来自境外的材料时是只要司法协助程序合法即可,还是取证要完全符合我国刑事诉讼法,抑或只要司法协助程序合法且不违反我国重要刑事司法原则即可,还是有争议的。这就导致司法机关千方百计获取的涉外刑事证据可能无法被法院采纳的尴尬局面。

---

① 2008年江苏省高级人民法院等制定的《关于刑事案件证据若干问题的意见》第十五条。
② 2005年云南省高级人民法院等制定的《关于毒品案件证据使用若干问题的意见(试行)》第四项。
③ 冯俊伟.域外取得的刑事证据之可采性[J].中国法学,2015(4).

三、视频取证的实践与突破

(一)各国视频取证的实践与经验

随着信息技术的日益普及,传统的域外取证规则面临着越来越多的冲击和挑战。现有的司法协助通过请求书进行取证的方式已经严重落后于信息技术的发展。因为依靠现代视频通信技术,一个国家法院可以直接使用视频连接在另外一个国家获取证据。这种取证方式简单而直接,可以极大地提高取证的效率,减少费用,而且在证据的真实性、客观性、关联性方面,比书面取证更为可靠。在实践中,许多国家在法院审判中已经采取了视频会议的方式,并且制定了有关通过视频方式直接获取证据的立法,如澳大利亚、新加坡等国。[①]

对视频取证在法院的运用,澳大利亚一直走在世界的前列。到目前为止,澳大利亚政府为每一个法院都配置了相应的电子设备,使这些法院可以成立电子法庭。在《澳大利亚联邦法院法》中,为了规范域外取证过程中使用视频通信技术,特别专设一章进行详细说明。第一,《澳大利亚联邦法院法》第四十七条中对于通过视频通信技术或类似方式获得的证据再予以详细说明,即"为了推进审判程序的顺利进行,法院对于通过视频通信技术或其他方式获得的证据应该采纳"[②]。第二,当案件需要时,当事人可以通过视频通信技术或其他方式出庭答辩,《澳大利亚联邦法院法》明确规定:"为了推进审判程序的顺利进行,可以让事件当事人通过视频通信技术或其他方式提交答辩书与其他证供。"[③]从实践来看,澳大利亚法院使用视频通信技术进行诉讼相关活动已经极为成熟。

此外,在新加坡,1996年证据法修订的一个目的就是允许在特定民事案件中通过视频连接方式提供证据。根据修订后的《证据法》第62A节,在民事诉讼程序中,证人可以在法院之外通过视频连接方式提供证据。在欧盟,2001年的《欧盟域外取证规则》(1206号)第十条第四款和第十七条都规定了适用信息技术取证的问题。《规则》第十条第四款规定:请求法院可以要求被请求国法院在取证时使用通信技术手段,如使用视频会议和电话会议等,被请求国法院应按照这一

[①] 澳大利亚《联邦法院法》第四十七条、新加坡《证据法》第六十三条、英国《民事诉讼规则》第三十二条第二款、美国《联邦民事诉讼规则》第四十三(a)条等。

[②] Federal Court of Australia Act 1976, sect. 47A.

[③] Federal Court of Australia Act 1976, sect. 47B.

要求执行,除非与其国内法相冲突或实际执行存在困难。在此情形下,被请求国法院亦应当通知请求法院。

国外的这些实践都说明,对于法庭审理来说,使用现代视频即时通信的方式进行对无论是本国的,还是外国的当事人进行取证都是可行的。直接通过视频进行域外取证的主要过程是:"请求国司法机关在本国境内,通过通信卫星等电子传送和视像播放系统,连线处于他国境内的证人、鉴定人或其他有关人员,对他们进行询问并听取他们的回答。此种方式使得处于不同国度的调查人员和被询问人员可以通过视频系统面对面地进行谈话,甚至可以直接进行庭审活动,实现了调查或庭审活动的直接性和直观性,它使得请求国的司法人员和处于被请求国的被询问人通过现代化技术手段实现沟通与交流,从而免于国际旅行的劳顿和复杂手续。它也使得请求国的司法机关可以直接采用本国法律所规定的程序进行询问和听审,更好地保障和实现有关当事人的质证权和辩护权,确保有关法律程序的公正、客观和依法。"①

(二)我国基层司法实践的突破

实践中类似余某某诈骗案的网络诈骗案件有很多,因为被害人都是外国人,如果不取得被害人的陈述,那么就有可能放纵犯罪,但是,对外国被害人进行取证又存在前文所述的种种困境。于是,我们的基层司法机关就采取了视频取证的方式向外国被害人进行取证。以余某某诈骗案诈骗案为例,被害人向阿里巴巴公司进行了投诉,因此,对于被害人的身份和联系方式等都有登记。公安机关就通过阿里巴巴公司平台联系了被害人,并由两名公安通过视频软件的方式对被害人进行询问,现场还配备一名翻译,整个过程也有同步录音录像。通过这种方式,公安机关获得了被害人的陈述。

这种视频取证的方式,实际上是对国外视频取证的一种突破。因为像在澳大利亚等国的视频取证,是在法庭审理中的取证,是类似于使用技术手段使得被害人直接到庭进行作证。而我们采取的视频取证,主体是公安机关,是在侦查阶段对于被害人进行取证。笔者认为,这是对前者的突破,虽然这种侦查活动从国际法上来说,有将侦查权扩展到他国的嫌疑,但是,实际上这种视频取证获取的询问笔录是源自于境外而产生于国内的证据,应该适用我国的实体和程序法律。

而且,从最高人民法院《刑事审判参考》公布的涉及域外刑事证据的案例中,

---

① 黄风.国际刑事司法协助制度的若干新发展[J].当代法学,2007(6).

也可以看出法院在实践中对此类证据的审查更偏重于实质性审查。"对于中国司法机关通过刑事司法协助请求外国司法机关调查取得的证据,法院无须就该证据本身在程序及手续上进行限制,只要其具备了完整的证据属性,即可以认定。"①比如第 578 号案例"沈某某合同诈骗案"中,一审法院认为韩国警方和美国警方提供的相关证据符合客观性、关联性、合法性的要求,依法予以认定。② 据此,"外国司法机关调查收集的证据,只要具备以上'三性',同样也能成为我国司法机关定案的依据"③。但在对"三性"中"合法性"的理解上,法院在适用时其理解为司法协助委托程序合法,并不包括取证程序合法。因此,在司法实践中,虽然法院对域外刑事证据可采性的判断在形式上采取了与国内刑事证据相同的"三性"标准,但在实质上采取了宽松的可采性标准,更为重视域外刑事证据的真实性。法院在具体实践中采取了真实性审查的方式,更强调对域外证据来源和取证过程的说明④、其他证据的佐证、与其他国内证据的相互印证等。

因此,笔者认为,基层司法机关对有明确身份的被害人进行取证时以视频取证的方式进行值得肯定。因为,这种方式节约了诉讼时间和经济成本,而且使得证据产生于国内,绕开了本国和他国之间的法律冲突。法院在审查该证据时,可以依据国内的程序法进行审查,对于证据的合法性也可以保证。至于证据的客观性、真实性可以通过视频的同步录音录像,即对被害人来确定询问过程中产生的视听资料进行核实。

四、向外国被害人视频取证的规范

(一)视频取证原则

对于向外国被害人取证,原则上我们仍然应该按照我国和其他国家签署的司法协助条约,即制作请求书的方式进行。但是为了取证的便利性,在具体的形式上可以进行一定的改进。

科技的发展总是快于法律的规定,这是由法律的滞后性所决定的。鉴于国际法的复杂性,尽管一些国家在本国法中对通过视频或其他电子手段取证进行

---

① 最高人民法院.刑事审判参考(总第 84 集)[M].北京:法律出版社,2012:29.
② 最高人民法院.刑事审判参考(总第 70 集)[M].北京:法律出版社,2010:29.
③ 最高人民检察院法律政策研究室.典型疑难案例评析[M].北京:中国检察出版社,2003:4.
④ 海盐县人民法院(2008)盐刑初字第 87 号刑事裁定书。

了规定,但国际社会对视频取证过程还没有统一的标准,域外视频取证的法律问题还需要国家间通过双边和多边协议来进一步约定。向外国被害人视频取证的最好方式就是各国间积极协商通过双边协议完成。因为对外国被害人取证中出现的问题远比在国内对被害人取证来得多。比如,通过远程视频对证人进行取证如何确认被害人的真实身份,如何确保远在千里之外的被害人不作假证,如何协调与被害人所在地国间的关系等。因此,在传统的双边条约的框架内,通过司法协助的方式进行被害人的身份核实等基础工作,而将对被害人的实质性询问工作通过视频方式来完成,既能够保证不对被请求国的主权进行侵犯,也能够保证证言的高效取得。

实践中,我国和西班牙于2005年7月21日缔结的《中国与西班牙刑事司法协助条约》就首次引进了远程视频听证的制度。该条约第十条第三款规定:"在可能且不违反任何一方法律规定的情况下,双方可以根据具体情况约定通过视频会议获取证词。"在实践中,2008年中美协作的"开平"案,先后有6名证人通过视频取证方式向美国法庭作证。[①] 可见,现有框架内的视频取证方式可以更好地为网络诈骗案件提供证据。

(二)视频取证具体制度规范

关于向外国被害人视频取证的制度,在我国还没有明确的规定。笔者认为,可以从以下几个方面进行规范。

1.适用阶段

虽然外国的司法实践主要是在法庭审理阶段对被害人进行取证,这种方式类似于使用技术手段使被害人来到庭上作证,通过交叉询问的方式使法官能够查清事实真相。但是结合我国的庭审模式,并考虑到诉讼便利性,笔者认为,可以将视频取证的程序前移到侦查阶段。因为使用这种视频取证的方式,便于及时向被害人了解情况,并且通过电子签名等方式形成被害人陈述,实现和当面询问一样的效果。此外,因为这种询问方式可以保证该证据合乎我国的程序法和实体法,也不会影响到他国的司法主权。

2.取证的方式

公安机关在向外国被害人进行取证时,应当遵守我国的《刑事诉讼法》及相关司法解释的规定,由两名公安民警通过即时通信方式进行询问,并且也应当向

---

① 佚名.中美联手第一案:开平案200人涉案,15万页材料[N].法制日报,2008-09-14.

被害人核实其身份情况,并聘请合适的翻译人员。在告知被害人享有的权利义务之后,再进行询问。并且在笔录上,可以通过电子签名的方式进行署名,全程应当进行同步录音录像。当法庭对该份被害人陈述有异议时,可以要求公安机关提供当时询问的录音录像进行核实。

3.被害人权利救济

在我国司法机关对外国被害人进行询问时,如果该被害人权利遭受到损害,笔者认为应当保证其知情权、异议权等程序性权利。比如,澳大利亚国内法规定虽然可以强制使用视频取证,但不能强制证人通过视频方式参与外国法院的庭审程序。① 同样,在取证过程中请求国司法机关如要求对证人询问,亦必须征得证人同意和执行地司法机关的认可。如果询问被认为损害了本国主权利益或证人合法权益的,负责执行的司法机关可以提出警示甚至切断视频信号或视频连接。对于损害证人利益或不宜回答的问题,证人可以直接回绝,也可以向被请求协助的本地司法机关提出异议。

----

① The Permanent Bureau, Summary of Responses to the Questionnaire of May 2008 Relating to the Evidence Convention, with Analytical Comments, p. 34.

人工智能与网络安全法治

吴沈括[*]

一、前　言

人工智能科技诞生于 20 世纪 50 年代,在 60 多年的发展历程中几经潮起潮落。近年来,人工智能迎来了其第三个发展高峰,而这次的高峰被认为是不同以往的,其中原因被归结为算力、算法以及数据等技术进步为人工智能科技提供了稳健前行的基础:首先,云计算技术与 GPU 处理器的应用以及前景可期的量子计算,它们为人工智能提供了强大的算力支撑;其次,人工智能领域以机器学习为代表的算法的突破以及大数据提供的海量数据资源"煤矿",均为人工智能的发展赋予了能量。

人工智能技术与应用正在快速普及至社会生活的各个方面,世界各国均致力于制定与其发展相适应的法律规则,如欧盟于 2016 年 10 月制定了《欧盟机器人民事法律规则》(*European Civil Law Rules in Robotics*),提炼出人工智能触及的民事法律问题的框架,从法律和伦理的角度评估和分析未来欧洲民法领域的机器人规则,给予这些法律问题以方向性的指导。而以自动驾驶汽车的立法探索为例,美国共计 23 个州政府共制定了 40 余部自动驾驶汽车法案^①,联邦层

* 吴沈括,北京师范大学刑事法律科学研究院暨法学院副教授、硕士生导师,中国互联网协会研究中心秘书长。本文是国家社会科学基金项目(批准号:15CFX035)的阶段性成果。

① NCSL. Autonomous Vehicles|Self-Driving Vehicles Enacted Legislation[EB/OL]. [2017-10-21]. http://www.ncsl.org/research/transportation/autonomous-vehicles-self-driving-vehicles-enacted-legislation.aspx.

面的自动驾驶汽车法案也正在推进①。不可否认的是,世界各国的人工智能顶层战略文件均不约而同提及应尽快建立相应的法律规范体系,而多国已经将这些建议与构想真正提上了立法议程。世界各国积极推进人工智能领域的立法,主要有以下两个方面的原因:一方面,各国均希望在这场被称为第四次的工业革命的浪潮真正到来之前,能够抢占法律规则制定先机,促使本国的法律规则能够在国际社会享有话语权与主导权;另一方面,人工智能衍生了一系列社会风险,包括人工智能算法决策透明度与可解释性的缺失、人工智能应用的个人信息与隐私的保护、人工智能系统安全、人工智能造成人类损害及责任分担方案以及人工智能给人类就业带来的负面影响等。面对这些风险,制定与其现阶段发展相适应的法律规则的重要性凸显。

在众多风险中,本文重点关注的是人工智能安全的法律规制。"安全"所包含的内容范围需要从以下两个方面进行说明:首先,本文主旨为探讨人工智能技术与应用的网络安全,根据我国现有网络安全法律体系和人工智能技术与应用现状,对人工智能带来的新生网络安全风险进行挖掘,提出将人工智能对应规范嵌入现有网络安全法律框架的可行性建议。其次,国外学术文献对人工智能"安全"问题的探讨,还包含了机器确保人类人身安全的议题。造成这种提法差异的原因在于"safety"与"security"两词的含义误差:在英语语境中,"safety"重在人身安全,如阿西莫夫的机器人三定律②,其主旨为确保机器人不会伤害人类;而当谈及"security"则意指数据安全和通信秘密等网络空间的安全。但当两词翻译为中文时,则被统一称为"安全"。关于"safety"(人身安全)问题的探讨目前聚焦于伦理范畴与技术标准领域,如探索设计机器的道德准则(如不得伤害人类)并以有效方式将这些道德准则植入人工智能算法与系统的可行性,以及制定相关的机械安全技术标准与规范;关于"safety"问题的法律治理则更多聚焦于造成人身损害后的责任如何分担,如操作系统服务商、汽车生产厂商与乘客谁会为损害承担责任,采用无过错侵权责任还是设计相应的责任豁免规则等问题的探索。需要向读者阐明的是,本文所探讨的"安全"意为"security",即为网络安全,并不

---

① 2017年10月4日,美国参议院商务委员会向参议院发送了名为"AV Start Act"的自动驾驶法案。2017年7月27日,美国众议院一致通过了Self Drive Act。

② 阿西莫夫在1950年出版的《我,机器人》中提出机器人三定律:第一定律,机器人不得伤害人类个体,或者目睹人类个体将遭受危险而袖手不管;第二定律,机器人必须服从人给予它的命令,当该命令与第一定律冲突时例外;第三定律,机器人在不违反第一、第二定律的情况下要尽可能保护自己的生存。

涉及人工智能确保人身安全的议题。

人工智能面临哪些网络安全风险,是否存在新生的安全风险形式?根据我国已有的网络安全法律体系,网络安全是指通过采取必要措施,防范对网络的攻击、侵入、干扰、破坏和非法使用以及意外事故,使网络处于稳定可靠运行的状态,以及保障网络数据的完整性、保密性、可用性的能力①。以系统和数据两个核心网络安全要素为视角,将人工智能技术与应用的形式对应分析,我们将人工智能安全问题聚焦于:系统安全、算法透明度与问责性和数据隐私的保护。以具体的人工智能应用举例,如自动驾驶汽车系统:黑客可以从智能汽车端、移动应用端和云平台以及三者交互的通信管道实施攻击,复杂的系统组成要素则大大增加了安全风险。目前已实际发生过黑客通过盗取移动 App 账号密码而控制自动驾驶汽车的案例②,这类系统脆弱性给乘客人身安全和社会安全带来了巨大隐患。

与此同时,人工智能算法和系统对社会运行及公民个人利益的影响也日益重要起来。以目前内容分发所广泛使用的用户画像技术为例,该技术会通过用户的点击历史以及触屏操作分析用户行为,对用户进行画像分类,并添加相应的标签,而后精准推送与标签对应的内容,关于该项应用所引发的合理性争议也随之产生,它被质疑减少了用户广泛接触各类信息的机会,剥夺了用户平等获取信息的权利。反观精准信息推送在 2016 年美国总统竞选中所发挥的作用:在竞选过程中存在着数量巨大的政治机器人,它们被用于在社交媒体传播错误信息和虚假新闻。此种高度精密的技术将会通过大数据分析和人工智能技术判断和预测每个选民的关注重点,而针对性地分发对应的具有煽动性的内容,有针对性地制造舆论假象,进而恶意引导民意。可以窥见,人工智能的法律治理已迫在眉睫。

本文正文将分为三部分进行论述。第一部分,介绍两个基本问题,即人工智能的含义及人工智能现有网络安全问题的剖析,在这部分我们试图从侧重实用与技术落地的角度,对人工智能做一个更加具体化的界定。第二部分,以智能硬件、智能网联汽车以及物联网为示例,分别对其系统安全的关键问题进行分析,

---

① 《网络安全法》第七十六条。

② 2016 年,来自挪威的黑客在入侵用户手机的情况下,获取特斯拉 App 账户用户名和密码,通过登录特斯拉车联网服务平台对车辆进行定位、追踪,并解锁、启动车辆,最终导致车辆被盗,造成用户的财产损失。

提炼出具有共通性的人工智能系统安全风险要素，找到法律治理的切入点。第三部分，通过将人工智能系统安全问题融入既有网络安全法律框架，就核心问题具体分析，而提出在网络安全法律体系的落实建议。

二、人工智能范畴界定

1955 年，John McCarthy 首先提出"Artificial Intelligence"一词，起初关于 Artificial Intelligence 的设想是：通过将人类的学习行为及其他智力主导行为进行解构分析，从而将人类智能精确地描述出来，继而在机器上构建与人类智能相类似的智能[①]，因此被称为"人工智能"。目前关于人工智能的含义划定仍未有定论，在此引用人工智能专业教科书[②]关于人工智能的定义，在该定义中，人工智能被描述为一种计算机系统，它包含以下特质：第一，具备能够像人类一样思考的潜力，例如可以识别架构和神经网络；第二，与人类行为相似，可以借助自然语言处理并通过图灵测试[③]，进行自动推理和学习；第三，能够进行理性思考，例如逻辑运算、推理和优化；第四，具备行为理性，例如通过感知、规划、推理、学习、交流、决策和行动来实现目标。

现阶段人工智能技术从本质来说属于计算机技术的一种，因此准确理解人工智能算法与系统和普通计算机程序运行的核心区别成了理解人工智能技术的关键。我们说当今的人工智能算法和系统或多或少都有一个特质：它们可以通过外界设定的一个输出目标，由计算机程序自动寻找方法完成任务，输出成果，而不同于传统程序编程需要工程师对输出结果的每一个相关参数进行设计。例如，图像神经网络如何学会识别"猫"？通常需要将标注好"猫"的图片输入图像识别人工智能系统，系统会自行学习所有图片中"猫"的特点，进而获取辨识"猫"的能力，然而机器依赖辨识的特征可能是不具有任何人类知识含义的，因此其决

---

① John McCarthy. *Der Vater der Rechner-Cloud ist tot* [EB/OL]. [2017-10-30]. http://www. spiegel. de/netzwelt/web/john-mccarthy-der-vater-der-rechner-cloud-ist-tot-a-793795. html.

② Stuart Russell and Peter Norvig. *Artificial Intelligence: A Modern Approach* [M]. 3rd ed. Essex, England:Pearson, 2009.

③ 阿兰·麦席森·图灵写于 1950 年的《计算机器与智能》提出，其含义为：测试者与被测试者（一个人和一台机器）隔开的情况下，通过一些装置（如键盘）向被测试者随意提问。进行多次测试后，如果有超过 30%的测试者不能确定出被测试者是人还是机器，那么这台机器就通过了测试，并被认为具有人类智能。

策的过程及原理难以被人们所理解。

人工智能的应用复杂多样,究其原因,首先,是因为人工智能算法和系统可以内嵌至各类应用场景及解决方案之中。其次,在实操层面人们无法划定什么是人工智能、什么不属于人工智能的分界线,例如由人工智能研究者研发的处理大量数据的技术,现在被定义为大数据技术;在面对一个尚未解决的问题时,人们通常认为需要人工智能算法解决问题,然而一旦该解决方案被广泛接受后,这套解决方案则会被认为是常规的数据处理流程。[①]

谈及人工智能的法律治理,在结合人工智能技术特点的基础上,针对具体的应用类型制定针对性法律治理方案意义重大。值得注意的是,人工智能在现阶段的应用突出表现在两个层面:一是算法及系统层面的应用,也即具体的人工智能算法和软件、解决方案等,如图像识别、语音识别、信息推送应用的用户画像技术、金融领域的智能投顾技术等,它们可以帮助人们在短时间内处理人力所不能及的大量数据,并辅助预测、决策。二是硬件和基础设施层面的应用,如机器人、自动驾驶汽车、无人机、智能硬件等,这类应用将硬件与人工智能算法和系统进行融合,赋予硬件以更高的智能。智能硬件广泛协同后,形成物联网(Internet of things),可用以打造特定行业网络神经,成为基础设施的重要组成部分。

综上,鉴于人工智能算法与系统的特点,考虑到人工智能应用场景,可以认为人工智能衍生的安全风险集中于以下三个层面:

首先,在系统安全的风险层面。在广泛互联的物联网上,智能硬件的系统漏洞、基础安全技术缺失以及复杂的供应链条带来的归责困境给系统安全的监管带来挑战。其次,在算法透明度与可解释性的风险层面。人工智能算法的"自动化"学习与决策的过程、无法吸纳人类知识的缺陷、机器学习依据的海量数据带来的不确定性等,使得算法的决策过程和决策规则难以被人类明确知悉,由此引发人工智能算法的可解释性和透明度缺失隐患。最后,在数据使用和隐私保护的风险层面。原有数据使用和个人信息使用及保护机制面临失效的困境,例如在物联网中巨大量级的用户数据在各个设备和系统之间传输共享非常频繁,如要获取用户的同意确认,将带来大量的时间消耗并且不具备可操作性。同时引起创建数据收集与使用新规的探索,如机器学习的训练数据的收集是否可以击

① 美国国家科学技术委员会. *Preparing for the Future of Artificial Intelligence*[EB/OL]. [2017-10-30]. https://obamawhitehouse.archives.gov/blog/2016/05/03/preparing-future-artificial-intelligence.

穿隐私数据收集最小化原则和使用的必要性原则等。

本文将围绕人工智能系统安全的问题展开论述,传统系统安全问题在人工智能应用场景下无创新探讨的,本文将不再涉及。

三、人工智能安全问题厘析

在传统系统安全风险之外,人工智能还因其应用本身的特点,多维度增加了系统安全的治理难度。下文以智能硬件、智能网联汽车以及物联网为示例,就人工智能系统安全所存在的风险及治理难点进行分析。

(一)智能硬件系统安全

近年来智能硬件产业得到了快速的发展,各类智能硬件产品种类繁多、用途广泛,然而因其目前仍处于产业初创与技术探索阶段,而导致其安全问题遭到忽视。智能硬件的系统安全风险总体来说存在于接入技术保障、固件安全、移动客户端安全以及云平台安全四个层面。

首先,在接入技术保障层面,因智能硬件体型较小,资源受限,因此,加密算法的设置与选择不得不考虑功耗问题,导致了市场上部分智能硬件加密手段缺失。其次,在固件安全层面,因固件安全代码的缺陷具有隐蔽性强、难以检测、难以剔除等特点,部分固件存在无法更新升级的情况,这就导致一旦出现系统漏洞,无法修补而只能更换设备。再次,在移动客户端安全层面,因使用到手机端App,移动端防守较为薄弱,可用的攻击形式众多。最后,云平台安全层面的风险可以概括为传统的 Web 风险。

面对智能硬件多发的系统风险,首先,需要从生产厂商层面保障智能硬件的接入、访问控制、加密传输、补丁更新等基本的信息安全功能;其次,从立法层面,应尽快将智能硬件纳入网络安全法律监管体系。

(二)智能网联汽车系统安全

智能网联汽车的系统安全问题关乎生命安全,同时也更为复杂。智能网联汽车的技术核心被归纳为"信息"与"控制",意为由系统进行信息感知、决策预警和智能控制,使智能操作可以逐渐替代驾驶员,并最终自主执行全部驾驶任务功能,因此防范对网络的攻击、侵入、干扰、破坏需要从"信息"与控制的各个环节进行落实,这具体包含了整车及车内系统安全、移动智能终端安全、车联网服务平台安全以及通信安全四个方面,除整车及车内系统安全较为复杂以外,其余安全风险方面与智能硬件类似,在此不多做展开。

智能网联汽车安全监管举措要点集中在整车及系统的风险评估、安全防护与测试等方面。根据我国《国家车联网产业标准体系建设指南》关于车联网信息安全标准的要求,车联网信息安全标准在遵从信息安全通用要求的基础上,以保障车辆安全、稳定、可靠运行为核心,主要针对车辆及车载系统通信、数据、软硬件安全,从整车、系统、关键节点以及车辆与外界接口等方面提出风险评估、安全防护与测试评价要求,防范对车辆的攻击、侵入、干扰、破坏和非法使用以及意外事故。

同时,车联网产业链长、防护环节众多,因此引发产业链上各供应商安全事故责任承担的一系列问题:是否仅以整车厂作为承担安全风险责任的主体,以及供应链上下游服务提供商的网络安全事故责任如何认定等。责任承担问题将成为包括智能网联汽车在内的人工智能应用网络安全法律治理的抓手与难点。

(三)物联网系统安全

物联网被定义为:通过收集、处理和分析由传感器或智能对象产生的数据来监测和控制物理环境的无处不在的网络,目前在我国被广泛应用于工业、农业、能源、物流等行业。国务院《新一代人工智能发展规划》指出,要培育高端高效的智能经济,从智能软硬件、智能机器人和智能运载工具等人工智能新兴产业,到应用于制造业、农业、物流和金融等产业的智能化升级,物联网在其中承担着重要的功用。

物联网的系统安全治理在智能硬件、智能网联汽车等分离的硬件系统安全治理的基础上,还应建立物联网全局性网络安全响应机制。首先,物联网的系统安全风险来源于软件和硬件的异质性和复杂性叠加,缺乏安全设计(security by design)和安全默认(security by default)衍生了巨大的网络安全风险。如,作为物联网组成部分的智能硬件安全设计的缺失,使管理、控制和安全保护更加困难。其次,物联网作为硬件与网络联结的整体,其系统安全的影响更具有全局性,总体来说,应着手于建立网络安全测评、风险评估、安全防范,以及应急响应等基本机制,目标是使物联网基础设施、重大系统、重要信息的安保能力大大增强。[①]

---

① 见工业和信息化部《信息通信行业发展规划物联网分册(2016—2020 年)》。

(四)人工智能系统的技术制度风险

人工智能的系统安全新生风险主要表现在人工智能硬件应用①的场景中,通过上文对智能硬件、智能网联汽车以及物联网的系统安全要点分析,提炼其中共有的系统安全特点及治理要点,本文将现阶段人工智能系统安全面临的技术与制度的风险概括为以下五个方面。

一是安全保障技术有待完善。智能硬件缺失加密技术、采用默认密码等技术措施不足,使大量的用户信息处于裸露状态,黑客入侵易如反掌。而智能网联汽车也需要加强通信、系统与硬件层面的安全技术保障,保证认证、访问、关键节点的安全性。物联网需要在网络搭建之初的每一个环节进行安全设计与安全默认的考量,使网络安全的技术保障贯穿于物联网的生命周期。

二是复杂的系统构成导致高密度关联风险增加。从智能硬件到智能网联汽车,我们可以看到,众多的人工智能硬件的应用都涉及“两端一云一管道”,也就是智能硬件(智能网联汽车)终端、移动应用终端(即辅助操作的移动 App)、云端(作为用户账户管理以及信息分发的平台),以及穿插在三者中间由运营商提供的信息通信管道,任何一端或一个环节出问题都有可能导致整个系统被入侵、干扰或破坏。

三是复杂供应链条导致安全责任归咎困境。以智能网联汽车为例,如因配件或软件漏洞造成的系统脆弱性,导致被入侵后造成的安全事故责任,是否应该统一落实到整车厂,抑或是由相应的配件生产商或是软件系统服务提供商承担责任? 再以物联网为视角,如因硬件端被入侵而使整个网络遭到攻击,是否应该将事故责任归属于网络运营者,抑或是归属于相应的硬件生产厂商? 这其中涉及权益与责任相一致的问题,但也要保证给予硬件生产商以适当的法律制度压力,因此,如何设计网络安全法律责任,还需审慎地探讨和衡量。

四是技术标准与评估方案亟待制定。目前我国众多人工智能应用都已制定相应的标准体系建设规划,如无人机、智能网联汽车以及物联网技术规范标准。技术标准作为软性法律,可以为市场提供安全技术的一致指引,与认证评估制度相配合,确保基本安全技术在标准规范层面得到保障。另外,由于人工智能应用的种类繁多,应注意根据具体的使用场景和应用的重要程度制定不同的技术标准和评估方案,用以化解不同应用的不同系统安全风险与保障需求的差别化治理难题。

---

① 见本文第二部分关于人工智能应用分类的论述。

五是与网络安全法律监管体系融合障碍。其中存在的概念的差异、法律制度的空隙，以及可能导致网络安全监管碎片化[①]、多元化的挑战，都不同程度地影响了《网络安全法》及其配套制度在人工智能环境下的实施与适用。

四、网络安全法治与人工智能

（一）人工智能硬件应用与网络安全法

人工智能硬件应用集中了人工智能的新生系统风险隐患，因此，以人工智能硬件应用为核心，探索其与《网络安全法》及其配套规定的融合与嵌入性规范与制度的设计，可以是人工智能系统核心风险法律治理的主要途径。下文我们就具体问题进行探讨。

1. 人工智能硬件应用概念属性

从《网络安全法》责任主体视角出发，人工智能硬件应用生产厂商是否被包括在《网络安全法》"网络运营者"概念之中，是其被纳入网络安全法律体系，以及承担相应的网络安全保障义务的前提。根据《网络安全法》第七十六条关于"网络运营者"的含义界定，明确网络运营者是指网络的所有者、管理者和网络服务提供者；第十条[②]指出，建设、运营网络或者通过网络提供服务应履行相关网络安全保障义务。因人工智能硬件应用生产厂商不属于网络的所有者、管理者，因此其是否被包括在《网络安全法》"网络运营者"含义之中，问题的关键在于，其是否归属于"网络服务提供者"以及"通过网络提供服务"。而《网络安全法》条文中未对"网络服务提供者""网络产品、服务"等概念做明确的规定。

从另一个角度出发，《网络安全法》第二十一条规定了网络运营者应履行建立在国家等级保护制度基础上的安全保护义务，而在《网络安全法》配套技术标准《信息安全技术 网络安全等级保护定级指南》中，明确将物联网纳入定级对象，

[①] 碎片化的监管趋势源于对不同人工智能应用建立具有针对性的监管方案，网络安全法律治理被分割为多种方案与途径，如智能网联汽车的系统安全治理、无人机的系统安全治理都应根植于其具体的应用类型的特点进行法律规范设计，目前国外主要采用的方式为系统安全方案评估、标准以及测试制度等多维度的软性法律主导的监管方式。

[②] 《网络安全法》第十条：建设、运营网络或者通过网络提供服务，应当依照法律、行政法规的规定和国家标准的强制性要求，采取技术措施和其他必要措施，保障网络安全、稳定运行，有效应对网络安全事件，防范网络违法犯罪活动，维护网络数据的完整性、保密性和可用性。

并且已制定《信息安全技术 网络安全等级保护基本要求 第 4 部分：物联网安全扩展要求（征求意见稿）》《信息安全技术 网络安全等级保护安全设计技术要求 第 4 部分：物联网安全要求（征求意见稿）》等技术规范，由此可以判断物联网运营者确属网络运营者范畴，物联网是我国《网络安全法》现有语境下的治理对象。而智能硬件虽为物联网的组成部分，但其生产厂商的义务与责任仍不明确。

以现有网络产品的审查是否包含人工智能硬件应用着手分析，根据《网络产品和服务安全审查办法（试行）》第四条①规定重点审查网络产品和服务的安全性、可控性，其中包括：产品及关键部件生产、测试、交付、技术支持过程中的供应链安全风险。本条文虽提到了硬件的审查，但是"关键部件"的概念内涵较窄，可能无法覆盖市场上大部分人工智能硬件应用。

综上，网络安全法律体系对人工智能系统安全的治理首先应明确，人工智能硬件应用是否为《网络安全法》的监管对象，何为"网络服务、产品"，其中是否包含了拥有内置 CPU、操作系统、传感器以及信息传输通路的各类人工智能硬件；"网络服务提供者"是否包含了这些人工智能硬件的生产厂商。而且，目前《网络安全法》对网络服务、产品的审核集中在相对重要的产品范围，涉及的硬件种类较少，如要增加智能硬件的网络安全审核，则可能造成体系臃肿与失衡，因此，需要围绕人工智能硬件构建专门的监管体系，通过层层制度设计将监管重任分层剥离。

2.人工智能硬件应用的网络安全监管体系

通过上文分析，人工智能硬件应用尚未完全融入网络安全法律体系，本文建议围绕人工智能硬件的特点与安全风险构建一套完备立体的网络安全监管配套制度，从技术标准、评估认证、漏洞监测与披露、行业自治等多层次落实监管任务。

首先，制定一系列人工智能应用技术标准，对人工智能硬件应用的安全技术基线做出明确的规定，我国目前已有八部门联合发布的《无人驾驶航空器系统标准体系建设指南（2017－2018 年版）》、工信部和国家标准委发布的《国家车联网产业标准体系建设指南（智能网联汽车）（2017 年）》（征求意见稿）以及工信部《信

---

① 《网络产品和服务安全审查办法（试行）》第四条：网络安全审查重点审查网络产品和服务的安全性、可控性，主要包括：（一）产品和服务自身的安全风险，以及被非法控制、干扰和中断运行的风险；（二）产品及关键部件生产、测试、交付、技术支持过程中的供应链安全风险；（三）产品和服务提供者利用提供产品和服务的便利条件非法收集、存储、处理、使用用户相关信息的风险；（四）产品和服务提供者利用用户对产品和服务的依赖，损害网络安全和用户利益的风险；（五）其他可能危害国家安全的风险。

息通信行业发展规划物联网分册(2016—2020年)》中关于物联网标准体系建设的内容。需要注意的是,应侧重根据人工智能不同的应用类型对安全的差异化需求,制定不同层次的安全标准。

其次,建立人工智能硬件应用的安全评估与认证制度。根据其使用范围及功能的重要性,设定不同的安全评估方案,当智能硬件使用范围达到某一数量后,即使是城市建设末梢的"智能灯泡"①也应该纳入评估;对决定人身安全的人工智能应用,则更应审慎严格评估,如智能网联汽车。②而资格认证可以作为通用的审批环节进行落实,以保证人工智能硬件应用厂商资格符合要求,有能力提供基本的安全技术与措施。同时应注意平衡,对初创企业应给予相对宽松的监管环境,防止严格监管抑制技术创新。

再次,以漏洞监测与披露任务为核心建立人工智能硬件的安全威胁监测制度,将智能硬件、智能网联汽车等人工智能硬件应用纳入《公共互联网网络安全威胁监测与处置办法》的体系中,由硬件生产厂商分别监测、上报或由整车厂等负有主要责任的厂商集中对人工智能硬件的漏洞与脆弱性风险进行监测与上报,保证在产品生命周期内的更新升级等安全维护服务。

最后,发展行业自治制度,促进行业信息共享,例如,在供应商和制造商之间

---

① NEWS STAFF. *Using Drones to Hack Smart Light Bulbs*, *the Internet of Things*[EB/OL].[2017-10-31]. http://www. govtech. com/fs/Using-Drones-to-Hack-Smart-Lightbulbs-the-Internet-of-Things. html.

研究人员为无人机配备了一个"自主攻击工具包",当智能灯泡打开和关闭时,它将通过空中下载(OTA)进行攻击。科学家认为,如果没有强制要求对物联网设备采取适当的安全措施,这样的攻击可能会变得司空见惯。

② 2017年7月27日,美国众议院一致通过了Self Drive Act,该法案中关于自动驾驶汽车网络安全计划的规定如下:第五条 制造商不允许出售、要约出售、交易引入或出口至美国任何高度自动化、部分自动化的车辆或自动驾驶系统,除非制造商已经提交包含以下内容的网络安全计划:

(1)应对网络攻击、未授权侵入、虚假消息和车辆控制命令的措施文件,这份文件中需要包含以下内容:

(a)查明、评估和减轻网络攻击或未经授权的入侵,包括虚假消息和恶意车辆控制命令的可预见的系统脆弱性的过程;

(b)为采取预防和纠正措施以减轻漏洞驱动的自动化过程,包括事件响应计划、入侵检测和预防系统、保障关键控制系统和程序通过检测和监测,并根据情况变化更新流程。

(2)指定制造商一方人员或其他个人作为网络安全管理的负责人。

(3)限制对自动驾驶系统的访问过程。

(4)雇员培训和监督,以执行和维护本节所要求的政策和程序,包括控制雇员对自动驾驶系统的准入控制。

建立共同信任的软件材料清单,以及开发人员和制造商应考虑在设备包中提供已知的硬件和软件组件的清单,该清单可以作为物联网生态系统中的其他利益相关者了解和管理其风险并在安全事故后立即修补任何漏洞的宝贵工具。更多的行业自治举措更待广泛探讨。

3.物联网全局性网络安全响应机制

物联网作为硬件和网络联结的整体,整合了分散的人工智能硬件资源,因而与人工智能硬件的治理途径有所不同,其侧重点在于网络安全测评、风险评估、监测预警以及应急响应等全局性网络安全响应机制的建立,落实到《网络安全法》的制度体系中,包括以下四个方面:等级保护、关键信息基础设施、网络安全监测预警和信息通报制度以及网络安全风险评估和应急处置。

首先,应结合网络安全等级保护和关键信息基础设施制度做好物联网设施全面、重点的保护。无论是传统能源、工业、农业等关键基础设施领域的物联网系统,还是民生领域的智能交通、车联网、物流追溯、安全生产、医疗健康领域的物联网系统,都应纳入等级保护和关键信息基础设施评定范围。① 随着智慧城市、智能交通、智能环保的逐渐发展,大量智能硬件终端将会占据物联网的末端,尤其应在等级保护与关键信息基础设施的保护基础上做好重要、核心硬件设施的防护与鉴别,加强重要、核心部位的访问控制与认证技术保障。同时,应注意与关键信息基础设施的重点保护任务相结合,对核心、重要的配件供应链进行有效管理,落实供应商的信息安全保障责任。②

其次,在网络安全监测预警和信息通报制度中,网络产品、服务提供者应注意物联网涉及的多端口协同配合的工作机制。具体涉及云端、硬件终端、移动终端与通信服务,任何一端出现问题,都需要及时告知生态链条的各经营者及负责人,使他们能及时联动做出响应与反馈。同时,根据《公共互联网网络安全威胁监测与处置办法》,工业和信息化部建立网络安全威胁信息共享平台,统一汇集、存储、分析、通报、发布网络安全威胁信息,并制定相关的接口规范,与相关单位

---

① 见全国信息安全标准化技术委员会2017年1月制定的《信息安全技术 网络安全等级保护基本要求 第4部分:物联网安全扩展要求(征求意见稿)》与《信息安全技术 网络安全等级保护安全设计技术要求 第4部分:物联网安全要求(征求意见稿)》。

② 美国议员Mark Warner、Cory Gardner、Ron Wyden和Steve Daines在2017年提出《物联网安全提升法案》,立法重点是为美国政府系统中安装的硬件制定一套标准,该法案明确界定了供应商的产品安全保障责任与产品生命周期维护升级义务,要求硬件应达到的技术基线。

网络安全监测平台实现对接,而基于物联网复杂的供应链条,还需明确各供应商的接入平台的权限划分问题。

最后,关于网络安全风险评估和应急处置,应明确监管部门的职责分工问题上。在风险监测、态势研判、威胁预警、事件处置以及应急预案等任务的职责分工问题上,如涉及物联网不同端口所在地的监管部门,在确定如何厘清职责,协同联动各地监管机构的同时,还需确定哪方所在地的监管部门负责主导。

(二)涉人工智能硬件应用责任承担问题

人工智能硬件应用的普及使网络系统的安全保障责任被无限细分在了每一个终端节点之上,而这些终端节点往往被市场监管所忽略。供应链厂商应承担何种网络安全保障责任需要审慎的探讨和衡量。在我国现有网络安全法律体系中,涉及供应链管理的条文有:《工业控制系统信息安全防护指南》第十条与《网络产品和服务安全审查办法(试行)》第四条[①],但两者均未明确供应链条中各方的行政责任承担问题。以此为背景,综合实践及惯例,我们就现有网络安全法律体系中,供应商应承担的网络安全保障责任方案进行简析。

1. 网络运营者承担责任

根据《网络安全法》的"法律责任"条文设定,责任承担主体为:网络运营者及其直接负责的主管人员和其他直接责任人员、关键信息基础设施运营者及其直接负责的主管人员和其他直接责任人员、网络产品或者服务的提供者等。从条文分析,违反《网络安全法》各项义务的责任承担主体主要为网络运营者、网络产品服务提供者,并不涉及供应链条上的各方供应商。而以网络产品或服务提供者作为责任主体为切入点,则又回到人工智能硬件生产商的主体资格归属,其是否属于网络产品或服务提供者,目前尚未有定论。[②]

再以《工业控制系统信息安全防护指南》第十条为例进行分析,该条款规定供应链服务商以合同方式明确网络安全责任与义务。因此,《网络安全法》规定的各项网络安全保障责任并不涉及供应链条上的各供应商,而是由相应的网络服务提供者(及其直接负责的主管人员和其他直接责任人员)承担,可以认为这

---

① 《工业控制系统信息安全防护指南》第十条:在选择工业控制系统规划、设计、建设、运维或评估等服务商时,优先考虑具备工控安全防护经验的企事业单位,以合同等方式明确服务商应承担的信息安全责任和义务。《网络产品和服务安全审查办法(试行)》第四条:网络安全审查重点审查网络产品和服务的安全性、可控性,主要包括:……(二)产品及关键部件生产、测试、交付、技术支持过程中的供应链安全风险。

② 见本部分关于"人工智能硬件应用概念属性"的分析。

是我国现有网络安全法律体系中基础的责任承担方式。

2. 核心厂商承担责任

以智能网联汽车为例,其供应链条涵盖元器件供应商、设备生产商、整车厂商、软硬件技术提供商、通信服务商、信息服务提供商等。而车内集成了一系列软件与系统,包括车载操作系统、车载中间件、车载应用软件等。供应链条结构复杂,由统一的核心厂商承担网络安全保障义务或许是便利监管与信息集成的高效方式。

但对于核心厂商,也应给予责任分担救济的途径。核心厂商应通过设计、规范和采购实践确定、管理供应链、分包商和服务提供者应承担的安全责任,并与供应商在合同中明确各自的网络安全保障义务及相应的赔偿与救济方式。在网络安全执法时,也应当视具体情况,对提供重要功能服务和产品且具有明显过错的供应商,如通信服务商、车载操作系统服务提供商,处以相应的法律责任。

3. 供应链厂商承担责任

以物联网为例,假设某重要的工控系统发生一起网络安全事故,事故源于智能阀门被黑客入侵控制[1];或是路由器被攻破,加密信息被篡改后引发的网络安全事故。在这两个例子中,由智能阀门生产商或路由器生产商分别承担相应的事故责任将会导致权利与责任的明显失衡。

如同上文所述,围绕人工智能硬件建立多层次的网络安全监管体系将起到定分止争的作用,结合强制性技术标准、资格认证以及网络安全方案评估等方式明确供应链厂商的责任,如未达到强制性技术标准、未经过资格认证或未通过评估的产品或厂商,应当根据违反强制性技术标准、资格认证及评估的条款进行处罚,而不适宜再追究相应的网络安全事故责任。

4. 责任分配立体机制

人工智能硬件应用的网络安全责任的分配应以权利与责任相一致为原则,构建多方位的审核认证体系。首先,应对不同类别的供应商进行分类分级管理,

---

[1] Steven A. Cash, David T. Doot, James B. Blackburn, IV: The Industrial Internet of Things (IIoT) and the Law[EB/OL]. [2017-11-01]. https://www.daypitney.com/INSIGHTS/PUBLICATIONS/2017/09/28-THE-INDUSTRIAL-INTERNET-OF-THINGS.

智能阀门接收来自发电公司的信息,该公司控制并确定接收产生并传输到阀门所在管道的气体混合物。管道需要与发电公司进行通信。如果由内部软件及数据控制阀门而不是人员操作,则会有出现技术故障和受到潜在的攻击的可能性,造成灾难性的后果。

如将智能网联汽车中重要的系统、配件的种类列出清单,对提供重要服务及产品的供应商设定与重要功能相适应的网络安全保障责任。其次,不论采用哪种责任承担方案,都应在合同中清晰体现各供应商的网络安全保障义务的分配,这一方面可明确相应的民事责任,另一方面也可给予网络安全执法工作一定参考。最后,万物互联带来了巨大的网络安全隐患,我们无法保证每一个设备的安全措施都足以防御蓄意的网络攻击,因此,建议引入保险机制,为小型供应商承担的巨大风险及网络安全事故的损失探寻平衡的救济出口。

五、结　语

科技发展带来社会红利的同时也给立法与监管带来了巨大的挑战,应当指出的是,关于人工智能系统安全的法律治理有以下三个要点不应忽视。

首先,人工智能进入公众视野虽为时未久,但其所带来的安全风险已经足以进入立法的考量视野。制定与技术发展相适应、又不影响技术创新和市场活跃度的法律规范将成为衡量立法效果的关键因素。

其次,人工智能以具体应用为基础的法律治理将引导监管走向碎片化与多元化。在人工智能时代,我们将看到,一种解决方案和既有的监管路径将难以应对多变的技术发展与复杂的网络环境,针对不同的人工智能应用建立区别化监管方案将成为人工智能法律治理的显著特点。而构建兼顾各方权利与责任的动态分配方案,将成为立法落地的重要支撑。

最后,在人工智能时代,软性法律的适用将成为网络安全法律治理的趋势,所谓软性法律是指差异化的技术标准与规范,以及各类应用的系统安全设计方案(如遵循安全设计与安全默认原则等)、网络安全方案(应对网络攻击的应对方案)、系统测试方案的评估与审核等。软性法律适用的核心特点是更加侧重个性化与自主化的解决方式。而传统的自上而下、以归纳思维为主的法律治理思路可能已逐渐无法胜任人工智能时代的监管重任。

人工智能与法律的未来

郑　戈[*]

郑　戈[*]

一、现代性与人类能力的机器替代

人工智能是现代工业文明发展的必然产物。早在"现代性"刚刚发端的时代,现代政治哲学的奠基者霍布斯便开始把人和人类社会构想为当时最为精巧的机器——钟表。在《论公民》的"前言"中,他写道:"对于钟表或相当复杂的装置,除非将它拆开,分别研究其部件的材料、形状和运动,不然就无从知晓每个部件和齿轮的作用。同样,在研究国家的权利和公民的义务时,虽然不能将国家拆散,但也要分别考察它的成分,要正确地理解人性,它的哪些特点适合、哪些特点不适合建立国家,以及谋求共同发展的人必须怎样结合在一起。"① 1611 年出现的"机械人"(Automaton)一词就是那个时代的社会想象的产物,它是指借用钟表齿轮技术而制造出来的自动机械人偶。虽然这种人偶还完全不具备任何意义上的"智能",但它却体现了促使"人工智能"最终变成现实的那种思路:人的身体和大脑最终都可以用机器来模拟。

到了 19 世纪,随着自然科学,尤其是物理学的突破性发展,法国哲学家开始设想研究人类行为和人类社会组织方式的学科最终可以达到物理学那样的成熟状态。人们将可以通过观察、统计和分析而发现近似于自然规律的社会规律,从

*　郑戈,上海交通大学凯原法学院教授、博士生导师,上海高校特聘教授(东方学者)。本项目由上海高校特聘教授(东方学者)岗位计划资助。

① [英]霍布斯.论公民[M].应星,冯克利,译.贵阳:贵州人民出版社,2002:9.

而"研究现状以便推断未来"①。这就意味着不仅个人的身体和大脑功能可以借助物理学法则用机器来取代,而且社会的组织机制包括法律,最终也可以由机器来操作和管理。在孔德的时代,由于技术手段的欠缺,孔德的野心还无法变为现实。基于有限样本的统计分析还远远无法使社会预测达到物理预测那样的精准性。但大数据存储和分析已经使样本分析有可能为全数据分析所取代,并且日益实现动态化和分析者与对象之间的互动化。换句话说,机器通过"深度学习"也可以变得具有社会性,并且参与人类社会的各种活动,包括游戏和工作。② 在孔德的时代,英文中又出现了 Android(人形机器)一词,其词根是古希腊文中的andro(人)和 eides(形状)。人是语言的动物,一个新语词的出现必然是因为新的事物出现在了人们的现实生活或想象之中,而它能够被普遍使用并成为语言的一部分则是因为很多人都分享着它所表达的现实体验或想象。

在工业化时代,用机器来取代人的劳动已经成为一个普遍现实,马克思和恩格斯的经典著作中有许多对这种现实中工人阶级悲惨处境的描述和对造成这种状态的生产关系和社会制度的批判。1920 年,捷克作家卡雷尔·卡佩克(Karel Čapek)创作了《罗素姆的万能机器人》(Rossumovi univerzálníroboti)剧本,发明了如今通用的 Robot(机器人)这个词汇,它的词源是波兰语中的强迫劳动(Robota)和工人(Robotnik)。③ 如果说工业化时代的机器(无论是不是人形的)所取代的只是人的一部分体力劳动,那么作为工业化升级版的人工智能则是这个过程的自然延伸:它旨在取代人的一部分脑力劳动。

人类一直在试图强化自己的能力。比如,过目不忘一直是中国传统文人最为欣赏和希望得到的能力之一。《三国演义》中的张松,在接过杨修递给他的《孟德新书》并快速浏览一遍之后,说这哪里是什么新书,分明是战国时无名氏所作,为曹操所抄袭。杨修不信,结果张松把该书内容背出,一字不差。如今的人工智能已经能够轻松地做到这些,乃至更多。人工智能实际上已经可以将脑力劳动和体力劳动、感知和思维、决策和执行结合到一起,从而更像是一个完整的人。而是否具有"人形"已经不再重要了,任何关于"人工智能"的拟人化想象都是不必要的。有了物联网、大数据和云计算作为支撑(或组成部分)的人工智能可以

---

① [法]奥古斯特·孔德.论实证精神[M].黄建华,译.北京:商务印书馆,2001:12.

② James Hendler & Alice M. Mulvehill. *Social Machine:The Coming Collision of Artificial Intelligence, Social Networking, and Humanity*[M]. A Press, 2016.

③ 吕超.科幻小说中的人工智能伦理[J].文化纵横,2017(8).

通过它的感官(遍布各处的传感器)获得千里之外的数据,利用自己无比强大的记忆力(联网计算机和云存储)来沉淀和消化数据,利用自己远胜于人类的计算能力(算法和基于"神经网络"技术的深度学习)来处理数据,并在此基础上作出判断和"决策"。目前,人工智能正以惊人的速度在两大领域推进:一是"合成智能"(synthetic intellects),即我们通常所说的机器学习、神经网络、大数据、认知系统、演进算法等要素的综合应用。它不是传统意义上的编程,也就是说,它突破了"机器只能做程序员编排它去做的事情"这一局限,你只要给它一大堆人类穷其一生也无法浏览完的数据(在互联网的帮助下,这意味着你只要把它联网并通过编程使它具有搜索功能),包括人类智力根本无法理解的无结构数据,再设定某个具体的目标,最终系统会产生什么结果完全不可预见,不受创造者控制。围棋智能体 AlphaGo 先后打败李世石和柯洁并以"独孤求败"的姿态"宣布退役"只是合成智能小试牛刀的一个例子。另一个领域是"人造劳动者"(forged labors),它们是传感器和执行器的结合,可以执行各种体力劳动任务,从海底采矿、外空维修到战场杀敌。当然,离我们生活最近的例子是自动驾驶。这两个领域的结合不仅意味着"机器人"的"头脑"和"四肢"都是很强大的,还意味着"机器人"的大脑、感官和手脚是可以分离的,手脚(执行器)可以延伸到离大脑(中央处理器)十万八千里的地方。在"万物互联"的时代,只有不联网的东西才不在人工智能的可控制范围之内。

正因如此,越来越多的人开始表现出对"人工智能"的担忧。乐观派认为人工智能是对人类能力的强化,它本身仍然处在人类的控制之下,因为它没有"自我意识"和情感。没有我执,也便没有"贪、嗔、痴",不会对人类构成威胁。甚至不能算是真正的智能,因为智能的内核是"主体的自由"以及主体对这种自由的自我认知和主动应用。[①] 但即使我们承认乐观派对事实的描述和判断是正确的,也已经有了担心的由头。人工智能显然不成比例地强化了一部分人的能力,即那些站在人工智能发展前沿的"大数据掌控者"和人工智能开发企业的能力,同时使越来越多的人变成难以保护自己的隐私和自由并面临失业风险的弱者。[②] 换句话说,以前可以自认为比蓝领工人社会等级更高的白领脑力劳动者,如今也变成了新的随时可能被机器所替代的劳工。当强弱悬殊越来越大而且强者对弱

---

① 金观涛.反思"人工智能革命"[J].文化纵横,2017(8).
② 郑戈.在鼓励创新与保护人权之间[J].探索与争鸣,2016(7).

者的剥削和控制越来越以"物理法则"而不是赤裸裸的暴力面目出现时,"强者为所能为,弱者受所必受"①的局面就会成为普遍现象。自由与必然之间的关系因人工智能的出现而越发成了一个由社会分层(阶级)决定的事务:越来越少的人享有越来越大的自由,越来越多的人受到越来越强的必然性的束缚。由于法治迄今为止被证明是保护弱者权益、使人避免落入弱肉强食的丛林法则支配的最有效机制,所以,当人工智能所带来的新风险被许多人感知到的时候,人们自然希望法律能够因应这种风险提供新的保障。但法律自身也面临着人工智能的猛烈冲击。

二、人工智能对法律应对社会变迁的传统模式的挑战

法律是人的有限理性的产物,法律规则本身也体现并顺应着人的局限性。正如麦迪逊所言:"如果人都是天使,就不需要任何政府了。如果是天使统治人,就不需要对政府有任何外来的或内在的控制了。"②这个说法当然针对的是人的贪婪和野心,但也拓展到人的有限认知和计算能力。即使一个人充满善意,他也可能因为自己的能力所限而对自己和他人造成伤害。而法律规则的设计和执行都会把这种有限能力纳入考虑。实际上,人类社会所有的规则,包括游戏规则,都是有局限的人为有局限的人设计的。下过围棋的人都知道"金角银边草肚皮"这个基本的布局规则,这个规则的理由有两个:一是效率,在角上无论是做眼还是吃掉对方棋子需要的步数都最少,在角上做一个真眼需要三步棋,吃掉对方一个子只需要两步棋。二是计算能力,给定的边界越多,需要考虑的可能性越少。效率考量使得 AlphaGo 在布局阶段与人类高手相比并没有太大的区别,仍然是先占角后取边,但在序盘和中盘阶段,AlphaGo 却更敢于向中腹突进,这是与它更强大的计算能力相适应的。

实际上,由于人认识到自己的局限性,所以在设计规则的时候所考虑的都是所谓常人标准,即以具有中等智力和体力水平的正常人作为规则可行性的判断标准。而且,为了形成稳定的社会秩序,法律往往还会设置比常人标准更低一些

---

① Thucydides. *The War of the Peloponnesians and the Athenians* [M]. Cambridge:Cambridge University Press, 2013:380.

② [美]亚历山大·汉密尔顿,约翰·杰伊,詹姆斯·麦迪逊.联邦党人文集[M].程逢如,在汉,舒逊,译.北京:商务印书馆,1980:264.

的安全线。从这个意义上讲,法律是一种保守的社会力量,不以满足具有创新精神和创新能力的人士的追求"更快、更高、更好"的野心为目的。梁漱溟先生所说的"经济进一步,政治进一步,循环推进"①也适用于法律。法律调整经济—社会关系的方式从来都是回应性的。在技术发展和社会—经济结构变化缓慢的农业社会和早期工业化社会,这种保守倾向使法律发挥了很好的维持社会稳定的作用。但在人工智能时代,它却使法律滞后于技术和经济的发展,使那些把握先机的人获得了巨大的边际回报。比如,互联网金融和电子商务在中国的迅猛发展就是在相关法律缺位的情况下发生的,等到立法者开始制定规则来规范这个领域,法律所约束的只是后来者,并且自然地巩固了先占者的垄断地位。同时,先占者又利用已经积累起来的经济、技术和资源(数据)优势开始抢占未被法律规制的新领域。如此层层递进,最终使得循规蹈矩、永远在法律规定的范围内活动的人们与他们之间的差距越来越大。

同时,正如石油是工业化时代最宝贵的资源一样,数据是人工智能时代最重要的资源。掌控的数据越多,供人工智能"学习"的资源就越多,也就越容易在这个领域取得突破性的进展。这一事实导致了这样几个结果:首先,它使个人的隐私和自由变得非常脆弱。这一点笔者已经在此前的一篇文章②中做了详细分析,这里不再赘述。其次,它使得传统制造业和其他与互联网没有直接关联的行业处在很明显的劣势。因为人工智能不是一个传统意义上的新"行业",而是一种覆盖人类生活全部领域的技术。最早进入互联网领域的企业因其行业特性而自然成了"大数据掌控者",而人工智能对大数据的依赖又使得它们自然成了人工智能领域的先驱,进而,它们又可以利用自己在人工智能方面的优势介入所有传统行业,包括农业。比如通过在农作物上安装生物传感器来获得比实验室作业更加直接和可靠的植物生长数据,从而获得农业科技方面的突破。实际上,这并不是一种假设,而是谷歌③和阿里巴巴等公司正在做的事情,"精准农业定点解决方案"(Precision Agriculture Point Solutions)和"植物云"等概念都对应着某种特定的商业模式。无论是政府还是社会对这种新生事物都有一种好奇和乐见其成的心态,希望看到结果后再采取行动,而当结果发生时,且不论它本身是好是

---

① 梁漱溟.梁漱溟全集:第七卷[M].济南:山东人民出版社,2009:3.

② 郑戈.在鼓励创新与保护人权之间[J].探索与争鸣,2016(7).

③ Alex Thomasson, Gabe Santos and Atanu Basu. Agriculture & analytics:How would Google farm[J]. *Analytics Magazine*,2016(3/4).

坏,这些大数据掌控者全方位的优势必然已经形成。再次,由于这些企业已经掌握了比政府所掌握的更多的关于公民(作为消费者)的信息,热衷于建设智慧城市、智慧政府、智慧法院的公权力部门也不得不求助于它们,浙江省法院系统求助于淘宝来获得当事人真实住址信息只是一个还不那么"智能"的例子。这将模糊公权力与私权力之间的边界,使政府本来应该监管的对象成为政府的合作伙伴乃至实际控制者。又次,这些掌握人工智能应用技术的企业可以用人工智能来分析任何数据,包括消费者行为数据、政府决策数据、立法数据和法院判决数据,并生成对策。这些对策有些要求线下的人际沟通,而有些则完全可以通过线上操控来完成,比如谷歌和百度的搜索结果排序,京东和亚马逊的有针对性的商品推荐等,从而诱导个人消费行为甚至政府决策行为、立法行为。而这种诱导往往以非常隐秘的、合乎人性的方式展开,不会让人觉得有什么不好的事情正在发生。由此导致的结果便是,人们都"自愿服从"于某种他们看不见的力量,而这种力量借助"人工智能"的超强"脑力"使得法律和监管完全找不到对象,乃至被它牵着鼻子走。用脸书(Facebook)创办人扎克伯格的话来说,我们正在进入"算法"而不是法律统治人的时代。① 而算法在表面上就缺乏法律的无偏私性和一般性:它毫不遮掩地服务于设计者植入其中的目的。最后,一旦人工智能被应用于本来就充满流动性、风险与不确定性的金融市场,便可能带来既无创新价值,又危害巨大的灾难性后果。2010 年 5 月 6 日,美国股市发生了"闪电崩盘",1 万亿的资产价值瞬间蒸发,股价齐跌 9 个百分点,道琼斯指数急落 1000 点。美国证券交易委员会(SEC)花了半年的时间才搞清楚发生了什么:原来是不同炒家的计算机程序在相互竞争的过程中导致了失控,在这个被称为高频交易的神秘世界里,这些系统可以"迅雷不及掩耳"地收割小型获利机会,还可以相互探测和利用彼此的交易策略。② 像这样的人工智能对决不仅存在于股票市场,还存在于任何投机性的多方博弈市场。事后追责型的法律对策无法阻止人们在巨大利益的引诱下利用人工智能进行这种损害范围无法控制的赌博式行为。

在人工智能所带来的人类生活世界的一系列改变中,以上只是几个比较突出的直接挑战传统法律应对模式的例子。随着人工智能应用领域的不断扩大

---

① Michael Rundle. Zuckerberg: Telepathy is the future of Facebook[EB/OL]. [2015-07-01]. *Wired UK*. http://www.wired.co.uk/article/facebook-zuckerberg-qa-the-future.

② Jerry Kaplan. *Human Need Not Apply*[M]. New Haven: Yale University Press,2015:61.

（这是必然会发生的），它对现代法律体系的冲击会越来越强烈。然后，习惯于在固定的思维框架（法律教义）中来思考问题的法律人很难跳出这种框架去面对和理解日新月异的社会事实。在下面一节，笔者将以欧盟的"机器人法"立法建议以及美、德两国的无人驾驶立法为例来说明这种传统思维方式在应对人工智能问题时的局限性。

三、人工智能对法律职业的冲击

（一）人工智能的"法律人格"

1942年，美国科幻小说作家艾萨克·阿西莫夫在短篇小说《转圈圈》中提出了"机器人三大律法"：第一，一个机器人不得伤害一个人类，也不能因为不作为而允许一个人类被伤害；第二，一个机器人必须遵守人类施加给它的规则，除非这些规则与第一律法相冲突；第三，一个机器人必须保护自己的生存，只要这种自我保护不与第一或第二律法相冲突。[①] 但机器人发现自己无法同时遵守第二和第三条律法，因此它陷入了不断重复自己先前行为的循环。这种情况不会发生在人身上，也不会发生在其他生命体身上，因为，正如霍布斯所说，自我保存是第一自然法。人会本能地在自我保存与勿害他人之间选择前者。逆此而行的利他主义行为有时也会发生，但要么是道德教育或宗教信仰的结果，要么是出于保护后代的延伸性自我保存目的。只有严格按照人类植入其程序（算法）之中的规则来行事的机器人，才会陷入这种无解的怪圈。

在阿西莫夫提出机器人三大律法的前一年，德国工程师康拉德·楚泽刚刚发明世界上第一台能执行编程语言的计算机 Z3，这套继电器式计算机只能存储64个单词的内容，而且运行速度极其缓慢。显然，阿西莫夫还很难想象今天任何一部普通个人电脑的计算能力和存储空间，更不用说互联网和云计算了。因此，他把机器人想象为一个具象化的、能够伤害人的身体也能被人伤害的物体是可以理解的，而且实际上已经是非常有远见了。但如今的法学家们仍然以这种拟人化的想象来理解机器人，试图制定规范来约束它们的行为，甚至赋予它们法律主体资格，这便显得有些不合时宜了。2016年，欧洲议会向欧盟委员会提出报告，要求制定民事规范来限制机器人的生产和市场流通。其中第50f项建议："从

---

① Isaac Asimov. Runaround// *I, Robot*[M]. New York: Doubleday, 1950:40.

长远来看要创设机器人的特殊法律地位,以确保至少最复杂的自动化机器人可以被确认为享有电子人(electronic persons)的法律地位,有责任弥补自己所造成的任何损害,并且可能在机器人做出自主决策或以其他方式与第三人独立交往的案件中适用电子人格(electronic personality)。"①但在如何落实这种"法律人格"所必然带来的民事行为能力和责任能力规则时,这份报告并没有提出具体的方案。如果机器人对人造成了损害,究竟是适用罗马法中的"缴出赔偿"(noxoe deditio)原则(即把机器人交给受害者或其家属处置),还是让机器人支付赔偿金或坐牢(在这种情况下,最终承担责任的仍然是机器人的"主人",因为机器人不可能有独立的收入,限制它的"自由"等于剥夺了其"主人"的财产权)?由此可见,机器人无论以何种方式承担责任,最终的责任承担者都是人,这使得它的"法律人格"显得多余和毫无必要。实际上,这份报告在具体的规则设计部分也自动放弃了适用机器人"法律人格"的努力,比如,它提议制造商为他们的机器人购买强制性保险。此外,还要设立专门的基金来补充保险机制,主要的出资人也是制造商、经销商和其他利益相关者。这套保险机制的覆盖范围不仅是机器人,还包括机器管家、无人驾驶汽车和无人机,等等。该报告还提议设立专门的"欧洲机器人和人工智能局"来管理被归类为"智能机器人"的机器。这体现了传统的官僚机构思维方式。

这份报告指出,机器人的销售在 2010 年至 2014 年间增加了 17%。涉及机器人的专利申请在 10 年间增加了 3 倍。德国人均拥有机器人的数量已位居全球第三,仅次于韩国和日本。仅在 2015 年一年,全球销售的机器人就达到 50 万个左右。到 2018 年,全球有 230 万个机器人在活动。但它并没有提供这些机器人实际造成损害的数量和类型。德国主要的工程和机器人行业协会 VDMA 发表了反驳声明,指出政治家的担心是科幻小说看多了的结果,目前人工智能给人类带来的好处远远多于坏处,立法者不应该仓促出台规制措施来阻碍工业 4.0 的发展。在具有无限潜力的人类发展领域,充分的讨论是有必要的,但没有必要制定出详细的法律规则。②

---

① European Parliament. Report with Recommendations to the Commission on Civil Rules on Robotics,A8-0005/2017:18.

② Gerhard Hegmann. So will die EU jetzt Roboter per Gesetz bändigen[EB/OL]. [2016-06-22]. Welt,N. 24. https://www.welt.de/amp/wirtschaft/article156463323/So-will-die-EU-jetzt-Roboter-per-Gesetz-baendigen.html.

（二）自动驾驶汽车

2017 年 5 月，德国联邦议会和参议院通过了一部法案，对《道路交通法》进行了修改。它允许高度自动化和完全自动化的汽车作为交通工具上路。但为了符合 1968 年《维也纳道路交通公约》第八条"每一部车辆在行驶时都必须有驾驶员在位"的规定，它没有允许自动驾驶汽车变成"无人驾驶"汽车。它规定，当自动驾驶系统启动之后，司机可以转移注意力，比如去读书或上网，但他必须保持足够的警觉，以便在系统发出请求时恢复人工控制。它还要求高度或完全自动化汽车安装记录驾驶过程的黑匣子，在没有卷入交通事故的情况下，黑匣子信息必须保存半年。如果自动驾驶模式正在运行过程中发生了事故，责任在于汽车制造商；但如果自动驾驶系统已经发出了请求人工控制的信号，责任便转移到了汽车的驾驶人员身上。

在这部法律通过之前，法学家弗尔克·吕德曼（Volker Lüdemann）教授曾经在联邦议会发表专家意见，指出法律草案有四个缺陷，这些缺陷虽然后来部分得到了修正，但其给司机带来的不确定性以及隐私问题仍然存在。在新法下，司机不知道该怎样做才能避免法律责任，自动驾驶汽车无法实现真正的"无人驾驶"，也就是车上只有乘客而没有驾驶员，阻碍了自动驾驶汽车的商业化发展。试想，如果一个人花比传统汽车贵得多的价钱购买了自动驾驶汽车，却必须时刻保持警觉，而且要在自动驾驶系统控制汽车操作一段时间后瞬间介入，应付紧急情况，这实际上对驾驶员提出了更高的要求。新法把自动驾驶汽车造成人身伤亡的最高赔偿额度提高到 1000 万欧元，比原来的最高赔偿额度增加了 1 倍。虽然这笔赔偿在多数情况下将由保险公司支付，但保险公司无疑会提高保费，这也增加了自动驾驶汽车车主的负担。此外，黑匣子信息保留半年的规定也增加了个人数据和隐私被滥用的风险，因为自动驾驶汽车上遍布的传感器和摄像头会记录下非常多的个人私密信息。[①]

与德国立法模式相对照，2017 年 7 月在美国众议院通过的《自动驾驶法案》（Self Drive Act）采取了一种完全不同的思路。它没有改变现有的道路交通规则和与事故责任相关的侵权法规则，而是用宪法和行政法的思维方式划分了联邦

[①] Volker Lüdemann. Stellungnahme zum Entwurf eines Gesetzes zur Änderung des Straßeverkehrsgesetzes（automatisiertes Fahren）[EB/OL]. [2016-06-22]. Drucksache 18/11300. https://www.bundestag.de/blob/498594/127329cb7b1fb6fa7a65dba93c6b7e49/101_sitzung_486c-data.pdf.

与各州之间在规制自动驾驶汽车方面的责任,明确了交通部在确立自动驾驶汽车硬件安全标准、网络安全标准、公众知情标准等方面的具体义务和履行时间表。其中第十二条强化了隐私权保护,要求制造商和经销商只有在提出了满足一系列具体要求的"隐私权保障计划"的前提下才可以供应、销售或进口自动驾驶汽车。这些要求旨在确保自动驾驶汽车的车主和使用者对自己的个人数据和隐私有充分的控制能力,不至于在自己不知情的情况下任由制造商或程序设计者使用自己的个人数据。这部法律目前还没有在参议院获得通过,其内容还可能会有进一步修改,但基本框架应该不会有大的改变。

(三)算法设计者必须遵守的伦理规范

与上述约束自动驾驶汽车制造者和使用者的规范不同,德国交通部长任命的伦理委员会最近提出的一个报告展现了一种完全不同的思路:要求算法(即软件)编写者遵守一系列伦理法则。报告提出了 20 条伦理指导意见,核心是把人的生命放在首位。比如,其中第七条要求:在被证明尽管采取了各种可能的预防措施仍然不可避免的危险情况下,保护人的生命在各种受法律保护的权益中享有最高的优先性。因此,在技术上可行的范围内,系统必须被编程为在权益冲突时可以接受对动物和财产的损害,如果这样可以防止人身伤害的话。第八条规定,诸如伤害一个人以避免对更多人的伤害这样的伦理难题不能通过事先编程来处理,系统必须被设定为出现这种情况时请求人工处理。[①]

四、法律如何更加"智能"地应对人工智能

正如尼古拉斯·卡尔所指出的那样,人工智能是历史悠久的人类工程学的最新发展,而人类工程学是艺术和科学结合的产物,它是为人类追求真善美的目的而服务的。[②] 人类不能被人工智能不断增长的能力牵着鼻子走,乃至被带入完全不受人类控制的未来。在笔者看来,为了更好地应对人工智能带来的新风险,

---

① Maßnahmenplan der Bundesregierung zum Bericht der Ethik-Kommission Automatisiertes und Vernetztes Fahren (Ethik-Regeln für Fahrcomputer[EB/OL].[2016-06-22]. http://www. bmvi. de/SharedDocs/DE/Publikationen/DG/massnahmenplan-zum-bericht-der-ethikkommission-avf. pdf? blob = publicationFile.

② [美]尼古拉斯·卡尔. 玻璃笼子:自动化时代和我们的未来[M]. 杨柳,译. 北京:中信出版社,2015:179.

在保护创新的同时确保人类生活的美善品质,可能的法律发展包括以下几个向度。

首先,现有的法律模式没有摆脱传统的具象化乃至拟人化思维方式,仅仅将有形的智能化机器或"机器人"纳入规制范围。但是,正如本文已经明确指出的那样,这些有形的机器只是人工智能的一种表现形态,即"人造劳动者",它们都受一种无形的、弥散化的智能的控制,这种被称为"合成智能"的由算法、网络和大数据组成的无形、无界的存在才是人工智能的智能所在。正如李彦宏等指出的那样:"……也许真要靠算法的顶层设计来防止消极后果。人工智能技术可能不只是理工科专业人士的领域,法律人士以及其他治理者也需要学习人工智能知识,这对法律人士和其他治理者提出了技术要求。法治管理需要嵌入生产环节,比如对算法处理的数据或生产性资源进行管理,防止造成消极后果。"[①]这种"顶层设计",我们可以称之为"人工智能社会的宪法",它的制定或生成需要法律界人士和程序员、人工智能专家的合作,以便使算法进入法律,法律进入算法,从而使人工智能的基础操作系统符合人类的伦理和法律。

其次,为了做到这一点,政府应当在发展人工智能方面加大投入,吸收更多的人工智能人才参与立法、行政和司法工作,避免使自己远远落后于商业力量。这在我国比较容易做到,因为顶尖的大学和科研机构都是国家资助和管理的。如果这些人才中大多数都转而为商业机构服务,不仅无法体现社会主义的优越性,也不利于让人工智能向服务于社会公众利益的方向发展。

再次,从现有的各国立法模式来看,欧盟和德国直接修改民事规则和交通法规的做法是在事实不清、需要解决的问题不明朗的情况下做出的仓促选择,既不利于鼓励创新,也不利于保障公民的权利。在目前这个阶段,比较稳妥的方案是美国式的公法模式,指定一个现有的政府部门负责确立相关的行业技术标准、安全标准和个人数据保护标准,而这个标准不应当是自上而下武断强加的,而应当是对行业自身所发展出来的标准与公共利益、个人权利保护原则的综合考量,其制定程序应当遵循公众参与、听证等行政程序规则。

最后,德国的自动驾驶汽车程序设计伦理规范是一个可取的思路。由于人工智能的核心在于算法,算法的设计决定着智能化机器的"行为"。而对于普通

---

① 李彦宏,等.智能革命:迎接人工智能时代的社会、经济与文化变革[M].北京:中信出版社,2017:312.

人和大多数立法者、执法者和司法人员来说,算法是一个"黑箱",人们只能看到它所导致的结果,却无法看到它的运作过程。制定相关规则来约束算法设计者的行为,在发生可疑后果的时候要求程序员用自然语言来解释算法的设计原理,并且追究其相关责任,这显然是一种治本之法。但正如德国模式也只是把这种思路落实为建议性的伦理规范一样,这种规则变成法律仍有很大难度,需要立法者、执法者、司法者和公众都有一定的人工智能知识,能够及时发现可能由算法导致的危害性后果。在人工智能知识像"普法"一样被普及开来之前,一个过渡性的做法是设立由相关领域专家和法律职业人士共同组成的伦理委员会或"人工智能法院",按照风险防范而不是纠纷解决的思路来处理相关规则的落实问题。

第五部分
嘉宾致辞

引领法学潮流，建设网络强国

罗卫东[①]

尊敬的汪检、余总，尊敬的各位领导，各位专家、学者，老师们、同学们：

大家上午好！

在这江南秋意正浓的时节，迎来了由浙江大学、浙江省人民检察院、阿里巴巴集团和蚂蚁金服集团共同主办的"2017年互联网法律大会·未来论坛"。十分荣幸能够参加本次大会，与各界精英齐聚一堂，共商互联网法律的蓝图。

首先，我要代表主办单位之一的浙江大学，对各位领导、专家、学者莅临会议指导工作表示热烈欢迎和衷心感谢！

看到今天如此的盛况，不禁让我想起一年前在这个小礼堂成功举办的第一届互联网法律大会，在我与余总等人的共同见证下，互联网法律研究中心也正式揭牌成立。一年来，互联网法律研究中心立足现在，放眼未来，建立了稳固的研究团队，开设了互联网法律大讲堂，定期举办互联网法律论坛、沙龙，推出了互联网法学丛书，运营了多个公众号等自媒体，开辟了云谷训练营，正在建设全球互联网法律案例库等项目，成绩斐然。

党中央高度重视我国互联网产业的发展，习近平总书记在十九大开幕式上作的报告中曾八次提到互联网并指出，要"推动互联网、大数据、人工智能和实体经济深度融合，在中高端消费、创新引领、绿色低碳、共享经济、现代供应链、人力资本服务等领域培育新增长点、形成新动能"，向世人昭示我国要建设网络强国的决心。而建设网络强国离不开法治全气候的保驾护航。法治是互联网创新发展的前提，也是创新的最终保障。站在新时代的路口，作为转型期主人的我们，

---

① 罗卫东，浙江大学副校长、教授、博士生导师。

应该把握住机会,在新一轮的科技革命中,率先发声,创新现有法律理念,维护健康的市场环境,适应新型经济模式的需要,占据"互联网＋法律"的制高点,在时代的转型期把握住机会,掌握互联网规则的话语权。

毫无疑问,中国是一个互联网大国,互联网已经成为中国经济增长的新型驱动力,互联网法律大会正是在这种时代背景下应运而生,是互联网时代法治中国、法治浙江的新样本、新参考,是我国在经济上、法治上再次跻身创新国家的一个平台。模仿发达国家的"弯道超车"方式只能是跟在别人后面走,很难去创新超越,我们应该在转型时期抓住新机遇,不跟在别人后面走,要借鉴别人的成功经验,更要走出中国特色的新道路,实现"换道超车"。身处第三次工业革命历史大潮之中的我们,在前两次工业革命时并未占得先机,但如今,阿里巴巴集团、蚂蚁金服集团等中国互联网巨头在互联网、大数据、人工智能领域引领着整个时代的潮流,这正是中国互联网,甚至是整个中国在世界强国之林中"换道超车"的最好契机。

但是,互联网同样是一把双刃剑,在其繁荣发展的背后也隐藏着诸多法律问题,甚至对传统的法律体系形成严峻挑战。如何塑造健康的网络环境成为我们必须面对的难题。唯有砥砺前行,立足于中国丰富的互联网应用和多样的互联网案件,推动法学在互联网法律领域的实际应用,才可以将我国建设为新时代的网络强国。

浙江大学、阿里巴巴集团、蚂蚁金服集团共同打造的互联网法律大会是高端学术平台,旨在解决互联网领域的违法犯罪问题,推动司法解释出台,引领互联网法律的发展方向,推动互联网法学、人工智能法学新学科在"浙里"成长、壮大。互联网法律大会将是一个全球平台,是表达浙大声音、浙江声音、中国声音的平台,也是中国参与制定全球互联网法律规则,推动国际条约、形成全球共识的平台。未来,我们将与来自全世界各地的嘉宾互联互通、多边沟通、多边参与,共同构建更美丽、更干净、更安全的网络生态环境。让我们一起期待互联网法律大会承担时代的重托,成为划时代的一笔。

本届大会是各界专业人士思想交锋、共商互联网未来的高端会议,相信通过各位嘉宾的研讨,2017 年互联网法律大会一定能够碰撞出智慧的火花。我代表浙江大学感谢你们辛苦的工作,让我们珠联璧合,共谱时代新篇章。最后,预祝大会取得圆满成功!

谢谢各位!

面向未来,打造互联网法律研究高端平台

余伟民[①]

尊敬的汪检,尊敬的罗校长,各位领导、各位学者,媒体朋友,女士们、先生们:

大家上午好!

非常荣幸作为主办方阿里巴巴集团和蚂蚁金服集团的代表致欢迎词。

2016年11月19日,也是在这个充满着古典气息而又饱含现代元素的小礼堂,第一届互联网法律大会隆重开幕,浙大和阿里两张金名片融合在一起,罗校长和我共同为"互联网法律研究中心"揭牌,这真正代表了引领世界的"浙里云谷"在法律研究领域的起步。

今天,第二届互联网法律大会·未来论坛携丰硕的研究成果在这里隆重召开,专家学者重聚在此,还迎来了许多新朋友,共同探讨互联网法律体系建设的未来。我们这个时代经历了所有的不可能,也因此造就了现在的所有可能,在中国,我们现在碰到的很多新问题,在过去的世界里无法找到解决答案,只能靠我们的智慧去创新、去解决。

因此,在这里我想讲以下两个方面。

一、感 谢

首先,感谢今天所有参会的嘉宾、合作举办方、支持指导单位以及所有为本次大会成功举办付出努力的人员,今天的会场像第一届一样满溢着法律人的智慧之光。还要感谢今天没能来现场但一直关心、支持、参与研究中心工作和互联

---

① 余伟民,阿里巴巴集团党委委员、副总裁。

网法律大会的其他专家学者。

其次,感谢浙江乃至全国公检法机关的担当和创新精神。研究中心成立之初就一直得到最高人民法院、最高人民检察院、公安部研究机构和业务部门的指导和关心,尤其是最高人民法院从 2015 年开始就高度关注互联网法治建设问题,多次赴阿里巴巴等企业以及全国司法机关深入调研。

第一届互联网法律大会刚结束,南京法院就判决了全国首例恶意刷单损害竞争对手的破坏生产经营案,被评为南京市十大案例之一;2017 年 6 月,杭州余杭区人民法院判决了全国首例组织刷单非法经营案,这表明浙江司法机关非常重视互联网经济的发展;2017 年 11 月初,山西太原迎泽区法院宣判了全国首例黄牛抢购软件作者、销售者提供侵入、非法控制计算机信息系统程序、工具案,直接促使抢购软件数量明显下降。

今年,诸暨市公安机关抓住源头性问题,突破传统打法,首次对钓鱼木马、钓鱼链接等技术黑产进行全链路溯源打击;嘉兴市公安机关强力打击新型反射型黑客攻击案件……这些新型案件的查办,有力打击了黑色产业,维护了互联网健康生态,体现了互联网时代司法机关敢于担当、勇于创新、破解难题的新枫桥经验。

2017 年 8 月,全国首家互联网法院在杭州成立,互联网法院的诞生过程蕴含了网上法庭、电子送达、网上司法拍卖、语音识别等法企合作,是中国乃至世界互联网发展史上具有深刻历史意义的里程碑。浙江省、杭州市、余杭区三级检察机关先后与阿里巴巴签订了战略合作协议,在法律研究、专家咨询、检察信息化建设、复合型人才培养等方面做出了积极的探索。浙江省人民检察院率先与阿里巴巴、浙江大学签订互联网跨界人才培养的三方协议,聘请阿里巴巴安全部专家和浙江大学互联网法律研究中心的学者担任全省检察干部教育培训工作指导委员会委员,还共同举办多次形式多样、内容前沿的互联网法律专题研修班,具有强烈的责任意识和时代精神。在此,我代表阿里巴巴对浙江省人民检察院的汪瀚检察长、王祺国副检察长表示真诚的谢意。

最后,感谢浙江大学师生勇立潮头、敢为人先的钻研精神。一年来,在与阿里巴巴、蚂蚁金服合作协同之下,互联网法律研究中心取得了以下丰硕研究成果:有了《互联网法律法规集》《国外互联网案例集》《国内网络犯罪案例集》《第一届互联网法律大会论文集》;创设了"互联网法学"公众号,已成为国内知名互联网法律专业公众号;研究中心师生撰写的多篇研究文章在各类核心期刊发表,学术观点引起了学界很大关注；建立了"云谷训练营"，通过各种活动形式鼓励广大学生增强学习，提高研究互联网法律的积极性。

二、关于互联网法律研究的三点想法

（一）互联网法律研究应当以不断提升我国互联网经济的国际竞争力为根本目标

阿里巴巴互联网技术应用始终保持全球领先地位，不断拓展商业生态边界，不断挑战人类想象力。刚刚结束的天猫"双 11"再次刷新了历史，实现了 1682 亿元的网上单日交易额，已经成为代表互联网技术巅峰的"超级工程"，支持这一庞大、精密、复杂商业奇迹背后的是阿里巴巴、蚂蚁金服、阿里云和菜鸟永不停息的创新。

阿里在 G20 峰会上提出了 eWTP，eWTP 的第一个试验区已在马来西亚落地。阿里提出了新零售、新金融、新技术、新制造、新资源，"双 11"期间，除了线上的交易，还在 20 个城市、60 个大型商圈开展线下零售活动，拉动线上、线下共同参与。阿里提出了"五个全球"的概念，要在 eWTP 的全球化战略的努力下，实现全球买、全球卖、全球运、全球付、全球游。

国外评价中国新四大发明为：高铁、电商、支付宝、共享单车，今后的经济业态会变化得特别快，新兴事物带来的社会矛盾、社会问题会越来越迫切地需要用法律来调整。

十九大高度肯定了中国互联网经济发展的成就，并再次提出了建设网络强国，推动互联网、大数据、人工智能和实体经济的深度融合。因此，互联网法律的研究应当站在推动国家战略的高度，以全球化的视野为国家"一带一路"倡议和大数据战略提供法治理论支撑，为不断提升中国互联网企业在全球的竞争力创建良好的法治环境。

（二）法律研究应当立足解决互联网经济发展过程中面临的问题，始终站在互联网实践最前沿

当前，网络违法犯罪形势严峻，互联网黑灰产的泛滥使得网络违法犯罪的门槛和成本越来越低：一是为各类违法犯罪提供非实名账号甚至盗取来的账号；二是专门定制提供各类违法犯罪所需的恶意软件，提供打码、群发诈骗信息等技术服务；三是搭建专门用于公民个人信息、恶意软件等违法犯罪工具及其教程、各类证照、手机黑卡、他人的银行卡非法交易的网站、群组等平台。

虽然《刑法修正案（九）》规定了一些新罪名,但由于实践中对黑灰产在网络违法犯罪中作用的认知不足、追查难、适用法律难、证据获取难等因素,对网络犯罪上下游帮助行为的打击和治理成效有待提高,亟须执法司法实践创新和法学界理论支持。

不能全面掌握网络违法犯罪的特点、规律和趋势,理论研究就会失去方向和价值。理论研究应当重视对各地新类型案件判例的研究,最高法正在开展的互联网指导性案例选编工作极具创新,改变过去只在法院内部收集的做法,让互联网企业参与典型案例的推荐,这一做法的意义不是仅仅增加了推荐主体那么简单,说明最高法对案例能否解决互联网企业、互联网经济发展过程中遇到的实际问题非常重视,彰显的是最高人民法院对指导性案例作用全新的思维方式。

(三)互联网法律研究应当重视对年轻人犯罪的研究

年轻人既是当前网络违法犯罪的主要参与者,也是网络违法犯罪的主要受害群体。中国 7 亿多网民中大部分是年轻人,网络活动频率高、容易掌握互联网各项技能、社会阅历不足、网络安全意识和法制观念不强、违法性认识模糊等特点,使得年轻人成为网络犯罪和黑灰产业欺骗和拉拢的重点对象。

我们不希望看到更多被网络诈骗而失去生命的徐玉玉,不希望看到因公民个人信息泄露而让雇凶杀人变得容易,我们同样也不希望看到更多年轻人被送进监狱。

法律研究应当重点研究年轻人因轻微犯罪判缓刑、免予刑事处罚或因违法被行政处罚以后的社会矫正工作新思路、新措施,不能一判了之、一罚了之。得年轻人者得未来,国家是否可以设立专门机构、配备专门人员,运用互联网技术引导这些失足年轻人参加公益事业、参加网络安全知识培训、讲述自身网络安全故事、参加网络安全演讲比赛等,让网络空间充满正能量。

最近,阿里巴巴安全部、互联网安全志愿者联盟、浙江大学光华法学院互联网法律研究中心在浙江省网信办和共青团浙江省委的指导下,正在开展全国大学生网络安全辩论赛,全国 10 个省市的 30 多所高校参加了比赛,掀起了学习网络安全知识,争做知法、守法好网民的热潮。

最后,预祝本届大会圆满成功,碰撞出更多法律智慧,预祝互联网法律研究中心取得越来越多的高质量研究成果。同时,借此机会对所有关心、支持、包容阿里巴巴和蚂蚁金服发展的领导、专家学者和社会各界表示最诚挚的谢意!

互联网世界需要有共同遵循的法治规则

汪　瀚[①]

各位来宾,各位专家,朋友们:

大家上午好!

今天,我们聚集在浙江大学光华法学院,共同参与由浙江大学、阿里巴巴集团、蚂蚁金服集团主办,浙江省公、检、法等单位支持的"2017年互联网法律大会·未来论坛"。明天下午,我们还要继续在良渚文化村召开由浙江省人民检察院主办的"2017年互联网法律大会·检察论坛"。这是理论界、司法实务界和互联网企业共同研讨互联网法治、携手共建网络空间命运共同体的一次盛会,展示出浙江的法学理论、互联网技术与司法实践的深度融合,标志着浙江的互联网法律研究和司法保护继续走在全国前列。

我谨代表互联网法律战略合作单位、本次论坛支持单位之一的浙江省人民检察院,对论坛的举办表示热烈的祝贺,对各位嘉宾、专家和朋友莅临会议表示热烈的欢迎和衷心的感谢!

当今社会已经进入大数据时代,互联网、物联网、大数据、云计算等现代技术正在深度改变人们的生活、工作和思维方式,也全面改变了经济的发展模式和社会的治理程式。而大数据时代也给社会治理提出了新机遇、新挑战,网络违法犯罪对传统法学理论更是造成了诸多冲击与挑战,规制互联网社会法律关系、加快互联网科技和法律的快速融合、保障互联网经济快速健康发展,已迫在眉睫。

党中央和习近平总书记高度重视互联网产业的发展。刚刚闭幕的党的十九大,习近平总书记在他的报告中有八次提到互联网,充分肯定了我国互联网技术

在国家前所未有地"走近世界舞台中央"所起的作用,强调要推进网络强国,加强数字中国、智慧社会建设,加强网络安全,建立网络综合治理体系,等等。

2017年12月3日即将召开的第四届世界互联网大会,将以"发展数字经济,促进开放共享——携手共建网络空间命运共同体"为主题,围绕数字经济、前沿技术、互联网与社会、网络空间治理和交流合作等方面进行探讨交流。

今天,我们法学院校、司法实务界与互联网企业携手在这里召开互联网法律大会,自觉对接世界互联网大会,共商互联网法律未来走向,探讨人工智能未来法学,是自觉践行习总书记对浙江提出"秉持浙江精神,干在实处、走在前列、勇立潮头"重要指示的重大行动,更是自觉为中国的明天提供更多的浙江实践、浙江素材、浙江经验的责任担当。

互联网世界没有国界、没有边界,但需要有共同遵循的法治规则,今天和今后的竞争不仅仅体现在科学技术的竞争,更体现在互联网规则制定权的竞争。

当前,中国的互联网经济已经不仅仅在市场的广度上占先,而且中国创造正在迎头赶上美国等科技领先国家。然而,中国要真正成为网络强国,必须在世界互联网治理和安全体系中拥有话语权,必须在制定互联网国际游戏规则和标准上有中国的参与、决策乃至引领。

随着互联网时代的到来,传统的法治思想和法治规则需要进行重构,世界法治已经进入从传统时代走向转型升级后的互联网时代、大数据时代,互联网改变了源自工业社会的西方法律霸权,中国第一次有机会从"规则的接受者"变为"规则的制定者",第一次有机会从"向西方学习"变成"被西方学习"。这正是中国法治乘上互联网高速列车引领世界互联网法治的历史性战略机缘。

早在第二届世界互联网大会上,习近平总书记就明确指出,在建立互联网国际新秩序和治理新体系中要有中国作为一个负责任的大国应有的话语权,为推进全球互联网治理贡献中国智慧。

今天,我们在此携手共商、共建互联网法律规则、法律体系,是在努力为我们国家抢占世界互联网规则的制定权和法治话语权,是在努力为我们国家抢抓世界互联网重要的法治地位和法治主导权,更是为我们国家引领共建网络空间命运共同体,向全世界展示中国方案、中国道路、中国智慧的不懈努力!

在互联网时代,中国检察机关也面临诸多机遇和挑战。曹建明检察长要求我们要主动融入,相向而行,努力做好互联网时代的检察工作。我们浙江检察机关近年来充分利用本省在互联网时代的先发优势,履行检察职能,维护网络安全,提升互联网思维,主动学习信息化技术,依托信息网络技术,推动检察工作发展,在很多方面取得了积极的进展和显著的成效。

以党的十九大为标志,我国已经进入了中国特色社会主义新时代,中国的法治同样进入新时代。我们要在习近平新时代中国特色社会主义思想的指引下,坚持中国特色社会主义法治的道路自信、制度自信、理论自信、文化自信,加快推进互联网领域法治建设的现代化、国际化步伐。

我们有责任让世界更多地感受中国法治力量,更多地倾听中国法治声音,让越来越多的人了解和参与互联网法律大会! 这应当是践行党的十九大精神、践行习近平总书记重要指示的精美篇章和历史担当!

最后,我预祝大会和论坛圆满成功!

谢谢大家!

重塑法律框架，开启智能司法新纪元

朱新力[①]

各位嘉宾、专家、学者：

大家上午好！

今天，美丽的钱塘江畔迎来了浙江大学、阿里巴巴集团、蚂蚁金服集团联合举办的"2017 年互联网法律大会·未来论坛"，来自理论界和实务界的专家学者与互联网大咖汇聚一堂，共同探讨互联网给法律、司法、法治带来的变革、挑战与机遇。在此，我谨代表浙江省高级人民法院对本次大会的顺利召开表示热烈祝贺，对与会专家、学者、嘉宾的到来表示热烈欢迎，也对大家长期以来对我省法院工作的关心和支持表示由衷感谢。

毫无疑问，未来已来，网络已成为人类生存的第二空间，我们已经进入了人工智能时代，如今，以互联网、物联网、大数据、云计算、人工智能、区块链等为代表的信息技术正推动着整个社会从生产工具到生产关系的巨大变革，并将颠覆我们所熟知的交往方式、商业模式和社会治理方式。

近年来，为了主动适应信息化时代全方位、在线化、集成化、平台化、智能化的发展趋势，浙江省各级法院一直持续探索、不懈努力。2015 年 8 月，我们在全国首创电子商务网上法庭，率先实现网上纠纷网上解决；2017 年 8 月 18 日，由周强院长和浙江省委书记车俊同志共同揭牌，在浙江成立了全球第一家互联网法院，这是史无前例的改革举措，是司法主动适应互联网时代发展大趋势的重大制度创新，是世界司法史上的一件大事。杭州互联网法院以互联网方式审理互联网案件，并期待朝着智能审判不断进军，它颠覆了传统的线下审判方式，创新案

---

① 朱新力，浙江省高级人民法院副院长。

件审理模式,重塑崭新司法流程,标志着人工智能时代司法新纪元的开端。

这是一个充满机遇的时代,一部手机就是衍生的人体全能器官,信息经济正为人们带来无比巨大的财富增长,社会治理可能出现核变式的增长;这也是一个充满挑战的时代,人们以隐私交换服务,随时面临着信息泄露的风险,电信诈骗、网络黑产、信息盗取等与网络相关的违法犯罪时有发生,譬如木马制造、黑客攻击、打码平台等灰色地带不断形成。面对新型的交易关系、行为模式,传统的诉讼框架已经难以适应网络时代的人类生活,法律必须不断优化甚至重塑。

本次论坛网罗了互联网时代理论界和实务界共同关注的热点、难点、焦点,信息时代的法治一定不同于工业时代,我们中国正好在此借道超车、走在前列、提供智慧。期待着我们在头脑风暴中交流与分享,让思想的火花持续碰撞与融合,共同拥抱美好未来。最后预祝本次大会取得圆满成功,祝各位嘉宾身体健康、工作顺利!

谢谢大家!

同舟共济,携手共建网络空间命运共同体

王　建^①

各位来宾,各位专家学者,同志们:

大家上午好!

很高兴参加"2017年互联网法律大会·未来论坛",借此机会,我谨代表浙江省公安厅对本次大会的顺利召开表示诚挚的祝贺,向各位领导、专家学者对公安部门的关心、支持和帮助表示崇高的敬意和真诚的感谢。

浙江省是互联网大省,随着世界互联网大会永久落户乌镇,浙江省网络强省的轮廓更加清晰、脚步更加坚实,目前全省网络普及率、互联网网站数量、信息化发展指数均处在全国的前列,电子商务成为浙江互联网经济发展的一大品牌。我们深刻地认识到,互联网已成为社会运行的基本要素和基础支撑,如同毛细血管般渗透在社会生活的各领域、各方面,成为个人社会生活和群众生活不可或缺的一部分。

但是,互联网在为我们提供便捷服务和生活乐趣的同时,也日益成为社会稳定和群众安全的最大变量,现实社会中有的犯罪网上几乎都有,且新型的网络犯罪与传统犯罪相比具有不同特征,凭借新技术手段,这种犯罪更多呈现非接触特点,行为实施的时空跨度增大、社会关系链条变长、行为人的隐蔽性变强。

同时,相较于传统犯罪,网络犯罪呈现出明显的集团化、产业化状态,表现出跨部门、跨行业生产,形成了盘根错节的网络犯罪黑色产业链,并且衍生出许多新的网络犯罪形态。从我省情况看,在违法犯罪总量和严重刑事犯罪数量逐年下降的态势下,网络违法犯罪数量却大幅上升,逐渐成为主要犯罪形态和社会热

---

① 王建,浙江省公安厅副厅长。

点,给社会带来巨大危害。

党的十九大报告明确指出,加强互联网内容建设,建立网络综合治理体系,营造清朗的网络空间。我们认为,网络社会不是虚拟世界,它是一种新形态下的公共场所,也涉及国家主权和社会管理秩序问题,任何网络行为必须遵守国家法律法规,必须受一定的秩序约束,绝不能让其成为法外之地。

防范和治理新型网络犯罪不仅需要构建新型网络犯罪的防治体系,作为公安机关我们将适应网络时代的新变化,转变应对思路,深入探索"互联网+"时代背景下公安机关社会治理的新方法、新途径,推动互联网与法治整治、社会管控、维护稳定等深度融合,不断提升公安工作的社会化、法治化、智能化和专业化水平。

接下来,我们还将举行互联网法治研究联盟启动仪式,我想,这将架起我们司法实务工作者与网络技术专家、高校学者之间的桥梁,我坚信,这将对依法打击网络犯罪,共建安全有序网络环境,促进互联网大数据、人工智能和实体经济的深度融合产生深远影响,也将为浙江省公安事业长远发展提供强大助力。

我们也希望联盟的各成员单位充分发挥自身优势,加强与公安机关的实务合作,共同研究互联网背景下的法律问题,有效破解在应对网络犯罪过程中法律适用的热点和难点问题,为国家的网络立法提供依据和参考,努力成为网络刑事法律科研的先行军。联盟要本着开放共治的理念,推动网络安全治理向常态、长效、深度融合转型升级,携手共建网络空间命运共同体,努力成为网络安全的守护者,主动研究网络犯罪的规律特点,厘清法律界限,消除各种灰色、黑色的中间地带,为依法打击网络犯罪行为提供法律支撑,成为促进互联网和实体经济深度融合发展的推动者!

最后,预祝此次大会取得圆满成功!祝各位领导、专家学者工作顺利、身体健康!

谢谢大家!

附：

2017 年互联网法律大会纪实

　　互联网法律大会是浙江大学（光华法学院）、阿里巴巴集团、蚂蚁金服集团共同打造的高端学术品牌，旨在成为中外各界讨论互联网法律走向、出台行业标准、商讨国际规则、形成全球共识的国际舞台。继 2016 年互联网法律大会顺利举办之后，浙江大学、浙江省人民检察院、阿里巴巴集团、蚂蚁金服集团共同主办了 2017 年互联网法律大会。2017 年互联网法律大会分为未来论坛和检察论坛：2017 年 11 月 18－19 日，未来论坛在浙江大学之江校区小礼堂顺利举办；11 月19 日下午，检察论坛在杭州市余杭区良渚文化村顺利举办。

一、产生背景

　　2017 年是互联网法律发展不平凡的一年，《网络安全法》6 月 1 日起正式实施，互联网法院 8 月在杭州正式揭牌，"徐玉玉案"黑客 8 月受审，全球组织刷单入刑第一案在杭州市余杭区人民法院判决并生效……伟大的发展之路需要伟大的思想碰撞，互联网法律大会应时代而生。时代风起云涌，万物变动不居，互联网席卷一切，人类因何而生、向何而往？作为社会规范的法律又如何面对、有何引领？对未来的思考和创造给我们的生命以非凡的意义。2017 年互联网法律大会，携侣未来，势不可挡，万众瞩目！

二、会议概览

（一）互联网法律大会·未来论坛

2017 年 11 月 18－19 日，由浙江大学、阿里巴巴集团、蚂蚁金服集团主办，国家"2011 计划"司法文明协同创新中心、浙江省高级人民法院、浙江省人民检察院、浙江省公安厅支持,浙江大学光华法学院互联网法律研究中心("大数据＋互联网法律"创新团队)承办,以"互联网法学＋人工智能法学"为主题的"2017 年互联网法律大会·未来论坛",在浙江大学之江校区成功举办。

本次大会与《中外法学》《中国法学》《行政法学研究》《法学》《法律科学》《政法论坛》《政治与法律》《浙江大学学报》《浙江学刊》以及《人民检察》等重点期刊合作,与期刊共同征稿,总共收到近 300 篇前沿性论文与案例分析,大大推动了互联网法学、人工智能法学的研究深度。近 200 名各界精英齐聚一堂,座谈互联网法律的未来,勾勒互联网法治的宏伟蓝图,共享未来盛宴。

2017 年 11 月 18 日上午,浙江大学光华法学院副院长郑春燕教授主持了"未来论坛"的开幕式并宣告大会开始。会议议程第一项是主办单位代表致欢迎词。浙江大学副校长罗卫东教授和阿里巴巴集团党委委员、副总裁余伟民先生,分别代表主办单位致欢迎词。罗卫东副校长指出:中国是一个互联网大国,互联网已经成为中国经济增长的新型驱动力,互联网法律大会正是在这种时代背景下应运而生,是互联网时代法治中国、法治浙江的新样本、新参考,是我国在经济上、法治上再次跻身创新国家的一个平台。余伟民副总裁指出:互联网法律研究应当以保障我国互联网经济不断提升国际竞争力为根本目标;互联网法律研究应当立足解决互联网经济发展过程中面临的问题,始终站在互联网实践最前沿;互联网法律研究应当重视对年轻人犯罪的研究。

会议第二项议程是嘉宾的开幕致辞。浙江省人民检察院汪瀚检察长、浙江省高级人民法院朱新力副院长、浙江省公安厅王建副厅长,分别代表浙江省人民检察院、浙江省高级人民法院、浙江省公安厅为本次大会致辞。汪瀚检察长指出:互联网世界没有国界、没有边界,但需要有共同遵循的法治规则,今天和未来的竞争不仅仅体现在科学技术的竞争,更体现在互联网规则制定权的竞争。中国要真正成为网络强国,必须在世界互联网治理和安全体系中拥有话语权,必须在制定互联网国际规则和标准上有中国的参与、决策和引领。朱新力副院长指出:未来已来,网络已成为人类生存的必要空间,我们已经进入了人工智能时代,如今以互联网、物联网、大数据、云计算、人工智能、区块链等为代表的信息技术使社会关系发生了巨大变革,并推动我们的交往方式、商业模式和社会治理方式的转型。王建副厅长指出:互联网法治研究联盟要本着开放共治的理念,推动网络安全治理向纵深、常态、长效转型升级,携手共建网络空间命运共同体,努力成为维护网络空间安全的守护者;要主动研究网络犯罪规律特点,厘清法律界限,消除各种灰色、黑色中间地带,成为促进互联网与实体经济深度融合发展的推动者!

会议第三项议程是互联网法治研究联盟启动仪式。为全面贯彻落实十九大加快建设网络强国的战略目标,促进网络空间治理体系和治理能力的现代化,维护合法有序的网络环境,创新高校、机关、企业的合作模式,充分发挥各方的研究优势,浙江大学、浙江省高级人民法院、浙江省人民检察院、浙江省公安厅、阿里巴巴(中国)有限公司、浙江蚂蚁小微金融服务集团股份有限公司决定成立开放性、学术性的互联网法治研究联盟,共同打造互联网法治研究的新高地,推动互联网法学、人工智能法学的发展。

2017 年 11 月 19 日上午,"未来论坛"举行了闭幕式,由浙江大学光华法学院互联网法律研究中心主任高艳东副教授主持,浙江大学光华法学院副院长赵骏教授致闭幕词,并宣布"2017 年互联网法律大会·未来论坛"正式闭幕。至此,具有里程碑意义的"2017 年互联网法律大会·未来论坛"圆满落幕。

(二)互联网法律大会·检察论坛

2017 年 11 月 19 日下午,由浙江省人民检察院主办,浙江大学、阿里巴巴集团、蚂蚁金服集团、国家"2011 计划"司法文明协同创新中心支持,杭州市余杭区人民检察院承办的"2017 年互联网法律大会·检察论坛",在杭州市余杭区良渚文化村顺利举办。

本次论坛由浙江省人民检察院教育培训工作指导委员会副主任、党组成员、政治部主任陈志君主持。浙江省人民检察院王祺国副检察长、浙江省人民检察院教育培训工作指导委员会名誉主任刘品新教授、杭州市人民检察院郭志平副检察长、杭州市余杭区人民检察院陈娟检察长为会议致辞。王祺国副检察长指出:以此次研讨会为新的起点,深化对依法惩治网络犯罪重要性的认识,广泛吸收本次论坛各位专家学者关于网络犯罪治理的意见,努力形成依法惩治和预防网络犯罪的合力,在推进网络犯罪治理法治化的步伐中继续走在全国前列,向着全面依法治国的天空飞得更高、更远、更强。刘品新教授指出:本次论坛第一是在解"新时代的政治命题",第二是在解"新时代的实践命题",第三是在解"新时代的人才命题"。郭志平副检察长指出:我们期望依托论坛的研究成果和各位专家学者的真知灼见,为杭州推进和完善互联网检察工作积累更多的经验,得到更多的启发。陈娟检察长指出:我们将不断加强网络犯罪案件办理的理论和实务调研,共同研究提升网络犯罪案件的办理水平,推动互联网产业绿色、规范、创新发展。

本次论坛紧接着举行了授牌仪式。杭州市人民检察院被授予"浙江省检察机关互联网检察教学基地"的牌匾,余杭区人民检察院等 13 个基层检察院被授予"互联网法治研究联盟检察实践基地"的牌匾。

经过为时半天的论坛研讨,"2017 年互联网法律大会·检察论坛"顺利闭幕。

三、会议内容

(一)互联网法律大会·未来论坛

"未来论坛"由主会场"新时代的刑事司法""互联网＋学术研究""互联网法治＋浙江实践""社会创新＋法律变革"四个单元和"互联网＋犯罪治理""大数据＋司法""人工智能＋法律未来"三个分论坛组成,旨在与有志于互联网法律研究的专家学者及实务工作者,共商互联网法律的未来、推动行业标准的出台、探讨法律体系的完善、探索人工智能法学的发展,进而推进中国在互联网时代换道超车,从"法律输入国"转型为"法律输出国"。

最高人民检察院侦查监督厅元明副厅长,北京师范大学法学院院长卢建平教授,中国人民大学刘品新教授,中国社会科学院大学副校长林维教授,北京外国语大学王文华教授,《人民检察》杂志社庄永廉副主编,复旦大学法学院副院长杜宇教授,西北政法大学付玉明教授,吉林大学徐岱教授,华中科技大学国家治理研究院欧阳康院长,最高人民法院应用法学研究所范明志副所长,《中国社会科学文摘》刘鹏副主编,浙江大学钱弘道教授、阮方民教授、李有星教授,《中国法学》杂志社总编辑张新宝教授,中国社会科学院邓子滨研究员,中国人民公安大学王铼教授,浙江省人民检察院王祺国副检察长,中南财经政法大学郭泽强教授、王安异教授,扬州大学马荣春教授,金华市人民警察培训学校傅跃建教授,南京审计大学何邦武教授,最高人民检察院检察理论研究所季美君研究员,中国政法大学王青斌教授、汪庆华教授,北京大学法学院王新教授,《政治与法律》杂志社徐澜波主编,重庆大学陈忠林教授,上海交通大学郑戈教授,中国社会科学院法学研究所宪法行政法室主任李洪雷研究员(以发言为序)等百余名专家学者,围绕着互联网法学、人工智能法学等热点问题,展开了热烈讨论。

"2017 年互联网法律大会·未来论坛"作为浙江大学(光华法学院)与阿里巴

巴集团、蚂蚁金服集团合作的品牌性年度盛会,聚集了全国在本领域中最有影响力的学者和专家,吸引了 20 余家媒体现场采访。本次会议历时一天半,议程紧凑,成果丰硕。会议共有 54 位主题发言人和 37 位与谈人参与研讨,展现了互联网法学研究的现状,议题包括互联网时代的学术研究、司法新问题、证据新理论、犯罪前沿理论、行政管理创新、社会创新与未来展望等。这次大会是为我国在互联网法学领域实现换道超车的共同努力,将是互联网时代法治社会建设的里程碑性事件。

(二)互联网法律大会·检察论坛

"2017 年互联网法律大会·检察论坛"历时半天。浙江省人民检察院教育培训工作指导委员会主任,浙江省人民检察院党组成员、副检察长王祺国;浙江省人民检察院教育培训工作指导委员会副主任,浙江省人民检察院党组成员、政治部主任,国家检察官学院浙江分院院长陈志君出席"检察论坛"。最高人民检察院检察技术信息研究中心副主任、中国人民大学教授、浙江省人民检察院教育培训工作指导委员会名誉主任刘品新应邀莅临会议指导工作。一批全国知名专家学者以及浙江大学、阿里巴巴集团、蚂蚁金服集团等支持单位的代表应邀参加论坛。参加论坛的还有省检察院相关部门的领导和代表,11 个地市检察院分管公诉工作的副检察长、公诉处长,被授予"互联网法治研究联盟检察实践基地"的基层检察院领导,以及论文作者,共 100 余人。

"检察论坛"在学习贯彻十九大精神背景下,以"网络犯罪问题研讨"为主题,在全省检察系统共征集到论文 90 余篇,近 50 篇论文参与论坛交流。与会专家、代表深入探讨了检察环节办理互联网犯罪案件的现状、特点和存在的问题,分享了解决问题的积极对策,为互联网领域检察办案和检察理论研究提供了经验、指导。

四、组委会

(一)互联网法律大会·未来论坛组委会

(以下名单皆以姓名拼音为序)

轮值主席:罗卫东 余伟民

组委会委员:冯阳 高艳东 金嬿 连斌 李世阳 王群 王晓霞 谢虹燕 徐文涛 俞姗姗 祝志晓

会务组:陈贞桢 储灿林 龚茗 蒋筱悦 李微 李明哲 祁拓 邱耀娴 屈钰文 盛佳 索玺 谢昕辰 张琼珲 沈佳丽

志愿者:蔡文瑞 曹旖 何羽浓 黄琦琦 黄巧丽 江梦娅 柯达 李怡 刘琦 满都来 孟庆刚 孟雍杰 牛子昂 欧琼襄 桑益飞 田苗 徐贵 杨柳 查正筱 张月 赵荆荆 郑健意 朱佳欣

(二)互联网法律大会·检察论坛组委会

(以下名单皆以姓名拼音为序)

总顾问:汪瀚

组委会主任:王祺国

组委会副主任:陈志君 郭志平

组委会委员:陈娟 高艳东 黄曙 连斌 王晓霞 谢虹燕

会务组:邓梦 龚茗 胡涛 李根 钱荔枝 苏正茂 王成 王霞芳 吴小倩 肖清 查正筱 张提

图书在版编目(CIP)数据

网络空间的秩序与责任:第二届互联网法律大会论
文集 / 高艳东,连斌主编. —杭州:浙江大学出版社,
2019.11(2023.6重印)
ISBN 978-7-308-19607-9

Ⅰ.①网… Ⅱ.①高… ②连… Ⅲ.①互联网络—科
学技术管理法规—中国—文集 Ⅳ.①D922.174—53

中国版本图书馆 CIP 数据核字(2019)第 212411 号

网络空间的秩序与责任——第二届互联网法律大会论文集

主　　编　高艳东　　连　斌
副主编　李世阳　　谢虹燕

责任编辑	蔡圆圆
责任校对	杨利军　　张振华
封面设计	续设计
出版发行	浙江大学出版社
	（杭州市天目山路 148 号　　邮政编码 310007）
	（网址:http://www.zjupress.co》m）
排　　版	浙江时代出版服务有限公司
印　　刷	广东虎彩云印刷有限公司绍兴分公司
开　　本	710mm×1000mm　　1/16
印　　张	23
字　　数	388 千
版 印 次	2019 年 11 月第 1 版　　2023 年 6 月第 3 次印刷
书　　号	ISBN 978-7-308-19607-9
定　　价	69.00 元